江苏第二师范学院学术著作出版资助项目
暨省重点建设专业汉语言文学专业资助项目

语文教师 PCK发展与聚焦

金荷华 著

南京大学出版社

图书在版编目(CIP)数据

语文教师 PCK 发展与聚焦 / 金荷华著. 一南京：南京
大学出版社，2016.6

ISBN 978 - 7 - 305 - 17063 - 8

Ⅰ. ①语… Ⅱ. ①金… Ⅲ. ①语文教学-教学研究
Ⅳ. ①H19

中国版本图书馆 CIP 数据核字(2016)第 122962 号

出版发行　南京大学出版社
社　　址　南京市汉口路 22 号　　　　邮　编 210093
出 版 人　金鑫荣
书　　名　**语文教师 PCK 发展与聚焦**
著　　者　金荷华
责任编辑　胡　豪　　　　　　编辑热线　025 - 83594071
照　　排　南京紫藤制版印务中心
印　　刷　南京京新印刷厂
开　　本　718×1000　1/16　印张 20.75　字数 335 千
版　　次　2016 年 6 月第 1 版　2016 年 6 月第 1 次印刷
ISBN　978 - 7 - 305 - 17063 - 8
定　　价　58.00 元

网址:http://www.njupco.com
官方微博:http://weibo.com/njupco
官方微信号:njupress
销售咨询热线:(025)83594756

目录

永远的学生和永远的教师

——《语文教师 PCK 发展与聚焦》序

江锡铨

金荷华老师的大作《语文教师 PCK 发展与聚焦》付梓在即,希望我为她写几句话。虽自知并非作序的合适人选,但因同事多年,高情难却,也只能勉为其难了。

我本人于 1985 年进入江苏教育学院中文系任教,就是在这里与荷华老师结下了师生同事之谊。江苏教育学院 1952 年创办,"文化大革命"中被撤销,1978 年"复办"以来,很长一段时间主要从事中学教师职后专科起点升本科学历补偿教育(俗称"专升本"),理论上相当于大学本科的高年级,但实际上学生的普遍水平还要更高一些:学生要有一定的教龄(先是五年,后改为三年)才能取得报名资格;要参加全国统一的选拔考试;由于招生计划的限制,又只有少数成绩优异者才能取得入学资格。以至于我所教过的最初几届学生中的不少人,是和我同时进大学的——只不过我读的是本科而他们读的是专科。

荷华老师 1990 年入江苏教育学院中文系学习,其时她已有八年教龄。我给她所在的班级上过一门课,给我留下深刻印象的不光是她名列前茅的考试成绩,更多的是她求知若渴的专注与勤谨,全无年轻老教师见多识广的矜持和老练。虽然她对我一直执弟子之礼,但我心里清楚,那多半只是因为我痴长几岁而已;若论学历和资历,她读大学也仅比我晚一两年,实际上我们应算是前后同学。

荷华老师完成本科学业的当年,三十出头即获评中学高级教师;两年后更荣膺"全国优秀教师"称号,不说是少年得志,也算是顺风顺水,意气风发吧。又两年后离开所任教的四星级高中,进入教研室工作,上了一个新的台阶:教而优则教研员,似乎也是基础教育事业约定俗成的人才选拔机制之一。

又五年之后的 2002 年,荷华老师开始介入江苏教育学院中文系的教学工作,次年正式调入。其时江苏教育学院正经历着一场办学体制变动的风波,学校一度几乎濒临停办,一时人心浮动,传言四起。选择这样的时间节点前来加盟,虽不能说是受任于败军之际,但似乎多少也有一点奉命于危难之间的意味。而且她所面对的新工作既熟悉(语文课程与教学论的教学与研究)又陌生(毕竟此前未有高校的工作经历),很多事情差不多要从头开始。种种复杂因素的共同作用之下,她所经受的挑战和压力可想而知。

不过她很快就找到了迎接挑战和破解压力的方法——也是她多年来一直坚持的处事与处世方法,也是我们这一代人从小就耳熟能详的,好像是革命导师列宁的教诲:学习学习再学习。除了多年如一日的晨读与夜读,还包括本校和周边高校的各种讲座;各种学术会议;各级各类基础教育的教学观摩活动;年逾不惑时又赴上海华东师大,师从钟启泉教授访学一年,为自己留出了一段一心只读圣贤书,停蓄与整理思维成果的完整时间。我好像没有发现这所学校还有另一位教师像她那样,笔记本不离手,甚至是在学校和系的那些主题单一或繁多、陈述简练或冗杂的全员性会议上,她也在做笔记。而她的标志性神态,似乎永远是学习者的谦抑。

这部书稿的主体部分或者说绝大部分篇章,正是她这十多年学习与思考的结晶。书稿是关于教师特别是语文教师 PCK 即学科教学知识相对集中的考察论析,是荷华老师对于自己所钟爱的语文教师职业素养潜心与倾情的研究。其学术水平高下的判定当然应交由学科专家,毕竟隔行如隔山,不便妄评。不过,可以作为学术评价"参照系"引证的,是书稿中的相当部分是作为她"同级转评"副教授和申报教授的代表作提供给相关评审机构的,其间自然要经过同行专家的严格评审。荷华老师的学习经历和研究路线,她的十年磨一剑的坚执与勤勉使得我在钦敬和感动之余,也印证和坚定了自己的一条人生与职业信念:只有做永远的学生,才能成为永远的教师。

相信这也是荷华老师,以及千千万万教师同行共同的信念。

2015 年 8 月,橙色高温中

引言

教师角色，古今大致经历了"圣职化"—"工匠化"—"专业化"的演变过程。教师职业是一种专业，一种学习的专业，一种终身学习的专业；这种角色定位，如今已成社会共识。当代教师角色面临的挑战，是如何真正从"工匠化"走向"专业化"。

自舍恩提出教师要树立"反思性实践家"的专业形象之后，历经舒尔曼、范梅南等教育学者的激烈争论，逐渐形成教师教育改革的共识：教师要从技术理性的桎梏中解放出来，在实践中反思和探究，成为实践情境的研究者和实践知识的创造者。这种教师观产生了广泛的国际影响，"实践"成为教师教育课程中的核心内容。英、法、日、美等国家教师教育发展的基本特征可概括为"在实践中"、"指向实践"、"为了实践"。实践取向，已成为教师教育课程改革的共同价值取向。反思性实践者，是当代教师的专业属性，有学者指出：没有反思的经验是狭隘的经验，充其量只能形成肤浅的知识；训练只能缩小专家教师与新手教师之间的差异，而反思性实践或反思性教学，却是促使一部分教师成为专家型教师的一个重要原因。从"技术熟练者"向"反思性实践家"的教师形象的重塑，是当下教师专业发展的必然选择。因此，基于"临床教育学"的教师教育的价值取向，是彰显当代教师专业属性的时代需求。

临床教育学，最早是由荷兰学者提出，后在日本、美国发展较快。就国内外研究现状看，临床教育学尚属于一门新兴边缘学科，支撑它的理论基础包括心理学、教育学、社会学等相关科学的最新研究成果。"临床"，原是从古希腊语"床"的意义派生出来的词汇，含义为"贴近床头"。"临床医学"是相对于基础医学而言的实地诊断并治疗病人的医学。教育学人从医生专业发展进程中获得启迪，主张在教师教育，尤其是在师范生培养中融进临床学理念，以突出教师教育实践能力的案例性、现场性和动态性。

在日本,京都大学研究生院 1988 年开始设立"临床教育学"专业,田中孝谚教授 2000 年出版著作《理解儿童:临床教育学的尝试》,近年来又有多所大学设置"临床教育学研究中心",其研究成果比较丰富。在美国,教育家柯南特于 20 世纪 60 年代"良师必学者"的"学者型教师观"盛行时期,就提出:既要提高学术标准,又要注重学科任教能力;他特别重视教育实践,提出"教育临床教授"的构想,认为教师教育课程主要应该培养教育的"临床专家";主张通过训练,使未来教师能够形成在教育教学中进行分析、诊断、假设及开出"处方"的能力。古德拉德在对全美 29 所教师教育机构进行调查后呼吁:加强"临床教授"的队伍建设,主张由临床教师负责大、中学校的合作,以提高教师教育质量。这些思想在美国后来的"教师专业发展学校"(PDS)建构中发挥了重要作用。2010 年,美国国家教师教育认证委员会"蓝带小组"经过几年努力,研制出了"临床实践型教师"的培养模式,该模式特别强调候选教师的实验室经验和驻校经验。

基于临床教育学的理论视野,将使高效开展教师职前培养、入职培训、在职研修工作,拥有源头活水。当前,业内人士已经关注"临床性",普遍重视教师实践能力的打造;但往往强调了可操作性,却淡化了学术性,流于急功近利的机械训练、低效模仿。语文课程"工具性与人文性的统一"的特殊性质,在人终身发展中奠基性的重要地位,以及学习内容和核心任务的高度综合性、实践性;决定了语文教学的情境更为复杂,不确定因素更多;同时,母语教育对于"立人"具有得天独厚的条件和任重道远的使命,因此对语文教师的专业素养要求更高。语文教师的专业发展,不仅要着力于提高对教育教学中"已然"、"应然"问题的解决能力,更要突出强化对教育教学中"或然"、"将然"问题的研究能力。这是当今复杂的社会环境导致教育环境的复杂对教师的新要求。正是在此背景下,"PCK"进入教育工作者的视野,并逐渐引起高度重视。

"PCK",是"学科教学知识"(Pedagogical Content Knowledge)的简称。舒尔曼 1986 年提出"教师知识"的概念,并指出它由 7 个部分构成:(1) 学科内容知识,(2) 课程知识,(3) 学科教学知识,(4) 一般教学法知识,(5) 关于学习及其性质的知识,(6) 教育情境知识,(7) 教育目标与价值的知识。其中"学科教学知识"(以下称"PCK")最重要,因而最受重视。"PCK"是学科内容与教学论的合金:教师将学科内容转化和表征为有教学意义的形式,适合不同能力和背景学生的能力,是综合了学科知识、教学和背景的知识而形成的知识,是教师专业知识的核心。"PCK"具有专业独特性、个体发展性、多元整合性、实践生成性等特征,对于教师专业能力的发展起着至关重要的作用。我国 2012 年公布的《中学教师专业标准(试行)》和《小学教师专业标准(试行)》,都将其作为教师专业知识的重要领域。"PCK"的形成与发展,将促进教师实践智慧的养成与提升。语文课程的特殊性质和地位,决定了语文教师的"PCK"水平更加重要。

新课改以来,语文教学存在的问题不可回避:一是三维目标割裂化:并非相互渗透、融为一体。二是教学内容浮泛化:学科特色削弱,有德育化、政治化倾向;还有"泛语文"现象,教学内容盲目取舍,随意定夺。三是教学活动形式化:盲目跟风,对自主、合作、探究的学习方式理解不到位,课堂呈现虚假繁荣。四是预设与生成矛盾:准备"教什么"、实际上"教了什么"、学生课堂上"获得什么",并不统一。2013年新年伊始,《语文建设》首期发表了《聚龙宣言》,呼唤"真语文",高举"让语文回到起点:姓语名文"(王旭明)的大旗,开启了全国大规模的"真语文"大讨论。

说实话,"真语文"提法颇令语文人尴尬,正如"有效教学"研究,总觉得有"伪命题"之嫌。21 世纪教育目标新分类学《面向学习、教学和评价的分类学——布鲁姆教育目标分类学的修订》(2001 年)强调要区分三种学习结果:一是"无效学习",指既不能记住什么,也不能理解或应用什么;二是"机械学习",指虽然能记住什么,但没有理解也不会应用;三是"意义学习",指不仅能记住,更善于应用和迁移;这种学习更加注重学生自身经验的领悟(盛群力等《21 世纪教育目标新分类》,浙江教育出版社 2008:24)。显然,"意义学习"更应成为当今教育教学追求的目标。应该说,"有效教学"是在学校充斥大量"低效教学"甚至"无效教学"的现实环境中滋长起来的真问题,并非伪问题。同样,低效,对于语文教学已是历史性"顽疾",叶圣陶1978 年曾大声疾呼:"以往少慢差费的办法不能不放弃,怎样转变到多快好省必须赶紧研究。"可见,"真语文"的提出,针对的不仅是长期以来语文教学"少慢差费"的陈疴,还有语文新课改以来"假大空杂"的新疾。"真语文",与课改以来语文同人倡导的"本色语文"、"生态语文"、"去弊语文"一样,都有其特定的课程改革背景,其根本目的在于对历经 10 余年的语文课改实验进行纠偏正误;而不应是对语文课程改革的粗暴指责,更不可视为对新课改理念的简单否定。因此,"真语文"大讨论,无疑是语文人发出的深化语文课改的最强音。

可喜的是,《聚龙宣言》发端之后,全国语文人云集相应,对语文新课改以来的经验与教训进行全面的反思、总结、调整、提升与重构。2014 年,《语文建设》继续并深化了这一讨论,相继推出系列讨论专题,如"将国学融入中小学语文教育"、"以语言文字运用为本"、"文本解读应以文本为本"、"语文知识是语文学习之本"、"继承并弘扬古代优秀语文教育传统"等;并且集中刊发国家社科基金教育学重点课题"中小学语文教育改革研究"的前期成果,包括语文教育改革的总体构想(任翔)、语文教育语用观的核心理念(曹明海)、语文教育改革的整体设计(李宇明等),还有语文教育评价(倪文锦)、语文教师教育(靳彤)、语文教材改革(顾之川等)多方面的研究成果。

值得庆幸,我的职业生涯中有过几次角色转换:高中语文教师——高中语文教研员——高校语文课程与教学论专职教师。这一特殊经历,使我有幸成了基础教育课程改革、教师教育课程改革的见证者、体验者和收获者。我入职高师院校,恰好是新中国成立以来第八次基础教育课程改革的起始年头,"我与新课程同行",是对我这些年来最好的概括。三个不同岗位的角色定位,使我与基础教育的情结更加厚重;我时刻感受到,我的工作与基础教育有着千丝万缕的联系,我随时体会到中小学语文教师的酸甜苦辣。也许正因为如此,进入高校以后,我迅速完成了角色转型,将研究方向确定为"语文课程与教学论"和"教师教育",承担了"语文课程与教学论"、"中学语文教学研究"、"语文教师素养及实务"、"论文读写"等课程的教学工作,先后完成了江苏省高校哲学社会科学研究基金资助课题"新课改视野下语文教师素养的价值追求"(2010SJB880012)、江苏省高等教育教学改革资助课题"打造学术性与师范性统一的语文课程与教学论精品课程"(2011JSJG151)、江苏省高等教育教改研究资助课题"基于'临床教育学'的师范生专业实践能力培养模式研究"(2013JSJG144)等课题研究,先后在《全球教育展望》、《江苏高教》、《语文建设》、《语文学习》等刊物上发表研究论文。本册择选的是我从 2005 以来发表的各类论文,是我 10 年来的思考、探索与践行的一些积淀。其内容分为五编,大体指向以下三个方面:

第一方面,语文教师专业发展的宏观视野,旨在国际视野、本土定位,以适应国际教师教育发展潮流,应对当今语文教育改革发展的新挑战。第一编"教师教育改革发展趋势"、第二编"中外语文课程改革研究"主要涵盖这方面内容。

第二方面,语文教育教学的微观建构,旨在建构语文教师实践知识,提升语文教师教育教学智慧,以适应语文课改进入深水区的需求。重点内容在第三编"语文

教师面临的新挑战"、第四编"语文教师的 PCK 水平聚焦",其重点、难点及措施如下:

1. 重点:语文教学知识(舒尔曼 PCK)。语文教材内容教学化——语文教学设计个性化。突出"临床教育学"的"现场性、实践性"特征,研究语文教师专业实践能力的内涵、特征及获得途径和策略,聚焦于"语文教师知识",包括语文学科知识、语文课程知识、语文教学知识。探究教师专业知识在语文教学中的运用规律及法则,熟练掌握语文课程备课、说课、上课、评课的基本技能。

2. 难点:语文教育教学中"或然"、"将然"问题,重在形成语文教育智慧;善于通过母语文化的熏陶浸润,促成儿童心智的良好发展,预防其心灵上、行为上的"病理"问题,如焦虑、困惑、逃学、欺凌等;规避校园"轻生案"、"性侵案";如何提升语文教师"专业品性",增强对"或然"、"将然"问题的敏锐度和责任感;教师"不愿做"比"不会做"更有损于教书育人事业。

3. 措施:突出"临床教育学"的"病理性、问题性"特征,吸纳"真语文"大讨论的研究成果,探索构建有效、高效的语文课堂的策略,努力提升未来语文教师的专业素养,促进其逐渐成长为"反思性实践家"。

第三方面,语文教师教育教学研究素养及践行,意在表明语文教师不仅要拥有语文教学艺术,还要学习并研究语文教育教学研究的方法与策略。第五编"语文教育研究视角举隅",主要是语文课程评价研究,兼及语文教育其他研究视角。关于语文课程评价,主要通过对有关高考试题的研究,来提升语文教师的职业境界:

(1)准确确定"教什么"。(2)科学选择"怎样教"。(3)理性判断"为什么要这样教"。(4)积极思考"还可以怎样教"。(5)运用评价手段判断"教得怎样"。(6)反思总结,积累经验,形成语文教育智慧。

所选文章基本维持最初发表时的文本原貌,个别篇目略有改动则在文末予以说明。每篇文章后面都标出所发表的刊物及时间。

第一编　教师教育改革发展趋势

当代师范生素养的价值追求

我国师范生培养需要开拓国际视野,借鉴国外先进经验,做好本土定位。当务之急,要加强学科专业课程与中小学相关课程的联系,将大学所学的现代学科思想渗透到中小学学科知识的研究和理解中;要强化技能训练,提高实践能力,培养创新精神;强化"教师实践性知识"的习得与积累,增强教师专业素养的综合性训练。师范生必须拥有新型教师的专业底蕴和精神风貌,以应对日趋紧张的就业竞争形势。

当前,我国义务教育阶段课程改革已经全面展开,截至 2008 年 9 月,已经有 21个省份实施高中课程改革。基础教育课程改革的全面推开和深化发展,对中小学教师的要求越来越高,当前教师教育面临两大任务:一是培养胜任课程改革任务的新型教师,二是培训适应课程改革新要求的在职教师。胜任课程改革的新型教师应该具备哪些基本素养,这是当前师范院校领导以及广大师生必须正视并予以认真研究的问题。我们需要开拓视野,了解当今世界教师培养的新进展,学习和借鉴国外的先进经验,并结合本国的国情民意,在价值追求上做好本土定位。

一、国际视野:了解国外教师培养的新趋势

现在世界许多国家,尤其是发达国家都高度重视教师队伍的建设,主要体现在职前培养和职后培训两方面。国外职前教师培养的大体发展趋势体现在如下几个方面:

1. 学历要求规格高

许多国家中小学教师的学历要求普遍提高,基本上是本科以上。例如澳大利亚对中小学教师的修业年限作了具体严格的规定,自 1980 年起,中小学教师的修业年限至少 4 年;到 2007 年,进入教师系列之前接受的高等教育(包括教师教育)累计从 4 年到 7 年不等;所有中小学教师的培养都由综合性大学里的教育学院培养。2007 年颁布的《澳大利亚职前教师教育国家认证标准》规定,要成为澳大利亚中小学教师,学位上,必须具备以下三种条件之一:(1) 单学位条件,接受 4 年的大

学教育,其中至少接受 1 年的教师职业教育,并且获得教育学士学位;(2)双学位条件,接受大学教育 4～5 年,不仅获得教育学士学位,还获得另外的一门专业学科的学士学位;(3)也是双学位条件,主要针对那些大学期间没有攻读教育学士学位的毕业生,他们必须另外再参加 1～2 年的教师教育,并获得教育学士学位。美国政府近年来对中小学教师的职前培养提出了 10 个方面的具体要求,其中修业年限规定:未来教师培养的最短年限是 5 年,第 5 年带薪进行集中实习训练,师范生必须在大学指定的公立学校进行实习,以充分熟悉业务。

2. 职业素养综合性强

科学设置教师教育课程,使未来教师获得综合性较强的职业素养,以适应未来人才培养的需要。例如英国"教育学学士"培养计划中,课程大体包括四个部分:(1)主要学科课程,涉及中小学所设置的起步科目,学生一般应该主修 2 门;(2)教材研究课程,指对中小学所设科目的教材教法研究;(3)教育学课程,包括教育哲学、教育史、教育心理学、教育社会学等科目;(4)学校教育工作体验,主要是到中小学参观、听课,以及进行个人调查等。《澳大利亚职前教师教育国家认证标准》从专业知识、专业实践能力、专业品质和专业关系协调能力四个方面,对教师的职业素养提出了具体要求。2009 年俄罗斯教育与科学部出台了《第三代教师教育国家标准(学士)》,对本科阶段师范教育的人才培养目标进行了重新定位,规定未来教师要形成 16 种一般文化能力素养,6 种一般职业能力素养,11 种特殊职业素养,体现了基于能力发展的综合性职业素养的教师教育基本理念。

3. 实践能力训练扎实有效

在提高未来教师的综合能力素养的前提下,更加重视实践能力的训练与提高,教育教学实习制度规范,措施得力。具有丰富的实践经验,是未来教师培养的核心问题,也是颁发教师资格证的必然要求。美国明确规定了职前教师培养的实习要求:未来教师不管是 4 年制大学教育学院的毕业生,还是 5 年制的毕业生,也不管是预期从事低年级还是高年级的教学工作,都必须确保 10 周以上的现场教学经历,而且许多州政府还要求未来教师有见习期,如课堂观摩、辅导学生、助教等,时间长达 1 年。澳大利亚在《澳大利亚职前教师教育国家认证标准》中,特别规定了全国统一的教学实习最低标准:4 年的教师教育计划中,至少有 80 天实习时间;2 年的教师教育计划中,至少有 60 天教育实习时间;1 年的教师教育计划中,至少有 45 天教育实习时间;并且规定,进入教师系统之后,所有人都必须任一段时间的助教,到 2003 年,要求助教时间至少达到 1 年。

　　英国教师培养中教育实习已经形成较为完善的制度,构建了大学教育学院、中小学实习学校、地方教育行政部门"三位一体"的教育实习的职能机构和操作模式。① 首先是确定权威的、全面的教育实习目标:2002 年颁布的《英国合格教师专业标准与教师职前培训要求》从三方面规范实习内容:一是"专业价值观与实践",明确了教师从业必备的基本素质;二是"知识和理解",明确了教师应具备的学科知识基础以及把握学生进步的能力;三是"教学",涉及教育教学全过程,明确规定了实习生应具备的有关教学、教学评价、班级管理等多方面的能力。其次是实行教育实习制度化管理,落实在两个方面:一是教育实习过程管理制度化,二是对教育实习负责机构管理制度化。具体体现为以下两方面:

　　(1) 要求明确,内容具体。首先,实习的内容具体、详细,有很强的操作性。实习生要做什么,用什么方式去做,用多少课时做,需要多少时间,都一一明确给出;如小组备课至少 6 节课、制定三周的教学计划等。其次,教育实习涉及面广,内容全面、丰富。既注重课堂教学,又注重其他方面,如进行教育调查、熟悉学校政策、组织课外活动、协助学校管理、与家长建立良好关系,等等。第三,教育实习内容具有层次性,对实习生的要求逐步提高。一年级实习内容多为熟悉学校、班级和学生,对其进行观察并反思,进行短时间、个别科目的教学;以后的实习则要求时间长、设计科目多,包括基础学科和主攻学科。

　　(2) 组织严密,措施到位。一是印发书面指导手册,对实习进行全面指导。手册明确规定实习结束时应达到的总体目标,并指定每一阶段的具体目标,甚至细化到制定每一天的工作计划。二是规定导师指导要求,一名实习生有三位导师指导,分别是大学教育学院指导教师,负责协调工作的导师、班级实习指导老师,其中实习指导老师承担的任务最多,具体内容包括:让实习生观察更多的课例;让其获得新思想、新方法;使其分析自己的教学实践,掌握解释的技能;让其获得对教与学的深度理解;与实习生分享课例的设计和创意;使其能熟练解释和说明课堂事件;使其获得个性化的和专业化的满意感。

　　首先,抬高教师入职门槛。制定具体详尽、操作性强的教师专业标准,严把教师质量关。如英格兰 2007 年开始实施的《中小学教师专业标准》中,明确界定了各

---

　　① 王较过,朱贺.英国教师职前培养的教育实习及其启示[J].教师教育研究,2007(4).

个阶段教师所应具备的特征,涵盖"合格教师"、"普通教师"、"优秀教师"、"资深教师"、"高级技能教师"等各层次的教师专业标准,每个层次的专业标准都从"专业特质"、"专业知识与理解"、"专业技能"三个方面进行阐释。① 美国 2002 年 1 月颁布《不让一个儿童掉队法案》,提出"高质量教师"的资格标准,该标准规定了"新聘任的小学教师标准"、"新聘任的中学教师标准"和"在职的中小学教师标准"三个系列中教师的学历、专业学位、教师资格证书等方面的具体内容。

其次,重视新教师的"入职培训"。当前许多国家,如日本、英国、美国、澳大利亚等,对新教师的"入职培训"非常重视,目的明确,措施到位。入职培训主要目的:向新教师提供实用的、符合个别需求的帮助,让未来教师懂得如何发展教学技能,如何独立开展教学工作,如何同教辅人员有效合作,如何面对问题学生,如何评价学生;培训的重点:驾驭课堂的能力和如何应付在学校中面临的疑难问题和局面;培训的主要手段:"辅导",良好的实践示范,有目的的干预等。

二、本土定位:突出师范生素养的"师范特色"

1. 我国教师教育改革的现状及反思

上世纪末本世纪初,我国根据科教兴国的战略国策,审时度势,对师范教育做出一系列重大改革,改革的效应是显著的:一是传统的师范教育逐渐为教师教育所代替,教师资格制度替代师范生定向招生、定向分配制度;二是教师教育的学历层次明显提高,国家明确提出小学教师的学历要求以本科为目标;三是师范院校从单一型向综合型发展,教师培养途径实施开放化;四是教师专业化和教师教育工作者的专业化成为教师教育的依据和导向,教师教育成为一个专门研究领域和学术领域,教师教育与所有学科一样,逐渐建立起自己的学术规范和学术标准;五是教师发展终身化和教师教育一体化,教师职前培养和教师职后培训一体化;六是国家实行教师资格制度,1996 年颁布教师资格条例,2000 年颁布教师资格条例实施细则;在教师专业准入方面已经取得突破性进展。

实行教师教育"综合化"、"开放化",实行"教师职前培养和职后培训一体化",其根本目的是要提升教师教育的水平和质量;可是反思教师教育改革的历程,取得的成效固然有目共睹,但存在的问题也不容忽视。教师教育实行开放化、综合化,

① 许立新.英格兰中小学教师专业标准:内容、特征与意义[J].教师教育研究,2008(3).

加剧了师范院校办学目标、教育活动内容和形式之间的矛盾,影响了师范教育质量的发展与提高。其主要表现有两个方面:

(1)师范教育师资严重流失。国家实施教师教育综合化、开放化,传统师范大学快速增设非师范的应景专业,诸如法律、经济、管理等时尚专业,大量抽调师范教育中的骨干师资力量组建新学院、建设新学科,削弱了原有师范教育的资源,"师范性"主打课程非但得不到新发展,反而停滞乃至于落后于教育形势的需要。

(2)高师院校的抉择急功近利。师范院校承担的主要是教师"职前培养"重要任务,因而必须追求"学术性"和"师范性"并重,因为"师范性"是教师教育区别于其他高等教育的本质属性,集中反映了教师教育在专业思想、职业素养、育人理念、教育技能方面。然而,当下我国许多高师院校,面临评估、升格、申请重大课题等诸多迫切的现实问题,在处理"学术性"与"师范性"矛盾时,只好先"学术性"而后"师范性"。很多高师体现"师范"特色的课程设置明显存在诸多问题,诸如课程类型单调、内容陈旧,教学内容重理论、轻实践应用等等。教育实践性课程,是教师职前培养凸显"师范性"的主打课程,但是目前至少存在以下几个弊端:一是院校与实习基地学校合作形式松散,实习基地的职能较为模糊,且缺乏明确的政策保证和必要的资金支持;二是教育见习、实习和教育调查,时间安排严重不足,教育实习窄化为教学实习,只关注上课技能的训练,忽略或省略了影响教学的其他因素,如学生学习心理、课堂形成性评价以及师生关系建立等;三是实习管理欠规范,实习内容及目标较为随意,很多院校让学生回家乡自找学校实习,缺乏得力的指导和严格的考核,实习往往流于走过场,效果很不理想。

2. 当前师范生培养亟待加强的薄弱环节

(1)加强学科专业课程与中小学相关课程的联系。当前我国教师职前培养课程主要包括三个部分:公共基础课,学科专业课,教育专业课;这些课程的学习内容,大都是各个学科分支中具体的知识,师范生对所学的专业知识缺乏整体的、深刻的认识;他们对这些学科的学习,并没有与他们毕业后将要从事的教育教学工作建立明确的具体的联系,并未强化对中小学教育教学内容的了解和理解。鉴于目前中小学主要是学科教学,高师院校各专业培养的师资主要是学科教师,师范生培养应该加强学科内容与中小学课程内容的联系。

首先,高师各科教师都要有意识地关注基础教育课程改革,积极参与学科知识研究和建构。比如,汉语言文学专业教师,教文学的,要关注中小学文学教育的内容及其发展变化;教汉语言学的,要研究中小学语文教育所需要的汉语知识,包括古代汉语和现代汉语知识;教外国文学的,也要关注中小学课程中的外国文学作品阅读等等。其次,加强学科教育教学类课程的开拓建设,如"汉语言文学教育"专业,有必要加强"语文学科教学研究"课程,可以开设"语文课文分析与教学设计"、"语文有效性教学研究"、"语文教育测量与评价"、"语文课堂研究"、"语文名课评析"、"中小学教材分析"等;还可以开设技能训练类课程,如"语文教育实习与教师职业技能培养"、"语文教师素养与教学实务"等。这样就能把所学的各科专业课程与中小学教学内容直接联系起来,将大学所学的现代学科思想渗透到中小学学科知识的研究中去,用现代思想观念和思维方法去理解中小学教育教学内容,从而扎实有效地提高师范生的学科素养。

(2)拓展教育实践能力有效训练的途径和方法。当前,许多高师院校仍然采用传统的"教学实习"、"班主任工作实习"、"教育调查"形式来代替教育实践课程,但这种形式已经远远落后于现代教育发展的形势,已经不能满足培养新型师范生的需要。因此应该借鉴国内外先进经验,高度重视专家学者的研究成果,结合本地实际对师范生进行教育实践能力的有效训练。首先,强化技能训练。有计划、按步骤实施。在大一年级,加强训练演讲能力,突出教师工作特点,可以通过主题班会、时事讲话、青少年思想品德教育、各种课型的导入等活动加强训练;也可通过模拟家访,批评犯错误的同学,劝解学生之间的纠纷等形式进行训练。在大二年级,加强提高"三字一话"水平,熟练掌握现代教育技术手段。在大三年级,拓展训练应用写作能力,以学校工作常用的文体为主,如有关公文、教学计划、工作总结、调查报告、各类简报、书刊评介、教案、教学笔记、学术论文等。其次,提高教育教学实践能力。在大三、大四年级,配合学科教学论课程的学习,进行教育教学实际操作训练,如研究新课标、新教材;指导备课、写教案;进行教育实习、学科专业实习等;举办师范生教学技能大赛;开展教育专题调查活动等。再次,培养未来教师的创新能力。当今教育发展的趋势要求师范生具备综合性较强的职业素养,如具备课程资源的开发和利用能力,掌握学生心理辅导的内容及技术,进行教育教学活动的创新和策划等。基础教育课程改革以及社会发展的趋势,需要中小学教师懂得一些诸如社会教师、心理教师、职业咨询教师、特殊教育教师、天才儿童教师等专业范畴的知识,以应对教育生活中时刻可能发生的特殊情况。

(3)强化"教师实践性知识"的习得与积累。单纯的实践并不能使教师获得丰富的实践性知识,而实践本身,并不是职前教师培养的最终目的。教育实践性课程的目的,是通过实践,将学习者头脑中的理论知识实践化,同时学习如何将实践经验理论化,从而在实践中实现知识的整合,形成实践性知识。关于"教师实践性知识"的定义,说法各有不同,钟启泉认为"是教师实践情境中支撑具体选择与判断的知识。"陈向明认为"教师实践性知识分为理论性知识和实践性知识,包括教师在教育教学实践中实际使用和表现出来的知识(显性或隐性的),是教师内心真正信奉的、在日常生活中实际使用的理论"。教师实践性知识的特征,张立昌认为具有"假定性、实践性、智慧性、境域性、综合性、缄默性、不易传递性和保守性"。当前,对于师范生而言,要通过教育见习和实习,促使自己有效地进行实践性知识的学习与积累。朱元春将获得教师实践性知识的结构概括为五个环节:① 预习——学习,了解,体会;② 见习——观察,接触,体验;③ 演习——模仿,操作,感受;④ 实习——行动,经验,探索;⑤ 研习——回忆,反思,认识。该五个环节体现了严谨的逻辑顺序,具有较强的可操作性。①

"教师实践性知识,是以教师的个人经验为基础而形成的、具有个性品格的知识"(钟启泉),因此必须强调,师范生在实习过程中应该全面担当起一名教师的职责,要注意拓展、充实教育实习的显性内容和隐性内容。显性内容如:科学制订每日工作安排和长期工作计划;探讨并实施有效的课堂管理措施;对学生成绩作出恰当的评定;高度投入地参加正式教师的各项活动等。隐性内容如:观察并理解实习学校的校容校貌建设;观察并研究任课班级的班风班纪;学习如何理解学生和做学生的思想工作;思考并尝试如何创设积极向上的学习氛围等。

(4)加强师范生专业素养的综合性训练。俄罗斯教育家认为,提高教师培养培训质量的核心仍在于:要真正认识教师培养过程的特殊性,教师职业的特殊性,与孩子们打交道的特殊性,教师工作对象的特殊性;这就决定了教师不仅需要具有渊博的知识和职业技能,还需要有深厚的人文素养。

首先,在专业知识方面,必须知道并理解自己所教学科的基本内容、原则和结构;知道并理解该学科和其他学科之间的关系,并且具有整合该学科和其他学科的学习能力;知道如何有效开展教学活动,懂得怎样把握和处理学生在学习过程中遇到的各种障碍,懂得怎样促进学生的学习、帮助学生学习;懂得各种教学理论,并能

① 朱元春.对教师教育中教育实践的重新审视[J].教师教育研究,2007(5).

理性地、批判地运用这些理论。

其次,在专业实践能力方面,要求具有比较准确地确定教学目标、清晰地表述教学目标的能力;具备根据教学目标选择和组织教学内容以达成教学目标的能力;具有和学生进行有效对话交流的能力;具有设计问题、选择教学策略的能力;具有运用一系列工具、设计一系列活动、利用相关资源的能力;具有组织管理学生行为的能力,采用形成性评价和终结性评价相结合的评价手段,促进学生积极发展。

第三,在专业品质方面,要求职前教师最终需要获得自我发展、自我分析、自我评价、自我强化的能力;具有高尚的专业道德情操,在教学过程中,能充分尊重社会、文化的多样性,满足不同生活背景的学生学习的需求,并据此组织有效的教学活动。要深刻懂得自己所从事的工作是一种动态发展的工作,需要自己时刻做出反思并适时回应与调整,还要知道教师的工作是一种共享的事业(群体性),需要保持和家长的密切联系,能够依据职业道德标准与学生、同事和该领域的所有成员相处。

第四,在专业关系协调能力方面,职前教师不仅需要具有与不同团体成员交往的能力,还要具有与不同学生个体相处的能力;要创造性地与其他专业人员合作,为学生学得更好而共同努力;能够理解和培养自己和学生之间彼此真诚、相互尊重和信任的关系等。①

三、求职展示:呈现当代教师应有的精神风貌

当前就业求职竞争性越来越强,尤其是在金融危机冲击下,大量"海归派"涌入人才市场,一些原先并未打算当教师的各类人才,也"退而求其次"地涌入教师职业求职行列,他们往往具有学历高、综合素养强等优势。因此,师范生必须充分发挥自身的优势,表现过硬的"师范性"素质,全面展示课程改革的理论素养和实践能力,来吸引教育行政部门和中小学用人单位的睿智目光。

1. 具备新课程相关理论素养

(1)了解新课程心理学理论基础。当前基础教育新课程的理论基础主要是行为主义心理学、人本主义心理学、认知心理学和建构主义心理学等。行为主义心理学理论,20 世纪初在美国兴起,创始人是华生;斯金纳,是对教育理论教育实践产

---

① 张文军,朱艳.澳大利亚全国教师专业标准评析[J].全球教育展望,2007(4).

生过巨大影响的著名行为主义心理学家。新课程强调的目标陈述要求"用可测量可评价的行为动词表述"即体现其理论。人本主义心理学理论,产生于 20 世纪 50 代末和 60 年代初,其兴起是对当时科学心理学的一种反思,也代表了社会和教育改革的一种思潮,代表人物有马斯洛、罗杰斯等。人本主义心理学理论,是我国素质教育的重要理论基础,新课程"以人为本"的教育理念、"以学生为主体"的教学思想,即源于此。认知心理学理论,概念有广狭义之分,广义指的是所有侧重研究人的认识过程的理论;狭义指的是信息加工的认知心理学,其核心内容是:"论述我们如何获得世界中的信息,这些信息如何作为知识得以再现和转换,他们如何被储存,又如何用于指导我们的注意和行为。"目前,西方心理学文献中所称的认知心理学,大多指狭义概念。新课程关于尊重学生多元反应的教学理念,就是认知心理学理论的鲜明体现。代表人物有佩维奥、安德森等。建构主义心理学理论,是一种与客观主义相对的有关个体认知和知识学习的一种认识论范畴的理论。建构主义学习理论认为,学习过程就是知识建构过程,认为"情境"、"协作"、"会话"、"意义建构"是构成学习环境的四大要素。新课程关于教学的本质的界定主要是以此为理论支撑的:教学的本质就是交往,交往的形式是对话;对话有多种形式,如师生对话、学生与学生对话、学生与教材编者对话、学生与文本作者对话等;代表人物有皮亚杰等。

　　(2)掌握新课程改革的重要理念。要贯彻落实"为了中华民族的复兴,为了每位学生的发展"的基础教育课程改革的重要理念,教师必须更新观念。首先,要树立先进的教学观,要充分认识到,教学不仅是课程传递和执行的过程,更是课程创生与开发的过程;教学的本质在于交往,交往的表现形式是对话;教学就是师生交往、积极互动、共同发展的过程;教学不仅要重视结果,更要重视过程;不仅要重视继承,更要重视创新,不仅要重视"学会",更要重视"会学";教学不能一味地学科本位,而要关注人的发展,"以人为本"是素质教育的核心,是新课程的精髓。其次,要坚持科学的学生观,要真正理解学生是处于发展过程中、具有独特意义和巨大的发展潜能的人。美国心理学家加德纳(Howard Gardner)在《智力的结构》一书中提出"多元智力"说,提出人类至少有 8 种到 9 种智力构成,如:① 语言智能;② 数理—逻辑智能;③ 空间—知觉智能;④ 身体—运动智能;⑤ 音乐智能;⑥ 人际交往智能;⑦ 自我认知智能;⑧ 自然智能;⑨ 存在智能。"多元智力"理论说明,世界上并不存在聪明不聪明的问题,而是存在哪一方面聪明以及怎样聪明的问题,教师要善于从多个角度来评价、观察、接纳学生,重在寻找和发现学生身上的闪光点,发现并发展学生的潜能。第三,要努力建立新型的师生关系,因为师生之间的关系决定着学校的面貌。师生关系可以界定为师生伦理关系和师生情感关系两个方面,建立新型师生伦理关系,一要树立教育民主思想,教师要尊重学生的人格,接纳学生独特个性行为表现,满足学生的需要;二是要提高法制意识,保护学生的合法权利,明确师生的权利和义务;三要加强师德建设,提高抵御不良社会风气的能力,纯化师生关系。建立新型师生情感关系,教师要真情对待学生,关心爱护学生;要展现较高的专业水平和过硬的业务能力,学而不厌,诲人不倦;并且要完善个性,使自己拥有热情、真诚、宽容、负责、幽默等优秀品质,努力使自己成为富有个性魅力的人。

(3) 理解新课程中教师角色的定位。首先,理解"教师是学生平等者中的首席"的涵义。传统的教师社会角色定位(蜡烛、园丁、人类灵魂工程师)具有"四强调"和"四忽视"特点:一是强调社会责任,忽视教师的个人生命价值与需要;二是强调教师的权威,忽视教师与学生的合作关系;三是强调教师的科学素养与教学技能,忽视教师促进学生成长的专业意识;四是强调教师劳动的传递性,忽视教与学的创造性。因此,新课程要求教师在继续发扬过去优秀传统的基础上,还要努力做学生学习的促进者、引导者、组织者和帮助者,体现在课堂教学中,就是做学生平等者中的首席。"首席"的意义在于把好课堂教学的脉搏;妥善解决"气氛活跃"与"课堂秩序"的矛盾;正确处理"用教材教"与"脱离文本"的矛盾;客观对待"自主探究"与"课时任务"的矛盾。其次,了解新课程中教师的职业行为需要作哪些转变。新课程在对待师生关系上,强调尊重、赞赏学生;在对待教学关系上,强调帮助、引导学生学习;在对待自我发展上,强调教学反思、行动研究;在对待与其他教育者关系上,强调沟通、合作。

2. 提高当代教师的礼仪素养

古人云:"礼者,人之道也";"不学礼,无以立。"从孔子开始,礼仪就被列入受教育者必修的"六艺"之中。所谓礼仪,是指人类在社会交往活动中约定俗成的、表示尊敬的行为规范与准则,具体表现为礼貌、礼节、仪表、仪式、礼品器物等。拿破仑·希尔说:"世界上最廉价,而且能得到最大收益的一项特质,就是礼节。"美国一所大学管理学院的研究人员,曾对《幸福》杂志所列的 100 家大公司的高级执行经理和人事主管同时进行全面调查,其结果显示,英国 93%、美国 96% 的公司经理一致认为:礼仪和个人形象对于获得成功非常重要。所谓教师礼仪,是指教师从事教育教务活动、履行职责时所必须遵守的礼仪规范。当代教师要恪尽为人师表、教书育人的职分,当然应该成为讲究礼仪的典范。

(1)了解教师的服饰礼仪。服装具有多重实用功能,既可以扬长避短、美化人体,又可以展示个性、反映精神风貌,体现人的生活情趣和追求。因此,首先要掌握着装的 TPO 原则。TPO 即英语"Time"、"Place"、"Object"的缩写,指穿衣服要适应具体的时间、地点和目的需要。其次,要掌握协调性原则。教师的着装要与社会角色、自身条件和年龄相协调,要符合为人师表的身份。再次,要掌握整体性和整洁性原则,尽量使着装在整体上显得完美、和谐。教师的日常着装有五忌:露、透、紧、异、乱。另外,教师可以在校园等工作场合佩戴饰物,如胸花、戒指、头饰、耳环、项链、手镯等,但要注意符合两个原则:一是数量原则,以少为佳,起到点缀效果即可;在正式场合,全身饰物最好不超过三件;二是协调原则,饰物力求同色、同质,要达到显优藏绌、扬长避短、突出个性的效果,且与身份相符。

(2)掌握教师的语言礼仪。首先,要注意课堂语言五禁忌:一言堂、狭隘偏激、自我炫耀、冷嘲热讽、孤傲清高。其次,要注意谈话中使用的语言:善于运用尊敬的语言、礼貌的语言,使用商量或祈使语气,不用"交谈杀手"的语言,如行话、术语、俚语、方言土语等;谈话一般不要涉及个人的不幸、疾病、死亡或对方容易反感的不愉快的事情,不要询问生活履历、工资收入、家庭财产数额、服饰的价格以及女士的年龄、婚否等问题,不涉及单位的人事纠纷或绯闻等。第三,懂得各种谈话礼仪,要真诚坦荡,因人而异,谦恭适度,认真倾听。交谈中最忌讳是:居高临下,自我炫耀,口若悬河,心不在焉,随意插嘴,节外生枝,搔首弄姿,挖苦嘲讽,言不由衷,故弄玄虚,短话长谈等。

(3)懂得电话使用礼仪。拨打和接听电话已经成为当今社会生活中非常重要的交际手段,掌握其中的礼仪也是体现个人较好素养的重要方面。首先,掌握打出电话的礼仪。一要选择恰当的通话时间,除非特殊情况,公事最好在上班时间打电话,私事应该避开用餐、就寝和午休时间;二要先自我通报姓名、身份以及打电话事由,不可只说事情不报姓甚名谁,或只报身份不露姓名;三要做到通话目的明确,切忌避重就轻,不得要领。其次,掌握接听电话的礼仪。要向对方问候,语气语调友善、谦恭,如果是工作电话,一定要认真、准确、清楚地对有关事项做好记录,必要时将记录给对方重复一遍。另外,拨打手机的礼仪也很重要。一般情况下,拨打手机的第一句话要询问对方现在通话是否方便;电影院、音乐会、舞蹈演出、开会、听报告、讲课或听课等场所,不应使用手机;手机通话时声音不要太大,尽可能走到室外或其他僻静处通话。

(4)学会社交场合礼仪。一是掌握称呼礼仪,要恰当运用尊称、敬称以及对领导和同事的称呼,懂得称呼中的禁忌,如不误读姓名、不称绰号等。二要懂得握手礼仪,掌握握手时机、方式、次序等,不犯握手禁忌,如握手不可用力过猛,尤其是男性与女性握手时,用力要适度;正常情况下,无论男女都不可戴手套与人握手。①

海尔集团总裁张瑞敏曾经说过:"把每一件简单的事做好就是不简单,把每一件平凡的事做好就是不平凡。"职场人才培训专家汪中求认为:"世界上最难把握的规则是度,度源于素养。"(《营销人的自我营销》)来自企业家的人生感悟,对师范生如何打造本领、提升素养、完善形象,应该很有启迪作用。总之,师范院校广大师生要有明确的目标和坚定的信念,通过几年的锻造,力求弄懂原理,掌握方法,注重实践,练就技能;使自己拥有稳固厚实的专业底蕴,扎实灵活的实践能力,积极向上的精神风貌,毕业时能够勇敢而自信地直面社会的挑选。

(本文发表于《江苏教育学院学报》2009 年第 5 期)

---

① 李兴国,田亚丽.教师礼仪[M].上海:华东师范大学出版社,2006.

高师院校强化师范特色的策略

　　教师职前培养目标包括素质目标、数量目标和规格目标。数量目标和规格目标，要求学校结合本校规模实力及当时、当地教育发展需求来定位，素质目标是所有高师院校都重视的共性目标。当前师范生培养的当务之急，是要强化培养课程的学术性与师范性的统一，尤其要突出教师教育课程的师范性特色。

一、准确定位培养目标，科学选择培养模式

　　高师人才培养目标可从素质目标、数量目标和规格目标三个方面考虑，其中素质目标是所有高师院校都要追寻的共性目标，而数量目标和规格目标，则需要结合学校规模实力以及一定时期当地教育发展需求来定位。比如，一些部属高等师范大学和办学条件好、师资水平高的部分省属高等师范院校，主要培养面向全国高师院校、高层次研究院、研究所、经济发达地区各类中等学校的教育专职人员，则可以选择"4+2"和"4+3"两种培养模式进行实践探索；对于一般省属高等师范院校，主要培养面向省内的高师院校、教育研究院、研究所和中等教育的专职人员，则适合选择"4+2"或"4+1"模式进行培养；而一些地市所辖的，特别是刚升本科的高师院校，则选择"4+0"或"3+1"模式更为合适。该模式要求学生经过3年的专业学习，在第4年可以选择适合基础教育改革的教育理论课和实践课，获得教育专业学士学位；或选择其他专业的课程，获得相应专业的学士学位。

二、优化课程结构，构建"师范性"特色课程

　　1. 转变教育类课程的性质，完善教师教育课程体系。应把教育学、心理学、学科教学论等传统的课程定为"专业课"，并通过必修课和选修课两个途径，增加适应教师教育发展需要的新门类，同时加大教育类课程的比例。总之，要在兼顾课程的完整性和系统性的前提下，根据教师教育发展形势的需要，增加一些小型化、专题化、即时性的课程内容，保证教师教育直接服务于社会需要。

　　2. 加强教育实践课程建设，强化教育能力训练。关于高师实践课程的强化和改革，国内外有很多做法值得借鉴学习。香港大学教育学院语文教育学位课程的

设置对我们也应该有启发。他们由浅入深地安排教学基础理论和教学法课程的学习。譬如,一年级学生先学习教育制度、教育的社会观,使学生对自己在整个教育制度中扮演的角色有一定的理解。在二年级学习有关教和学的理论,进而学习有关学生辅导方面的理论知识;学生可参照这些理论知识,在各阶段的实习中尝试开展学科和学生管理等方面的实践活动。与此相对应的,是把学生实习分摊在 4 年内分段进行,实习时间逐步拉长,让学生能反复尝试应用各种教学方法和策略。每个学生在每学年前往不同类型的学校实习,提供机会让他们认识不同的学习文化以及对能力不一样的学生实施的方法。

3. 发展学科教学论,改革课程实施策略。由于学科教学论既不同于以理论研究为主要任务的教育学,又不同于以实践为目标的教学法,而是研究学科教学理论及其应用的一门教育学科,因此它应该成为当前高师院校的学术性特色学科和师范性支撑学科。当前,必须着力对"学科教学论"内容进行优化和拓展,必须注重对该课程的实施策略加以改进;这是高师院校把好教师培养关更加重要的一个环节。以下就学科教学论课程实施策略提出一些建议:

(1)加强横向联系,改革课时安排。注重系科之间的沟通和协作,开课时间上,可以与教育学、心理学或教育学原理、课程与教学论等课程并行开设,授课之前通过"大类别教研组"教研会议的形式集体备课,统筹规划,统一思想,从而避免相关内容的多次重复;也便于教师上课时对相关内容进行联系和照应。

(2)静态课程与动态课程相结合。学科教学论的教学,特别要注重兼顾长远目标和近期目标,坚持理论与实践相结合,并且突出可行性。因此,必须实施专用教材与专题讲座相结合的课程方案。教学时根据需要对既定的专用教材内容,进行增删处理;开设专题讲座应该突出教材研究、案例剖析、说课与评课、模拟课堂试讲等内容,通过大量感性知识的积累,来强化学生理性认识的融会贯通。

(3)增强课堂教学的示范性。凡是要求师范生具有的职业素养,教师在平时的课堂教学中就应该以身作则,以行为范。

三、加强课程统筹管理,力避条块分割、各自为政

在教师教育制度改革中,课程管理的矛盾比较突出,目前在各级各类高师院校中都不同程度地存在。例如教师资源分散在各个学院或系科部门,向来实行归口管理,这就难以统筹计划和安排。有学者提出必须建立教师教育学院或教育学院,

以便于进行统一协调组织和管理。实践中,就是在教育学院内部也存在如何协调管理的问题,必须建立健全内部管理机制,对教师培养工作实行全过程、全方位、全员性的管理。

(本文发表于《江苏高教》2007 年第 4 期)

论新形势下高师院校强化师范特色的策略和措施

教师教育的转型与改革要服务于教师专业水平的提高。当前我国的教师教育存在着"综合性"与"师范性"或"学术性"与"师范性"的矛盾,高师院校的师范特色亟待加强。高师院校要从"定位培养目标,选择培养模式"、"优化课程结构,构建新型课程"、"加强统筹管理,力避各自为政"几方面,努力强化师范特色。

新中国成立以来,我国师范教育课程设置虽历经数次调整,但整体格局并无实质性改变。教师教育课程设置主要以教育学学科体系为基础,针对教育学学科体系中所包含的内容设置教师教育课程。当教育学学科体系逐渐发展成一个庞大的学科群时,教师教育课程设置的门类也日益增多;而教育理论与教学实践、教学知识与教师素质要求、教学内容与教学时数等方面的矛盾始终存在;更为突出的问题是,无法真正反映教师胜任教职的基本要求及教师专业发展方向。随着市场经济的确立,特别是当越来越多的非师范类高校参与教师培养、教师就业市场完全开放之后,使得师范教育的培养目标、师范毕业生的分配、就业等由单纯的行政性调配,开始转向适应社会、市场调节,市场经济之下的教师教育需要质量标准。有关教师教育的调研结果表明,不同背景的相关人士对现行教师教育课程的总体满意度和价值认同度不高,不太满意的占 35.4%,不满意的占 41.8%。最为突出的问题有:教师教育课程缺乏基本规范,课程开设比较混乱、随意;课程结构和教学方式过于简单;教育实践课程过于薄弱;师范生的专业素养不高,不能满足基础教育改革的需求,也不能满足自身可持续发展的需求。因此,以教师专业发展为前提,已成教师教育课程改革的必然趋势。

一、我国教师教育发展的新形势

20 世纪末,根据科教兴国战略国策的需要,我国适时提出了教师专业化的问题;本世纪初,旨在适应教师专业化发展的教师教育制度的变革成了"十五"期间我国教育领域的重大课题。首先反映在名词概念的转变上,沿用了近百年的"师范教育"已经为"教师教育"所取代;其次表现在教育制度的转型上,有学者把这种转型概括为五种类型：消亡型、升格型、摘帽型、兼并型、扩展型。① 教师教育制度转型的目的，是要提升教师教育的水平和质量，实行教师职前培养和职后培训一体化。然而，"教师教育的转型的实质不是培养形式的变化，而是水平的提高"。② 现在看来，改革的效果与预期目标尚有一定距离，而转型带来的负面效应已经无法回避。"说得极端一些、激进一些是削弱了师范教育体系，降低了教师专业化水平。"③因为"许多师专、师院纷纷扩展为综合性大学，极大地削弱了师范教育"、"许多地方教育学院合并到师专或师范院校，教师的培训并未得到加强"。④

针对这种情况，许多有识之士大声疾呼，要求根据我国的国情，在扩大资源，实行教师教育开放化的同时，适当保留师范教育的独立体制，及时堵塞师范教育资源的流失。一些综合性大学也在积极探索，强化教师教育的"综合性"和"师范性"特色。如北京师范大学"十五"规划纲要的关键词是"转型、一流大学"；而"十一五"规划纲要的关键词则为"质量、特色"。⑤ 一些未经"合并"的地方教育学院，也在积极创造条件，发挥自身优势，接受国家教育部的评估验收，陆续向独立的师范院校体制转型。2007年3月，温家宝总理在全国十届人大五次会议上作的政府工作报告中提出了促进教育发展和教育公平的两大措施，其中之一就是在教育部直属师范大学实行师范生免费教育，建立相应的制度。并指出，"这个具有示范性的举措，就是要进一步形成尊师重教的浓厚氛围，让教育成为全社会最受尊重的事业；就是要培养大批优秀的教师；就是要提倡教育家办学，鼓励更多的优秀青年终身做教育工作者"。这些举措表现了我国教师教育能够在科学发展观的指导下，在探索中前进，在前进中反思，在反思中再认识，从而寻找调整、改进的策略和措施。因此在新形势下，升格后的高师院校或师范大学，要理性地处理好"综合性"与"师范性"的矛盾，在适应市场需求而加强"综合性"的同时，不可丢掉长期形成的师范教育的自身优势；独立体制的高师院校，在加强"学术性"建设的过程中，也不能忘却"师范性"是高师教育永恒追求的特色。"学术性"与"师范性"协调发展、共同提升，是高等教育大众化时代高师教育的生命支撑。因为"高等师范教育的独特之处在于其师范

---

① 朱旭东.我国教师教育制度重建的再思考[J].教师教育研究,2006(3).
② 顾明远.论教师教育的开放性[J].高等师范教育研究,2001(4).
③ 顾明远.我国教师教育改革的反思[J].教师教育研究,2006(6).
④ 顾明远.我国教师教育改革的反思[J].教师教育研究,2006(6).
⑤ 郑师渠、方增泉.师范大学的特色发展战略和高师改革趋向[J].教师教育研究,2006(6).

性,师范性是高等师范教育区别于其他高等教育的本质属性,是师范教育的教育专业性和教育特征,集中反映了教师教育在专业思想、职业素养、育人理念、教育技能方面的特殊要求。"①总之,我国教师教育发展的新形势,更加要求高师院校与时俱进地做好教师教育和培养工作。

二、高师院校教师培养现状的分析

教师教育转型以来,教师教育体制的创新与制度建设得到了长足的发展,教师职前培养和职后培训模式,在不断探索和实践中逐渐走向多样化。就培养模式而言,全国若干所师范大学先后进行了"3+1"、"4+1"、"4+2"等模式的实践探索,并且取得了显著成效。学生在集中进行 3 年或 4 年的学术性课程学习并获得学位之后,再继续学习 1 至 2 年的教育学科课程,通过相关考试或毕业论文,则可获得教师资格证和教育学士或硕士学位。但是,这只不过是宏观层面的,就全国范围来说,这也只算得上模式探索中的个案而已。因为"我国的教师教育从数量保障体系开始转向质量保障体系,并不意味着基础教育师资在数量上真正处于饱和或过剩状态,只是在教师数量与质量的关系中,数量不再是主要矛盾或矛盾的主要方面"。② 事实上全国许多地方教师数量仍然存在很大缺口,且东、西部差距很大,尤其是适应基础教育课程改革需要的中学教师严重不足。因此,目前一部份高师院校还不能把精力都放在"4+2"等硕士研究生的培养上,还应该积极承担起培养普通本科师范生的任务。当前教师培养模式改革的瓶颈,就是进行适应高师教育发展新形势的、符合"教师专业化"发展需要的课程设置,也就是如何通过教师教育的课程改革,来培养适应新世纪人才教育需要的合格教师。

当下许多高师院校在处理"学术性"与"师范性"矛盾时,偏重于"学术性",体现"师范"特色的课程设置依然存在诸多问题。诸如学科专业至上,重理论传授轻实践训练,着眼于过去知识却忽略学术的动态发展等。教育学科类课程,应该是凸显教师专业化的"师范性"的主打课程,但是目前至少存在以下几方面弊端:

1. 课程类型单调,教学内容陈旧,有交叉重复现象

目前高师院校所开的教育类课程大多还是教育学、心理学、学科教学法"老三

① 孙玉丽.论高等师范教育质量观及其保障[J].江苏高教,2003(3).
② 曹侠.我国教师教育发展历程与现状研究[J].江苏高教,2006(5).

门"。总体而言,内容陈旧,缺乏时代感和针对性;教育科学、教育心理科学以及课程与教学论等研究的最新成果,在一些高师院校未能及时充实到教学大纲中去;缺少适应教师教育发展需要的新门类。关于基础教育新课程的知识,只依靠学科教学法课程逐步渗透,而通识部分则往往放任自流,有的高师院校由教务处组织"新课程合格证考试",但常常流于形式,根本未能达到促进学生掌握相关知识的目的。另外,关于"教育与人的发展"方面的内容,几乎在"老三门"中都有体现,共性问题多有重复;至于课程理论、教学理论、教育评价、师生关系等内容,在"教育学"和"学科教学论"课程中,重复交叉现象更加严重。这些课程的开设,在时间、内容、课时分配上,不同院系、不同专业几乎是各自为政,互不观照。

2. 授课内容重理论、轻应用,从教能力训练不足

教师的授课内容往往局限于既定教材,与基础教育课程改革实践联系较少,大多在"是什么"、"为什么"的理论阐述上下功夫,却很少在"怎么做"的实践应用上重点打造;更缺乏启发学生思考不同情况下"应该如何做"、"还可以怎样做"。比如基础教育课程改革已经推行多年,可是课堂上仍然着重阐释改革的背景、意义、理念,而对来自教改实践中的现象、问题、困惑却很少研究,对鲜活的现实教学案例的剖析更是难得一见。教育见习、实习和教育调查,时间已嫌不足,却又因诸多因素,很多院校让学生回乡自找学校实习,缺乏得力的指导和严格的考核,往往使实习流于走过场,其效果很不理想。这就难怪有些师范生走进实习学校还"一点感觉也找不到",在理论和观念上并未真正"入门",在教学技能上还未完全"上路",甚至有的师范生连一份规范的教案也不会写。

3. 时间安排上,缺乏连贯性,不能适应培养新型师范生的需要

据了解,现在不少高师四年制本科院系,仍然是大三年级开设教育学、心理学,大四开设学科教学论,修完该课程就进入教育教学实习阶段,似乎这样就完成了"师范"特色的教育。而事实上,由于安排上缺乏关联性考虑,教学论教师上课时,难以与学生所修的教育学、教育心理学课程贯通呼应;加之学生缺乏教学体验,听课时往往"云里雾里",很难产生共鸣;等到实习归来,找到一点"当教师的感觉"时,再想聆听"教学论"的"教诲",可是该课程已经结束,很难见到老师了。这里涉及各院系部门的协调安排、统筹管理的问题,这也是新形势下教师培养亟待解决的问题。

三、高师院校凸显师范性的策略和措施

1. 准确定位培养目标,科学选择培养模式

培养模式服务于培养目标,高师院校要根据自身的特色和优势,准确定位自己培养的层次目标,而后再选择培养模式。人才培养目标是高师院校教育中的根本问题,它直接规定着高师办学的指导思想和师资培养的计划、内容以及组织实施工作。高师人才培养目标可从素质目标、数量目标和规格目标三方面考虑,其中素质目标是所有高师院校都要追寻的共性目标,而数量目标和规格目标,则需要结合学校规模实力以及一定时期当地教育发展需求来定位。比如,一些部属高等师范大学和办学条件好、师资水平高的部分省属高等师范院校,主要培养面向全国高师院校、高层次研究院、研究所、经济发达地区各类中等学校的教育专职人员,则可以选择"4+2"和"4+3"两种培养模式进行实践探索;对于一般省属高等师范院校,主要培养面向省内的高师院校、教育研究院、研究所和中等教育的专职人员,则适合选择"4+2"或"4+1"模式进行培养;而一些地市所辖的、特别是刚升本科的高师院校,则选择"4+0"或"3+1"模式更为合适。"该模式要求学生经过 3 年的专业学习后,在第 4 年可以选择适合基础教育改革的教育理论课和实践课,获得教育专业学士学位;或选择其他专业的课程,获得相应专业的学士学位。"①

2. 优化课程结构,构建"师范性"特色课程

目前部属师范大学的课程设置,正逐渐实现教师教育"教育学院化",即实现学科专业教育与教师教育相剥离的"阶段式";而一般省属高师院校目前大多采用学科专业教育与教师教育相混合的"模块式"。张斌贤教授指出:"就现状而言,各项教师培养模式的改革目前主要是在外围上推进,课程设置的改革、教材的重新编写以及教师教育者本身的培训等内在的核心工作并未跟上。"②顾明远先生认为,"培养的模式是可以多样的。但需要制定幼儿园教师、小学教师、中学教师三种不同规格的教师培养方案和教师教育课程标准。通识教育、学科教育、教师专业教育、实习这四大模块是不可或缺的。"③

(1)转变教育类课程的性质,完善教师教育课程体系。应该把教育学、心理学、学科教学论等传统的课程定为"专业课",并且通过必修课和选修课两个途径,

---

① 王克勤,马建峰,等.师范教育的转型与教师教育发展[J].教育研究,2006(4).
② 张斌贤.教师培养模式改革若干问题的思考[J].教育研究,2005(12).
③ 顾明远.我国教师教育改革的反思[J].教师教育研究,2006(6).

增加适应教师教育发展需要的新门类,同时加大教育类课程的比例。"一般说来,高师本科教学计划中,在公共课设置的教育类课程所占比例仅 10%,比政治课40%、外语课 30%、体育 15%等方面的公共课要低。"①高师本科课程中,教育类课程学习时数,在总学时中平均只占 5%~6%,远远低于专业课程。王克勤、马建峰等专家认为应该提高到占 20%左右为宜。② 罗明东主张,高师院校要建立起立体化的教育类课程体系,体系由五个层次构成,即教育理论课程、教师技能训练课程、教育实践课程、教育活动课程和隐性课程;这五个层次的课程应该以必修课程和选修课程的形态并存。③ 总之,要在兼顾课程的完整性和系统性的前提下,根据教师教育发展形势的需要,增加一些小型化、专题化、即时性的课程内容,以保证教师教育直接服务于社会需要。

(2) 加强教育实践课程建设,强化教育能力训练。当前,传统的教学实习、班主任工作实习、教育调查等,仍然是很多高师院校采用的教育实践的主要形式;但这种形式已经不能适应现代教育发展的需要,已经不能满足培养学生创新精神和实践能力的需要,这种现状必须予以扭转。关于高师实践课程的强化和改革,国内外有很多做法值得借鉴学习。朱元春构建的"高师实践教学模式"包括五个环节:综合实践—实验教学—技能训练—毕业实习—课题研究;④五个环节具有鲜明的特点,即全程性、阶段性、完整性、递进性;内容上,每个环节都包括安排、定位、目的、任务和内容、要求、指导与管理六个方面;在时间安排上,从大一到大四贯穿起来,体现了以学生发展为根本,以适应社会发展需要为目标,以符合事物发展规律和人的认识规律为准则的设置理念,可借鉴性和可操作性较强。香港大学教育学院语文教育学位课程的设置对我们也应该有启发。他们由浅入深地安排教学基础理论和教学法课程的学习。譬如,一年级学生先学习教育制度、教育的社会观,使学生对自己在整个教育制度中扮演的角色有一定的理解。在二年级学习有关教和学的理论,进而学习有关学生辅导方面的理论知识;学生可参照这些理论知识,在各阶段的实习中尝试开展学科和学生管理等方面的实践活动。与此相对应的,是把学生实习分摊在四年内分段进行,实习时间逐步拉长,让学生能反复尝试应用各

① 倪文锦,欧阳汝颖主编.语文教育展望[M].华东师范大学出版社,2002:500、499 页.
② 王克勤,马建峰,等.师范教育的转型与教师教育发展[J].教育研究,2006(4).
③ 罗明东.高等师范院校教育学科类课程结构整体优化的探索[J].教师教育研究,2006.
④ 朱元春.高师实践教学模式创新的探索[J].教师教育研究,2006(5).

種教学方法和策略。每个学生在每学年前往不同类型的学校实习,提供机会让他们认识不同的学习文化以及对能力不一样的学生实施的方法。① 对师范生采用这种培养策略,注重教学理论学习与实践运用相结合,注重在实践中的亲历与体验,会在很大程度上提高"教师职业化"和"教师专业化"的效应。

（3）发展学科教学论,改革课程实施策略。由于学科教学论既不同于以理论研究为主要任务的教育学,又不同于以实践为目标的教学法,而是研究学科教学理论及其应用的一门教育学科;因此它应该成为当前高师院校的学术性特色学科和师范性支撑学科。当前,必须着力对"学科教学论"内容进行优化和拓展,必须注重对该课程的实施策略加以改进;这是高师院校把好教师培养关更加重要的一个环节。以下就学科教学论课程实施策略提出一些建议:

① 加强横向联系,改革课时安排。注重系科之间的沟通和协作,开课时间上,可以与教育学、心理学或教育学原理、课程与教学论等课程并行开设,授课之前通过"大类别教研组"教研会议的形式集体备课,统筹规划,统一思想,从而避免相关内容的多次重复;也便于教师上课时对相关内容进行联系和照应。课时安排上,可以通过科学切分时段,来提高教学效应。以教学实习为界限,分段开设学科教学论,比如大三下半学年开设一部分,大四开学就进入实习阶段,实习结束后再开设一部分。切分比例一般以实习前后各占总课时的一半比较好。实习前,重点进行"入门性"教学和训练,主要是让学生初步了解将来要从教的学科的理论、性质、理念、内容、方法以及一般规律,从而使学生懂得"应该怎样上课"。此时教学的目标定位是"提高"前提下的"普及"。实习后,再进行"入围性"教学和训练,其目标定位是"普及"基础上的"提高"。主要教授内容应该是适应基础教育新课程需要的教育教学能力、教学科研能力的提高,以及该学科教学艺术的掌握、教学风格的形成等,使学生学会"怎样把课上好";同时,为他们将来的专业化发展奠定基础。

② 静态课程与动态课程相结合。学科教学论的教学,特别要注重兼顾长远目标和近期目标,坚持理论与实践相结合,并且突出可行性。因此必须实施专用教材与专题讲座相结合的课程方案。教学时根据需要对既定的专用教材内容,进行增删处理;开设专题讲座应该突出教材研究、案例剖析、说课与评课、模拟课堂试讲等内容,通过大量感性知识的积累,来强化学生理性认识的融会贯通。

---

① 倪文锦、欧阳汝颖主编.语文教育展望[M].华东师范大学出版社,2002:500、499 页。

24

③ 增强课堂教学的示范性。"师范性"当然应该包括"示范性"内涵,凡是要求师范生具有的职业素养,教师在平时的课堂教学中就应该以身作则,以行为范。比如教师在掌握"三字一话"和现代教学技术的基本功方面,就应该率先垂范;基础教育新课程倡导的教学观、教师观、学生观以及人才评价观等,在学科教学论课堂上,都应该有充分的体现。高师院校的教师,尤其是学科教学论教师,因其教授的内容更具"示范性",更加应该恪守笃行"为人师表、教书育人、教育公正、教育人道主义"的教师职业道德原则。

3. 加强课程统筹管理,力避条块分割、各自为政

在教师教育制度改革中,课程管理的矛盾比较突出,目前在各级各类高师院校中都不同程度地存在。例如教师资源分散在各个学院或系科部门,向来实行归口管理,这就难以统筹计划和安排。有学者提出必须组建教师教育学院,以便于进行统一协调组织和管理。其实就是在教育学院内部也存在如何协调管理的问题,必须建立健全内部管理机制,对教师培养工作实行全过程、全方位、全员性的管理。

(1) 明确管理机构,实行贯通管理。有必要指定一个行政职能部门具体负责,在分管院长的直接领导下,统一协调全校与教师教育培养相关的部门、院系之间的工作关系,统一调配教育资源,实施统一严格的教育质量监控与评估。比如,通盘设置并编排各院系教育类课程,使教育学、心理学、学科教学论以及现代教育技术运用等课程的开设,既呈各自相对独立的状态,又是全校有机的整体;在课程的开设与实施、检查与督促、考核与评定过程中,实行统筹管理;这样使师范生的"学科专业化"与"教育专业化"的学习和训练有机地结合起来,实现跨学科的渗透与融合,有利于师范生综合素养的养成和提高。

(2) 灵活运用资源,实现多元组合。一方面,高等师范院校在优化教师培养工作过程中,应该积极学习借鉴北京和上海的经验,充分利用校内的教育科研院所或教育研究中心的资源,发挥专家的显性和隐性介入功能,使教育教学科研的最新成果尽快传到师生的耳边,并且逐渐内化为基本素质。北京首都师范大学课程与教学论的专家教授,有计划有步骤地深入到普通中小学任教师、当校长;上海教育科学研究院规定,所有科研人员每周必须定时定点深入到基础教育第一线,听课、指导、反思、研究,使教育科研、教师培养、教师培训一体化的目标有了良好的气候和丰厚的土壤。另一方面,高师院校教师也应该保持一定的职业灵敏度,与校内外的一些教科研机构、周边基础教育机构或中小学,保持一定的联系,及时了解有关教师教育方面的事宜或活动,多方位、多层次、高频率地介入或参与其中,以充实和丰富自己的学科滋养,使自己的教学和科研始终拥有源头活水。

当然,有许多有益于教师培养与教育的工作不是教育工作者和科研人员个人力所能及的,因而需要有关主管部门或机构的政策引领和部署,通过宏观或微观的规章制度,创造资源共享、协调发展的平台和机会。比如,加强与中小学的纵向联系问题,依靠个人或系科的努力总是势单力薄。20 世纪 80 年代在美国兴起的职业发展学校(professional development school,简称 PDS),通过中小学与大学的联手合作,让中小学教师与大学教师组成合作小组,既为师范生提供了宝贵的实际课堂教学经验,又为中小学教师提供了职业发展的机会。这种经验当前在我国在职教师培训中被广泛借鉴;但在师范生培养中,尚未得到真正普遍的重视。仅仅有实习学校接纳师范生实习一两个月是远远不够的,必须真正发挥"实习基地"的作用,适时地让师范生"走出去",经常把一线教师"请进来",而且要形成规划和制度,使该项工作系列化和序列化。在这方面,前面提及的香港大学教育学院的做法是很有借鉴意义的。

(本文发表于《江苏教育学院学报》2007 年第 5 期)

高师院校语文教学论课程的优化建构*

语文教学论的优化探索,其宗旨是追求"学术性"与"师范性"并重的课程特色,培养适应新课程需要的新型师范生;其实质是追求课程实施的实践指向,直面语文教学实践,深度关怀语文教学实践。其实施途径及策略:加强课程实施的横向联系,改革学科课时安排;必修与选修课程结合,静态和动态课程互补;加强语文教育实习环节的管理,强化"教师实践性知识"的习得与积累;改革课程考核评价的内容及方式,突出实践能力和创新精神等。

随着基础教育课程改革的深入推进,教学论学科发展的实践指向成为研究的热点。2010 年 4 月在河南大学召开的全国教学论专题学术研讨会的主题确定为"教学论的实践指向",讨论如何建构直面教学实践、深度关怀教学实践的教学理论体系,以期优化教学理论和教学实践的关系。裴娣娜指出:"教学论学科发展的实践指向,集中表现在基础教育课程改革研究,教学方式变革与教学策略的构建,有效教学及其评价标准研究,以及教育技术手段的发展与应用等方面。"①这些理论探索和实践构想,都将成为学科教学论课程优化的理论指导。本文结合笔者几年来的课题研究和实践探索,论述在新课改背景下高师院校如何进行语文教学论课程的优化建构。

一、优化探索的背景、设计思路及研究方法

基础教育课程改革以来,师范院校中原有的门类偏少、理论性强、实践环节薄弱的教师教育课程设置,已经不能适应基础教育课程改革需要,许多师范院校对教师教育课程进行了大幅度的调整,集中体现在学分的重新配置,必修课程与选修课程比例的调整,必修课程内容体系的建构,以及教育教学实习环节的管理等方面。

* 本文系笔者主持的教学改革重点研究课题"新世纪语文教学论的理论视野及实践指向研究"、江苏省高校哲学社会科学研究基金资助项目"新课改视野下语文教师素养的价值追求"(2010SJB880012)的研究成果之一。

① 裴娣娜.中国教学论学科的当代形态及发展路径[J].教育研究,2009(3):37—47.

"语文课程与教学论"作为师范院校汉语言文学专业的重要课程,其改革与发展的目标定位,必然要立足于服务基础教育,为基础教育第一线培养符合新课改要求的新型语文教师,为各级各类学校培训适应新课程需要的在职语文教师。

1. 找准优化方向,落实课改精神

语文教学论研究的范畴包括:语文教学过程及其本质、语文教学目的与任务、语文教学原则、语文教师与学生、语文课程设置与语文教材、语文教学方法与形式、语文教学评价与管理等。该课程的优化探索,就其宗旨而言,是追求"学术性"与"师范性"并重的课程特色,培养适应新课程需要的新型师范生。就其本质而言,就是直面语文教育教学实践,探索语文课堂在教与学的活动中,学生是如何学会学习的;研究如何通过母语教学,构建学生的精神家园;如何在语文教学中实现学生个性的全面发展和良好人格的养成。就其实现途径而言,就是追求课程实施的实践指向,集中体现在以下几方面:一是对语文课程改革进行全面研究,在教学中贯彻语文新课程标准的重要理念;二是探索有效教学策略,变革语文教学方式;三是解读新课程的评价原则,研究新课程的评价策略及方式;四是结合新课改实际,探究语文教学中现代教育技术手段的发展与运用等。

2. 确定探索思路,突出重点难点

基本思路体现在三个方面。一是兼顾长远目标与近期目标。长远目标是:语文教学论课程体系构建,要适应国家中长期教育改革发展规划的步伐,从高师院校教育学科群的整体发展来考虑,注重本学科的前沿理论学习与运用,为适应我国教师教育的形势需要而开发新的教育课程;近期目标是通过教改课题研究,进行语文课程的微观建构。二是坚持理论与实践相结合的研究路径。在现代教育观、教学观、学生观、师生关系观以及现代教学评价观的指导下,进行语文教学论学科的优化与建构。三是注重课程优化的现实性,突出研究成果的可行性。将拓展性课程的开发与建设,贯穿在师范生的实践性课程中,一部分纳入已经开设的教育必修和选修课程中,其他内容则可通过周末专题讲座的形式进行实践。

重点有四个:一是语文教学理论创新成果的实践转化;二是语文教学改革实践经验的深化与反思;三是提高语文课堂教学有效性的策略与优质教学的探究;四是语文教学的评价主体与评价方式的研究。难点是:高中语文必修课程与选修课程的实施途径研究,寻找并分析国家语文课程目标与实际落实的语文课程目标的偏差,研究实现基础教育"升学"与"就业"两大任务的策略,寻找必修课程与选修课程之间的平衡点;着力挖掘课程与教学之间相向的而不是非此即彼的张力趋向,探索它们之间的中间区域,使课程与教学改革行走在理想的课程与教学的可能性之间。

3. 开展课题研究,推进优化建构

在确定方向、理清思路、明白重难点的基础上,积极开展课题研究,以推动课程优化探索。我们本着"努力培养适应新课程需要的新型师范生"这一时代要求,较早投入对基础教育新课改的研究,先后申请并立项两个教学改革课题,并且分别于2009、2010年通过验收结题。一个课题是"在语文教育学课程中如何突出师范特色";其目标定位是:针对当前我国师范生培养需要,开拓国际视野,借鉴国外经验,做好如下定位:一是加强学科专业课程与中小学相关课程的联系;二是拓展教育实践能力有效训练的途径和方法,强化技能训练,提高实践能力,培养创新精神;三是强化"教师实践性知识"的习得与积累,增强教师专业素养的综合性训练,通过实践,将头脑中的理论知识实践化,同时学习如何将实践经验理论化,从而形成实践性知识。

另一个课题是"语文课程内容与教学内容的微观建构",其目标定位是:通过广泛研究当前较有影响的新课标教材,为师范生在语文课程标准、语文教材、语文教学之间进行"架梁搭桥",并结合实践性课程的教学,在师范生文化基础课程学习、实践操作能力训练、教师知识习得等方面,做些"铺路导引"。在此基础上,2010年申请并获批两个研究课题,一个是学校教学改革重点研究课题"新世纪语文教学论的理论视野及实践指向研究",另一个是江苏省高校哲学社会科学研究基金资助项目"新课改视野下语文教师素养的价值追求"(2010SJB880012),以此进一步推进课程的优化建构。

4. 借鉴先进理论,追求探索创新

在1990年国家《授予博士、硕士学位和培养研究生的学科、专业目录》中,课程论、教学论、学科教学论是教育学门类下的并列的三级学科,1998年研究生目录调整,"学科教学论"与"教学论"合并,改为"课程与教学论",正式成为教育学下设的二级学科。因此,课程优化探索的主要思想是:重新审视"语文课程与教学论"的课程性质,准确定位课程目标;拓宽课程建设与发展的理论视野,重视语文学习心理和语文课程的研究。

陈桂生先生指出,教学法在研究发展中分化为两种,一是普通教学法,被现在的"教学论"取代;另一种为学科教学法,但在实践中逐渐异化为"处理教材的方法",学术声誉不高,被视为"小儿科"。他强调教学法之"法",非"方法",乃教学上的一般法则,包括自然法则和当然法则。自然法则即"规律",就是隐含在已经发生的历史现实的事实中诸现象的必然联系;当然法则即"原则",指自觉地变革已经存在的事实的实践价值取向。语文教学法研究的对象是语文教学的当然法则,即语文教学艺术。① 可见,"语文教学论"既不同于以理论研究为主的"语文教育学",也不同于以实践为目标的"语文教学法";它不仅要研究语文教学的"自然法则"(语文教学规律),而且要研究语文教学的"当然法则"(语文教学原则);更要研究语文课程和语文学习心理,即要重视学生是怎样学习的。因此,语文教学论的优化建构,应努力追求一下三点:注重课程建设,走出经验论误区;注重以人为本,走出技术化误区;注重理念综合,走出单一化误区。

在方法上,坚持继承与创新相结合。一方面,广泛吸纳前辈同仁的研究成果,将其作为进一步研究的基础;另一方面,并不停留在消化、图解现成的研究成果层面,而是力求在此基础上,经过选择、分析、借鉴和概括、抽象、提炼,找出新的范畴和命题。例如,王荣生针对我国语文课程改革的实际情况,一再呼吁当前要致力于"课程目标内容化,课程内容教材化,教材内容教学化"的研究与建构,并对此做了大量的探索和引领工作。鉴于此,笔者在进行"语文课程内容与教学内容的微观建构"课题研究中,首先认真研究人教版、苏教版、语文版等新课程语文教材,分析其在体现课程内容方面的体系规律及其缺憾,目的在于努力使教材内容教学化;其次,在使教材内容教学化的过程探讨中,寻找共性的同时,注重个性的发掘;注重落实新课程理论中"课程"的概念内涵,即在语文课程实施中要充分调动"教师、学生、教材、环境"四个因素的积极意义。上述研究旨在探索教学内容整合化、教学过程个性化,使研究与实践再往前推进一步。

二、课程优化建构的实施途径与策略

当前我国教师职前培养课程仍然包括公共基础课程、学科专业课程、教育专业课程三大部分,但教育课程的结构已经随着基础教育课程的需要而逐步调整。倪文锦 2008 年撰文指出,当前高师院校教育课程共 12 分,只占总学分的 7.5%;他主

---

① 陈桂生.教学法的命运[J].全球教育展望,2007(4):18—21.

张教师教育课程应该提高到 20%。① 笔者所在教育学院汉语言文学专业本科生培养方案(2008 年制定)中,教育专业课程 28 学分,占总学分 167 分的 16.77%;其中,必修课程 24 学分(含教育实习 10 分),占教育专业总学分比例为 85.71%,教育专业选修课程 4 学分,占教育专业总学分的比例接近 14.3%。最近有研究者通过对国内 15 所师范大学汉语言文学专业近三年来的教师改革方案的研究表明,近年来师范院校普遍加强了教师教育必修与选修课程的改革,主要体现为两方面:一是提高了教师教育选修比例,给学生更多的自主选择空间,有的学校选修课比例接近 50%;二是充实了必修课程的门类,在"老三门"基础上增开了许多新课程,使教师教育必修理论课程更加丰富、合理,也更贴近基础教育实际。② 由此可见,教师职前培养课程改革总的趋势是可喜的,但是不可忽视的是,这些课程的学习内容,尤其是专业必修课程大都是各个学科分支中具体的知识,师范生对所学的专业知识缺乏整体的、深刻的认识;他们对这些学科的学习,并没有与他们毕业后将要从事的教育教学工作建立明确的具体的联系,并未强化对中小学教育教学内容的了解和理解。这是师范生求职就业时普遍感到"在校所学对找工作帮助不大"的主要原因。

语文教学论的优化探索,就是要抓住当前教师教育的薄弱环节,研究当下语文教师素养的时代价值取向,立足于直面教学实践,深度关怀教学实践,加强语文教育教学类课程的研究与开发;这将有利于在校师范生综合素养的提升,有助于其求职就业,同时对在职语文教师的专业发展也有一定的引领作用。

1. 加强课程实施的横向联系,改革学科内的课时安排

在"老三门"中,共性问题多有重复,因此注重系科之间的沟通和协作已经受到广泛重视。开课时间上,可以与教育学、心理学或教育学原理等课程并行开设;也可组建教师教育类课程的"协同教学团队",在授课之前召开团队教研会议,或通过网上沟通平台等形式,开展集体备课,统筹规划,协同安排,从而避免相关内容的多次重复;同时也便于教师上课时对相关内容进行联系和观照。这样,既能保持学科的各自特色,也能使所开设的教育类课程形成有机的整体,有利于师范生素养的整

---

① 倪文锦.略论高师教师教育课程结构改革——兼谈高师中文专业的教师教育课程[J].全球教育望,2008(2):51—54.

② 刘建银,于兴国.我国教师教育课程设置改革的新进展与分析.课程・教材・教法[J].2010(2):83—87.

体提高。

改革学科内的课时安排,也很有积极意义。可以通过科学切分时段,来提高教学效应。以教学实习为界限,分段开设学科教学论,比如大三下半学年开设一部分,大四开学就进入实习阶段,实习结束后再开设一部分。切分比例一般以实习前后各占总课时的一半比较好。我们的做法是,实习前开课 36 节,重点进行"入门性"教学和训练,主要是让学生初步了解将来要从教的语文学科的理论、性质、理念、内容、方法以及一般规律,使学生懂得"应该怎样上语文课";此时教学的目标定位是"提高"前提下的"普及"。实习后再开课 36 节,进行"登堂式"教学和训练,其目标定位是"普及"基础上的"提高"。主要内容是适应基础教育新课程需要的教育教学能力、教学科研能力、课程资源的开发与运用能力的提高,以及语文学科教学艺术的掌握、教学风格的形成等,使学生学会"怎样把语文课上好"。这样,再经过一些选修课程的学习和训练,为师范生的实习和将来的专业化发展奠定扎实的基础。

2. 深度关怀语文教学实践,采用必修与选修课程结合、静态和动态课程互补的策略

鉴于目前中小学主要是学科教学,高师院校各专业培养的师资主要是学科教师,师范生培养应该加强学科内容与中小学课程内容的联系。因此,高师各科教师都应积极地关注基础教育课程改革,热情参与学科知识研究和建构,比如教学文学的教师,要关注中小学文学教育的内容及其发展变化;教学汉语言学的教师,要研究中小学语文教育所需要的汉语知识,包括古代汉语和现代汉语知识;教学外国文学的教师,也要关注中小学课程中的外国文学作品阅读等等。语文课程与教学论的优化建构,则更应该加强语文教育教学类课程的开拓建设。笔者任教的中文系汉语言文学专业课程中,与语文教学论相关的课程有:必修课程"语文课程与教学论"(3 学分),选修课程"语文教师专业素养及教学实务"(2 学分);另外在学科专业选修课程中,还有"语文美育"、"中学语文教材研究"、"中学写作教学研究"、"中学语言文字教学研究"(分别为 2 学分)。根据这一培养方案,我们采用必修与选修课程结合、静态和动态课程互补的策略,进行课程优化探索。

静态课程的实施,以必修课程"语文课程与教学论"的既定教材为主要内容,以教师课堂讲授为主要形式,对语文教育发展史内容,注重"源流"的梳理和提挈,让学生基本了解我国语文发展的概况、特点以及对当今语文教育的影响;对课程的重点、难点内容,则充分利用教师的专业素养,畅讲精讲,讲深讲透,做到通过感性知识来带动理性知识的理解和掌握。动态课程的开发与建设,主要是结合相关章节,如"语文教学"等内容,选择研读"语文课程标准"为突破口,以分析研究不同版本的新课程语文教材为途径,对"语文课程内容"和"语文教学内容"进行微观建构,弄清二者的联系与区别,并探索针对不同文本确立教学内容的规律和方法,从而减少语文课程实施中的随意性和盲目性。静态和动态课程的实施,根据内容及形式的需要分别纳入必修课程和选修课程之中。

3. 加强语文教育实习环节的管理,强化"教师实践性知识"的习得与积累

当前,传统的教学实习、班主任工作实习、教育调查等,仍然是很多高师院校采用的教育实践的主要形式;但这种形式已经不能适应现代教育发展的需要,已经不能满足培养学生创新精神和实践能力的需要。新世纪人才教育培养的特点,要求师范生在专业实践能力方面,具有比较准确地确定教学目标、清晰地表述教学目标的能力;具备根据教学目标选择和组织教学内容以达成教学目标的能力;具有和学生进行有效对话交流的能力;具有设计问题、选择教学策略的能力;具有运用一系列工具、设计一系列活动、利用相关资源的能力;具有组织管理学生行为的能力,采用形成性评价和终结性评价相结合的评价手段,促进学生积极发展等。

与国外许多发达国家相比,我国的师范生教育实践的时间已嫌不足,却又因为诸多因素,很多高师院校让学生回乡自找学校实习,缺乏得力的指导和严格的考核,往往使实习效果很不理想。因此,仅仅靠增加教育教学实习的学分还远远不够,还应该进一步明确制度,落实措施。我们可以借鉴国外教师培养中实习的管理模式,例如英国教师培养中教育实习已经形成较为完善的制度,构建了大学教育学院、中小学实习学校、地方教育行政部门"三位一体"的教育实习的职能机构和操作模式,并且实行教育实习制度化管理:一是教育实习过程管理制度化,二是对教育实习负责机构管理制度化。[①] 由于我国师范生实习管理制度尚在进一步完善中,当下我们只能"从我们能够改变处"探索改革,学习借鉴外国的先进做法,体现在两个方面:

(1)要求明确,内容具体。首先,要求实习的内容尽量详细、具体,具有可操作性。实习生要做什么,用什么方式去做,需要多少时间,都明确给出一个大致的时

---

① 王较过,朱贺.《英国教师职前培养的教育实习及其启示》[J].教师教育研究,2007(4):71—75.

间段。其次,拓展充实教育实习内容。一是显性内容,包括科学制定每日工作安排和长期工作计划;探讨并实施有效的课堂管理措施;对学生成绩作出恰当的评定;高度投入地参加正式教师的各项活动等。二是隐性内容:包括观察并理解实习学校的校容校貌建设;观察并研究任课班级的班风班纪;学习如何理解学生和做学生的思想工作;思考并尝试如何创设积极向上的学习氛围。

(2)组织协调,措施到位。首先,实习前召开实习生大会,学校、系有关领导做实习总动员后,由学科教学论教师讲话,并印发书面指导手册,对实习进行全面指导。手册明确规定实习结束时应达到的总体目标,并指定每一阶段的具体目标。其次,落实导师指导要求,原则上,一名实习生有三位导师指导,分别是学科教学论教师,负责联络协调工作的辅导员,还有实习学校指定的指导老师;其中实习学校的指导教师对实习生的指导作用非常重要。因此,应以院系名义对指导教师的指导主题(范畴)提出具体的建议,内容包括:让实习生观察更多的课例;让其获得新思想、新方法;使其分析自己的教学实践,掌握解释的技能;让其获得对教与学的深度理解;与实习生分享课例的设计和创意;使其能熟练解释和说明课堂事件;使其获得个性化的和专业化的满意感。

当然,单纯的实践并不能使师范生获得丰富的实践性知识,而实践本身,并不是职前教师培养的最终目的。教育实践性课程的目的,是通过实践,将学习者头脑中的理论知识实践化,同时学习如何将实践经验理论化,从而在实践中实现知识的整合,形成实践性知识。关于“教师实践性知识”的定义有多种概括,钟启权认为“是教师实践情境中支撑具体选择与判断的知识。”“是以教师的个人经验为基础而形成的、具有个性品格的知识。”[①]对于师范生而言,要通过教育见习和实习,促使自己有效地进行实践性知识的学习与积累。朱元春将获得教师实践性知识的结构概括为五个环节:① 预习——学习,了解,体会;② 见习——观察,接触,体验;③ 演习——模仿,操作,感受;④ 实习——行动,经验,探索;⑤ 研习——回忆,反思,认识。该五个环节体现了严谨的逻辑顺序,具有较强的可操作性。[②]

4. 改革课程考核评价的内容及方式,突出实践能力和创新精神

对课程学习的考核评价,遵循“重视过程、促进发展”、体现“人人平等、公平公

---

① 王艳玲.近 20 年来教师知识研究的回顾与反思[J].全球教育展望,2007(2):39—43.
② 朱元春.对教师教育中教育实践的重新审视.教师教育研究,2007(4):35—39.

正"的新型课程评价原则,评价内容紧扣课程目标,兼顾理论掌握和实践能力两方面,突出重点,兼顾全面。力求不仅考核学生掌握知识与技能的情况,也考核其学习的过程及其所表现的情感态度、意志毅力,包括是否具有善于思考、探究与创新的精神,因为这是新型教师的必备素养。

评价方式力求多元化、多样化,评价方式与课程性质相一致;主要采取考试与考查两种方式。考试:卷面力求覆盖面广泛而全面,包括填空题、判断题、名词解释、简答题、论述题和案例题等题型。通过多种题型考查学生的学习掌握情况,尤其是案例分析和操作性题型,如设计简短教案,点评教案的得失利弊;或分析案例包含的教学理念等,实践证明,这样的考测效果很好,有利于学生专业素养的整体提升。考查:在实践性课程内容的学习过程中进行。具体有几种形式:一是以课堂上讨论教学案例形式,或以观看教学录像课后即兴评课为形式;二是提供若干教师专业发展案例,要求学生对其进行分析、反思,表述自己的见解;三是提供文本,按要求进行教学设计,这也可以有三种形态:(1) 提供简短文本,让学生按要求设计教学方案,如进行教学目标、重点难点、导语、板书几个栏目的设计;(2) 提供不同作家、相同(似)作品要求进行整合式教学设计,如对《过秦论》(贾谊)、《六国论》(苏洵)、《阿房宫赋》(杜牧)进行整合性阅读教学设计;(3) 提供同一作家不同风格的作品,如将范仲淹的《渔家傲·塞下秋来风景异》(豪放)、《苏幕遮·碧云天》(婉约)进行对比阅读教学设计。结业成绩由两部分构成,试卷成绩占 70%,平时成绩占 30%。

三、课程优化建构的实践意义及反思

语文教学论课程的优化建构,可用"顶天立地"诠释:"顶天",就是要关注本课程前沿基础理论的研究,注重对经典学术论著的研究学习,尤其是对语文课程改革具有理论或实践指导意义的科研成果的吸纳;"立地",就是直面语文教学实践,突出对基础教育课程改革的研究与运用;"顶天立地"的课程优化追求,体现了课程建设中"师范性"与"学术性"并重的目标定位,这与当前我国高师院校的办学定位也是完全一致的。但是,课程的优化探索与建构,必然会在取得成效的同时存在不足,有些问题还有待于以后进一步探索解决。

1. 成效:优化探索促进语文教学论课程内容的丰富

首先,静态课程和动态课程的建设成效显著。静态课程建设,包括出版专著、

编写专用教材、提供学习参考用书、发表研究论文等。优化研究期间,学科团队出版专著 1 本,编写专用教材 2 本,参编高师院校教材 3 本,并发表研究论文 50 余篇。动态课程建设体现为两方面:一是理论拓展性课程的开发,如"语文学习理论研究"、"语文美育";二是实践性课程的拓展开发,主要结合选修课程进行,如"语文教师专业素养与教学实务",实施形式可以是系列讲座,如"语文教学最优化探索"、"语文教师怎样进行整合式教学设计"、"中小学教师怎样开展教育教学研究"、"语文课堂教学的评价标准与策略"、"语文综合性学习活动设计"、"情境适应性评价在语文教学中的应用"等。实践证明,一些实践性课程,不管是必修还是选修,因其具有很强的现实意义和应用价值,都是很受学生欢迎的课程。比如我们开设的选修课课程"语文教师专业素养与教学实务",每周 2 节共计 36 课时,现在已经进行第三轮实验;随着内容的不断发展丰富、目标定位及实施形式的不断改进,该课程将逐渐走向序列化、科学化。

其次,课程的优化建构能够促进精品课程的建设,并产生积极的社会效应。第一,优化的课程内容适应了教师培养的新形势,教学效率会明显提高,师范生就业的竞争力也会逐渐增强,毕业生的就业率也会有所提高。以笔者任课的班级为例,2006 级中文普通本科某班在参加省城教师招聘入围考试中,过关率达 75.7%。每年都有实习生因实习成绩突出而被实习学校提前签约录用。我们的课程优化建构,不但改变了过去"小儿科"、"万精油"的学科声誉,而且推动了"语文课程与教学论"的精品课程建设,使该学科顺利完成院级验收,并进入省级精品课程建设阶段;近年来在学生网上评课活动中,学生对该学科都给予高度评价和积极的建议,任课教师得分平均在 95 分左右。

第二,"直面语文教改实践、深度关怀语文教学实践"的课程优化定位,使优化研究的成果能够引起一线教师的广泛关注和思想共鸣。探索的初步成果大体包括三方面:一是当代师范生素养的价值取向;二是语文课程内容与教学内容的微观建构;三是语文必修课程和选修课程的评价方式探究,包括对语文中考、高考试卷的研究,也涉及对国外母语教学的研究。如笔者《高师院校强化师范特色的策略》(江苏高教.2007/4)、《怎样评判一节语文课》(中学语文教学.2005/12)、《2007—2010年高考文言文阅读试题探析》(语文建设.2010/9)《透视印度语文教材的价值取向》(语文教学研究.2008/2)等文章,在基础教育一线教师中产生了广泛影响。

第三,积极开展在职教师培训,更好地服务基础教育课程改革。随着教师教育制度的改革,对在职教师进行培训也成为高师院校责无旁贷的教育任务。笔者所在教育学院中文系迄今为止,已为全省基础教育事业培养了一大批优秀语文教师,其中有50余名毕业生成为语文特级教师或教授级中学高级教师。我们学科团队汲取长期从事教师教育的经验,开设新课程改革专题课,定期举办"特级教师论坛"系列学术讲座,充分发挥教学精英教育思想的辐射作用。根据省教育厅的部署,每年我校都要开展几种类型的省级骨干教师培训工作,在培训内容及形式方面,我们努力追求"一二三四",即一个宗旨,二个侧重,三个结合,四个特色。

一个宗旨:促进教师专业发展水平的提高,适应国家课程改革的需要。二个侧重:侧重全员参与、研修;侧重师生互动、共建。三个结合:专家讲座与学员论坛相结合;教育理论与教学实践运用相结合;贯彻科学理念与解决现实矛盾相结合。四个特色:以问题为纽带,使理念阐述通俗易懂、深入浅出;以案例为切入点,促进"研训一体化";行动策略具体详尽,便于操作;综合运用多种研训方式,激活参与者的感性认识和理性思考。

2. 问题:优化建构中有关环节的管理及细节的处理

一是必修课程与选修课程内容的沟通衔接问题。由于这些课程大多由学科团队成员分担课务,例如选修课程"中学语文教材研究"、"中学写作教学研究"、"中学语言文字教学研究"与必修课程"语文课程与教学论",不可能都是同一位教师主讲;那么如何避免教学内容的交叉重复?虽然问题不大,但在高校教师工作从来比较高度独立的惯性下,必须采取适当的措施来解决。

二是课程门类的增加引起的课时紧张问题。为适应新课程需要,增加教师培养的必修课程和选修课程的门类,课时势必紧张,这必然涉及到学制问题。有的高师院校某些院系索性压缩学制,让学生提前半年、甚至一年到中小学顶岗任教;这样是否会影响师范生的学科基础课程的学习?这虽然是个隐性问题,但却是高师院校课程改革无法回避的真实问题。

三是教育实习的管理问题。以笔者任教的院系课程设置方案为例,教育类课程28学分,教育实习10学分,与其他一些必修与选修课程的学分比较,教育实习的分值比例着实不小。然而,这10分学生是如何获得的?就是找一所学校听听课、改改作业,再上几节课,开一次班会,就算是完成了教育教学的任务了?实习之前,我们(国家、政府、教育机构)是否提供给师范生详细的便于操作的实习指导与考核指标,并在实习过程中确实落实在各个环节?我们并不缺少学习借鉴的典型,课程改革以来,英国、美国、澳大利亚等国家的先进经验,被陆续介绍到国内。但是由于诸多因素的影响,我国教师教育实习基地及相关教育机构的责任尚未形成严格的制度,普通高师院校、实习基地学校以及有关教育主管部门三方面,一直未能协调发挥其各自的职能。因此,当下教育行政部门在教师教育改革中的指导、调控和监管作用亟待加强,这将决定教师教育课程的进一步改革的步伐及力度,也对高师院校各个学科的优化探索、创新重构起着鸣锣开道的作用。

从教师职业属性看,教师之所以成为教师,更多地体现在教师拥有传授学科知识和能力方面,即关于"怎么教"的知识和能力方面。因此,学科教学论课程优化的实践取向,不仅顺应了国际教师教育的发展趋势,更体现了新世纪教师职业的本质要求。诚然,语文教学论课程的优化建构,只算是"正在路上",尽管曙光在前头,但是"路正长",还要付出艰辛的努力,才能沐浴在优化成功的幸福阳光之中。2010年颁布实施的《国家中长期教育改革和发展规划纲要(2010—2020年)》,是全面指导教育教学工作的行动指南,其中重点强调:百年大计,教育为本;教育大计,教师为本。国家教育改革和发展呼唤反思型、学者型、专家型教师,高师院校对教师的培养与培训责无旁贷;课程与教学论教师,更加任重而道远,应该以高度的社会责任感和和庄严的历史使命感,积极投身于基础教育改革的实践中。

(本文发表于《全球教育展望》2011年第2期)

临床实践型教师：当代师范生培养的目标取向[*]

反思性实践者,是当代教师的专业属性;在实践中、指向实践、为了实践,已成为教师教育课程改革的共同价值取向。"临床教育学"强调实践性、跨学科性;开展基于"临床教育学"理论视野的教师教育研究,确立"临床实践型教师"的师范生培养目标取向,是彰显当代教师专业属性的时代需求。本文主要从目标定位、课程取向、课程实施三方面,对如何培养"临床实践型教师"展开论述,探寻了当前师范生培养的途径和策略。

反思性实践者,是当代教师的专业属性。自舍恩提出教师要树立"反思性实践者"的专业形象之后,历经舒尔曼、范梅南等教育学者的激烈争论,教师要从技术理性的桎梏中解放出来,在实践中反思和探究,成为实践情境的研究者和实践知识的创造者,逐渐形成教师教育改革的共识,并产生了广泛的国际影响。英、法、日、美等国家教师教育发展的基本特征可概括为"在实践中"、"指向实践"、"为了实践";[①]实践取向,已成为教师教育课程改革的共同价值追求,我国《教师教育课程标准(试行)》将"育人为本、实践取向、终身学习"确立为三大基本理念。对于"实践指向",《教育课程标准》的要求是:"教师教育课程应强化实践意识,关注现实问题,体现教育改革与发展对教师的新要求。教师教育课程应引导未来教师参与和研究基础教育改革,主动建构教育知识,发展实践能力;引导未来教师发现和解决实际问题,创新教育教学模式,形成个人的教学风格和实践智慧。"实践智慧,是教师专业化的本质规定;反思性实践者,是当代教师的专业属性。

因此,确立基于"临床教育学"的教师教育目标定位,是彰显当代教师专业属性的时代需求,是培养富有反思精神、具备实践能力、勇于探索创新的新型教师的必然选择。

---

* 本文系笔者主持的江苏省高等教育教改研究立项课题"基于'临床教育学'的师范生专业实践能力培养模式研究"(2013JSJG144)的研究成果之一。

① 张守波,史宁中.教师专业化进程中的高师院校实践性教学[J].教育研究,2008(7):77—80.

一、问题的提出：基于"临床教育学"的研究背景及现状

（一）"临床教育学"的概念及其发展

所谓"临床"（clinic），原是从古希腊语"床"的意义派生出来的词汇，含义为"贴近床头"。"临床"作为医学术语，最早源于 1963 年米歇尔·福柯（1926—1984）的著作《临床医学的诞生》。"临床医学"是相对于基础医学而言的实地诊断并治疗病人的医学。教育学人从医生专业发展进程获得启迪，主张在教师教育尤其是师范生培养中融进临床学理念，以突出教师教育实践能力的案例性、现场性和动态性。"临床教育学"概念最早是由荷兰学者提出的，后在日本、美国发展较快。

1988 年京都大学研究生院设立"临床教育学"专业，标志着这门学科在日本得到正式承认；2000 年田中孝谚教授出版著作《理解儿童：临床教育学的尝试》；近几年日本东京大学、京都大学等多所大学设置"临床教育学研究中心"。美国 20 世纪 50 年代提出相关概念并产生积极影响的，有美国著名教育家科南特（J.B.Conant）、教师教育家古德拉德（John Goodlad）等人。柯南特在 20 世纪 60 年代美国"良师必学者"的学者型教师观盛行时期，就提出：既要提高学术标准，又要注重学科任教能力。他特别重视教育实践，提出了"临床教授"的构想，认为教师教育课程主要应该培养教育的"临床专家"；主张通过训练，使未来教师能够形成在教育教学中进行分析、诊断、假设及开出"处方"的能力；①古德拉德在对全美 29 所教师教育机构进行调查后呼吁：加强"临床教授"的队伍建设，主张由临床教师负责大、中学校的合作，以提高教师教育质量。这些思想在美国后来的"教师专业发展学校"（PDS）建构中，发挥了重要作用。2010 年，美国国家教师教育认证委员会"蓝带小组"经过几年努力，研制出了"临床实践型教师"的培养模式，该模式特别强调候选教师的实验室经验和驻校经验。

（二）"临床教育学"的研究成果及其价值

在国内，以"临床教育学"为命题要素的研究成果并不多，主要以介绍国外研究成果为主。② 尽管这些文章对"临床教育学"的概念涵义及其研究成果予以梳理，并结合我国教育现状提出一些见解，但今天看来各有欠缺。例如，施永达的文章论

---

① 钱小龙，汪霞.美、英、澳三国教师教育课程设置的现状与特点[J].外国教育研究，2011(4)：1—6.
② 施永达.向教育病理的挑战——关于临床教育学的几个基本理论问题[J].外国中小学教育，1996(6)，刘淑杰，段丽华.日本临床教育学的研究及对我国教育的几点启示[J].吉林教育科学·普教研究，2000(1)，东北师大武鑫的硕士学位论文.当代日本临床教育学的研究及其启示，2005.

述了"教育的病理与病理的教育",已经涉及"临床教育学"的理论视野及实践价值;但问题的解决还是以介绍日本学者的研究成果为主,没有进行"本土建构"。而其他文章中的"启示",则大多为宏观上的"大路货",缺少对中国教育现状的微观分析,所援引的案例多为借鉴,缺少现场感和针对性。

译介性文章中有两篇比较有影响:刘燕红、周琴《美国临床实践型教师培养模式述评》(《教育学术月刊》2011/8),钟启泉《从巴赫金的语言哲学看"临床教育学"——日本教育学者浅沼茂教授访谈》(《全球教育展望》2007/9)。前者概述了美国2009年以来"临床教育学"的应用与发展研究,重点介绍美国"临床实践型教师"教育模式研究的背景、研制思路以及模式的主要内容等,对我国当前深入推进的教师教育课程改革具有借鉴意义。钟先生文章中介绍了日本教育学者泽田稔为"临床教育学"设定的三个基轴:一是"现场性、实践性"基轴,聚焦医学中的"实地"特征;二是"病理性、问题性"基轴,聚焦医学中针对"病人"的个别性;三是"发现性、批判性"基轴,主要基于"临床"的引申义。

"临床教育学"的三基轴构成了彼此独立的三维空间,基本揭示了近年来"临床教育学"研究的基本范畴及特色,在一定程度上为研究者提供了一个鸟瞰"临床教育学"整体面貌的工具,可以为相关研究提供理论框架。当前,临床教育学对我国教师教育的最直接影响,是临床实践性在教师教育课程改革中得到高度重视。

二、我国教师教育课程改革的发展趋势

国外教师教育改革成果,对我国教师教育研究具有积极影响。国外教师教育课程改革呈现出共同趋势:一是课程目标专业化,表现为宽口径、厚基础、强能力、高素质,这完全不同于传统的师范教育的较为单纯的课程目标;二是课程取向实践化,例如美国的"PDS"(教师专业发展学校),英国"三位一体"(大学、中小学、教育行政机构)的教师教育制度,澳大利亚的"专业实践体验化"的教师教育课程设置,日本"教育实践学"研究的丰硕成果等等,都十分注重临床性、实践性;三是课程内容综合化,其大致比例是公共基础课占总学分35%,学科专业课程占45%,教育专业占20%,教育专业比例有很大提高;四是课程设置双专业化,兼顾学科专业与教育专业的统一,既重视学术性,又重视师范性,前者要求拥有雄厚的学科专业知识

基础,后者强调具备扎实的教育实践能力。① 在此国际背景下,我国教师教育改革逐步走向国际化与本土化的融合。

(一)反思当代教师专业本质,聚焦教师实践性知识

教师教育质量首先体现为教师素养。以往我国衡量教师素养的基本路向大致有两条,即专业知识素养和教育实践能力。自舒尔曼的"学科教学知识"(PCK)进入我国教育视野后,教师所学习的公共基础理论、学科专业性知识与教育专业实践能力之间存在的巨大落差,就成为业内广泛讨论和深刻研究的视点;于是教师素养研究的两条路向逐渐走向融合。教师教育改革之初,主要聚焦于教师实践性知识内涵及其特征的讨论;研究者中最具有引领作用的当推钟启泉、陈向明二位教育学者,他们的相关研究成果在教师教育改革、基础教育课程改革中已经产生了很大影响。陈向明认为:教师实践性知识是教师内心真正信奉的、在日常工作中实际使用的知识,可分为"理论性知识"和"实践性知识"两部分,包括显性或隐性内容。近年来,他通过大量课堂观察、深度访谈和案例分析,指出教师实践性知识包括"主体(教师)、问题情境、行动反思、信念"四大要素,发展并深化了以往的研究成果。② 钟启泉先生认为,教师实践性知识是教师实践情境中支撑具体的选择与判断的知识,并对其特征予以概括:它是存在于背景的经验性知识,是一种多义的、活生生的、充满柔性的功能性知识;它是以特定教师、特定教室、特定教材、特定学生为对象而形成的知识,是作为案例知识而积累、传承的;它是凭借经验主动地解释、矫正、深化现成知识而形成的综合性知识;它是以教师的个人经验为基础而形成的、具有个性品格的知识。③ 钟先生近年来又陆续发表了深化教师教育改革的系列文章,④致力于将教师教育研究从"指向实践"向"反思性实践者"的培养策略推进。

(二)探寻教师实践性知识的获得途径,建构师范生专业实践课程体系

基于教师实践性知识的研究,我国教师教育课程改革逐渐形成共识:注重探讨教师实践性知识获得的方法途径及策略,创建教师实践性课程内容体系和实施模式。其间,国内学者译介的大量国外教师教育改革成果,对教师教育课程改革具有

---

① 陈时见.教师教育课程论——历史透视与国际比较[M].北京:人民教育出版社,2011 年:223—231.
② 陈向明.对教师实践性知识构成要素的探讨[J].教育研究,2009(10).
③ 王艳玲.近 20 年来教师知识研究的回顾与反思[J].全球教育展望,2007(2):39—43.
④ 钟启泉.为了未来教育家的成长——论我国教师教育课程创新的课题[J].教育发展研究,2011(18);教师研修的挑战.光明日报,2013.7.20;教学实践模式与教师的实践思维——兼评"特殊教育认识论"[J].教育研究,2012(10).

一定推动作用。钟启泉先生通过与中村哲教授的访谈,介绍了日本"教育实践学"研究的 10 年历程及成果,并指出"教育实践学"与"临床教育学"的旨趣同出一辙。刘竑波以名古屋大学为例,介绍了日本教育实习的基本形态、过程、方法、特点以及对我国教师教育改革的启示。钱小龙等概括了美、英、澳三国教师教育课程的特点,并指出其共性特征:创建开放灵活的课程模块,强化大中小学之间的联系,关注实践课程的开设和学生实践能力的培养。胡惠敏等以斯坦福大学教育学院教师教育项目为例,解读了作为合作伙伴的教师专业发展学校(PDS),在未来教师实习过程中所扮演的重要角色,并从合作、实践和反思三个方面分析了美国经验对我国教师教育的启示。[①]

国内的教师教育实践指向研究也相继取得了丰硕成果,其中关于师范生培养模式的探索建构颇有实践价值。例如,朱元春提出要"注重临床教学",要将教育实践课程置于教育的现场之中,师范生在大量的临床观察、临床分析中,形成策略性和实践性知识,在对临床案例的反思中提升专业实践能力。他提出的"五环节一体化"构想,对教师实践课程进行了重组和改造,具有可操作性。[②] 姚云针对我国当前师范生教育实习的现状,构思了一条充分发挥教育信息技术的改革路径,旨在促进实习资源、实习过程与实习管理一体化,使教育实习的管理过程规范化和自动化。[③] 这些改革路径,内容翔实、路径严谨,有较强的借鉴意义。

(三)呼吁走出机械训练误区,从"技术性实践"转向"反思性实践"

尽管当前人们逐渐认识到,教师在实践情境中形成的、内隐于行动中的"实践性知识"是教师专业发展的基础;但却往往忽视教育理论、专业品性对教师专业发展的作用。临床教育学强调的是教师教育课程的临床实践性,但丝毫没有排斥"理论"的意思;当前许多教师教育研究成果,特别注重"实践性"和"可操作性";可是在一定程度上却淡化了"学术性"。这些研究成果在被一线教师借鉴过程中,往往出现另一种情况:注重师范生实践技能的打造,却又流于急功近利的机械训练与低效模仿。关于怎样备课,重在使师范生掌握教案的结构,诸如教学目标、教学重点难

① 钟启泉.教育实践学的构筑——日本教育学者中村哲教授访谈[J].全球教育展望,2007(5):3—7;刘竑波.日本未来教师教育实习实践探析——以名古屋大学为例[J].教师教育研究,2011(2):76—80;钱小龙,汪霞.美、英、澳三国教师教育课程设置的现状与特点[J].外国教育研究,2011(4):1—6;胡惠敏、汪明帅.美国教师专业发展学校与教育实习改革的经验与启示[J].全球教育展望,2011(7):49—53.
② 朱元春.对教师教育中教育实践的重新审视[J].教师教育研究,2007(9):35—39.
③ 姚云,等.我国师范生教育实习改革的路径思考[J].教育研究,2012(2):103—108.

点、教学课时安排、教学步骤等等；关于怎样说课，重在训练说课的范畴，如说教材、说目标、说重点难点、说教学方法、说教学流程设计等；关于怎样上课，则训练掌握导入、切入、深入、拓展、收束等环节和程序。诸如此类的教学实践能力训练，仅仅满足于知道"怎样教"，而不能顾及使师范生深刻理解："为什么这样教"，乃至反思"还可以怎样教"；说白了，这些仅仅是对"固化"了的常规教学模式的模仿和训练，很容易导致机械性和盲目性。这就难怪师范生上岗后往往"后劲不足"、时常有聘用学校的领导抱怨新任教师"远不如竞聘时的状态"。

教师"反思性实践者"的专业属性，决定了教师专业发展不是从理论学习到实践应用的线性过程，而是一个在实践体验的基础上结合经验进行反思的渐进过程。日本学者岩田康之认为："师范生实际接触教育现场的经验是必要的，但即使接触的机会再多，如若没有将现场的课题与大学进行的研究相互联系起来进行观察的话，也是难以形成解决现实教育问题的能力的；因此，教师职前实践教学的组织需要以教育现场的学习及对其思考为轴心。①

三、"临床实践型教师"的培养策略及途径探微

（一）目标定位：体现"反思性实践者"的教师专业属性

将"临床教育学"的"三基轴"理论阐释与教师教育课程标准的基本理念紧密联系起来，以此为理据确定如下目标：（1）遵循"实践取向"，突出"现场性、实践性"内涵，提升师范生专业实践能力：师范生了解教师实践性知识的特征、范畴及其来源，并学习、积累这些知识。（2）坚持"育人为本"，注重"病理性、问题性"内涵，强化教师专业实践能力的经验性、情境性、阶段发展性等特征：引导师范生针对当前中小学"教育的病理"、"病理的教育"等现象，学习分析其成因和对策；掌握处理教育教学过程中"突发事件"的策略，并逐步形成教育智慧。（3）追求"终身学习"，强调"发现性、批判性"内涵，发展教师实践性思维方式：促进师范生增强问题意识，养成反思习惯，掌握研究策略；追求"教育理论实践化—教育实践理论化"的职业境界。

完成上述培养目标，其瓶颈问题是怎样引导师范生掌握"教师实践思维"方式。因为教学实践的过程不是合理技术的应用过程，而是教师在复杂的语境中展开的实践性问题的解决过程，是要求高层次的思考、判断和选择的决策过程。教师唯有

---

① 《教师教育课程标准》专家组.教师教育课程标准的国际比较[J].全球教育展望,2008(9).

通过实践思维的锻造,才能正确地理解教学知识的基础、教学知识的源泉以及教学过程的复杂性,真正从技术熟练者走向反思性实践者。"①学习并掌握教师实践思维方式,能够增强师范生对教育教学中"或然"和"将然"的"问题"和"病理"的敏锐度,提高驾驭教育教学中"旁逸斜出"现象的能力,使日常的"保健"、"预防"与"临床治疗"合理地结合起来,从而更好地适应当今中小学生身心发展的需要。

从我国教师实践能力培养已有的研究成果看,多侧重于"现场性、实践性"的研究,而缺乏对"病理性、问题性"的关注;有些研究即使涉及到学校存在的"教育的病理"或"病理的教育"领域,也只是着眼于对教育教学中"已然"的"问题"、"病理"进行归类、总结,为之寻找"治疗"手段,并形成带有共性特征的诊疗方案。我们提倡更加注重教育教学中"临床"问题的个性化内涵研究。如果时间、地点和教师、学生以及其他诸多教育因素不同,则其"现场性、实践性"内涵则必然不同;那么可能出现的"问题"、"病理"也将各有不同。教师要充分认识儿童成长环境的复杂性,对中小学生行为上、心灵上的"病理"有一定的敏感度;善于预测或发现学生学习生活中存在的问题,例如,青少年的"焦虑、困惑"等心理问题,"逃学、欺凌"等不当行为,校园"轻生案"、"性侵案"等,对此能够适时寻求恰当的引导、教育等规避策略和方法。关于教学,陶行知指出:"教什么和怎么教,绝不是凭空可以规定的。他们都包含'人'的问题,人不同,则教的东西、教的方法、教的分量、教的次序都跟着不同了。"②师范教育不可能为未来教师提供教育教学生活中"包治百病"的"灵丹妙药",只有使其具备了教师实践性思维品质,发展教育智慧,将来上岗后面临中小学复杂的教育教学情境,才能应对自如。

(二)课程取向:重视课程之间的逻辑联系和相互渗透融合

教师教育课程体系的关键因素,是课程体系内部合理的逻辑结构。深化课程体系内在逻辑统一性的理论和实践研究,是深化教师教育课程改革的方向性问题。当前教师教育改革最明显的变化,就是教师职前培养方案中"公共基础课、学科专业课、教育专业课"三大类课程比重的调整,一般体现在三个方面:一是提高了教师教育选修比例,给学生更多自主选择空间;二是充实了必修课程门类,在老三门基础上增开了许多新课程,使教师教育必修理论课程更加丰富、合理,也更贴近基础

①　钟启泉.教学实践模式与教师的实践思维[J].教育研究,2012(10):108—114.

②　转引自时晓玲、于维涛.中小学课堂教学模式改革的省思与多元创新[J].教育研究,2013(5):129—133.

教育实际;三是提高教育实践课程的学分,延长教育实习时间。可是从当前的现状看,"三块课程的比例虽然总是反复地增减、调整,但是课程结构的变化对师范教育的效果似乎并没有形成关键的影响。"①美国教师教育家约翰·古德莱德指出,任何学校都同时存在五种课程:一是理性课程(学者认为应当接受的内容);二是正式性课程(监督机构,如行政区等所规定者);三是感悟性课程(教师认为根据教师需要所要教授者);四是操作性课程(在教室中究竟教了什么,由外部的观察人员所发现者);五是经验性课程(学生所学者)。② 可见,从师范生培养方案到形成教师专业素养,其间要经过复杂而多变的转换过程。培养"临床实践性教师"的课程取向:正确认识课程体系内部合理的关联度,理清各类课程之间的逻辑联系;并且通过增删、重组、整合,将停留于培养方案中的"理性课程"向便于实施、易于生效的"操作性课程"转换,使其高效地转化为师范生的"经验性课程"。

教师职业对学科具有高度的依赖性,这是毋庸置疑的。尽管当前教师教育增加了"公共基础课程"和"教育专业课程"的比例,但是无论国外还是国内,"学科专业课程"所占比例仍然是三项之中最高。这就决定了教师教育课程的设置与实施,不仅要从学科教学的专业需要出发来体现整个学科专业课程体系的逻辑结构;还要体现学科专业课程与公共基础课程、教育专业课程之间合理的关联度。因此,如何改变各类课程之间以及课程内部的"各自为阵"或"貌合神离"的关系,实现彼此"走进对方"的实质性融合和相互渗透,是深化教师教育课程改革的具体问题,也是培养"临床实践型教师"的关键所在。

因此,构建教师教育课程体系,必须坚持以学科教育课程为重点;但是当前实施的学科课程内容,尤其是专业必修课程知识,大都是各个学科分支中具体的知识,师范生对所学的专业知识缺乏整体的、深刻的认识;他们对这些学科的学习,并没有与其毕业后将要从事的教育教学工作建立明确具体的联系,并未强化对中小学教育教学内容的了解和理解。这是师范生求职就业时普遍感到"在师院所学对找工作帮助不大"的主要原因。因此必须特别注意两点:一方面,"学科教育课程"必须根植于"学科"的沃土,充分凸显"学科"教育的特色;同时,"学科专业课程"必须站在教育学、心理学、课程与教学论的高度,运用该领域的思想理论去审视、剖析

---

① 鲁静.我国教师教育课程体系的历史和逻辑分析——华东师范大学为例[J].教师教育研究,2010(5):66—71.

② 钟启泉.国际普通高中基础学科解析[M].上海:华东师大出版社,2003:133—134.

学科教育教学中的现象和问题,寻找解决的策略,进而形成教育智慧。另一方面,"教育通识课程"应该关注教育教学实际情况,注重理论在实际中的运用;师范生学习这些课程不是仅仅修满学分,而是要通过学习这些通识课程,提高自己的文化底蕴,从而提高教书育人的科学性和艺术性。

（三）课程实施:凸显学术性与师范性的有机统一

教师教育课程实施应努力走出三个误区:注重理念综合,走出单一化误区;注重以人为本,走出技术化误区;注重团队建设,走出封闭化误区。

1. 拓展教育课程体系,提高师范生专业实践能力

首先,以教育科学理论为行动指南。从教育学、教育心理学、教育神经科学、教育实践学等相关领域吸收理论滋养,通过构建模块式课程体系,实现"学术性"与"师范性"有机统一。根据需要可将模块整合为"教育与心理基础理论类"、"学科教育类"、"教育实践与技能类"、"教育研究与拓展类"等几大类别,各模块中根据需要开设必修课和选修课,突出多元化和实用性。

以"教育与心理基础理论类"模块为例,可以通过学术周（月）的形式,面对全体师范生开设专题讲座,介绍相关研究领域的最新研究成果,以开阔学术视野,引导其关注前沿理论发展,使学习和发展不断拥有源头活水。例如,介绍"教育神经科学"的最新研究成果:消除了"创造力在右脑"的神经神话;人的创造是左右脑共同完成的;所谓通过"右脑开发"来培养孩子的创造力的口号或做法,应该休矣。[①] 这一研究成果,阐述了人脑发散性思维、顿悟、艺术创造、创编故事的神经机制,创造性思维干预措施的神经机制以及高创造力大脑与低创造力大脑的差异;不仅推进人们对大脑的认识,澄清了过去的误导,而且对教育决策、教育行为、教学方法的选择与确定,具有重要的指导或启发意义。

其次,加强学科教育教学类课程的开拓建设。不仅要加强一般理论课程与学科专业类课程的联系,同时,还要与基础教育课程改革紧密联系。要求高师院校各科教师都要有意识地关注基础教育课程改革,提高学科知识教学与师范生将来职业的关联度。以汉语言文学专业的"教育专业课程"为例,除了必修课程"语文教学论"之外,还可开设一些选修课或专题讲座。学科教育原理类:可开设"语文学科前沿"、"语文教学心理学基础"、"语文教育哲学发展史"等;学科教育

①　郝宁.创造力的神经机制及其教育隐意[J].全球教育展望,2013(2):63—73.

研究类：可开设"语文教育研究方法"、"语文有效性教学研究"、"语文名师研究"、"中外母语课程标准比较研究"等；学科教学实践类：可开设"语文教师素养与教学实务"、"语文课文分析与教学设计"、"中小学教材分析"、"语文名课评析"、"语文教育测量与评价"等。这样把师范生所学的各科专业课程与中小学教学内容直接联系起来，将大学所学的现代学科思想渗透到中小学学科知识的研究中去，用现代思想观念和思维方法去理解中小学教育教学内容，从而扎实有效地提高师范生的学科素养。

再次，加强师范生专业素养的综合性训练。努力促进师范生在专业知识、专业实践能力、专业关系协调能力、专业品性等方面，协调发展。其中"专业品性"更加重要，美国已经将此列为教师教育标准的新元素。该专业品性，与我国强调的"师德"涵义有所不同，它不是指向教师内在的素质或主观态度，而是指向教师实际的行为表现。这种行为表现不只是体现为教师掌握了技能，更指向这些技能在相关情境中出现的频率。专业品性的提出，是要解决教师队伍中"会而不用"的实际问题，即教师掌握了教学技能或教育智慧，但在实际工作中却"不愿用"。教学具有内在固有的德行，教师在课堂上的任何行为都表现出道德意义。因此，专业品行要求师范生既要掌握教育教学技能，更要注重其行为倾向；既要有正确的主观态度，更要有确实的行为表现。教师教育要解决"不会用"的专业能力问题，更要重视"不愿用"的专业品性问题。教师的专业品性的形成，体现为教和学的品性的形成，包括向学、崇善、反思等。其中，"向学"是施教于人的前提和基础，而崇善是育人成才的根本和归宿，反思则是发展自我的必备方式和条件；教师具备了向学、崇善、反思等品质，不仅有利于关注学生的兴趣、态度、意向、情感和价值观，致力于学生成长与进步；更有益于自身教育教学能力的提升和自身的专业发展。①

2. 教学实现三个转向，变革传统的师范生培养形式

"反思性实践者"的教师专业属性，意味着教师角色的转型和职业品格的提升，因此，从"教书匠"的训练走向"反思性实践者"的培养，是当代教师教育要完成的重要转型。

首先，要从"定型化教学"转向"情境化教学"。要求变革过去重知识传授、轻

---

① 转引自李保强，薄存旭.."教学相长"本义复归及其教师专业发展价值[J].教育研究，2012(6)：129—135.

能力培养的"完成式"师范生培养理念,将教师教育工作的重心从"教会知识"转向"教学生会学知识"。教学的复杂性,使教师往往难以保证同一种教学方法在不同的教学情境中产生同样的预期效果,因此教师的职责更多是为学生创设相适合的教学情境,激发学生的学习兴趣,促使学生主动学习,并提供恰当的帮助。情境具有复杂性、独特性、非固定性等特征,因而情境化教学基本没有固定的模式或程序可以依循,教师必须根据所处情境,在行动中不断选择与思考。一方面,教师对问题的识别、能够做什么、需要怎样做,皆受制于特定的情境;另一方面,教师的理解以及随之而来的行动也在积极地改造着情境,从而表现出一种结构与能动性的张力。[1]

其次,从"技术性实践"转向"反思性实践"。当代心理学家波斯纳认为,没有反思的经验是狭隘的经验,充其量只能形成肤浅的知识;他提出教师成长的的公式:经验+反思=成长。罗赛尔和科萨根经过研究指出:训练只能缩小专家教师与新手教师之间的差异,而反思性实践或反思性教学,却是促使一部分教师成为专家教师的一个重要原因。[2] 教师只有真实地处于教学实践中,并有机会进行实际意义上的"自我回顾"和"自我反思",反思课堂教学,反思学生发展水平,反思自身发展状态;运用灵活的反思方法和丰富的反思内容积极地推动其专业发展,达成发展目标。舍恩认为,教师的反思是一种"行动中的反思",具有三大明显特征:"反思是有意识的、具有批判功能、带来即时的实验。"[3]教师的实践智慧不仅来源于活动过程中实践经验的反思,也是基于实践情境重新解读理论概念,发展自身的实践性知识。[4]

再次,从"理论的实践化"转向"实践的理论化"。作为"反思性实践者"的教师,所面临的问题是情境性的,他会有意识地运用理论来思考和解决问题,更会从自身的实践经验中"悟"出自己的"行动理论"。因此,应通过"临床"指导,来强化促进师范生反思的微观环境。一方面,指导教师以一些行动研究项目为载体强化"临床"指导:使师范生有机会加强反思自己的"临床"教育教学行为,并把相关理论作为解

---

① 戚万学,王夫艳.教师专业实践能力:内涵与特征[J].教育研究,2012(2):95—102.

② 转引自李保强薄存旭."教学相长"本义复归及其教师专业发展价值[J].教育研究,2012(6):129—135.

③ 戚万学,王夫艳.教师专业实践能力:内涵与特征[J].教育研究,2012(2):95—102.

④ 钟启泉.教学实践模式与教师的实践思维[J].教育研究,2012(10):108—114.

决问题的工具,以悟出隐藏在实践行为背后的逻辑或道理,从而获得在教育教学中作出合理判断与决策的智慧。另一方面,指导教师通过聚焦于课堂教学而强化"临床"指导:包括教学前规划、教学中观察、教学后反馈三个循环过程;这个过程是指导教师与师范生双向互动过程,而不是师范生单向模仿过程。[①] 促进师范生弄清教学行为背后的动机、价值观等起支配作用的因素,意在使师范生"由外到内"地理解"教什么"、"如何教"、"为什么这样教",并反思"还可以怎样教",从而获得教师实践性知识,形成教育智慧。

3. 组建"教师教育共同体",强化管理与考核评价功能

"临床教育学"的综合性、跨学科性、实践性等特点,决定了"临床实践性教师"的培养必须要有一支年龄层次合理、专业结构多元、理论水平与实践能力兼备的教师教育队伍。

首先,打破思维定势,拓展共同体构成范围。就师范院校而言,不仅包括教育学、心理学、各学科教学论专职教师,还应吸纳各个院系领导;就中小学、各级教育科研机构和教师培训机构而言,不仅要聘请特级教师、学科带头人、优秀班主任等一线教育专家进入共同体,还应邀请学校教研组长、有关部门负责人参与共同体;这样便于将师范生培养的相关措施落到实处,使"临床实践型教师"的培养具有一定的政策和措施方面的保障。同时,还可以根据需要,在校内组建教师教育共同体的下设组织,如"项目俱乐部"、"科目学习型团体"、"成长服务站"等。

其次,充分发挥教师教育共同体以及下设团体的作用。明确管理机构,实行贯通管理。要加强教师教育课程统筹管理,避免条块分割、各自为政,规避重复低效。有必要指定一个行政职能部门具体负责,在分管院长的直接领导下,统一协调全校与教师教育培养相关的部门、院系之间的工作关系,统一调配教育资源,实施统一严格的教育质量监控与评估。

在校内,创造条件、营造氛围,使师范生培养形成"全校一盘棋":课程的开设,既呈各自相对独立的状态,又是全校有机的整体;在课程的开设与实施、检查与督促、考核与评定过程中,实行统筹管理,使师范生的学科专业化与教育专业化的学习和训练有机地结合起来,实现跨学科的渗透与融合,促进师范生综合素养的养成和提高。在校外,师范院校教师与中小学教师、教育教学研究人员,建立"请进来"、

---

① 杨燕燕.论教师职前实践教学的取向转换[J].教育研究,2012(5):84—89.

"走出去"的常态化机制,实现校际互动、资源共享,为师范生营造学会学习、学会合作、共同发展的良好成长环境;使他们在经历协作、互勉、共进、整体提升的心灵体验中,实现专业发展。一方面,充分利用校内的教育科研院所或教育研究中心的资源,发挥专家的显性和隐性介入功能,使教育教学科研的最新成果及时转化为师范生培养的课程内容。另一方面,高师院校教师也应该保持一定的职业灵敏度,与校内外的一些教科研机构、基础教育机构或中小学保持一定的联系,及时了解与教师教育相关的事宜或活动,多方位、多层次、高频率地介入或参与其中,以充分发挥教师教育共同体的互利互惠功能。

再次,实现师范生教育实习资源、过程管理与考核一体化。教育实习,囊括了教师职前教育中的各种见习和教学体验,是"理论遭遇实践、理想碰撞现实"的过程,是师范生体认教师角色、养成专业能力、反思教育教学理论的重要环节。因此,对教育实习的严密组织和严格考核,是"临床实践型教师"培养策略的重中之重。

第一,改进高师院校与实习基地的合作模式,使校际间合作从简单的派送—接纳实习生,向教学改革、研究和管理等各个方面拓展与深化。其中包括教育教学资源的共建与共享,教师资源的交流与聘任,教学研讨的参与互动、教学研究的协作与整合等。

第二,搭建以师范院校为中心、以中小学教学实习基地为辐射网络的课堂教学资源信息交互共享的教师教育平台;提供突破时空的教育实习模式,实现实习管理过程的规范化与网络化建设;建构学科专业课堂教学观摩与研讨资源数据库,在局域网内实现公诸同好、资源共享。

第三,创建师范生教育见习、实习专项资料库,为师范生提取、整合教育实习的丰富资源;设置师范生教育实习模块,提供并及时更新各种主题班会、优质课堂教学案例或课堂实录,供师范生观摩学习。

第四,完善教育实践课程内容体系,依照《教师教育课程标准(试行)》修订教育实习大纲,编制教育实习手册,制订教育实习管理细则和考核评价标准;明确实习要达到的总体目标及考评标准;明确教育实习的显性内容和隐性内容的具体范畴,并明确实习指导教师的职责范围,做到目标明确,内容具体,措施得力。

第五,实行教育实习制度化管理。制度化管理指向两方面:一是对教育实习过程管理的制度化,二是对教育实习负责机构管理的制度化。由于诸多因素,我国师范院校、教师教育实习基地和相关教育主管机构的责任尚未形成明确的制度,普通高师院校、实习基地学校以及有关教育主管部门三方面,一直未能协调发挥其各自的职能。高师院校当下首先能做到的,是对教育实习过程的制度化管理,如实习前的组织部署、实习中的跟踪指导、实习后的考核评价等,都应该实行制度化管理。①

(本文发表于《连云港师范高等专科学校学报》2014 年第 1 期)

---

① 金荷华.高师院校语文教学论课程的优化建构[J].全球教育展望,2011(2):84—89.

临床教育学视域下语文教学论课程的优化研究[*]

教学论学科的发展亟须进行跨学科研究,"临床教育学"强调实践性、跨学科性,主张在师范生培养中融进临床学理念,以突出教师教育实践能力的案例性、现场性和动态性。本研究借鉴临床教育学"三基轴"内涵特征,贯彻教师教育课程改革的基本理念,对语文教学论课程进行优化探索。

一、问题提出的背景:教学论学科发展的新趋势

教学论是高师院校具有鲜明教师教育特色的重要学科,随着基础教育课程改革的深入推进,教学论的实践指向成为研究的热点。裴娣娜指出:"教学论学科发展的实践指向,集中表现在基础教育课程改革研究,教学方式变革与教学策略的构建,有效教学及其评价标准研究,以及教育技术手段的发展与应用等方面。"[①]然而,在教学理论和教学实践得到进一步结合的过程中,教学论研究也暴露出诸多问题。由于实践取向研究的泛化,教学论研究者遵循专业的实用思维,追求短期功利性,往往降低了自身的学科品位,导致教学论面临诸多现实困境,如教学理论的学术品性和解释力下降,对教学实践的指导力不足等。当前,教学论的发展需要重新审视理论与实践的关系,提升教学论自身的理论品性,并致力于教学理论的实践转化,给教学实践以科学有效的指导。

首先,要明确教学论发展的定位:完善理论研究,关注教学实践。以"回到原点"为突破口,要形成基于原点的研究问题域,着力研究"学科"、"知识"、"能力"、"学习"、"发展"几个方面的原点问题,以学习与发展为主题,聚焦于教学条件下学生学习与发展的内在机制问题,以教学事实为基础,注重对实践经验的归纳与概括。[②] 教学论发展的当务之急,是要正确认识演绎与归纳的作用与关系,教学理论的基本成分主要是由归纳研究所获得,而教学理论体系的建立则主要依靠演绎来

* 本文是笔者主持的江苏省高等教育教改研究资助课题"基于'临床教育学'的师范生专业实践能力培养研究"(项目编号:2013JSJG144)的研究成果之一。

① 裴娣娜.中国教学论学科的当代形态及发展路径[J].教育研究,2009(3):37—47.
② 李松林.推进教学论研究的突破口[J].教育研究,2012(8):95—100.

实现。当前,教学论研究者必须走出演绎式研究的惯习或定势,发展归纳式的实践研究:基于实践、广泛实验、注重归纳,并在归纳的基础上加以演绎。归纳,是对教学事实进行类型化、系统化并加以分析和概括的过程;演绎,是在归纳的前提下获得必然性结论、进而建立严谨理论体系的过程。归纳式研究与演绎式研究二者的关系是辩证统一、相辅相成的:归纳研究是演绎研究的基础,演绎研究是归纳研究的进一步展开;没有归纳的演绎容易导致玄虚的智力游戏,没有演绎的归纳可能沦为浅显的经验总结。

其次,教学论学科的发展亟须进行跨学科研究。教学论的跨学科研究具有综合性、互融性和实践性等基本特征,不仅能在量上扩充教学论的内容和结构,而且能在质上充实教学论赖以建立的理论基础;不仅有益于教学论学科的理论体系建设,而且有益于提升对教学实践的解释力和指导作用。目前亟待解决的问题有三:一是如何进一步强化对跨学科引进与移植内容的消化和融合,并形成自己的"专属领地";二是如何吸收其他学科的理论成果而保持自己独有的风格;三是如何结合教学实践的需要而进行研究领域的扩展。[①] 一方面,教学论研究者需要超越学科本位的狭隘视野,促进教学论各分支之间的相互交流,在多个有价值的教学研究领域之间牵线搭桥,以实现教学论学科的综合与发展,从而形成更全面、更系统的教学整体认识。另一方面,教学论研究者还要确信,任何教学论都只有相对于具体的教学实践活动及其存在境遇,才能确证其存在价值;在所有时间、空间和场域都适用的教学论等于在所有的时间、空间、场域都不适用,因而是毫无意义的;[②]因为真实的教学世界永远是复杂的。

二、概念涵义及发展:"临床教育学"及其研究成果

"临床"作为医学术语,源于医学著作《临床医学的诞生》,"临床医学"是相对于基础医学、靠实地诊断而治疗病人的医学。教育学人由此获得启迪,主张在师范生培养中融进临床学理念,以突出教师教育实践能力的案例性、现场性和动态性。"临床教育学"概念由荷兰学者提出,后在日本、美国发展较快。1988 年日本京都大学研究生院设立"临床教育学"专业,2000 年田中孝谚著作《理解儿童:临床教育

---

① 肖正德.教学论跨学科研究检视[J].教育学(人大复印报刊资料),2013(8).
② 徐继存.嵌入现实教学中的教学论思考[J].教育学(人大复印报刊资料),2014(6):58—64.

学的尝试》出版；近来日本多所大学设置"临床教育学研究中心"，聚焦教育实践，展开教育、医疗、心理等多学科参与的"临床教育学"研究。美国 20 世纪 90 年代有教育学者提出相关概念并产生积极影响，柯南特主张由"临床教授"负责指导和评价师范生教学实习；古德莱德呼吁：要加强"临床教授"队伍建设。这些理念在美国及西方国家的"教师专业发展学校"（PDS）建构中，发挥了重要作用。2010 年，美国"蓝带小组"研制出了"临床实践型教师"培养模式，特别强调候选教师的临床经验。

（一）基于"临床教育学"的教师教育研究成果

我国以"临床教育学"为命题要素的研究成果并不多，以译介性内容为主，较有影响的有两篇：《美国临床实践型教师培养模式述评》（刘燕红、周琴《教育学术月刊》(2011/8)、《从巴赫金的语言哲学看"临床教育学"——日本教育学者浅沼茂教授访谈》（钟启泉《全球教育展望》2007/9)，前者概述美国 2009 年以来临床教育学应用与发展，重点介绍"临床实践型教师"教育模式的研究背景、研制思路、主要内容等，对我国深入推进教师教育改革具有重要借鉴意义。钟先生的访谈文章涉及理论视野较深广，其中介绍临床教育学三基轴概念：① "现场性、实践性"：聚焦医学中"实地"特征；② "病理性、问题性"：聚焦医学中针对"病人"个别性；③ "发现性、批判性"：基于"临床"的引申义。此三基轴构成彼此独立的三维空间，虽然逻辑关系不甚清晰，但基本揭示了近年来临床教育学研究的基本范畴及特色，为研究者提供一个鸟瞰临床教育学整体面貌的工具，可以为相关研究提供理论框架。①

基于临床教育学的教师教育研究，国外体现为"在实践中"、"指向实践"、"为了实践"的教育模式，以英、法、日、美等发达国家为代表。国内聚焦于教师实践性知识及其获得途径的研究，钟启泉、陈向明的研究成果具有引领性影响。从我国教师实践能力培养已有的研究成果看，多侧重于"现场性、实践性"问题的研究，而缺乏对"病理性、问题性"现象的关注；有些研究即使涉及到学校存在的"教育的病理"或"病理的教育"领域，也多数是着眼于对教育教学中"已然"的"问题"、"病理"进行归类、总结，为之寻找"治疗"手段，并形成带有共性特征的诊疗方案。而临床教育学则注重教育教学问题的个性化内涵研究：如果时间、地点和教师、学生以及其他诸多教育因素不同，则其"现场性、实践性"内涵则必然不同；那么可能出现的"问题"、

---

① 金荷华.临床实践型教师：当代师范性培养的的目标取向[J].连云港师范高等专科学校学报,2014(1):50—56.

"病理"也将各有不同。教师要充分认识儿童成长环境的复杂性,对中小学生行为、心灵的"病理"有一定的敏感度;善于预测或发现学生学习生活中存在的问题,如"焦虑、困惑"等心理问题,"逃学、欺凌"等不当行为,以及校园"轻生案"、"性侵案"等,对此能够适时寻求恰当的引导、教育等规避策略和方法。总之,师范教育不可能为教师提供教育教学的"包治百病"的"灵丹妙药";教师只有增强反思能力、发展教育智慧,才能妥善解决复杂教育教学情境中的"旁逸斜出"或"突发事件"。

(二)语文课程与教学论的研究发展新趋势

语文课程与教学论的实践指向研究,以裴娣娜、倪文锦、王荣生等学者及大批语文教改一线专家为代表,其研究成果产生了广泛影响。《语文建设》2013 年首期发表《聚龙宣言》,开启了大规模的"真语文大讨论",全国语文人针对新课改以来语文教学"少慢差费"、"假大空杂"的积弊,进行了全面反思和重构。2014 年以来,《语文建设》又相继推出系列讨论专题,如"将国学融入中小学语文教育"、"以语言文字运用为本"、"文本解读应以文本为本"、"语文知识是语文学习之本"、"继承并弘扬古代优秀语文教育传统"等;并且集中刊发国家社科基金教育学重点课题"中小学语文教育改革研究"的前期成果,包括语文教育改革的总体构想(任翔)、语文教育语用观的核心理念(曹明海)、语文教育改革的整体设计(李宇明等),还有语文教育评价(倪文锦)、语文教师教育(靳彤)、语文教材改革(顾之川等)多方面的研究成果(《语文建设》2014/6、7、8);这些都是语文课程改革进入深水区的前沿成果,无疑应该成为语文教学论课程优化建构的重要元素。

(三)"临床教育学"视域下语文教学论课程优化研究的意义

临床教育学强调实践性、跨学科性,其隐喻意义在于:临床医生在决定治疗病人时,一般运用艺术的、非形式的、质性的方略,是不能量化的方略。基于临床教育学的理论视野,优化学科教学论课程,将使高效开展教师职前培养、入职培训、在职研修工作,拥有源头活水。当前,业内人士已经关注"临床性",普遍重视教师实践能力的打造;但往往强调了可操作性,却淡化了学术性;流于急功近利的机械训练、低效模仿,解决的都是"已然"、"应然"问题;侧重于打造知道"怎样教",却淡化了要理解"为什么这样教",忽略了要反思"还可以怎样教"。借鉴临床教育学"三基轴"内涵特征,突出对"或然"、"将然"问题的研究,体现了当今复杂的社会环境导致教育环境的复杂对教师的新要求。语文课程"工具性与人文性的统一"的特殊性质,在人终身发展中奠基性的重要地位,以及学习内容和任务的高度综合性、实践性;

决定了语文教学的情境更为复杂,不确定因素更多;同时,母语教育对于"立人"具有得天独厚的条件和任重道远的使命,对语文教师的专业素养要求更高;因而开展临床教育学视域下的语文教学论课程的优化研究,更具特殊意义。

2013年国家印发《关于培育和践行社会主义核心价值观的意见》,提出了三个层面的核心价值观。国家层面的价值目标:"富强、民主、文明、和谐";社会层面的价值取向:"自由、平等、公正、法治";个人层面的价值准则:"爱国、敬业、诚信、友善"。习近平同志最近指出:"广大教师要用好课堂讲坛,用好校园阵地,用自己的行动倡导社会主义核心价值观,用自己的学识、阅历、经验点燃学生对真善美的向往,使社会主义核心价值观润物细无声地浸润学生们的心田、转化为日常行为,增强学生的价值判断能力、价值选择能力、价值塑造能力,引领学生健康成长。"(《做党和人民满意的好老师——同北京师范大学师生代表座谈时的讲话》2014年9月9日)因此,进行语文教学论课程的优化研究,对于贯彻国家教育方针,推进教师教育课程改革,培养出党和人民满意的好老师,从而更好地培育和践行社会主义核心价值观,不仅具有实效性、时效性,也有一定的前瞻性。

三、语文教学论课程优化建构的目标定位及主要内容

(一)目标定位

借鉴临床教育学"三基轴"内涵特征,贯彻《教师教育课程标准(试行)》三个基本理念;以"回到原点"为突破口,着力研究"学科"、"知识与能力"、"学习与发展"几方面的原点问题,以语文学科为凭借和依托,以语文教学事实为基础,以提升语文教师临床实践能力和教育智慧为旨归。

(二)主要内容

1. 遵循"实践取向"理念,突出"现场性、实践性"特征,研究当代语文教师专业实践能力的内涵、特征及获得途径和策略,聚焦于"语文教师知识",包括语文学科知识、语文课程知识、语文教学知识。

语文学科知识。学科知识,是教学实践的主要原料和依据;知识与能力,是教学实践的两个基本支点;语文教师知识,首先应该指向"语文学科知识"。语文学科知识,即学校教育课程中的语文课程学科知识,由文字、语言、文学、文章等多门学科综合改造、遴选、提取而来,这些知识力求精要、好懂、有用,以适应基础教育阶段的学生需要,后来被概括为"字词句篇、语修逻文",称为语文基础知识,与语文基本

技能"听说读写"并列,构成语文教学的核心内容"双基"。

语文课程知识。随着语文课程改革进入深水区,从关注"教学层面"走向关注"课程层面",已经成为语文教师专业发展的必然趋势。把握课程的整体性,是教师专业发展的文化自觉。语文课程知识,即把语文学科知识转化为语文课程内容的知识,其基础内容仍然是语文学科知识,但又不是单纯的语文学科知识的直接呈现,而是对它们进行加工、重整、变更,使其形成课程知识,即指向语文教学目标、在学校基础教育阶段需要学习,而且是可以教、可以学,值得教、值得学的语文知识。① 语文课程知识,其内容指向包括以下几个方面:一是"要实现什么目标",指向语文学科教学目标知识;二是"拿什么来实现此目标",指向为了实现此教学目标,要运用哪些语文知识;三是"怎样教才能更好地实现此目标",指向将采取哪些方法、策略来呈现、传递这些语文知识,使其能够转化为语文能力,形成学生的语文素养;四是"何以知晓是否实现了教学目标",指向如何通过检测、评估学生语文知识的掌握程度,来判断教学目标实现的效度。

语文教学知识。1986 年美国斯坦福大学教授舒尔曼(L.S.Shulman)提出"教师知识"的概念及其理论框架,由 7 个组成部分构成:学科内容的知识,课程知识,学科教学知识,一般教学法知识,关于学习及其性质的知识,教育情境的知识,教育目标与价值的知识;其中"学科教学知识"(Pedagogical Content Knowledge,简称 PCK)最受重视,它是"学科的科学内容与教学论的合金":教师将学科内容转化和表征为有教学意义的形式、适合不同能力和背景学生的能力,是综合了学科知识、教学和背景的知识而形成的知识,是教师专业知识的核心。由于学科教学知识(PCK)具有专业独特性、个体发展性、多元整合性、实践生成性等特征,因此,该部分的重点是:语文教学知识(PCK)如何获得;难点是:语文教材内容教学化—语文教学设计个性化。

理想的语文课程体系应该是:课程目标内容化(国家)—课程内容教材化(专门机构)—教材内容教学化(教材编者、教师)—教学设计个性化(教师)。我国 2011 年修订版语文课程标准仍然属于"能力型"标准,缺乏课程内容;而当前的教材基本属于"文选型"教材,在"教材内容教学化"方面还有待提高,这必然增加语文教师"备课"的难度。据业内研究者粗略统计,70%的语文课堂教学问题,是源于教师研

---

① 黄伟.语文知识刍论及吁求[J].课程・教材・教法,2014(5):29—33.

究教材和把握教材的欠缺,问题大多处在弄不明白究竟要"教什么"。其原因固然是多方面的,但与"教材内容教学化"不到位,有很大关系。"教什么"、"学什么"比"怎样教"、"怎样学"更重要,这是有效教学的重要前提,也是有效教学的原理之一。

2. 坚持"育人为本"理念,注重"病理性、问题性"特征,改变一味重视"已然"、"应然"问题的研究惯习,重视语文教育教学中"或然"、"将然"问题的研究,旨在提高语文教师的实践能力,促进形成语文教育智慧。

国际教师教育改革的发展趋势表明,当代教师教育必须从"教书匠的训练"走向"反思性实践家的成长";课程实施,需要由"定型化教学"走向"情境化教学";教学研究,需要由"技术性实践"走向"反思性实践";理论与实践的关系,由"教育理论实践化"走向"教育实践理论化";语文教学论课程的优化必须在此前提下进行。要广泛吸纳"真语文"大讨论的研究成果,探索怎样建构有效、高效的语文课堂,注重教师实践性知识的获得和教育智慧的形成。特别要研究怎样锻造教师的"专业品性",引导语文教师形塑自我角色,恪守专业伦理,习得专业知能,养成实践智慧;提高对学校教育教学中"或然"和"将然"的"问题"的洞察力和敏锐度,增强驾驭教育教学中"突发事件"的能力。

语文教师要充分发挥语文课程的育人功能,必须进行自我角色的形塑,了解当今复杂的社会环境对儿童身心发展的影响,善于通过母语文化的熏陶浸润,促成儿童心智的良好发展。教师只有不断提高自身的专业品性,才能避免在教育教学中产生"多一事不如少一事"的怠惰心理,甚至出现"惹不起,还躲不起吗"的逃避行为;教师"不愿做"比"不会做"更亵渎"传道授业解惑"的为师之本,更有损于教书育人的大业。拥有优秀专业品性的教师,对教育教学中"或然"、"将然"问题,不仅具有敏锐度,还具有责任感;他们对待教育教学中的问题,能够使日常"保健"、"预防"与"临床治疗"合理结合起来,从而更好地适应当今中小学生身心发展的需求。传承母语文化,培育和践行社会主义核心价值观,语文教师更加责无旁贷。

3. 体现"终身学习"理念,强调"发现性、批判性"特征,体现当代教师"反思性实践者"的专业属性;聚焦于语文高效课堂的建构:语文课堂技术(基础)—语文课堂技艺(桥梁)—语文课堂艺术(境界)。

美国麻省理工学院前教授唐纳德·A舍恩(Donald A.Schon.)20世纪80年代提出,教师要从技术理性的桎梏中解放出来,在实践中反思和探究,树立"反思性实践者"的专业形象;并指出,"反思性实践者"是实践情境的研究者,是实践知识的创造者。"反思性实践者"体现了当代教师的专业属性。波斯纳认为:"没有反思的经验是狭隘的经验,充其量只能形成肤浅的知识。"他提出教师成长的公式:经验＋反思＝成长。罗赛尔、科萨根指出:"训练只能缩小专家教师与新手教师之间的差异,而反思性实践或反思性教学,却是促使一部分教师成为专家教师的一个重要原因。"[①]因为教学实践的过程,不是合理技术的应用过程,而是在复杂的语境中展开的实践性问题的解决过程,是要求高层次的思考、判断和选择的决策过程。

反思,是在实践中提升理论的重要途径。就反思策略的生成机制而言,可以分为"外辅式"、"内发式"两种,前者是经由教师教育者引导而学会反思;后者是由师范生、准教师进行自我澄清。[②] 对准教师而言,"内发式"反思难以自动生成,需要在教师教育者的指导下逐渐形成并提升反思能力,因而"外辅式"策略在教师职前培养中更加重要。国外教育研究者通过初任教师与熟练教师的比较,揭示了熟练教师的实践性思维方式的基本特征。(1)不仅在课前、课后进行反思,而且在教学过程中能够即兴地思考丰富的内容。(2)能够积极地、感性地思考教学,即在教学中能够对学生的学习过程展开推理,发现并解读教与学的问题与意义,并从该问题与意义出发探寻教学的其他可能性,以求得实践性问题的解决。(3)不限于教师的教,而且能够置身于学生的种种立场来反思教师自身的教学,能够多角度地把握教学事件。(4)能够根据教与学的语境,在教学过程中同教材内容的关系、同其他学生思考的关系上来做出相应的思考与判断。(5)能够发现教学中的种种事件之间的复杂关系,不断地重建教学所固有的问题框架。[③]

任何课堂实践都是技术与艺术的对立统一。教学兼具技术性与艺术性,教学是一种有效的实用技术,但在教学过程中包含了艺术的要素——直觉性、创生性、即兴性、表现性;无论哪一种教学方法,即便是电子计算机辅助教学,也必须有"艺术性"。[④] 建构语文高效课堂,就是使语文教师努力从教学技术向教学艺术迈进,其发展的逻辑思路可概括为:语文课堂技术(基础)—语文课堂技艺(桥梁)—语文课堂艺术(境界)。

---

① 李保强,薄存旭."教学相长"本义复归及其教师专业发展价值[J].教育研究,2012(6):129—135.
② 苗学杰.教师职前教育中理论与实践融合的路径与策略[J].教育学(人大复印报刊资料),2014(9):133—144.
③ 钟启泉.教学实践模式与教师的实践思维[J].教育研究,2012(10):108—114.
④ 钟启泉.从SECI理论看教师专业发展的特质.教育的挑战[C].华东师范大学出版社,2008:256.

第一,语文课堂技术,即指那些来源于实践、又高于实践,并且被固化、定型,具有普适性的教学观念、操作流程、方法手段等,它是浓缩了语文教学实践经验的精华,是静态化了的语文教学智慧;课堂技术是高效课堂的起点,是高效课堂不可或缺的"底座";因此,必须强化语文课堂技术的训练与掌握,为语文教师的专业发展打牢基础。第二,语文课堂技艺,即指在熟练掌握语文课堂技术基础上,个性化地理解、迁移、改进和重组现成的语文教学技术,使其更适应当下的教学情境,更符合自己的教学需求的一种更加合理有效的课堂样态;语文课堂技艺,是语文教师基于自己的专业积累,进行反思性实践的专业提升的成果表征。课堂技艺,是"有效课堂"到"高效课堂"的过渡带,具有桥梁作用;追求语文课堂教学技艺,可以避免对名校名课的"模仿秀",[①]回归语文真味。第三,语文课堂艺术,是高度自主化、个性化、弹性化的语文教学形态,是一种"从心所欲不逾矩"的完美教学境界。教学艺术表现为优秀教师对教与学的整体性理解和知行合一的行动样态,这些思维和行动特征已经组成了他们安身立命的个人哲学。研究语文教学艺术的特征与形成,必须结合中国传统文化背景,重视中国教师本土的思维和行动特征研究,有必要通过整体性、情境化和默会知识等方式进行研习;如优课研究、案例剖析、反思性模仿等方式,还可以采用师徒制、做中学、角色体验等途径,促成语文教师教学经验的生长与升华。[②]

4. 注重跨学科性,组建教师教育"学术共同体",强化合作意识;建构课程模块,提高教师职业素养的综合性;加强教育见习与实习的管理与考核评价。

国外教师教育发展新趋势体现在四个方面:学历要求规格高,职业素养综合性强,实践能力训练扎实有效,准入制度规范而严格。首先,必须建设一支年龄层次合理、专业结构多元、理论水平与实践能力兼备的教师教育队伍,组建一个由师范院校、中小学、教育研究机构、教师培训机构以及教育主管部门成员构成的教师教育"学术共同体",特别要注重调适共同体成员单位彼此的文化,营造一种理念与利益共享的合作机制与工作氛围,以真正充分发挥"学术共同体"的功能。还可以根据需要,在校内组建教师教育共同体的下设组织,如"项目俱乐部"、"科目学习型团体"、"成长服务站"等;要充分发挥教师教育共同体以及下设团体的作用。

其次,要科学设置教师教育课程,使未来教师获得综合性较强的职业素养,以

---

① 龙宝新,折延东.论高效课堂的建构[J].教育研究,2014(6):122—128.
② 陈向明.优秀教师在教学中的思维和行动特征探究[J].教育研究,2014(5):128—138.

适应未来人才培养的需要。发达国家教师教育课程的设置值得借鉴,如英国"教育学学士"培养计划中,课程大体包括 4 个部分:(1) 主要学科课程,涉及中小学所设置的起步科目,学生一般应该主修 2 门;(2) 教材研究课程,指对中小学所设科目的教材教法研究;(3) 教育学课程,包括教育哲学、教育史、教育心理学、教育社会学等科目;(4) 学校教育工作体验,主要是到中小学参观、听课,以及进行个人调查等。① 因此,要强化课程一体化意识:宏观层面,注重教师教育"通识课程"、"学科专业课程"、"教育专业课程"三大类的逻辑关联性,追求彼此互为观照、相互渗透的整体性课程观;微观层面,要充分发挥校内教师团队的优势,打造选修课程模块。除了必修课程"语文教学论"之外,还可开设一些选修课、或专题讲座。可以通过"主题单元模式"呈现,例如教育原理主题:"语文教学心理学基础"、"语文教育哲学发展史"、"语文学科前沿"等;教育研究主题:"语文名师研究"、"语文有效性教学研究"、"语文教育研究方法"、"中外母语课程标准比较研究"等;教学实践主题:"语文教师素养与教学实务"、"语文教材分析与教学设计"、"语文名课评析"、"语文教育测量与评价"、"论文读写"、"演讲与口才"等。

第三,在课程优化建构中力求做到:在课程结构上,将教育理论课程与教师实践课程交叉设置;在实施过程中,将经典案例融入到教育理论课程中。要把师范生所学的各科专业课程与中小学教学内容直接联系起来,并且加强教育课程实施的横向联系,改革学科课时安排;必修与选修课程结合,静态和动态课程互补;改革课程考核评价的内容及方式,突出实践能力和创新精神。

第四,要构建实习资源、实习过程与实习管理一体化的管理模式。构建实习资源共享、且能不断更新的平台;提供突破时空的教育实习模式;实现实习管理过程的规范化与网络化。构建"师范生教育实习平台"。提取整合师范生教育实习的丰富资源;建立师范生教育实习模块,不断提供并及时更新各种主题班会、优质课堂教学案例或课堂实录,供师范生观摩学习。编制师范生见习、实习指导手册,做到目标明确,内容具体,措施得力。明确实习要达到的总体目标及考评标准;明确教育实习的显性内容和隐性内容的具体范畴;明确大学与中小学指导教师的职责等。

(本文发表于《江苏第二师范学院学报》2014 年第 10 期)

---

① 金荷华.当代师范生素养的价值追求[J].江苏教育学院学报,2009(5):31—34.

第二编　中外语文课程改革研究

对国外新世纪"语文课程标准"的透视与反思[*]

  新世纪以来世界各国语文课程标准,结构模式及内容编排各具个性特色,具有代表性的有三种:"能力说"的特色;"内容说"与"能力说"兼具的特色;"课程设计与评价整合"的特色。我国现行《语文课程标准》在结构模式及内容呈现都有需要改进之处。突出的问题是:缺乏规范教学内容的"内容标准"和便于操作的"能力标准";忽略母语学习中的重要内容,如词汇语法等;使用者必须在研究解读中改进并完善。

一、理解国际视野的"语文课程标准"

  自 20 世纪 90 年代以来,国际上课程改革强调"标准驱动",即"以学科标准为基础";课程标准的编制,在整个课程改革中是一个核心环节。^① 长期以来,作为指导学校教育教学工作的纲领性文件,在体例上存在"教学论"及"课程论"两套话语系统。"教学论"话语系统的称为"教学大纲",相应的概念术语有"教学计划"、"教学目标"、"教学内容"、"教科书"等;"课程论"话语系统的称为"课程标准",相应的概念有"课程计划"、"课程目标"、"课程内容""课程文本"等。在本质上"教学论"系统的"课程"范畴属于教师的"教程",相当于"跑道"(racecourse):即需要贯彻的课程计划或需要遵循的教学指南;"课程论"系统的"课程"范畴属于学生在教师指导下的"学程",相当于"在跑道上奔跑"(to run the racecourse)。^② 虽然"课程论"话语系统更能反映当代教育教学的发展趋势,但由于不同国家的教育传统习惯以及其他诸多因素,现在国际上"教学大纲"和"课程标准"仍然通用。如美国、德国、荷兰、南非、加拿大、新加坡等国家用"课程标准",英国、法国、俄罗斯等欧洲大陆国家仍用"教学大纲"。不过,新世纪以来的"教学大纲"在内涵及职能上,与以往的"教学大纲"已经完全不同:不再是教师"教"的纲领性文件,而是教师"教"与学生"学"的

  * 本文系笔者主持的江苏省高校哲学社会科学研究基金资助项目"新课改视野下语文教师素养的价值追求(2010SJB880012)和江苏省高等教育教学改革资助课题"打造学术性与师范性有机统一的语文课程与教学论精品课程"(2011JSJG151)的研究成果之一。

  ① 钟启泉.国际普通高中基础学科解析[M].上海:华东师大出版社,2003:7,8—9.
  ② 陈桂生.普通教育学纲要[M].上海:华东师范大学出版社,2009:119—120,161.

纲领性文件。因此,课程改革 10 年以来的争鸣与博弈,主要是课程论话语与教学论话语的冲突,当然,也存在理论话语和实践话语、西方话语与本土话语的冲突;但后两种冲突大多源自前一种冲突。

各国教学大纲或课程标准在编制机构的级别上有所不同,大多数是以国家、中央政府部门名义制订,如法国、俄罗斯、日本;也有的由州、省一级政府组织制订,如美国、加拿大等国家;也有由非政府性质的教育权威机构或相关企、事业组织负责制定,如英国由"牛津、剑桥与皇家人文学会联合考试委员会"承担。不管哪一级机构制订的"教学大纲"或"课程标准",都发挥着规范基础教育的职能,都在影响各级教育机构教育管理措施的订立、各类中小学教育教学工作的开展方面享有权威地位。因此,人们往往将二者视为同一概念,表述上也经常互换对举,如洪宗礼等主编的《外国语文课程标准译介》,其内容包括"语文课程标准"和"语文教学大纲"两种体例。基于此,本文也沿用此惯例,以"语文课程标准"作为统称。

当前许多国家的语文课程标准,基本上反映其课程改革的价值取向和追求。虽然结构模式及内容编排各具个性特色,但是其共同特征还是很明显的。在教育理念上,明确要求在母语教育中渗透公民意识的培养,主要指向个人、社会和自然环境的和谐发展。在课程内容上,规范母语学习的范畴,大体包括语言知识、文化知识和思维能力,具体指向听、说、读、写能力的训练与语言综合素养的整体提升。在结构模式上,呈现"内容说"与"能力说"并举的态势,既有对"教学内容"作系统规范和具体要求的优秀传统,又有重视学习"预期结果"及其达成途径和策略的当代教育发展趋势。尤其是"能力说",目前"已经主导着欧洲各国的语言(母语和外语)的课程标准"。① 在评价理念上,体现新的知识观和人才评价观,注重多元评价方式的灵活运用,体现了"评价是澄清教育目标的一种有力手段"的理念。

二、对外国"语文课程标准"的透视与解读

按照雷维奇(Diane Ravitch)的解释,所谓"标准"(standard)原本包含两层涵义,一曰"模范"、"模式"之意,二曰"基准"、"尺度"之意。② 课程专家钟启泉教授认为,作为课程的"国家标准",应有三层涵义:一是内容标准,反映的是学生应该知道

---

① 洪宗礼,等.外国语文课程标准译介[M].南京:江苏教育出版社,2007:7,105.
② 钟启权.国际普通高中基础学科解析[M].上海:华东师大出版社,2003:7,8—9.

什么和能够做什么，指明学生所要达到的目标；二是成就标准（表现标准），就是指每一个学生应当达成的"基础学力"或是"基本能力"、"关键技能"的目标规定；三是机会标准，这是旨在保障每一个学生"学习权"而制定的教学规范、关系规范、（课程资源）分配规范，为每一个学生提供尽可能丰富的学习资源，保障每一个学生的"学习权"。① 马扎诺和肯德尔曾经（1997 年）指出，课程标准的"内容标准"应包括三方面：一是"程序标准"，即确立学生必须掌握的学习过程；二是"陈述性标准"，即确立学生需要学习的有关专业知识和基础理论；三是"背景标准"，认为在特定情景下发生的知识和技能才具有特定的意义。并且指出，对预期学习结果的更为精确的描述，是制定与内容标准相匹配的表现指数（或称为"基准点"），掌握了这些指数就意味着掌握了内容标准。② 究其实质，上述两种提法基本上是一致的，只不过角度不同而已。"成就标准"中包括"陈述性标准"、"程序标准"；而"背景标准"可以称为"策略标准"，当然也包含在"机会标准"之内。课程标准的这些客观要求，在各国课程标准中都不同程度地得以体现。总体说来，新世纪以来国外语文课程标准大体有以下几种类型特色。

（一）"能力说"特色：侧重教和学的预期结果，课程目标、内容标准、成就标准、能力表现指数都有呈现；而且脉络分明，描述详尽清晰，易于理解，便于操作。

《德国完全中学 10 年级德语课程标准（2003 年）》③在这方面最为典型。该标准是德国贯彻课程改革"核心科目"的重要纲领性文件，它除了前言，主要有四节内容：德语的教育意义、德语的能力范围、德语的能力标准、学习任务类型。其中第二节"德语的能力范围"中，概述了四项能力类别：说和听、写作、阅读（印刷资料和媒体资料）、对语言和语言运用的学习和研究。这四项内容构成了该课程标准"四位一体"的结构模式，呈现出"能力说"的显著特色。这一环节，可谓之"明确了课程目标"。

第三节对"德语的能力标准"的呈现和描述，可以认为是该课程标准突出的亮点。这是呈现"内容标准"、"成就标准"（即"能力标准"、"表现指数"）的重头戏。围绕上述四项能力类别，按照从"学习结果"到"能力标准"的顺序进行逐一描述。例

---

① 钟启泉.从《课程标准》的要素谈什么是"好教材".基础教育课程[J].北京：2011(9)，67—70.
② ［美］David G. Armstrong.当代课程论[M].陈晓端等译.北京：中国轻工业出版社，2007，74—75.
③ 本文所列举的外国语文课程标准，源自同一文献：洪宗礼、柳士镇、倪文锦主编《母语教材研究》第六卷《外国语文课程标准译介》[M].南京：江苏教育出版社，2007.

如"说和听"类,分别从"对别人说话"、"在别人面前说话"、"与别人说话"、"倾听别人说话"和"角色表演"5个角度,逐层描述其"能力标准"。例如:

与别人对话,要做到——

- 建设性地参与对话;
- 通过有目的地提问索取信息;
- 遵守基本对话规则;
- 有理又有说服力地表达自己的意见;
- 就事论事,用说理的方式辩驳反对意见;
- 观察、解读和评估自己和他人的言谈举止。

加强听、说能力的训练,重视口语交际能力的培养,是当今各国语文课程标准的基本共识,但做到如此细化的确实不多见。姑且不论其描述详尽清晰、易于理解、便于操作的特征,单就内容而言,上述细则,突出了"对话"过程中对话主体应有的行为规范,如尊重规则、就事论理、表达意见有理有据等。同时,还强调了在对话过程中,对话者要有高度的理性思维。"建设性地参与对话",要求在对话中要有自己的观点,而不是随声附和;"通过提问索取信息",强调在对话中要有主动性,减少由于被动而产生的负面效果;还要能够通过观察来解读、评估对话者的言谈举止,包括自己在内。由此可见,"与别人对话"实在是一种丰富而复杂的心智活动过程,完全不同于"随意的交谈"。这些内容的设置,折射出当今社会对人的听、说能力的新要求。课标以此来强化教育工作者通过母语教育培养世界公民的国际化意识,从中也可见德国人认真、精细、理性的特质之一斑。

该课程标准独到之处还有:每个类别中,在描述完"能力指标"之后,都设置一个"学习方法和学习技巧"栏目,陈述该类别领域的"表现标准"。仍以"说和听"为例,其具体内容是:

- 能开展各种方式的对话和活动,如对话、争辩、讨论、辩论等;
- 能对各种方式的讲话活动进行观察、理解和主持;
- 能运用说话策略,如能将几件事情联系起来看,能使用常见的修辞手段;
- 能用短语的形式作笔记(短语技巧);
- 能在听报告和听课时作笔记(随堂记录);
- 能对自己的笔记进行合理布局,并能借助笔记将所听到的内容讲述出来,做到语言连贯、条理清楚;

▓ 能处理录像反馈资料；

▓ 能有效管理和操作"学习记实簿"，如收集和整理对话规则、有关事宜的评判标准、短语技巧的记事方法、自我评估和测试成绩记录、学习观察结果登记、与别人商定的学习计划等。

在德国学术界，普遍把德语"学习能力"视为一项重要的、具有跨学科的"核心能力"或"基本素质"。作为国家课程标准，编制者列举上述内容细则，真可谓不厌其烦。但是，唯其如此，才能真正具备"程序标准"或"表现标准"的功能。正因为德语新课程标准在结构上简洁明晰，在内容上具体翔实，呈现出"国家标准"应有的"基准"、"尺度"水平；因而为各个联邦州制订本州的教学大纲提供了可操作的基准；更重要的是，它像一杆标尺，为德国完全中学 10 年级（德国完全中学为 9 年制，包括 5—13 年级）的语文教育确立了终点目标。至于怎样达到这一终点目标，各地方政府的课程标准编制者、教材开发者乃至广大一线教师，完全可以殊途同归。这样的课程标准，既有规定性，又有选择性，做到了限制性与开放性的统一。

日本中小学《学习指导纲要（教学大纲）（2004 年）》也具备上述特色。以"高中国语"部分为例，大纲对高中阶段的目标不按年级分段，只设定 6 类课程：国语表达Ⅰ、国语表达Ⅱ、国语综合、现代文学、古典、古典讲读。其中"国语表达Ⅰ"和"国语综合"为必修课程，其余都为选修课程。大纲提出高中国语总目标之后，就分别从6 个类别出发按照"目标"、"内容"及"内容处理"顺次，逐一予以呈现描述。前两项陈述了"课程目标"、"内容标准"；"内容处理"项则描述了"能力指标"，有的是对教师提出的策略要求，包括指导时要注意的几类课程间的相互联系、要占用多少课时、怎样开展有效的教学活动等等；当然，更多的还是描述学生的"能力水平"。这样的模式结构，脉络贯通，层次分明，语意清晰；确实起到给大纲使用者以宏观指导和策略引领的作用。

（二）"内容说"与"能力说"兼具特色：既保留了对"教学内容"作系统的规范和要求的优秀传统，又体现了重视学习"预期结果"及其达成途径和策略的当代课程发展趋势。

突出体现者当推美国《马萨诸塞州英语语言艺术课程标准》（2001 年）。该标准包括引言、核心目标、指导原则、早期读写能力、各年级阶段学习标准和附录六个部分；对这些内容的呈现，由简到繁，逐渐丰富。课程目标强调了语言和思维的关系，重视反思能力的培养。其中"指导原则"含 10 个方面，是该州英语语言艺术的学习和教学的理念阐释,比较具体、详尽;"早期读写能力"从水平和目标两方面加以阐述和呈现,文字阐释和表格呈现相结合。大纲还附有"表 F:小学阶段早期阅读项目课堂实例"与之相配套,真可谓"循循善诱"。

上述内容的处理,较之一些宏观性、概括性较强的课程标准,已能初见"教学大纲"的规范、指导性特征;而更能体现"内容说"特色的,还在于对四个类别(语言、文学、作文、媒体)"学习内容"的阐释。例如"文学"类,"课程目标"只用一句话概括:"学生将能够对各种形式的口头文学和书面文学做出思考";而关于"学习内容",则从"文学的重要性、选择文学作品、文学评论的方法、制定文学课程内容、学习各种非文学作品、有效的教学实践"六个方面作全面而精要的述说。有的条目内部的细则(分级标准)丰富而直观,如"制定文学课程内容"条目中,所陈述的"分级标准"内容,分别指向作家发展与作品风格、体裁样式与文化背景、特定历史与作品主题等几个方面,对该项课程内容的制定作了范畴规定。这样详细的规范指导,将有效避免教学内容的盲目性和随意性。有的条目内容既清晰又新颖,例如"选择文学作品"条目:

为课堂选择文学作品时,教师应该考虑以下内容:

1. 对于小说、诗歌、戏剧,要包括以下重要方面:

◉ 激发读者思考、领悟人类普遍情感和困惑的主题;

◉ 对人类情感和多元文化中人们不同的经历的真实描述;

◉ 杰出的语言运用(如,丰富和有挑战性词汇、风格,文学手段的娴熟运用);

◉ 对人类生活环境的复杂性和不确定性的探索。

2. 对于非小说作品,要包括以下重要方面:

◉ 正确、完整的信息;

◉ 连贯的论点;

◉ 杰出的语言运用。

以上内容细则,在突出文学学习的个性的前提下,凸现了尊重多元文化、提升人性人情的人类共同文明,适应了"开放性与限制性辩证统一"的课程发展趋势,确实体现了"内容说"多层面、多方位指导的特色。

至于该课程标准的"能力说"特色,则主要体现在对各年级、各类别的"学习标准"的呈现方面,其形式是表格化。根据文件前面设置的"英语语言艺术学习内容分类表"中内容分类(语言、文学、作文、媒体)和"学习标准",共设置四个表,每个表的体例都一致。以"各年级语言学习标准"为例,表的栏目依次为学习标准、年级、分级标准。其中,"学习标准",就是"英语语言艺术学习内容分类表"中"语言"类的7条"学习标准";"年级"分为四个学段:幼—4,5—8,9—10,11—12;"分级标准"则围绕四个年级段分别描述,内容多、少则因"学习标准"不同而略有区别。

马萨诸塞州学习标准的制定以三个目标为基础:一是确定学科内容和技能、策略和学生学习需要的其他学习过程的重要性;二是帮助教师制定教学计划,制定真实的评估手段;三是作为考核全州4、8、10年级学生学习的依据。[①] 因此,各个年级的分类学习标准表中显然都体现了这一定位。这样,结构上、内容上前后贯通,遥相呼应;各个类别的"学习内容"、"学习标准"既相互独立,又是构成课程标准有机的整体。

《法国初中教学大纲(2004年)》也体现"内容说"与"能力说"兼具的特色。新修订的法国中小学法语教学大纲分小学、初中和高中三部分,其中初中分中学适应阶段、中期阶段和分流阶段。例如适应阶段的"六年级教学大纲"中,共包括四个部分:阅读;写作;口语:听与说;阅读、写作、口语训练的语言工具;另加"初中六年级大纲配套内容"(含目录及全部内容)。该大纲对四个主体内容的呈现简洁明了,都从"目的"、"实践"两方面展开。其中"实践"部分含两项,一是"能力和应用"(用表格呈现),相当于"能力标准";二是指出学习和实践的范围,相当于"内容标准"。这样分门别类、一贯到底的结构模式,具备了"能力说"课程标准的结构框架和内容主线。[②]

该大纲体现"内容说"特色的亮点很多,如在"阅读"部分,在呈现"能力和应用"表格之后,紧接着陈述详细要求:"这种阅读形式在全学年中都要平衡地使用,同时注意文学的美学纬度。阅读还要与口语、笔语的生产活动结合起来(既是载体也是终极),要与语言的学习结合起来。要使阅读策略适应于文本的体裁和阅读计划。学习叙述性文章可以引入基础的概念:作者、叙述者、任务、叙述文的基本结构等。"又如,在"口语训练的语言工具"部分有一个"教学内容"的条目,该条目从话语、词法句法、词汇、拼写几方面,列举描述了若干条款,覆盖面非常大。加之大纲后面附录的详细的大纲配套内容,连同所附的"总词汇表"、"语言工具词"和"语法词汇卡

①　洪宗礼,等.外国语文课程标准译介[M].南京:江苏教育出版社,2007:7,105.
②　雷实.着眼于2021年的语文课程研究[J].语文建设,2011(10):12—15.

片"等资料,使该大纲在具备了"能力说"特色的同时,又拥有"内容说"的全面、细密的特质。这样,使大纲不同的使用者,能够根据自己工作领域的需要而遵其范、定其向、循其路,恪尽职责。

(三)"课程与评价整合"特色:课程和评价密切地结合起来,课程的设计与实施,直接与课程的考试评价连接,相互推进,互为完善。

牛津、剑桥和皇家人文学会联合考试委员会制订的《普通中等教育证书·英语》(以下简称"英语大纲")和《普通中等教育证书·英国文学》课程考试大纲(2002年),它们既是"英语"和"英国文学"组织考试过程的说明书,又是两门课程选择和编制内容的设计蓝图,还是英国基础教育阶段学科课程教学与评价的重要纲领性文件。以下以"英语大纲"为例加以说明。

首先,"评估目标"与"课程目标"相联结。在其"B 部内容提要"中,有明确清晰的"大纲目的",即"课程目标"(考试目标以"其他目标"单列)和详细的"评估目标"。"评估目标"划分"听和说、阅读、写作"三个类别;每一类别都有具体的"能力指标"描述;并由具体详细的"评估方案"说明。"评估方案"中相关环节都有相应的交待:"学生可在结课时做一次性评估也可分阶段评估"、"考生可选组合层次的试卷也可选两个不同层次的试卷"、"考生可选第 3 单元的考试或者第 4 单元的作业;还可两项都选"、"考生可选终结性的一次性评估方式,也可选阶段性评估",这些说明性文字,都用斜体字予以突出;体现了大纲设计的灵活先进,既有规定性,又有选择性;突出了"以生为本"的先进理念。其实,这些条款可以视为课程标准中的"机会标准"。

其次,明确了考试内容及范围,也就规范了课程内容的选择和对教、学的要求。大纲的"C 部:大纲内容"中设计了各种评价情境,即考试和作业单元。"英语大纲"制订了五个考试和作业的单元:一是纪实文章、媒体文本和说明文;二是文化差异、分析和争论;三是传统文学和想象性写作;四是传统文学和想象性写作(课程作业);五是口语和听力(课程作业);并且依次指定考试的课文及自选文的范围。这些考纲内容,不仅对教师和学生有详尽的指导作用,对教材开发者也具有明确的导向性。

第三,掌握了各类考试的"评分标准",也就能够理解不同课程内容的"能力标准"。大纲中有多种评分表,如"英语大纲"中的"英国传统文学阅读评分标准表",内容依次是等级、分数、一般标准、具体标准(含对莎士比亚剧作和诗歌的反应两项）。就其实质，这样的评分表，不仅仅提供了考试的评分细则，其更广泛的意义还在于，这些一般标准、具体标准的内容，就是该类课程在教与学的过程中所要追求的"能力标准"；也就是说，教师完全可以、也有必要用它来指导该类课程的教与学。

南非于 2006 年施行的 10—12 年级母语课程标准，也具备"课程与评价结合"的特色。该课程标准关于母语的学习目标设定为四个"学习结果"：听和说、阅读和视读、写作和表达、语言。在其"第三章：学习结果，考核标准，学习内容和学习环境"中，对不同的"学习结果"予以条分缕析的呈现和描述。以"听和说"为例，学习结果是："学生能够针对不同目的、听众和语境进行听说活动"，关于它的"考核标准"有 4 条能力指数，每条能力指数下又设若干二级指标。研究这些"考核标准"的内容，会发现其中就包括"程序标准"和"背景标准"。如"参与小组讨论，在进行关于社会融合、权利关系、环境、种族、文化、人权等问题的讨论中，发表自己的看法和观点，倾听和尊重他人的看法和观点。"这些内容，表现为"哪些要做——做到什么程度——用什么方法做或在哪里来做"的逻辑思路，既指导了课程的教与学，又规范了课程的考核评价，且操作性很强。因此，无论是教学实施还是教学评价，都可以此为依据。

（本文发表于《全球教育展望》2011 年第 12 期）

国际视野与本土行动 *

——2011 版语文课程标准的解析与反思

  当前各国母语课程标准的改革趋势呈现出了一些共同的基本特征,具有典型特色的结构类型以及反映一定客观要求的构成要素。我国 2011 版语文课程标准是之前的实验稿的深化与发展。课程定位上,立足母语课程的独特价值,突出语文学科的本质属性,体现民族立场与国际视野的结合;内容结构上,呈现"课程目标"、"内容标准"、"成就标准"及"机会标准"等重要元素,体现当前国际课程标准的"内容说"与"能力说"并举的发展态势。

  2011 版义务教育语文课程标准(以下简称"2011 版课标")较之 2001 年版义务教育语文课程标准(实验稿),其结构框架及行文体例几乎没有大的改变,除了"附录"中增设了两个附表——《识字、写字教学基本字表》和《义务教育语文课程常用字表》外,绝大部分内容只是在实验稿基础上的增删、调整。这样的修订几乎涉及各个部分,其重点是完善课程目标和内容,充实课程实施建议。其中,"教学建议"和"评价建议"两个部分的表述文字量,几乎比之前实验稿中的增加了一倍。可见,2011 版课标正是实验稿的深化和发展。本文基于国际视野,结合新世纪国内外母语课程标准内容结构的特点,对 2011 版课标进行解析和反思,以促进对其进一步地学习理解和贯彻实施。

一、各国母语课程标准概况:特征、结构及要素

  新世纪以来,国外课程改革越来越强调"标准驱动",即"以学科标准为基础";课程标准的编制,在整个课程改革中成为一个核心环节。各国课程文件形式与内容不尽相同,如美国、德国、荷兰、加拿大等国称为"课程标准",英国、法国、日本、俄罗斯等国仍叫"教学大纲"——尽管名称不同,但都反映了国家课程改革的价值取

  * 本文系笔者主持的江苏省高等教育教学改革资助课题《打造学术性与师范性有机统一的语文课程与教学论精品课程》和江苏省教育科学研究院、江苏教育学院"十二五"规划研究课题《基于教师专业发展的语文课程衔接研究》的阶段性研究成果。

向和追求。综观各国母语课程标准的改革,其呈现了一些共同的基本特征、具有典型特色的结构类型以及反映一定客观要求的构成要素,具体如下:

(一)基本特征

首先,在教育理念方面,明确要求在母语教育中渗透公民意识的培养和价值观的引领。公民意识体现为人民性、爱国主义情怀,以及自觉、自治、负责任等现代合格公民素质;价值观主要指向个人、社会和自然环境的和谐发展,表现为对人类普世价值的追求和宏大的国际视野。在多元文化方面,各国母语课程主要通过选择国外具有代表性或时代特征的文本,拓宽学生的文化视野,形成宽广的文化胸襟。如美国,从小学到高中的母语课程,都有让学生阅读及评析中国的李白、杜甫等诗人作品的要求;有的州还将中国的先秦散文和诗歌选入教材。

其次,在课程内容方面,规范母语学习的范畴,大体包括语言知识、文化知识和思维能力,具体指向“听、说、读、写”四大核心能力。例如,德国母语课程标准中关于“德语的能力范围”,概述了四项能力类别:说和听、写作、阅读(印刷资料和媒体资料)、对语言和语言运用的学习和研究;法国“六年级教学大纲”共包括四个部分:阅读,写作,口语(听与说)以及阅读、写作、口语训练的语言工具;南非母语课程标准关于母语的学习目标设定为四个“学习结果”:听和说、阅读和视读、写作和表达、语言。

此外,近年来许多国家的母语课程标准在突出“听、说、读、写”四大核心能力的基础上,积极向“观察、思考、评论”三大能力领域扩展,目的是通过母语课程的学习,中小学生能够对多样的文学文本、信息文本、媒介文本、视觉文本等,进行理解性的选择、阅读和思考;能够运用多种策略、资源和技巧来阐释、选择和组合信息;能够理解多种文本的语言内容、艺术形式和整体风格,对多种文本进行批判性的解读——这是顺应时代发展、提升人才综合竞争力的必然趋势。

(二)结构类型

进入新世纪以来,各国母语课程标准在结构模式及内容编排方面各具特色,其中,有三种颇为典型。一是“能力说”:侧重教和学的预期结果,课程目标、内容标准、成就标准、能力指标都有呈现,而且脉络分明,描述详尽、清晰,易于理解,便于操作。二是“内容说”与“能力说”兼具:既保留了对“教学内容”作系统的规范和要求的优秀传统,又体现了重视学习“预期结果”及其达成途径和策略的当代课程发展趋势。三是“课程与评价整合”:课程和评价密切结合,课程的设计与实施,直接与课程的考试评价连接,相互推进,互为完善。当前,各国母语课程标准的发展,主要呈现"内容说"与"能力说"并举的态势。

（三）构成要素

根据我国课程专家钟启泉教授的概括,国家课程标准应有三层涵义:一是"内容标准",反映的是学生"应该知道什么"和"能够做什么",指明学生所要达到的目标;二是"成就标准(表现标准)",指每一个学生应当达成的"基础学力"或是"基本能力"、"关键技能"的目标规定;三是"机会标准",这是旨在保障每一个学生的"学习权"而制定的教学规范、关系规范、(课程资源)分配规范,为每一个学生提供尽可能丰富的学习资源,保障每一个学生的"学习权"。美国课程专家马扎诺和肯德尔指出,课程标准的"内容标准"应包括三方面:一是"程序标准",即确立学生必须掌握的学习过程;二是"陈述性标准",即确立学生需要学习的有关专业知识和基础理论;三是"背景标准",认为在特定情景下发生的知识和技能才具有特定的意义。并且强调,对预期学习结果的更为精确的描述,是制定与内容标准相匹配的表现指数(或称为"基准点"),掌握了这些指数就意味着掌握了内容标准。综上,课程专家们所阐述的课程标准构成要素,虽然角度各异,但基本揭示了课程标准的客观要求,这些要素在各国课程标准中都不同程度地得以体现。以上基于国际视野的扫描,可为我国课程标准的修订这一本土行动,提供全方位的有益借鉴。

二、2011 版课标的课程定位:立足母语课程的独特价值

（一）突出语文学科的本质属性

2011 版课标彰显了语文课程改革在新形势下的价值追求和行动方略,首先体现在对语文课程的性质和特点的界定上。"前言"中的"课程的性质与地位"一节内容,在整个课程标准中具有纲举目张的作用,必须认真研读、深刻领会。内容如下:

语文课程是一门学习语言文字运用的综合性、实践性课程。义务教育阶段的语文课程,应使学生初步学会运用祖国语言文字进行交流沟通,吸收古今中外优秀文化,提高思想文化修养,促进自身精神成长。工具性与人文性的统一,是语文课程的基本特点。

这段文字表述包含了以下几层意义:

一是明确了语文课程的性质是"综合性、实践性"。因而,语文学习应注重听、说、读、写的相互联系,注重语文与生活的有机结合,注重知识与能力、过程与方法、

情感态度与价值观的整体发展。同时,语文课程必须注重引导学生多读书、多积累,重视语言文字运用的实践,并在生活实践中领悟语言文字的文化内涵和语文应用规律。

二是从正面回答了语文课程的主要内容与核心任务是"学习语言文字运用"。语文课程不可等同于语言学、文学课程,更不可视为思想品德课程。对于语音、文字、词汇、语法、修辞、文体、文学等丰富的知识内容,教师应根据语文运用的实际需要,从所遇到的具体语言实例出发进行指导和点拨;其宗旨是帮助学生更好地识字、写字、阅读与表达,形成一定的语言应用能力和良好的语感。因此在教学中要避免脱离实际运用的做法,应当围绕相关知识的概念、定义进行"系统、完整"的讲授与操练。同时,还要对学生进行情感态度与价值观的引导——这是与"学习语言文字运用"这个核心任务紧密联系的,也是与帮助学生掌握学习方法、提高语文能力的过程融为一体的。

三是在完成"学习语言文字运用"这个核心任务的过程中,要突出"工具性与人文性的统一"这一基本特点。关于语文课程的性质,讨论和争议一向热烈,在新课程背景下基本形成了共识——"工具性"要素的主要内涵是:听、说、读、写,知识、方法、思维等;"人文性"要素的主要内涵是:情思、审美、伦理、历史、文化等。在语文课程的具体实施中,二者的统一表现为:"工具性"内容,告诉学生"是什么",是逻辑判断,它着眼于培养学生语言文字的运用能力;"人文性"内容,告诉学生"应该怎样",是价值判断,它着眼于对学生进行情感熏陶和文化提升,促进精神成长。二者不是孰先孰后的主次关系,也不是平分秋色的相加关系,而是相互渗透、辩证统一的关系。工具性和人文性要达到和谐统一,积淀在学生的意识里,才能促使学生成长为"立体"的人、高素质的人。

(二)体现民族立场与国际视野的结合

在文化取向上,强化在母语教育中坚持民族立场与国际视野相结合的理念和价值追求:立足传统文化,关注现实文化;立足中华文化,放眼世界多元文化。2009年,上海市参加了经济合作与发展组织(OECD)国际学生评估项目(PISA),测试中,尽管阅读、数学和科学素养三项测试成绩排名第一,但在占试题30%的非连续性文本阅读测试中,学生的得分率却很低。这一事实警醒了国人,也敦促课程标准修订专家们的思考和行动。于是,2011版课标增加了"非连续性文本"的阅读要求:

"阅读简单的非连续性文本,能从图文等组合材料中找出有价值的信息。"(第三学段)

"阅读由多种材料组合、较为复杂的非连续性文本,能领会文本的意思,得出有意义的结论。"(第四学段)

所谓"非连续性文本",是指相对于以句子和段落组成的"连续性文本"而言的阅读材料,多以统计图表、图画等形式呈现,如数据表格、图表和曲线图、图解文字、凭证单、使用说明书、广告、地图等。如果"非连续性文本"是由上述多种材料组合而成,就构成了"较为复杂的非连续性文本"。该类文本的特点是直观、简明,概括性强,易于比较;在现代社会被广泛运用,几乎与人们的日常生活须臾不离,其实用性特征和实用功能十分明显。因此,能从"非连续性文本"中获取所需要的信息,并得出有意义的结论,应是现代公民必备的阅读能力。

三、2011 版课标的内容结构:解析与反思

(一)解析

1. "目标与内容"部分:主要指向"内容标准"和"成就标准"。

(1)"总目标与内容"部分:指向语文课程宏观层面的"内容标准"和"成就标准"。

该部分从 10 个方面对义务教育阶段的语文课程目标及内容作概括性的阐述,指向知识与能力、过程与方法、情感态度与价值观三个维度。10 个条目中,1～5 条侧重指向情感态度与价值观、过程与方法维度,6～10 条侧重指向知识与能力维度。这些概述,从大的方面指出学生经过 9 年的学习,在语文方面"应该知道什么"、"能够做什么"。例如第 7 条(序号为笔者所加,以下举例同):

① 具有独立阅读的能力,学会运用多种阅读方法。② 有较为丰富的积累和良好的语感,注重情感体验,发展感受和理解的能力。③ 能阅读日常的书报杂志,能初步鉴赏文学作品,丰富自己的精神世界。④ 能借助工具书阅读浅易文言文。⑤ 背诵优秀诗文240篇(段)。⑥ 九年课外阅读总量应在400万字以上。

其中,句①、⑤、⑥是义务教育阶段语文课程中"阅读"方面的总体要求,属于"内容标准",指明学生"应该知道什么"、"必须做什么";句②、③、④是句①的具体体现,属于"成就标准",回答的是"能做什么"。可见,第7条是从宏观上规定义务教育阶段在"阅读"方面的总体目标,及其能力指向范畴。这对于规范义务教育阶

段的阅读教学、规避或减少盲目性与随意性,具有重要的政策指导价值和方向引领作用。

(2)"学段目标与内容"部分:指向语文课程具体类别的"内容标准"和"表现标准"。

各学段都是从"识字与写字、阅读、写作、口语交际、综合性学习"五大类别来描述具体的"目标与内容"。五个类别属于"课程内容",各个类别中的要求条款属于"成就标准"范畴,指向"表现标准",是学生应该达成的"基础学力"或"基本能力"、"关键技能",或称之为"能力标准"或"表现指数"。主要是要求学生:"做什么","做得怎么样"。例如第一学段"识字与写字"第5条:

① 学会汉语拼音。② 能读准声母、韵母、声调和整体认读音节。③ 能准确地拼读音节,正确书写声母、韵母和音节。④ 认识大写字母,熟记《汉语拼音字母表》。

上述五句话中,句①为学习汉语拼音的目标,"学会"是关键词。句②、③、④则为"学会"的具体表现。这些描述,较之"总目标与内容"的描述,目标指向更为具体,能力表现指数更加清晰;更具有可操作性,有利于课标执行者在具体实施过程中选择和落实措施。

2."实施建议"部分:主要指向"机会标准"和"背景标准"。

2011版课标的"实施建议"包括"教学建议"、"评价建议"、"教材编写建议"、"课程资源开发与利用建议"四个部分。因为"教学建议"和"评价建议"是修订的重点,对于一线教师的指导和规范作用更加直接,下面就以这两个部分为视角展开论述。

(1)在总体的教学和评价建议中,"机会标准"、"背景标准"主要体现为宏观上的"行动方略"。

"教学建议"包括五个方面,都是从大处着眼提出语文课程实施中教师的"行动方略"。例如,第2条"教学中努力体现语文课程的实践性和综合性"中的建议是:

重视学生读书、写作、口语交际、搜集处理信息等语文实践,提倡多读多写,改变机械、粗糙、繁琐的作业方式,让学生在语文实践中学习语文,学会学习。善于通过专题学习等方式,沟通课堂内外,沟通听说读写,增加学生语文实践的机会。充分利用学校、家庭和社区等教育资源,开展综合性学习活动,拓宽学生的学习空间。

这段建议共三句话,提出了教学过程中教师"要做什么"、"怎么做"、"在哪里做"的行动规范,内容指向多为原则性的。这一特点,在"评价建议"中也有具体体现。2011 版课标的"评价建议"从五个角度提出较为宏观的方向性、原则性要求。例如,第 4 条"突出语文课程评价的整体性和综合性"的建议是:

语文课程评价要体现语文课程目标的整体性和综合性,全面考察学生的语文素养。应注意识字与写字、阅读、写作、口语交际和综合性学习五个方面的有机联系,注意知识与能力、过程与方法、情感态度与价值观的交融、整合,避免只从知识、技能方面进行评价。

上述第一句指出在评价考核中的总体原则,第二句指出行动的策略和方式,以及应该规避的评价偏向。课程评价是课程实施的执行监督系统,评价标准是当代各国课程标准不可或缺的组成部分。许多国家的课程评价理念和原则已经渗透到课程标准的各个环节,表现为"课程评价是回溯的,同时也是前瞻的"。

(2) 在分类的教学和评价建议中,"机会标准"、"背景标准"更多地体现为微观上的"行为措施"。

先分析"分类教学建议",以阅读教学建议为例。在学段阅读教学建议中,有如下一段内容:

① 阅读是学生的个性化行为。② 阅读教学应引导学生钻研文本,在主动积极的思维和情感活动中,加深理解和体验,有所感悟和思考,受到情感熏陶,获得思想启迪,享受审美乐趣。③ 要珍视学生独特的感受、体验和理解。④ 教师应加强对学生阅读的指导、引领和点拨,但不应以教师的分析来代替学生的阅读实践,不应以模式化的解读来代替学生的体验和思考;要善于通过合作学习解决阅读中的问题,但也要防止用集体讨论来代替个人阅读。

这段建议列举的"行为措施"可谓具体详尽。句①是这段文字阐述的中心,强调学生是阅读的主体。随后几句是为了落实句①的具体建议,在这些"行为措施"中,句②是学生应该具备的阅读状态,以及阅读中正确的思维过程和审美活动;句③是阅读教学中应维持的师生伦理关系,以保证阅读的"个性化";句④指向阅读教学中教师的角色定位和行动策略,以及对学习方式方法的选择和运用;其中"不应以教师的分析来代替学生的阅读实践"、"但也要防止用集体讨论来代替个人阅读"等建议,都是针对新课程改革中曾经出现的弊端提出来的,可谓切中肯綮。

再分析"分类评价建议",以"口语交际的评价"为例。其评价建议中有这样一段内容:

口语交际的评价,应按照不同学段的要求,综合考察学生的参与意识、情意态度和表达能力。第一学段主要评价学生口语交际的态度与习惯,重在鼓励学生自信地表达;第二、第三学段主要评价学生日常口语交际的基本能力,学会倾听、表达与交流;第四学段要通过多种评价方式,促进学生根据不同的对象和内容,文明地进行人际沟通和社会交往。评价宜在具体的交际情境中进行,让学生承担有实际意义的交际任务,并结合学生在日常生活和学习活动中的表现,综合考察学生真实的口语交际水平。

这一段评价建议,具体阐述了整个义务教育阶段应该如何对"口语交际"的学习进行考核评价,措施详尽、重点明确,表现为"哪些要做——做到什么程度——用什么方法做或在哪里来做"的逻辑思路,突出了"机会标准"和"背景标准"的特点。这些"评价建议"与"目标与内容"、"教学建议"等部分互为补充、前后照应,构成了课程实施的较为完整的体系,既指导了课程的教与学,又规范了课程的考核评价,具有一定的严谨性。

（二）反思

当然,2011版课标也存在不尽如人意之处。例如,对于"课程目标"、"内容标准"、"成就标准"等几大构成元素的呈现,并不是完全合理有序、脉络分明的。"内容标准"、"成就标准"与"机会标准"、"背景标准",分别呈现于不同的章节,其间缺乏必要的连贯性;执行这些标准,实施者必须前后翻找、对照,才能理解、领悟其精神实质,研读和运用很不方便。另外,不少"成就标准"后缺少二级指标,没有"表现指数",也不便于操作。而国外许多国家的语文课程标准,不管是"能力说"、"内容说"还是"课程与评价整合",都拥有共同的特征——几大构成要素都较为集中,且按照相对合理的顺序编排;很多国家的课程标准的主要内容,通过列表的形式,使课程目标、内容标准、能力标准、表现指数（二级标准）一览无余。因此,课程标准的不同使用者,诸如教材编者、语文教师以及督导评价人员等,应当能够根据自己工作领域的需要,明确地遵其范、定其向、循其路、尽其责,从而更好地发挥国家课程文件的规范指导效应。

又如,有些"内容标准"仍然不够具体明确,显得笼统、宽泛。主要原因在于2011版课标与实验稿一样,仍然没有单设"内容标准",依然将"目标"和"内容"融在一起,将"课程的内容标准"结合在"课程目标"中叙述。尽管在修订中,对实验稿中"缺乏内容标准"的质疑和批评很重视,通过增加篇幅进一步丰富、细化"教学建议"和"评价建议",很多内容增加了可操作性,但仍有些课程内容缺乏"内容标准",如关于"词汇语法修辞"等语文知识,只有大致的内容范围和能力要求,却没有将附录3的内容以"内容标准"的形式,落实到各个学段当中。这就给教材编写或教学内容取舍方面带来了难度,也给课程实施增加了随意性。2011 版课标诸如此类的问题与缺憾,有待于在实施过程中进一步寻求改进与完善。

参考文献:

[1] 教育部基础教育课程教材专家工作委员会.《义务教育语文课程标准(2011 年版)》解读[M].北京:高等教育出版社,2012.

[2] 钟启泉.从《课程标准》的要素谈什么是"好教材"[J].基础教育课程,2011(9).

[3] [美] David G.Armstrong.当代课程论[M].陈晓端等译.北京:中国轻工业出版社,2007.

[4] 金荷华.对国外新世纪"语文课程标准"的透视与反思[J].全球教育展望,2011(12).

[5] 洪宗礼,柳士镇,倪文锦.《母语教材研究》第六卷:外国语文课程标准译介[M].南京:江苏教育出版社,2007.

[6] [捷克] 夸美纽斯.大教学论[M].傅任敢译.北京:教育科学出版社,1999.

(本文发表于《教育研究与评论》2012 年第 9 期)

2011 年版义务教育语文课程标准的国际透视[*]

2011 年版义务教育语文课程标准,在课程定位上体现国际母语课程改革发展趋势,突出语文学科本质属性;在文化取向上强化在母语教育中坚持民族立场与国际视野相结合的理念和价值追求;在内容结构上体现当代国际课程标准"内容说"与"能力说"并举的发展态势。但也有缺憾,如有的"内容标准"不够具体明确,有些"成就标准"可操作性不强等。

国家《义务教育语文课程标准(2011 年版)》是对《义务教育语文课程标准(实验稿)》(以下分别简称 2011 版课标、实验稿课标)的深化和发展,本文结合新世纪国外母语课程标准发展趋势对其进行解析透视,在此基础上予以反思并提出一些意见和建议,有不妥之处敬请方家批评指正。

一、2011 版课标的价值取向

课程标准的编制在整个课程改革中是一个核心环节,各国课程改革对此都非常重视。国家课程标准(有国家仍沿用"教学大纲")基本反映出国家课程改革的价值追求。就母语课程改革而言,体现共同的发展趋势:在价值取向上,明确要求在母语教育中渗透公民意识的培养和价值观引领;课程内容上,规范母语学习范畴,具体指向"听、说、读、写"四大核心能力;近来又积极向"观察、思考、评论"三大能力领域扩展,致力于通过母语课程学习,中小学生能够对多样的文学文本、信息文本、媒介文本、视觉文本等,进行理解性的选择、阅读和思考;能够运用多种策略、资源和技巧来阐释、选择和组合信息;能够理解多种文本的语言内容、艺术形式和整体风格,对多种文本批判性地进行解读,这是顺应时代发展、提升人才综合竞争力的

* 本文系笔者主持的江苏省高等教育教学改革资助课题"打造学术性与师范性有机统一的语文课程与教学论精品课程"(项目编号:2011JSJG151);江苏省教育科学研究院、江苏教育学院"十二五"规划研究课题"基于教师专业发展的语文课程衔接研究"(项目编号 Jsie2011yb08)阶段性研究成果。

必然趋势。①

2011 版课标在课程定位上,顺应国际教育改革潮流,体现母语课程改革发展新趋势,回归语文本真。明确界定了语文课程的性质(综合性、实践性)和特点(工具性与人文性的统一),指明了语文学习的核心任务(学习语言文字运用),增补了语文课程内容标准,进一步阐释了语文课程的基本理念,更加详细地阐述了课程的实施建议,并且对"附录"的相关内容予以充实。2011 版课标进一步凸显了国际视野、本土行动的课程定位,珍视语文课程的独特价值,坚守中华文化根基,培养社会主义公民。例如,课标中增加了文体上的新分类,在"实用性文章"中增设了"非连续性文本"的内容,分别在第三、四学段设置"简单的非连续性文本阅读"和"较为复杂的非连续性文本的阅读"目标。显然,这是为了适应当今世界人才发展形势需要的明智之举。

2009 年,我国上海市参加世界经济合作与发展组织(OECD)国际学生评估项目(PISA)测试,成绩在所有参与国家及地区中排名第一。但是占试题 30% 的非连续性文本阅读的单项中,上海学生得分率并不高。PISA 阅读评估,始于 2000 年,旨在评估各国 15 岁(初三)学生在阅读、数学和自然科学方面的知识、能力和技巧以及跨学科的基础技能,并通过国际间的比较,找出造成学生能力差异的经济、社会和教育因素。该评价 3 年举行一次,截至 2009 年,全球已有 67 个国家和地区参与该评估。中国香港一直参与,排名都比较靠前。PISA 阅读评估的范畴包括:获取信息,形成广义、整体的理解;形成完整的解释;反思评价文章内容;反思、评价文章表达形式。阅读的目的涉及个人用途、公共用途、工作需要、接受教育等几个方面;阅读的文体包括"连续性文本"和"非连续性文本"。

所谓"非连续性文本",是指相对于以句子和段落组成的"连续性文本"而言的阅读材料,多以统计图表、图画等形式呈现,如数据表格、图表和曲线图、图解文字、凭证单、使用说明书、广告、地图等。如果"非连续性文本"是由上述多种材料组合而成,就构成"较为复杂的非连续性文本"。该类文本的特点是直观、简明,概括性强,易于比较;在现代社会被广泛运用,几乎与人们的日常生活须臾不离,其实用性特征和实用功能十分明显。因此,学会从非连续性文本中获取所需要的信息,并得

---

① 金荷华,左长旭.国际视野与本土行动——2011 版语文课程标准的解析与反思[J].教育研究与评论.2012(9):4—10.

出有意义的结论,应该是现代公民必备的阅读能力。笔者以为,在语文课标中呈现该项新元素的,不应该仅从第三学段开始,第一、第二学段也应该增加此项内容,只要难度适当降低即可。如对各种小广告、发货单、账单和各类交通工具乘坐票、简单用具的说明书等等,对这些日常生活中经常接触的非连续性文本信息的认读、理解和表述,将有利于提高孩子生活能力和应变机制。

二、2011 版课标内容结构解析

当代各国课程标准已经形成共同的构成要素,根据钟启泉教授的概括,作为国家或政府课程文件的"课程标准"应有三层涵义:一是内容标准,反映的是学生应该知道什么和能够做什么,指明学生所要达到的目标;二是成就标准(表现标准),指每一个学生应当达成的"基础学力"或是"基本能力"、"关键技能"的目标规定;三是机会标准,这是旨在保障每一个学生"学习权"而制定的教学规范、关系规范、(课程资源)分配规范,为每一个学生提供尽可能丰富的学习资源,保障每一个学生的"学习权"。[①] 这些要素在各国课程标准中都不同程度得以体现。

2011 版课标对实验稿课标的修订几乎涉及到各个部分,但其重点是对课程"目标与内容"的完善和对课程"实施建议"的充实。第二部分"课程目标与内容",主要指向"内容标准"和"成就标准",即指出学生应该知道什么、能够做什么,规定学生应该达成的基本能力或基本技能;第三部分"实施建议",主要指向"机会标准"或"背景标准",即明确在教材编写、教师教学及教学评价等工作中应该遵循哪些规范,为每一位学生提供尽可能丰富的学习机会和学习资源,从而实现最有效的个人发展。以下结合课标有关内容分别予以具体阐述。

(一)对课程"目标与内容"的解析

该部分由总"目标与内容"和"学段目标与内容"两部分组成。总"目标与内容",主要指向语文课程宏观层面的"内容标准"和"成就标准";"学段目标与内容",主要指向语文课程各个领域具体的"内容标准"和"表现标准"。总"目标与内容"部分,从十个方面对义务教育阶段的语文课程目标及内容作概括性阐述,其内容指向"知识与能力、过程与方法、情感态度与价值观"三维度。10 个条目中,1—5 条侧重于"情感态度与价值观"、"过程与方法";6—10 条侧重于"知识与能力"维度;三者

---

① 钟启泉.从《课程标准》的要素谈什么是"好教材".基础教育课程[J].北京:2011(9):67—70.

相互渗透,融为一体。这些概述,从宏观上指出学生经过九年的语文学习,"应该知道什么"、"能够做什么",即为了适应现代社会和学生个体的发展,国家期望学生具备的语文素养"是什么"。例如总"目标与内容"第2条(句前序号为笔者加,以下同):

①认识中华文化的丰厚博大,汲取民族文化智慧。②关心当代文化生活,尊重多样文化,吸收人类优秀文化的营养,提高文化品位。

上述目标中,第一句从大处着眼,指出学生对待丰富博大的母语文化应该坚持的正确态度;第二句则由本土而国际,要求学生在关心、参与当代文化生活实践中,通过中华文化的濡养,逐渐形成广阔的文化胸襟和高尚的文化品位。

"学段目标与内容"部分,"识字与写字、阅读、写作、口语交际、综合性学习"五大领域属于"课程内容"范畴,各个领域中的具体要求,则属于"成就标准"范畴。例如第四学段"写作"第4条:

①写作时考虑不同的目的和对象。②根据表达的需要,围绕表达中心,选择恰当的表达方式。③合理安排内容的先后和详略,条理清楚地表达自己的意思。④运用联想和想象,丰富表达的内容。⑤正确使用常用的标点符号。

该段文字从五个方面描述关于"写作"的"成就标准",即表明学生需要"做什么"、"做得怎么样"。句①是写作前首先应该考虑的前提性内容,说明文章的内容将决定文章的提示和语言表达方式。句②明确了文章表达方式的选择与确定,要依据写作主旨的需要;诸如记叙、描写、说明、议论、抒情等,不管侧重于哪一种,都要服务于文章中心思想的需要。句③是结构层次安排方面的要求,句④是写作过程中思维活动的要求,句⑤是行文中标点符号使用的要求。总之,五句话从内容到形式、从大到小、由主到次,逐条予以描述,较之"总目标与内容"的表述,目标指向较为具体,能力表现指数比较清晰,具有一定的可操作性。

(二)对课程"实施建议"的解析

"实施建议"中"教学建议"和"评价建议"是修订的重中之重,其表述文字比实验稿课标几乎增加了一倍。在总体"教学建议"和"评价建议"中,"机会标准"主要体现为宏观的"行动方略";在具体"教学建议"和"评价建议"中,"机会标准"则更多地体现为微观的"行为措施"。

1. 对总体"教学建议"和"评价建议"的剖析

2011版课标总体"教学建议"包括五个方面,都是从大处着眼提出语文课程实

施中教师的"行动方略"。例如第三条"重视情感、态度、价值观的正确导向":

① 培养学生正确的思想观念、科学的思维方式、高尚的道德情操、健康的审美情趣和积极的人生态度,是与帮助他们掌握学习方法、提高语文能力的过程融为一体的,不应该当作外在的附加任务。② 应该根据语文学科的特点,注重熏陶感染,潜移默化,把这些内容渗透于日常的教学过程之中。

第一句界定了"情感、态度、价值观"教育的具体范畴,并建议该项教育应该与引导学生掌握学习方法、提高能力的语文实践活动融为一体;第二句强调落实的措施:将其渗透于日常的语文教学过程之中,突出语文注重"熏陶感染、潜移默化"的学科特点,避免游离于文本语言文字之外的简单训导或教化。这些建议,具体描述教师要"做什么"、"怎么做"或"在哪里做",指向多为原则性的内容。

在总体"评价建议"中也体现这一特点,例如其第一条"充分发挥语文课程评价的多种功能":

① 语文课程评价具有检查、诊断、反馈、激励、甄别和选拔等多种功能,其目的是为了考察学生实现课程目标的程度,检验和改进学生的学习和教师的教学,改善课程设计,完善教学过程。② 应发挥语文课程评价的多种功能,尤其应注意发挥其诊断、反馈和激励的功能,有效地促进学生的发展。

第一句列举语文课程评价多种功能的范畴,指明发挥这些评价功能的根本目的是为了更好地完善语文教学过程。第二句强调要充分发挥"诊断、反馈和激励"三种评价功能,意在纠正以往的语文课程评价过于注重"检查、甄别和选拔"功能的极端做法,使评价更加有利于促进学生的发展,体现了当代课程评价新理念。

2. 对具体"教学建议"和"评价建议"的剖析

2011 版课标的"具体教学建议"分别从"识字写字与汉语拼音"、"阅读"、"写作"、"口语交际"、"综合性学习"、"语法修辞知识"六方面提出教学建议。这些建议,具体详尽,可操作性强。例如关于"阅读"教学建议的最后一段文字:

① 要重视培养学生广泛的阅读兴趣,扩大阅读面,增加阅读量,提高阅读品位。② 提倡少做题,多读书,好读书,读好书,读整本的书。③ 关注学生通过多种媒介的阅读,鼓励学生自主选择优秀的阅读材料。④ 加强对课外阅读的指导,开展各种课外阅读活动,创造展示与交流的机会,营造人人爱读书的良好氛围。

该段建议中,句①是总提培养学生广泛阅读能力的途径及宗旨,即从培养兴趣入手,通过拓宽阅读视野和加大阅读文字量,来实现提高阅读品味的目的。以下几句是落实句①的具体建议；②建议具体措施，通过减少做题等机械训练，为学生"多读书"、"好读书"、"读整本书"创造条件，使学生有充分的时间、充足的精力读书；句③强调学生阅读的自主性，体现了当代阅读教学规定性与开放性相统一的先进理念；句④建议教师在此过程中怎样发挥应有的作用，要通过多种途径来实现教师的指导、引领和激励的功效。

2011 版的"具体评价建议"与"具体教学建议"体例基本相同。以"综合性学习"评价建议第一节为例：

① 综合性学习的评价，应着重考察学生的语文综合运用能力、探究精神与合作态度。② 主要着眼于学生在综合性学习过程中的表现，如是否能积极参与活动，是否能主动提出问题，还有搜集整理材料、综合运用语文知识探究问题、展示与交流学习成果等方面的情况。③ 第一、第二学段要较多地关注学生参与语文学习活动的兴趣与态度。④ 第三、第四学段要多关注学生在语文活动中提出问题、探究问题以及展示学习活动成果的能力。⑤ 各个学段综合性学习的评价都要着眼于促进学生提高语文水平的效率，并有助于他们扩大视野，更好地掌握学习语文的方法。

上述建议，具体阐述整个义务教育阶段，应该如何进行"语文综合性学习"考核评价，可谓重点明确，措施详尽。句①指出考查的三个着力点；句②是句①三个着力点的具体指向，即指向学生哪些行为表现；句③、④指出不同学段考查的不同侧重点，低年级重学生参与活动的外在表现，高年级重学生行为活动的内在质量；句⑤强调该项评价总的原则或旨归。五句话呈现"总—分—总"结构，表现为"哪些要做——怎么去做——做到何程度"的逻辑思路，突出了"机会标准"和"背景标准"的特点。

课程评价是课程实施的执行监督系统，评价标准是当代各国课程标准不可或缺的组成部分。当前世界很多国家的课程评价理念和原则已经渗透到课程标准的各个环节，表现为课程评价是回溯的，同时也是前瞻的。上述"评价建议"，与"目标与内容"、"教学建议"等互为补充、前后照应，共同构成课程实施的较为完整的体系；既指导了课程的教与学，又规范了课程的考核评价，具有一定的严谨性。

三、反思与建议

进入新世纪以来，国外母语课程标准在结构模式及内容编排方面各具个性特色。有三种结构模式具有先进性：一是"能力说"特色，二是"内容说"与"能力说"兼具特色，三是"课程与评价整合"特色。当前课程标准的发展，呈现"内容说"与"能力说"并举的态势。[①] 较之国外发达国家的语文课程标准，2011 年版课标既不属于"能力说"结构特色，也不属于"课程与评价整合"的结构特色；就其实质而言，当属于"内容说与能力说兼具"的类型，但仍然存在缺憾。

1. 课程目标、内容标准、成就标准、机会标准等构成要素的呈现，不够合理有序、脉络不够分明。

"内容标准"、"成就标准"，主要呈现于"目标和内容"部分；"机会标准"、"背景标准"主要呈现于"实施建议"部分；这样，几大构成要素分别属于课标的不同章节，其间缺乏必要的连续性。课标执行者要前后翻找对照，很不便利。当前国外许多国家的语文课程标准，不管是"能力说"特色、"内容说"特色，还是"内容与评价整合"特色，都拥有共同的特征：构成课标的几大要素都较为集中，且按照相对合理的顺次编排；很多重要内容，是通过列表的形式，使课程目标、内容标准、能力标准、表现指数（二级标准）一览无余，使课标的不同使用者，能够根据自己工作领域的需要，很直观地遵守规范、确定方向、探循道路、恪尽职守，从而更好地发挥国家课程文件的规范指导效应。

2. 有些"内容标准"仍然不够具体明确，大部分"成就标准"过于笼统宽泛，缺少"表现指数"。

主要原因在于：2011 版课标与实验稿课标一样，仍然没有单设"内容标准"，依然将"目标"和"内容"融在一起，将"课程的内容标准"结合在"课程目标"中叙述。尽管在修订中，对实验稿课标"缺乏内容标准"的质疑和批评很重视，通过增加篇幅进一步丰富、细化"教学建议"和"评价建议"，很多内容增加了可操作性。但是，有些"内容标准"仍然缺乏可操作性，不少"成就标准"后缺乏"表现指数"，没有制定二级指标，操作性不强。

以语法修辞知识内容为例，2011 年版课标在"附录 3 语法修辞要点"中，从词的分类、短语的结构、单句的成分、复句的类型、常见修辞格五个方面列举了各项的范围，但在具体的"学段目标和内容"中，并未予以具体落实，没有对该项"教学内容"作系统的规范和要求。由于该课标主张随文学习这类语文知识，其"内容标准"

---

① 金荷华.对国外新世纪"语文课程标准"的透视与反思.全球教育展望[J].2011(12)：84—89.

和"成就标准"都在"阅读"类别中呈现；但所呈现的"成就标准"既宽泛又松散。该项"目标和内容"在1—4学段共呈现四处：

结合上下文和生活实际了解课文中词句的意思，在阅读中积累词语。能联系上下文，理解词句的意思，体会课文中关键词句表达情意的作用。能借助字典、词典和生活积累，理解生词的意义。（第一学段）

能联系上下文和自己的积累，推想课文中有关词句的意思，辨别词语的感情色彩，体会其表达效果。（第二学段）

在通读课文的基础上，理清思路，理解、分析主要内容，体味和推敲重要词句在语言环境中的意义和作用。（第三学段）

随文学习基本的词汇、语法知识，用来帮助理解课文中的语言难点；了解常用的修辞方法，体会它们在课文中的表达效果。（第四学段）

严格地讲，以上所列可谓有"目标"却无"内容"；充其量是随课文学习积累词汇的"成就标准"而已，而没有涉及具体的"内容标准"。2011版课标的"具体评价建议"中也没有单列"语法修辞知识"一项，只在"阅读"评价建议中指出："词法、句法等方面的概念不作为考试内容。"这样处理的原因，大概是这些知识是贯穿在"阅读"教学的目标中表述的。而关于"语法修辞知识"的"教学建议"有两节文字，共计316字（此略）。

很遗憾，这些教学建议，主要属于"机会标准"，即提供教学的策略和应该遵循的规范要求而已。无庸置疑，任何一门母语教学，都离不开语音、词汇和语法。虽然语文课程中的语言学习，不同于"语言学"的学习，但也不可因噎废食，甚至在母语课程标准中忽略母语学习的重要内容。诚然，2011年版课标对此的确作了相应的增补和强化，遗憾的是其效果却如隔靴搔痒。

综观国外语文课程标准，许多国家都设置"语言事项"、"语言规则及运用"这一重要领域。例如《法国初中教学大纲》（2004年）在"口语训练的语言工具"部分，有一个"教学内容"的条目，该条目从话语、词法句法、词汇、拼写几方面，列举描述了若干条款，覆盖面非常大。这些内容连同大纲所附录的"总词汇表"、"语言工具词"和"语法词汇卡片"等资料，使该大纲在具备了"能力说"特色的同时，又拥有"内容说"的全面、细密的特质。又如《德国完全中学10年级德语课程标准》（相当于初中）中"德语的能力标准"之四："对语言和语言运用的学习和研究"项目中，关于"语

法"的"目标和内容"呈现如下条款：①

认识词和句的作用，并将此用于说、写和读的语言活动中，要做到——

■ 认识和运用句子特征，如主句、从句、句子成分等；

■ 认识和运用词类特征，如动词的时态和情态、名词的称谓等；

■ 能在语言情景和功能关系中识别和运用语法知识，尤其要掌握动词的时态和语态（直陈式、虚拟式）、主动式和被动式、性数格和比较级等。

上述四个条目中，首句为关于词、句子学习内容的"成就标准"；下面标上特殊符号的三句是首句所表述的"能力"的"表现指数"，可视为"二级指标"；内容具体明确，语言表述清晰可辨。相比之下，我们的"内容标准"和"能力标准"很多失之笼统浮泛；"能力标准"之后没有设置二级标准（表现指数），即使有表现指数，也是与一级能力标准混在一起，没有通过行文编排形式上的变化予以凸显。

笔者以为，要使课标中"词汇语法修辞"的"目标和内容"对教材编写、教学实施、教学评价等课程实施环节，真正起到规范和指导作用，首先必须在相关学段呈现具体的词汇、语法、修辞等要点的"内容标准"，并且这些内容还要与"附录3词汇语法修辞要点"的范围相对应。比如，在小学三个学段和初中，分别应该逐步学习并掌握哪些词法、句法、修辞等；至少应该提出相对科学、合理的渐进性建议。其次，在落实"附录3"内容过程中，关于词汇、语法、修辞等语文知识，还是有必要形成相对的整体性和连贯性，目的在于使学生学到的不是一些关于此类知识的"碎片"，而是生动、有序的整体。这样，将更有益于提高学生的"语文素养"；因为尽管"一切语言通过实践去学比通过规则去学来得容易"；"但是规则可以帮助并强化从实践中得来的知识"。②

（本文发表于《连云港师范高等专科学校学报》2013年第1期）

---

① 洪宗礼，柳士镇，倪文锦.《母语教材研究》第六卷《外国语文课程标准译介》[M].南京:江苏教育出版社,2007:230(本文所列举的外国语文课程标准,源自该文献).

② 夸美纽斯.大教学论[M].傅任敢译.北京:教育科学出版社,1999,159.

透视印度中学语文教材的价值取向

英语教学在印度已持续进行了几个世纪,现在英语是印度中小学的必修课,与母语有同等重要的地位。本文以印度6—10年级语文新教材为例,从教材的类型、目标和价值取向几方面,评介印度语文课程改革的整体面貌,重点阐述教材编写的价值取向。

从20世纪60年代到80年代,印度政府先后颁布了《国家教育政策》《国家教育课程体制》等文件,这些重要文件,顺应时代要求,积极倡导科技与人文、国家与个人之间的平衡;2000年又颁布了《学校教育国家课程纲要》,提出了文化遗产、社会凝聚力等17个学习领域,积极推进基础教育课程改革,实施新世纪人才培养战略。由于历史的原因,英语教学在印度已持续进行了几个世纪,英语已经成为印度各邦几十种方言之间进行沟通的重要语言,同时也是重要的官方语言。在经济全球化和政治多极化的今天,英语教学为印度人力资源开发、推动社会政治、经济和文化的快速发展,培养国际交往人才带来极大的优势。现在英语是印度中小学的必修课,与母语有同等重要的地位。本文以新德里书法出版有限公司、新德里法兰克出版有限公司、新德里中等教育委员会出版中心、印度国家教育研究与培训委员会联合出版的6—10年级的一套语文教材为例,阐述印度中学语文教材的类型、目标定位和价值取向。

一、教材的类型及功能

该套教材及配套用书主要有如下几种类型:课本(Main Coursebook),旨在提高学生英语听、说、读、写的能力,并扩大英语词汇量等;练习册(Workbook),配有大量的语法练习及试卷,加强语言的实践训练;阅读课本及课外读物(Literature Reader),目的在于培养学生对小说、诗歌及戏剧的欣赏能力,提高文学修养。另外还有与课本、课外读物相配套的录音磁带和教师用书,配有较为详尽的教学策略和方法供教师参考。[①]

　　每个年级的"课本"都包含《英语视窗》、《互动英语》两种类别；"练习册"、"阅读课本"也相应地设置《英语视窗》、《互动英语》与课本相配套；"课外读物"主要用于11、12年级（高中）阶段，内容主要包括阅读材料、问答题、故事欣赏、讨论、推荐书目等。提供的阅读材料如《我是人民》、《故事、戏剧及历史传奇》（11年级），《短篇小说集》、《故事及历险传奇》（12年级）。

二、教材的目标定位

　　印度中小学教育实行12年一贯制，小学5年，初中5年，高中2年。在10年级结束后，学生要参加"中央中等教育局"组织的统一考试，这相当于中国的"中考"；通过考试来决定升入高中后学习文科还是理科；在文理分科的高中念完2年，即在12年级结束后，学生要参加"中央中等教育局"组织的毕业统考，此后再参加高考；毕业考试的成绩要记入高考成绩中。6—10年级处于"后期初等教育"与"前期中等教育"阶段，完成这一阶段的学业后，学生将面临两种选择，一是升学，二是就业。因此该套教材的教学目标定位是：在小学良好的英语学习的基础上，巩固基础知识，扩大基础知识面，进一步培养学生听、说、读、写的英语学习能力，促进学习方法以及心智、情感、文化意识的发展，使之形成正确的人生观、世界观和价值观，提高学生的整体素质。[②] 应该说，该套教材基本体现了当代印度中等教育课程改革的精神实质。

三、教材的价值取向

1. 国际视野，时代特征

　　知识经济时代的人才观具有新的内涵，如系统而宽阔的知识技能结构，科技素质与人文素质的统一，智力素质与情感素质的统一，终身学习的意识，创新能力与创业能力等。该套教材形式多样、内容丰富，宏观上具有广阔的国际视野和很强的时代特征，在价值取向上，基本上体现了当前世界语文教材"学生中心、能力至上、学养为根、情知皆备"的共同追求。[③] 教材涉及的话题很多，知识面很广，渗透着社

---

①　江苏母语课程教材研究所编著.当代外国语文课程教材评介.江苏教育出版社,2004:407.

②　江苏母语课程教材研究所编著.当代外国语文课程教材评介.江苏教育出版社,2004:415.

③　潘涌.外国母语教材的基本价值取向.中学语文教与学(初中版),2007(8).

会、人文和自然学科等知识;教学内容设置贴近学生实际生活,遵循青少年心理发展规律,便于开启学生的心灵世界。通过教材的引领,学生不仅能了解印度民族文化的博大精深,还会积极关注世界各国文化的灿烂辉煌;这样有助于增长学生的爱国情怀和全球观念,提高其社会责任感和使命感。如《英语视窗》7 年级课本内容和结构安排。①

《英语视窗》7 年级课本内容及结构表

单元	热身	阅读	读　后				补充
			理解	词汇	语法	写作/讨论	
1 交通工具	讨论:交通工具的种类、解决拥挤的步骤、大城市的交通	交通工具的历史	简答题	单词的原义及引申义			阅读《子弹头列车》的有关说明,理解雪橇及独木舟的有关资料
		当今的交通工具	简答题	城市设施词汇	不但……而且	给朋友的一封信	
		交通工具的未来	简答题	使用多义词	将来时		
2 环境:野生动物	向学生们提出一些与环境保护相关的问题	印度的野生动物保护	简答题	构词法		讨论:人们对保护野生动物的态度的变化	讨论:动物园应该关闭
		老虎的现在和未来	简答题	使用多义词	现在完成时	就上面的论点写发言稿;写通知	
		老虎的家园	填空题	使用多义词			
3 科技:太空探险	讨论太空探险;了解太空探险知识	第一个太空人	简答题填空题				找出人类的 6 次登月(1961—1972)
		航天飞机	问卷调查				
		未来的太空探险	简答题	太空词汇	情态动词的用法		

---

① 江苏母语课程教材研究所编著.当代外国语文课程教材评介.江苏教育出版社,2004:408.

续　表

单元	热身	阅读	读　后				补充
			理解	词汇	语法	写作/讨论	
4 娱乐：电影院	儿童电影领域；列举不同领域电影人物的名字	电影制作	简答题填空题讨论题	与电影相关的多义词	副词的用法	描述电影制作过程	找出与电影、电视相关的词汇，评价一部曾经看过的电影
		著名制片人：萨特吉特·雷	简答题			告别演讲	
		"我要工作直到生命的尽头"	填空题简答题	与葬礼相关的词		为校刊写份事故报告	
5 污染：空气污染	讨论：保护环境的步骤，对人类及所有生命带来危害的东西污染的种类	被污染了的空气	简答题	与污染的危害性相关的词	分词的用法		列举温室效应带来的污染问题
		空气污染带来的影响	简答题填空题	与空气的污染带来影响相关的词		出份海报	
		控制空气的污染	简答题			给编辑的一封信	
6 孩子的世界：童工问题	讨论：儿童的权益	童工	简答题	构词法	介词的用法时态		写一份关于印度童工状况的调查报告
		呼吁：反对童工现象	简答题讨论	构词法		出份海报	
		拉穆的希望之光	简答题	多义词		写份自传	
7 体育：国际体育	讨论：重大的国家体育项目、目的及著名的运动员	奥林匹克	简答题	与体育项目有关的名称，构词法		描述一个场合	写一份关于印度孩子对待体育态度的调查报告
		体育精神	简答题	与人类情感有关的词汇	连词	一场班级辩论	
		运动员的饮食	总结				

从上表内容中不难看出，课本《英语视窗》具有鲜明的时代特征。从单元主题看，交通拥挤、环境保护、科技发展、娱乐生活、治理污染、儿童权益、体育事业七个话题，都是与现实生活紧密联系的问题，其中绝大部分是人类社会发展必需面对的共性问题，是世界许多国家教育都予以高度重视的重要课题。每个单元的具体教学内容设置项目，也体现了这种价值追求。"热身"项目，紧密联系学生身边的人和事，便于调动学生积极参与讨论、学习的兴趣。"补充"项目，在单元内容学习的基

础上,努力延伸教材内涵,拓宽学生视野;同时也净化学生的心灵,提升其精神境界。例如,从"交通工具"自然扩展到了解子弹头列车、雪橇、独木舟;讨论"太空探险",必然要去了解人类的 6 次登月壮举;在组织讨论动物保护、环境治理、童工成灾等问题的基础上,要求学生撰写有关调查报告。这些教学内容,不仅对学生进行了科学思想教育,还渗透着人文德行教育。这些活动对学生的身心发展能够起到强烈的感染作用,充分强化了语文教育对学生健康人格建构的功能。这样的单元内容设置在其他几册课本中都体现得很明显,例如《互动英语》8 年级课本六个单元的主题分别是:少年的世界、神秘世界、体育精神、教育观、我们的地球伙伴、快乐学科学。[①]

2. 听说读写,扎实有效

该套教材严格遵循语文教学的客观规律,对英语语言知识的教学和技能的训练,作了系统的安排,便于学生构建知识系统;并且根据社会的需要和学生的需求,采用话题、功能、结构相结合的方法,设计一些"任务型"的活动,来提高学生的语文实践能力。每个单元以话题为核心,以结构和功能项目为主线,组织并实施听、说、读、写活动。活动的设计讲究多层次、多形式,特别注意调动学生的生活经验和学习兴趣,为学生提供真实的情境,帮助学生综合运用所学知识去获取、处理和使用信息。

从上文所附的"《英语视窗》7 年级课本内容及结构表"中,大体可见其学习训练的序列:每个单元都围绕一个话题,按"热身"、"阅读"、"读后"、"补充"几个项目组织教学内容。通过"热身"的资料呈现或话题讨论,使语文教学走近生活,走进学生的心灵世界;然后在充分"阅读"文本的基础上,完成"读后"的一系列任务。"读后"项目中分"理解"、"词汇"、"语法"、"写作/讨论"几个子项目。"理解"属于思想内容方面的要求,通过填空、简答或问卷调查,引导学生深入理解和领悟文本的思想内涵;"词汇"、"语法"、"写作/讨论"属于语言知识积累及其应用方面的要求。这些内容的设置,在综合进行听、说、读、写基本技能训练的前提下,注重从课内到课外、从国内到国际、从个性到共性的教育视野。在此基础上,再辅之以配套"练习册"中大量的语法练习和试卷检验,学生语文素养的提高会达到预期的目标。

---

① 江苏母语课程教材研究所编著.当代外国语文课程教材评介.江苏教育出版社,2004:409.

3. 学养兼济,注重创新

教材编者把教材定名为《英语视窗》、《互动英语》,其用意也在于时刻提醒教育工作者:语言学习应该在不同的语言环境中加强训练,提高实践能力。教材提供大量的师生活动内容,促进教师采用科学的教学方法激活学生的思维;许多综合性练习、任务型活动项目,需要师生通过观察、发现、探索、研究并集体合作才能完成,这些活动为学生进行独立思考、大胆想象、发挥创造性提供了空间。例如《互动英语》10 年级课本共有 5 个单元,每个单元都有一个主题,分别是"健康与医学"、"教育"、"科学"、"环境"、"旅游";围绕每个主题设计 4 个互动话题,针对每个互动话题,又设计一系列问题或任务供学生讨论完成。例如第二单元围绕"教育"这一主题设计 4 个互动话题:(1) 伸出援助之手;(2) 你想为"伸出援助之手"计划做些什么?(3) 斯旺名的新学校;(4) 人才外流现象。

以下介绍第 4 个互动话题"人才外流现象"下面设置的具体任务。[1]

1. 提供一个案例,组织学生根据案例讨论问题。

纳禾儿 1941 年出生在阿吉菩,获庞枷菩大学的学士学位后,去美国的得克萨斯大学继续深造,在拿到该大学的有机化学博士学位后,又回到了印度,但他发现在印度很难找到合适的工作。当申请在庞枷菩大学教书的请求遭到拒绝后,他又选择了出国,现在英国一所大学任教。

安纳德 1945 年出生在拉合尔,在马德拉斯接受基础教育,然后进了马德拉斯大学,获得学士学位。毕业后在马德拉斯的一家澳大利亚银行工作,后被派往设在悉尼的总部银行工作两年,后与家人一起移居美国,现住在西雅图。

全班讨论:(1) 文中提到的两人有什么共同之处?(2) 他们为什么会做出相同的决定?(3) 说出这种决定的优劣。

小组讨论:(1) 你有亲朋好友在国外生活吗?(2) 他们的职业是什么?(3) 他们为什么会选择出国?(4) 他们有遗憾吗?(5) 他们在国外到底有什么实惠?

2. 提供一则真实报道,要求学生阅读后完成一系列任务。

艾威士·卡,35 岁,已婚。十年前高中毕业,后获得悉尼大学的学士和博士学位。然后在澳大利亚的一家大公司谋得了一份很高的职务,并工作、生活在澳大利亚至今。然而,他现在面临人生中的一大抉择:他作为这家大公司的代表,将被派

---

① 江苏母语课程教材研究所编著.当代外国语文课程教材评介.江苏教育出版社,2004,第 410 页。

往印度工作。尽管年迈的父母日夜盼望着他的回归,尽管他和孩子们已习惯了澳大利亚的一切;尽管他的妻子的事业和亲朋好友都在澳大利亚,但妻子希望能回到印度。艾威士有两周的时间来做决定:他是继续留在澳大利亚,还是接受印度分公司的邀请。他该怎么办?

(1) 学生四人一组,分角色讨论艾威士的选择。老师给学生分发角色卡:① 艾威士;② 澳方经理;③ 卡太太;④ 印方公司经理。老师提醒学生在角色扮演时,用到以下短语:

提出建议:我的建议是……;你或许会考虑……;我会建议你去……;这样行吗?……;何不……?

寻求建议:我可不可以就这一点问问您的意见……? 您是否可以在……上给我些建议?

劝说:你应该……;你最好……;我会劝你……

劝阻:你不应该……;你应该慎重考虑……。

(2) 各组"艾威士"们分别说出自己的决定,并简述这样抉择的理由。

3. 作一次演讲。要求:假设你是印方公司的经理 K.K.Tulu 博士,校方请你针对那些即将毕业并且想去美国或澳大利亚留学、深造的高中学生们作一次演讲,字数在 120~150 之间,要用到上题中提供的一些短语、句子。

以上"互动"的内容,体现了"教师为主导,学生为主体"的教学理念,渗透着一种教学思想,即如何在提高学生语言能力的基础上,启发学生自主地解读文本,个性化地理解生活,训练其开放的思维品质,培养学生善于用独特的视角去发现问题、思考问题,多角度、多方位、多侧面地寻求解决问题的途径。

上述案例和报道中的三个印度人的经历、际遇、处境,给学生提供了真实的情境,为学生创设了快速提取文本信息、见仁见智地发表观点的平台和契机。后面编排的讨论题目和训练内容很有弹性,既具有规范的主导性,如对"提出建议"、"寻求建议"、"劝说"、"劝阻"的常规用语的提示,对演讲稿的组织以及演讲时的注意事项的建议(见第一个互动话题"伸出援助之手"的互动内容);又具有鲜明的选择性:对于材料中的几个印度人是否应该出国或回国,学生不必隐瞒自己的真实想法,即使明知自己的观点有悖于"留住人才"的良好愿望,也要实话实说,一吐为快;这正是题目设计者所期待的。

这类互动题目的张力还在于:学生要表达所谓的"正面"或"反面"的观点,必然要对事情进行客观的分析，具体问题具体对待，这势必引出更深层次问题的讨论，比如国家、政府应该怎样做，才能缓解乃至杜绝"人才外流"的现象；甚至可能涉及到国家的综合国力、民主政治建设、国民生活待遇等重大问题的探讨。这样就充分调动了学生的生活经历和内心体验，开放了学生自主思考的广阔空间，从有限向无限拓展，通过阅读、讨论、表达，交流思想，分享体验；不仅发展学生的多种语用能力，而且也提高学生的省思能力、论辩能力，还能使学生的心灵得到陶冶，人格获得提升。

（本文发表于《语文教学研究》2008 年第 2 期）

国内语文新课标教材透视

　　新一轮课程改革以课程标准取代了教学大纲,原来语文教学大纲中的基本篇目也随之消亡,教科书的编写由封闭走向开放状态。对于教科书的选文,语文课程标准只有"关于诵读篇目和课外读物的建议"。《普通高中语文课程标准(实验)》(以下简称《高中语文课标》)中建议的古诗文诵读篇目共14篇,其中先秦、唐宋散文5篇,古诗词9首;至于白话诗文的诵读篇目,《高中语文课标》建议"由教科书编者和任课教师推荐"。从当前已经通过审定并发行通用的几种新课标高中语文教科书看,这些建议的诵读篇目,绝大部分被编入必修课本,并且基本上都作为精读课文处理。客观上这些篇目已经成为新版语文教科书的"基本篇目",受到了教材编者的高度重视。本文以"人教版"、"语文版"、"苏教版"新课标高中语文教科书为例,分析这些"基本篇目"在不同版本中的类型归置、目标定位、练习设计以及相关拓展链接的异同,进而管窥几种版本教科书的特点,从显性层面体会其各得其宜、各显其妙的创新效果;同时通过透视分析,对教科书存在的隐性问题加以质疑反思,以有利于理性地认识、使用和建设教科书,更好地发挥教科书的重要作用。

一、编排序列及目标定位

　　笔者对14篇"基本篇目"在人教版、语文版、苏教版三个版本的编排序列及目标定位作如下梳理统计(篇目作者略)。①

1. 先秦、唐宋散文的编排

　　《赤壁赋》:三个版本都将其编入"必修一"。人教版:编入第2单元:古代山水游记类散文;语文版:编入第4单元:古代抒情散文(专题:情动于衷而形于言);苏教版:编入第4单元:"感悟自然"板块(专题:像山那样思考)。

　　《劝学》、《师说》:人教版:编入"必修三"第3单元:古代议论散文;语文版:编入"必修四"第4单元:古代议论散文(专题:铁肩担道义);苏教版:编入"必修一"第2单元:"求学之道"板块(专题:获得教养的途径)。

---

　　① 所凭借教科书版本:"人教版",2004年5月版;"语文版",2005年5月版;"苏教版",2004年8月版。

《逍遥游(节选)》:语文版未选。人教版、苏教版都编入"必修五",且节选的内容完全一致。人教版:编入第 2 单元:古代抒情散文;苏教版:编入第 5 单元:"仰观宇宙"板块(专题:我们头上的灿烂星空)。

《阿房宫赋》:人教版未选。语文版:编入"必修三"第 4 单元:古代议论散文(专题:铁肩担道义);苏教版:编入"必修二"第 3 单元:"后人之鉴"板块(专题:历史的回声)。

2. 古代诗词的编排

《氓》、《离骚(节选)》:人教版:编入"必修二"第 2 单元:诗经、楚辞、汉魏六朝诗歌;语文版:编入"必修四"第 2 单元:古代诗歌(专题:诗言志);苏教版:未选《氓》;《离骚(节选)》编入"必修三"第 2 单元:"燃烧的心"板块(专题:号角,为你长鸣);节选内容,人教版与语文版完全相同,苏教版与前两者不同。

《蜀道难》、《登高》、《琵琶行》、《锦瑟》:人教版:编入"必修三"第 2 单元:唐宋诗;语文版:编入"必修二"第 2 单元:唐诗(专题:诗的唐朝);苏教版:编入"必修四"第 3 单元:"诗从肺腑出"板块(专题:笔落惊风雨)。

《念奴娇》(大江东去)、《永遇乐》(千古江山):人教版:编入"必修四"第 2 单元:词曲;语文版:编入"必修三"第 2 单元:诗词曲(专题:珠星碧月彩云中);苏教版:编入"必修二"第 3 单元:"千古江山"板块(专题:历史的回声)。

《虞美人》:人教版未选;语文版未选(该篇被编进初中教材:9 年级下册);苏教版:编入"必修四"第 3 单元:"词别是一家"板块(专题:笔落惊风雨)。

3. 比较

(1) 相同点。上述 14 个"基本篇目",除了个别空缺篇目外,在三个版本中绝大部分被编为精读课文。人教版中只有《锦瑟》、《师说》、《逍遥游(节选)》被编为略读课文;语文版中只有《锦瑟》被编为略读课文;苏教版将其全部编为精读课文。可见,三个版本都是把建议诵读的古诗文当作文质兼美、需要精读深究的课文对待的。这完全符合《高中语文课标》在"教科书编写建议"中指出的"教科书要具有时代性和典范性,富于文化内涵,文质兼美,丰富多样"的精神,充分体现了语文课标的指导性、权威性价值。

(2) 不同点。编排序列、类型归置不同,目标定位也有差异。人教版每册都分为"阅读鉴赏"、"表达交流"、"梳理探究"、"名著导读"四个部分,其中"阅读鉴赏"部分都安排了四个单元,前两个单元侧重于"品味与赏析",后两个单元分别侧重于

"思考与领悟"、"沟通与运用"。每个单元又由"单元提示"、"课文"、"研讨与练习"三部分组成。其"阅读鉴赏"部分基本上是按照文体（实用类或论述类、文学类、古诗文）组元的，因而上述 14 个"基本篇目"，都被归入相同文体的单元，都编在属于"品味与欣赏"的第一或第二单元，而且在编排序列上也比较符合单元内部的组合规律。如《念奴娇》（大江东去）、《永遇乐》（千古江山），归入"必修四"的词曲单元，教学目标取向是"品味与欣赏"，与该单元的柳永、李清照等婉约词相并列，形成宋词豪放派与婉约派的鲜明对比，突出了"情思与意境"这一教学重点。这样便于学生总结、体悟和掌握相关知识及其规律。纵观"基本篇目"的编排序列，能够看出，该版本选文的单元组合，既没有全盘推翻以往教科书的体例，也未受旧有的框框所羁绊，体现了该版本教科书"守正出新"的基本编写思想。

语文版，遵循文体组元与主题组元相结合的原则，选文既有单元专题的引领，又有文体类型的制约，因而对上述"基本篇目"的编排定位也比较恰当。如《赤壁赋》编入"必修一"第 4 单元"情动于衷而形于言"专题中，与传统经典名篇《陈情表》、《项脊轩志》、《报任安书（节选）》并列，选文突出了主题标准和语言标准，富于典范性，有利于学生的语言积累和学习。但是，将《师说》、《劝学》归入"必修四"第 4 单元，与《与高司谏书》、《原君》组成"铁肩担道义"专题，就突出单元专题而言，在该版本编写体例既无"单元提示"、也无相关"导语"引领和界定的情况下，显得不无牵强。苏教版将《师说》、《劝学》归入"必修一"第 2 单元"获得教养的途径"专题中"求学之道"的学习板块，这比语文版的处理显得更为恰当一些。

苏教版，各单元都有专题名称、相关导语、板块名称等多项限定，因而对上述 14 篇"基本篇目"的编排定位，在总体层面上更显其"得其宜、尽其妙"的效果。如《阿房宫赋》编入"必修二"第 3 单元，与《六国论》（苏洵）构成"后人之鉴"板块，与另外两个板块"千古江山"、"永志不忘"组成"历史的回声"专题，体现了该版本"遵循规律"、"注重整合"、"语文模块的构成是一个生态系统、生命系统，而不是简单的堆积和拼凑"的编写理念。① 但是，完全用人文话题来统领单元专题、学习板块，单元选文完全打破古今、中外、文体类别的界限，在编排时就尤其要求作周全考虑。例如，将豪放派词《念奴娇》（大江东去）、《永遇乐》（千古江山）编入"必修二"第 3 单元"历史的回声"专题；而婉约派词《雨霖铃》（柳永）、《声声慢》（李清照），却被编入"必

---

① 倪文锦主编：高中语文新课程教学法，高等教育出版社，2004，第 260—265 页。

修四"第 3 单元"笔落惊风雨"专题中的"词别是一家"板块。这样,宋词豪放、婉约两大流派的代表作品竟然被分割到不同册不同专题的单元中,可以说是有失周全的。因为对经典课文作这样的处理,本身就与其"遵循规律"、"注重整合"的编写理念相背离。另外,以专题组织学习材料,用人文话题统领专题,虽然为师生构建了多重对话平台,但是根据"阅读与鉴赏"的需要,设计一些体现语文课程性质"工具性与人文性统一"的研讨与练习题,势必具有较大的难度。如果处理不好,就很难避免突出了"人文性"却又忽略了"工具性"的遗憾和尴尬。对此,本文结合三个版本的相关练习设计予以剖析对比。

二、练习设计及相关链接

研讨问题及练习的设计,对课文教学目标的定位起着关键性作用,能够反映出教科书编写的水准。为了提高比较的信度,我们选择三个版本编排跨度不大的课文《赤壁赋》为例。三个版本中都将该篇编入"必修一",但所编入的单元和专题是不同的,因而围绕课文的练习设计也存在异同。"背诵课文"无疑是三个版本的共同要求,这当然是由《赤壁赋》文质兼美的特质及其"基本篇目"的性质决定的;除此之外,三个版本的练习设计以及拓展训练的异同,表现在以下几个方面。

1. 数量不等

人教版练习共 4 题,相关链接 1 则;语文版练习共 6 题,相关链接 2 则;苏教版涉及《赤壁赋》练习只有 3 题,没有相关链接。

2. 呈现方式不同

人教版由"研讨与练习"直接统领所有题目;语文版把练习分为"理解·鉴赏"和"拓展·应用"两类;苏教版的练习也分两类,其一是按课文的学习板块设计(每个专题由 2—3 个学习板块构成),依据选文的目标定位,或为"文本研习"题,或为"问题探究"题;其二是该专题结束后的综合性练习题,由"积累与应用"领属。相关链接部分,人教版没有具体标明,把链接内容直接附录在练习最后;语文版则标明"相关链接"。

3. 目标取向同中有异、异中有同

(1) 三个版本都设计了指向理解课文的题目,但是题目视角和目标定位各有不同,在充分体现编写理念、落实教学目标方面,各得其宜、各显其妙。

人教版第 1 题:

背诵课文,试分析在夜游赤壁的过程中,主客的感情发生了哪些变化?结合3、4段,说说作者借江上清风、山间明月抒发了什么感情,阐发了怎样的哲理。

《赤壁赋》编入第2单元古代山水游记类散文,单元目标取向是"品味与赏析",其"单元提示"中指出:"阅读这类文章,不但要欣赏其中描绘的自然风光,还要联系作者的身世和作品的时代背景,品味作者抒发的感情和文章寄寓的旨趣。"因此,该题目侧重于导引学生在课文学习中产生品味、赏析活动,从而理解领悟古人"登山则情满于山,观海则意溢于海"的情怀。该题目的设计,注重把三维度目标中的"过程与方法"目标,落实在"鉴赏的过程与方法"、"领悟的过程与方法"层面,很好地体现了单元的总体目标定位。

语文版此类题有两道:

第1题:

朗读并背诵全文,要用心体会文章跌宕起伏的情感变化,努力读出文章的节奏和气势;

第4题:

有人认为作者身处逆境,却能寄情山水风月,不怨天尤人,表现了乐观豁达的积极的人生态度;也有人认为作者深受佛道思想影响,纵酒赏月,逃避现实,流露出消极的遁世思想。你认为作者在文中流露的思想倾向是什么?

前面已经提及,《赤壁赋》所在单元是专题为"情动于衷而形于言"古代抒情散文单元,和该单元的其他课文一样,在抒情言志方面,确实是值得涵泳品味的经典佳作。另外该单元的语文活动设计是:探究性学习——古代作家人生态度探究。因此"情"、"人生态度"就是该单元理解、鉴赏的重点。第1题充分体现了这一重点:要求在朗读中体会文中的"情感变化";"努力读出文章的节奏和气势",强调在诵读中培养语感,突出了诵读在语文教学中的重要地位。古人将诵读的妙处概括为:目视其文,口发其声,心同其情,耳醉其音。该题目的要求抓住了"诵读篇目"的要领。第4题主要引导学生关注文中抒发的"情感"所折射出的"人生态度";要求结合历来人们对这种"情感"的不同评价,发表自己的见解。显然,该题目注重引导学生结合自己的经验世界和想象世界,通过体验、感受、比较、迁移等方式,对作品进行多角度和个性化阅读。这样的引导训练,长此以往,将有助于学生培养自主意识和形成健全的人格。类似的思考和练习设计,在三套语文教科书中带有普遍性,它体现了当代语文教育的基本精神实质。

苏教版涉及《赤壁赋》的 3 道题目中,除了"背诵《赤壁赋》"外,只有 2 道题,一是"文本研习"第 1 题:

研读《赤壁赋》,说说客与苏子的回答是在怎样的情境中进行的;客"哀吾生之须臾,羡长江之无穷"的慨叹因何而发?"造物者之无尽藏也"、"吾与子之所共适"表现了作者怎样的一种情怀?

二是"积累与应用"第 3 题:

本专题的几篇文章景、情、理融为一体,表现了作者面对自然、与自然对话时的理性思考;请你选择其中自己喜爱的一篇,分析该文是怎样在写景中表现个性化思考的。

在"像山那样思考"这一专题中,有三个学习板块:"谛听天籁",主要引导学生欣赏和表达自然之美;"感悟自然",主要引导学生体会并表达自然风物引起的人生感怀;"湖山沉思",主要引导学生思考和实践人与自然和谐相处的方式。[①]《赤壁赋》属于"谛听天籁"板块,因此"文本研习"第 1 题,意在引导学生研习文章作者看到了怎样的景象,由此作者生发了怎样的联想和思考,进而表达了怎样的人生感悟。通过这样的研习,让学生体会到大自然在丰富的生命体验中具有怎样的重要作用;同时,通过涵泳课文,使洋溢在字里行间的深邃思想和旷达胸怀,浸润学生的心灵。"积累与应用"第 3 题,体现了明显的综合性和选择性,充分发挥了三个学习板块的相关性、相融性和序列性的作用,很好地突出了该单元"导语"所言"大自然是美的源泉……人们感怀并摹写它亘古如斯的美丽,将身心沉浸其中,在聆听万籁的时候体味人世的纷繁,感慨历史的沧桑。人类一直在思考应该如何与自然相处,尤其在物质文明日益进步的今天,人与自然的关系更需要我们深切关注"的意旨,这对培养高中生的国家意识、现代意识、人类意识具有很重要的积极意义。

(2)三个版本都设计了语言积累性练习,但是有周密与粗疏的差异。

人教版的第 2 题:

在赋体文章中,结构相似的上下两句,相同位置上的词语其意义或相同、或相反,这种现象叫做"对文";注意下列加点的词语的意义和互相关系,请你从本文中再找出几例加以说明,并仔细品味句子的韵味。

---

①　丁帆,杨九俊主编,普通高中课程标准实验教科书语文必修一教学参考书。江苏教育出版社,2004.8,第 129 页。

① 白露横江,水光接天。纵一苇之所如,凌万顷之茫然……("……"表示无加点内容部分被省略,以下同。)

② 况吾与子渔樵于江渚之上,侣鱼虾而友麋鹿,架一叶之扁舟,举匏樽以相属,寄蜉蝣于天地,渺沧海之一粟。哀吾生之须臾,羡长江之无穷……

③ 惟江上之清风,与山间之明月,耳得之而为声,目遇之而成色,取之无禁,用之不竭……

该题重在引导学生掌握赋体文章的语言特色,通过品味语言、理解语句,达到积累语言、培养语感的目的。但是该题也有缺憾,句①中"横"、"接"和"纵"、"凌",不属于题干所说的"相同位置上的词语其意义或相同、或相反"的范畴,因为它们的"意义"既不"相同"也不"相反",它们只是在"词性"上相同而已。因此,要么删去句①;要么在题干中增加"用法"字样,使其表述为"相同位置上的词语其意义及用法或相同、或相反"、"注意下列加点的词语的意义或用法和互相关系";这样,句①才可以包括进去,同时句②中作为文言文中的词类活用知识也一同纳入练习的范畴,例如"侣"、"友"等。否则,该题目不仅利用率不高,而且还缺乏严谨周密性。

语文版的第 2 题是辨析词的不同意义或用法,侧重于对课文涉及的重要实词、虚词的把握,如望、如、之等;第 3 题重在掌握文言文特殊句式,意在引导学生注意古今汉语的辨异和沟通,把学习古代汉语和准确把握现代汉语结合起来。同时第2、3 题都注重新旧知识的上挂下联,突出了"积累"的目标。更加体现新课程理念的是第 5 题:

前人认为"惟东坡《赤壁》二赋,一洗万古,欲仿佛其一语,毕世不可得也"(见宋·唐庚《唐子西文录》)。请找出课文中你认为写得好的语句,说说其好在何处。

该题目的价值取向,正如专家评论的,"练习的设计特别注重引导学生对作品语言的品味,在理解语言文字的基础上提出问题,切实具体,努力体现语文学习人文性与工具性的有机结合。"①该题还注重引导鼓励学生阅读鉴赏中的见仁见智行为,突出了学习的选择性,渗透着多元化思想。

苏教版此类题目是"积累与应用"第 3 题:

文言文中的虚词用法富于变化,对这些用法进行归类是学习文言文的必要途径。本专题的两篇文言文中出现了一些虚词,如""之"、"其"、"于"、"因"、"乎"、

---

① 倪文锦主编:高中语文新课程教学法,高等教育出版社,2004,第 260—265 页。

"也"。这些词也可以在《师说》(韩愈)、《送东阳马生序》(宋濂)、《捕蛇者说》(柳宗元)、《岳阳楼记》(范仲淹)、《醉翁亭记》(欧阳修)、《桃花源记》(陶渊明)等文章中找到。找出一些例句,揣摩它们的不同用法,制作"虚词学习卡片"。在今后的文言文学习中留心这些虚词是否还有其他用法,是否还有其他虚词出现,随时总结,丰富卡片的内容。

就苏教版教材"积累与应用"栏目的功能而言,此题确实体现了"侧重对文本记诵、课外活动、写作实践等提出要求并给予指导"①的取向,但是这个长至近240字的练习设计,只涉及几个文言虚词的意义及用法,却对本单元仅有的两篇文言文(另一篇是柳宗元的《始得西山宴游记》中的重要实词一个不提,不管出于何种考虑,也是有失周全的;况且题目的利用率也太低了。在积累语言、培养语感方面,《赤壁赋》可算是名副其实的"经典课文",如果该课语言练习中实词、虚词二者只能居其一的话,恐怕该课文中实词比虚词更重要。另外,(从所列举的学过的文章中)"找出一些例句,揣摩它们的不同用法,制作'虚词学习卡片'",还算得上便于学生操作落实、易于教师检查和评价的具体练习要求;可是"在今后的文言文学习中留心这些虚词是否还有其他用法,是否还有其他虚词出现,随时总结,丰富卡片的内容",作为课后练习,就完全是一个虚化空洞的要求,几乎没有实在的意义。即使是为了"对课外活动提出要求并给予指导",由于涉及的是"今后的文言文学习"的动态过程,因而这种"要求与指导",无疑是鞭长莫及,对学生而言,无异于隔靴搔痒。因为"好的练习应该是完成练习的条件、练习达到的程度、完成的时间等诸因素的统一,同时也应有反思、自评、互评、小组评价等建议"。②

(3) 三个版本都有应用拓展练习,但有笼统与细化、丰富与简约的区别。

苏教版中拓展、应用的成分就包含在"积累与应用"的题目中。如第3题,即上述提及的关于文言文虚词的积累题目,主要体现在引导学生由课内向课外拓展。至于"相关链接",该版本编写体例中没有设置这一环节。

人教版第3、4题属于对课文进行迁移、拓展的练习。第3题:

下面是《后赤壁赋》中的一段文字,仔细阅读,体会它与本文所描绘的景色有什么不同。(是岁十月之望,步自雪堂,将归于临皋……曾日月之几何,江山不可复

① 倪文锦主编:高中语文新课程教学法,高等教育出版社,2004,第260—265页。
② 张永祥.初中语文教科书练习设计中存在的问题及反思.语文建设,2007.2,第11页。

识矣。)

苏轼的前、后《赤壁赋》在文学史上是独具地位的,它们往往被并列提及;可见这里的迁移拓展非常重要。

第4题:

中国古代有诗文"穷而后工"的说法,苏轼正是在贬谪黄州期间创作了大量名篇;如何看待"穷而后工"这种现象? 你还能从古代文学家中举出类似的例子吗?

显然,该题是从"知人论世"的视角引导学生由课内向课外拓展的,其内容不仅拓宽了文史知识,而且还渗透着正确对待人生曲折坎坷的人文教育。录在最后的摘自《苏轼文集》卷六十六的一段文字(吾文如万斛泉源,不择地皆出……其他虽吾亦不能知也),虽未作任何标题,但实际上就是与课文联系紧密的"知识链接",目的在于为学生进一步了解苏轼提供一些资料。

语文版的课后练习包括"理解·鉴赏"、"拓展·应用"、"相关链接"三个部分,第6题是"拓展·应用"题,要求给苏轼《与范子丰》的一段文字加标点,短文的内容与课文中夜饮赤壁的情节相关,拓展应用练习紧扣课文内容。课后的"相关链接"两则:一则摘自林语堂《苏东坡传》,另一则是关于"赋"的文体知识。该链接内容,为学生完成单元语文学习活动"探究性学习——古代作家人生态度探究",提供了较为丰富的资料。

三、管窥之见

总的说来,三套教科书在贯彻落实《语文课标》"教科书编写建议"的同时,各显其创新的魄力;在紧扣单元目标定位、突出专题学习重点方面,亦各见其得心应手的功力。当然白璧微瑕之憾也不是没有,其具体内容前文已经述及,此处不再赘言。

就练习设计而言,人教版、语文版有共同之处:不管是积累应用,还是迁移拓展,都紧紧扣住课文内容,都试图在彻底、清晰、明确地领会课文的基础上,全面提高学生的语文素养。语文版尤其注重把理解语言文字作为解读课文的基础,文言文课文的练习,特别注重古今实词、虚词、句式的对比辨析,注重古今汉语的沟通。苏教版在体例上打破文体单元格局,以人文话题统领专题,练习设计主要着眼于人文精神的熏陶,着眼于专题与现实生活的联系思考;并且力图体现有机性、选择性、体系性,充分发挥了语文课程的育人功能。但是该版本客观上却淡化了对经典课文丰富滋养的广泛吸收,同时对学生语感的训练与培养不够扎实有效,在语言积累性练习设计方面,苏教版明显不及人教版、语文版做得实在、到位,显得"人文性有余而工具性不足"。在课文相关链接内容方面,语文版比人教版展示方式更明朗,链接内容更具体、更丰富,更具可读性和启发性。

　　语文课程研究专家王荣生认为,语文课程发展的方向应该是课程目标内容化、课程内容教材化、教材内容教学化。① 因此,广大语文教师无论选用的是哪种版本的教科书,都有必要对同类教科书进行比较研究,一方面要研究不同版本教科书对相同课文的编排处理,领会其教学目标的定位和练习设计的价值取向,从而多角度地审视课文,开放地解读课文;另一方面,要理性地认识不同版本教科书编排处理的精当所在和缺憾之处,以便在教学实践中取长补短,广泛地开发和利用语文教学资源。

　　(本文删减后以《〈赤壁赋〉练习设计比较》为题发表于《语文建设》2007 年第 6 期)

---

① 张永祥.初中语文教科书练习设计中存在的问题及反思.语文建设,2007.2,第 11 页。

第三编　语文教师面临的新挑战

关于基础教育新课程推进中几个问题的思考

　　基础教育肩负着两大任务，一是升学，二是就业。新课程与升学愿望并不悖逆，新课程并非可望不可及。当前的培训研修应立足于促进教师专业化发展，针对新课程实施中遇到的实际问题，突出实用性和可行性。

　　经过几年的不断推进和逐步深化，基础教育课程改革已经进入新的阶段，即如何使新课程的理念深入人心，内化为教育工作者的教育素养，并且切实落实在行动上，真正变应试教育为素质教育。但是据了解，在已经全面推广实施新课程的省市，还有部分地区尤其是偏远的乡村中小学，新课程的推进较缓慢，有关新课程的思想理念、措施建议，一线教师知之甚少，学科本位、应试教育在那里仍然占有主阵地。有的则表现为小曲好唱口难开，一些学校也承认新课程的科学性、重要性，但认为它周期长、见效慢、可望不可及；教师也颇有举步维艰、身不由己的苦衷。还有的学校则干脆毕其功于一役，开展新课程周、月活动，在短期内完成课改任务；狠抓升学质量则打持久战。至于在实施新课程的课堂上，一些赶时髦、凑热闹、装奇饰新、华而不实的做法，也时有所见。鉴于上述情况，本文从以下几个方面作一些反思和探讨。

一、新课程理念与升学愿望悖逆吗

1. 新课程的教育理念及目标定位

　　构建现代国民教育体系和终身教育体系，建设信息型社会，全面推进素质教育，增强国民的就业能力、创新能力、创业能力，努力把人口压力转变为人力资源优势，这是当代中国加快现代化发展进程赋予教育的历史使命。我国素质教育人本论思想内涵可概括为一基三发，即一个基本思想：尊重每一个人的人格，平等对待，一视同仁；三发：发现人的价值，发挥人的潜能，发展人的良好个性；教育就是要使学生发展成为一个整体的人。教育首先要谋求学生智力与人格的协调发展，其次要谋求个体、自然与社会的和谐发展。因此，基础教育新课程的核心理念是：为了中华民族的复兴，为了每位学生的发展。课程理念决定课程目标的定位，新课程从知识和能力、过程和方法、情感态度和价值观三个维度来设计课程目标,体现了全面发展、整体提高的科学定位,体现了新世纪对社会成员的总体要求。知识和能力强调的是学科的基础知识和基本技能;过程和方法强调的是了解和体验问题探究的过程和方法,并初步掌握发现问题、思考问题和解决问题的基本方法,从而真正学会学习;情感态度和价值观关注的是形成积极的学习态度、健康向上的人生态度,具有科学精神和正确的世界观、人生观,成为有责任感和使命感的社会公民。新课程标准在教材编写、教育资源的开发利用、教学、评价等方面都提出了科学具体的建议,这些建议要求从根本上扭转过去学科本位前提下重认知轻情感、重教书轻育人的现象,体现知识经济、信息时代教书育人的新要求,有利于培养整体的、独特的、富有创新精神的、高素质的人。

2. 基础教育的基本任务与当前现状

基础教育有两大任务,一是为升入高一级学校做准备,一是为就业做准备,二者不可偏废。当然这两大任务中包含着丰富的内涵,诸如培养素质、辐射文化、服务社区、发展自身等等。素质教育并不排斥升学教育,但坚决反对片面追求升学率。可是现在不少地方素质教育遭遇冷漠,基础教育处境尴尬。有人戏称,目前实施新课程犹如"戴着脚镣跳舞"。究其原因有多方面,由于整个社会传统的教育价值观、片面陈旧的人才观没有彻底改变,科学完善的教育教学评价标准及机制尚未完全到位,人才培养的模式难以走出过去的窠臼。一方面教育发展总体水平不平衡,优质教育资源满足不了社会的教育需求,千帆竞发争上重点小学、重点中学、重点大学;另一方面受用人市场制约。人口众多,行业整合,使僧多粥少的就业行情,呈上升势头。2004 年底江苏省举办的中小学教师招聘洽谈会上,提供的岗位 1 万个,而竞聘者多达 4 万余人。而某市举办的一次招聘会上,岗位只有 3 千,却来了 7 千多名应聘者。这种供求比例往往使用人单位大幅度地抬高招聘条件,其中最常见的手段就是提高学历层次。就业市场调控着学生家长的需求,家长的需求往往也就左右着中小学基础教育的追求。几年来,尽管减负、素质教育、实施新课程的大旗高举不放,但升学大战似乎从未偃旗息鼓,只不过明松暗紧而已。广大中小学生的课业负担仍然很重,一线教师更是沉陷于烦琐的加班加点的疲惫之中。由此看来,新课程与莘莘学子的升学愿望似乎是悖逆的,与普天下望子成龙的父母的期盼好像是矛盾的。其实不然,作为学生,谁都希望自己是一个复合型、创新型、高素质人才。作为家长,大都懂得爱其子,则为之计深远的道理。片面追求升学率导致的危害结果并非耸人听闻,高分低能、轻视生命、高智商犯罪、马家爵式的性格扭曲等等,都在撼人心灵,警示人们充分认识成人与成才必须和谐统一的重要性。素质教育不可褊狭地理解为吹拉弹唱、书画琴棋之类的课外活动。素质教育的涵义包括 4 个方面:一是政治、思想、道德素质教育,二是科学文化素质教育,三是身体素质教育,四是心理素质教育。过去应试教育过分强化了知识的传授,而淡化了文化素养的提高,甚至于忽略了道德、身心素质的教育。新课程则明确强调,上述四方面的素质要协同发展。这点与家长的愿望应该是高度统一的。升学的愿望本无可厚非,新课程的实施并不排斥升学。升学,到高一级学校继续学习深造,原本就是基础教育的目标之一,新课程与升学的愿望并不悖逆。问题的关键在于,整个社会必须形成共识:学校教育不完全是为了升学,基础教育培养的是合格的公民,追求的应该是人适应终身发展需要的素养。如果升不了学,那么走上社会,立世谋生,爱岗敬业,照样活得有滋有味,甚至活得精彩,三百六十行,行行出状元,世界拥有千姿百态,生活才会丰富多彩。当然,这需要知识观、人才观、价值观、人生观的改变,或趋向多元化;而这种改变又将与经济的发展、就业渠道的拓宽相辅相成。而当前首先要做到的,就是要消除对素质教育的一些误解,比如认为素质教育是非知识教育、非考试教育等等。

二、新课程离我们遥远吗

新课程并不是可望而不可及的,它体现了继承性、借鉴性和创新性。虽然大量吸纳了发达国家先进的教育理念,但本质上是承传并发展了我国的传统文化,是符合我国的国情民情和民生民意的。比如新课程的教学观把教学的本质界定为师生交往、互动,其表现形式是对话,这与我国古代大教育家孔子的因材施教、教学相长的思想是一脉相承的。论语中的子路、冉有、公西华侍坐章就是师生对话沟通、交往互动的典型范例。新课程所倡导的学生观、新型的师生关系,教师角色的定位,教学行为发生的变化等等,都体现了继承、借鉴、创新的特征。因此新课程离我们并不遥远,并不是要丢掉优秀的教育传统而另辟蹊径。其实,新课程倡导的许多东西,正是过去全国各地的教育专家、教育改革家在长期教育生涯中努力探索实践的内容,他们的科学经验经过概括与提升,被吸纳到新的课程体系之中。充分认识这些,就不会错误地认为进行课改就意味着浪费时间,实施新课程会影响文化课的学习,学生的成绩就会下降。教育工作者如果真正理解新课程理念的真谛,努力探讨实施的途径和措施,切实遵循科学的育人规律,就不难找到教育教学多快好省的道路,从而逐渐摈弃过去应试教育中少慢、差、费的做法。

举隅 1:对待师生关系上,新课程强调尊重、赞赏。

教育家陶行知四块糖的故事可谓体现尊重、赞赏教育理念的经典范例,认真审视该事例,会发现其中渗透着深刻的科学的教育思想。

当年陶行知任育才学校校长时,有一天他看到一位男生欲用砖头砸同学,就将其制止,并要求其到校长室。陶行知回到办公室,见那男生已在等他了。陶行知掏出一块糖递给男生:这是奖励你的,因你比我按时来了。接着又掏出一块糖给男生:这也是奖给你的,我不让你打人,你立刻住手了,说明你很尊重我。男生将信将疑地接过糖果。陶行知又说:据了解,你打同学是因为他欺负女生,说明你有正义感。陶行知遂掏出第三块糖给他。这时男生哭了:校长,我错了,同学再不对,我也不能采取这种方式。陶行知又拿出第四块糖说:你已认错,再奖你一块,我的糖分完了,我们的谈话也该结束了。

笔者在这里试分析陶行知给犯错误的学生发糖的四个理由的深刻涵义:

"你比我按时来了":(1) 校长把自己和学生放在同一平台上考察,平等对待学生;(2) 真诚地承认自己的不足,善于解剖自己;(3) 错误与优点区别对待,错误不能影响对优点的表扬。

"我不让你打人,你立刻住手了,说明你很尊重我;据了解,你打同学是因为他欺负女生,说明你有正义感":(1) 尊重每一位学生的独特性;(2) 赞赏每一位学生所取得的哪怕是极其微小的成绩,赞赏每一位学生所付出的努力和表现出来的善意;(3) 批评和表扬要建立在充分的调查研究基础上,不可简单粗暴。

"你已认错,再奖给你一块,我的糖分完了,我们的谈话也该结束了":按常规该男生等待的可能是一场训斥和责难,但他却得到了校长有理有据的表扬和奖励,不禁为校长的不偏激不粗暴甚至善解人意而感动,自己主动承认了错误。这次谈话无疑收到的是"随风潜入夜,润物细无声"的效果。类似上述男生的错误在今天的校园里每天都可能出现,像陶行知的这种充满教育艺术和智慧的方式方法,值得我们广大教育工作者去反思和学习。也许有的一线教师会说,现在的孩子,你给他发4斤糖他也未必哭。但不哭并不意味着不受触动、不被感动。树立教育民主思想,走进学生的心灵深处,建立新型的师生关系,尊重每一位学生的人格尊严,重视学生的情绪生活和情感体验,关注学生的道德生活和人格养成,使每个学生在原来的基础上得到充分、自由的发展。这不仅对促进、帮助、引导学生更加有效地学习有着不可低估的现实意义，而且对发展学生良好个性和健康人格有着重要而深远的意义。当教师具有热情、真诚、宽容、负责、幽默的优秀品质时，教师就具有了人格魅力，于是其感染力、号召力就更强，因为无论是中小学还是高等院校，其学生都有着很强的向师性。

举隅 2：**新课程强调要尊重学生的多元反应，培养学生的主体意识和创新精神。**

对于多元反应，早有"一千个读者就有一千个哈姆雷特"的共识。作为创造性思维具体体现的求异思维、发散性思维，在过去的课堂训练中也并不少见，只不过由于应试教育思想的影响和标准化考试的局限，这类训练往往只是作为锦上添花、凤毛麟角来赞赏、推崇的，而新课程则站在时代需要的高度，本着培养高素质、创新型人才的目的，要求在教育中特别重视这种思维的训练，鼓励学生大胆地质疑，强调学生问题意识的形成和培养。有的人甚至提出没有问题（学生的质疑）的课堂不是成功的课堂。因为问题是思想方法、知识积累和发展的力量，是生长新思想、新方法、新知识的种子。在教学活动中培养学生问题意识有三种途径：

（1）教师提出自己准备好的具有激疑作用的问题，并沿着该问题展开学习活动。（2）在教师引导下，让若干学生找出突出的、主要的并且也是教师备课时选出的关键问题、核心问题，然后师生共同探讨解决这些问题。（3）让每一位学生都处于自己发现问题的状态，每一位学生在学习的起点都进入积极参与的状态，自己去发现问题，尝试解决问题，提出自己的猜想。学生在自己的发现和原有的知识发生碰撞的过程中，既能优化自己的知识结构，又能寻找到知识欠缺所在，这样使问题的发现与解决成为学生的内在需要。新课程与此相关的要求还有，要正确处理好教学中学习与思考、学会与会学、结果与过程、知识与智力、继承与创新等几组关系。过去曾经一味地重视上述各组短语中的前者，而现在则特别强调：前者重要，后者更重要，并要求把这种认识落实到教学实践中。以语文课程为例，这种要求可落实在续写、扩写、改写、补写的思维训练中，或体现在用逆向思维构思立意的作文训练中，也可落实在学生与老师、学生与学生、学生与文本作者、编者的对话质疑中。关于对话，这里有两点值得重申一下：第一，要防止这种对话步入误区：一是以为对话就是交谈，对话越多思维训练越有效，40 分钟都在热热闹闹中度过。其实，牵一发而动全身的问题设计，才更有思维价值。对话的价值追求应以能点燃学生思维的火花为出发点,而不应以其多寡论得失。二是认为对话就一定要取得共识,教师千方百计引导得出统一答案。殊不知有时过程比结论更重要,尤其是人文学科。比如有人说项羽在鸿门宴上不杀刘邦表现了他的妇人之仁;而苏轼却认为这表现了项羽的君人之度;对此你怎么看? 讨论这类见仁见智的问题,能使学生主体性得到凸显,个性得以表现,创造性获得解放。第二,注意言为心声背后隐藏的情感态度与价值观的问题。要恰当处理学生说真话、抒真情的不同情况。对于健康向上的,比如旨在引起重视、获得名人指点而班门弄斧的行为不必指责、敢于效颦的东施追求美的精神可嘉等,则精于启发,善于激励。对于偏激消沉的,比如南郭先生的冒险勇气值得学习、各种各样的人都停下来看罗敷说明都好色、给本拉登出谋划策再惩治一下美国的霸气等,则巧于点拨,长于指导。总之要善于用语言和智慧把学生的心灵点亮。

三、当前新课程培训应如何定位

鉴于以上情况分析,新课程师资培训也要与时俱进。当前不仅要强调新课程的科学性、重要性,还要突出它的迫切性、可行性,甚至包括功利性。具体做法和要求可用一二三四来概括,即一个宗旨、二个侧重、三个结合、四个特色。

一个宗旨:提高教师专业化水平。新课程对教师的专业发展提出了新的要求,课程改革的成功推行需要教师专业发展的支撑,没有教师的专业发展,就没有课程改革的发展。因此课程改革的关键在于教师的专业发展,只有广大一线教师不断提升专业素养,促进专业发展,才能更好地理解新课程、实施新课程。教师在积极参与课程改革过程中,可以获得更多的专业发展机会,所以课程的发展也是教师专业的发展,这是当前教育改革浪潮中形成的国际性共识。目前新课程培训研修的目标应该定位在:进一步促进广大教师在深入学习中拓宽知识视野,深刻理解、感悟新课程理念的真谛;在躬行实践中求取新课改的精髓,完善能力结构,改进教学方法、教学行为和教学手段;在反思研究中积聚个性智慧的火花,学会在实践中学习,在反思中提高,不断增强课程改革的责任感和使命感,自觉主动地与新课程同行,在实施新课程中实现自身的发展,并将发展的成果运用到新课程的开发与建设中。

二个侧重:侧重参与、研修;侧重互动、共建。广大教师对新课程必须有一个从理解、熟悉到创造性实施的过程,这个过程正是教师学习和研修的过程。能否体现这两个侧重,确定培训的内容很重要。目前的培训应该紧紧围绕新课程实施中有可能或已经遇到的问题和困难进行探讨,如果问题具有迁移价值,答案具有开放性、生成性,培训也就具有针对性了。这样参与培训的学员也就不会被动地接受,而是积极地调动自己的已有经验,在研修合作、交流互动中生成新的经验,从而实现自我发展,并且在教育教学工作中产生积极有效的辐射作用。

三个结合:专家讲座与学员论坛相结合;思想理论与实践运用相结合;贯彻科学理念与解决现实矛盾相结合。教育部原副部长王湛在在全国基础教育课程改革实验工作座谈会上的讲话中指出:新课程的培训内容应随着实验工作的推进不断发展和变化。培训内容的设计应引导教师在课程改革中建立新的课程观、质量观、教学观,同时还要重视师德的培养。培训应结合课程改革的最新进展,结合教师个人的经验和实践,选取实验区鲜活的案例。培训形式的多样化是促进参与研修的途径和方法。

四个特色:要落实上述三个结合,培训工作就必须追求四个特色:(1)以问题为体系,使理念阐述通俗易懂、深入浅出。准确把握和反思当前中小学教师在新课程实施中一些具有代表性的、最为困惑的、最迫切需要解决的问题,以增强培训的针对性和实效性,达到学以致用,学有所用,学用结合的目的。比如,怎样理解新课程的核心理念一切为了每位学生的发展这一课题,就有很多具体的问题要解决:如何将这一理念体现在教育教学行为当中? 尊重学生的人格尊严有哪些做法? 是公平对待、一视同仁,是不伤害学生的自尊心,但怎样做就意味着不伤害? 赞赏是不是更具积极意义的尊重? 赞赏学生什么,怎样进行赞赏等等。又如,当前你所在的学校在课程评价中是否存在违背了新课程立足过程,促进发展的评价原则? 表现在哪些方面? 谈谈你对解决这些问题的看法。(2)以案例为切入点,促进研训一体化。新课程积极倡导自主、合作、探究的学习方式,但在实施过程中经常出现一些令人困惑的现象和值得反思的问题。如案例:为了体现尊重学生的多元反应,对文本有十几种理解,有的切中主旨、视角独特,而有的却牵强附会、浅尝辄止,可谓众说纷纭;而低年级教师往往用没有诊断性的正确、你真聪明、回答的真好一律予以肯定;高年级教师则会频频颔首表示同意,或听其不语示意赞同,结果一节课下来,学生或各执一词、不及其余,或莫衷一是、无所适从。对以上现象的反思:课堂上只有学生的声音行吗? 诸如此类的现象及反思还有:大小活动充斥课堂;课堂里光有热闹的活动行吗? 随意删除替换教材(以学生对文本所写事物是否知晓熟悉为标准）；一切教学必须始于学生已有的生活经验吗？探究活动遍及各类学科，一切知识都需要学生探究得出吗？培训中要通过对此类具体案例的剖析，学习和借鉴他人的经验教训，同时也对自己的教育教学活动进行反思，强调诊断性，重视多元性，突出选择性。（3）行动策略具体详尽，便于操作。理论的魅力不在于理论自身，而在于理论对实践的指导作用。对重要理念的阐述，不仅要说清是什么为什么，更要探讨如何做的方法和途径，在理论向行为的转化上花大功夫。目前，就应该把重心放在研究探讨新课程实施的途径和方法上。如新课程中教师的角色转变要求其教育教学行为发生哪些变化？除了继续发扬蜡烛、园丁、灵魂工程师等传统角色的长处，就是要探求如何做好学生学习的促进者、教育教学的研究者、课程的建设者和开发者；比如，促进的范畴及方法和途径有哪些；如何找到研究的切入点；校本课程的建设与开发的出发点是什么等等。这些问题更具有开放性、探究性、实践性，因而对新课程的实施就更具有现实意义。（4）综合运用多种研训方式，激活参与者的感性认识和理性思考。可以设置专题讲座、案例分析、问题研讨、微型课例交流分享、效果剖析等培训方式，并且要对此作精心的准备和科学的安排。专题讲座，旨在确立新的课程观、教学观和学生观的可行性。案例分析、问题研讨，重在反思贯彻实施新课程存在的问题、遇到的矛盾，以便形成诊断策略。微型课例交流分享、效果剖析，其形式也可多种多样，或观摩示范课而后讨论；或看录像片段接着点评；还可以提供简短文本材料，学员即兴设计课型，以说课方式展示，公诸同好，资源共享。总之通过示范、研讨、模仿、展示等活动，促使教师改变过去习以为常的工作方式和教育行为，真正构建一种以师生对话、合作、互动为形式，以师生交往、沟通、探究、共建为实质的教育理念和教学模式。基础教育新一轮课程改革是国家人才培养的战略决策，事关实行科教兴国、实现中华民族的伟大复兴，决非等同一次政治运动或思想论争，更不是换汤不换药的形式主义。新课程实施是课程改革的核心环节，而教师又是实施新课程的关键人物，新课程对于广大教育工作者既是挑战又是机遇。因此，如何促使广大教师自觉地在专业化发展过程中与新课程同行，积极主动地学习新课程、实施新课程、发展新课程，成了目前各级教育主管部门、各级各类教育评价机构以及各个新课程师资培训职能单位值得深入思考、认真探究的重要课题。

（本文发表于《江苏教育学院学报》2005 年第 3 期）

．

"学习场"：营造促进儿童发展的情境[*]

  "场"最早由英国物理学家法拉第引入,1935 年勒温(Kurt Lewin)提出"场域"概念,并认为作为群体中的一员,群体氛围或群体气氛对个人的发展很重要,群体中每个成员之间彼此会互相影响并具有交互依存的动力;我国教育学专家钟启泉先生提出了"学习场"理念。本文通过梳理"学习场"的概念内涵,阐述了教师与"学习场"的关系、"学习场"对儿童发展的意义;并强调在"学习场"建构中,要处理好儿童与学习资料、儿童与同伴、儿童与教师及教师与同事之间的关系等,说明"学习场"是营造促进儿童发展的情境。

  人的行为是个性特征与环境相互作用的结果,每一个人都生活在特定的"场"中,学生生活在主要由教师构建、整顿并丰富的"学习场"中。"学校是载荷多样文化的学生相互碰撞,通过多元文化的交流,协同学习的场所;是借助这种学习,准备终身学习的基础,成长为社会与文化创造者的场所。"[①]学校要为儿童创设学习的环境,营造一种特殊的氛围,一种有利于儿童学习、有利于儿童成长的"学习场"。

一、"学习场"的概念

  "场"概念最早是由英国实验物理学家法拉第在 1844 年为解释互不接触的电荷之间相互作用由什么传递的问题时提出来的。他认为电荷与电荷之间的相互作用是通过电场传递的。电荷在其周围空间激发"电场",电场的基本性质是对处于其间的电荷有力的作用。随后人们相继发现了磁场、电磁场、引力场等。现在物理学已证实,物质存在有两种基本形态,一种是实物"粒子",另一种就是"场"的形态。"场"与实物"粒子"的最大不同是"场"具有可入性,即不同电荷的"电场"可以在同一时空中存在;另外,场还具有不同的能量状态。1935 年勒温(Kurt Lewin)类比

  * 本文为笔者主持的江苏省高等教育教学改革资助课题"打造学术性与师范性有机统一的语文课程与教学论精品课程"(2011JSJG151)、江苏省教育科学研究院、江苏教育学院"十二五"规划研究课题"基于教师专业发展的语文课程衔接研究"(Jsie2011yb08)研究成果之一。
  ① [日]佐藤学.课程与教师[M].北京:教育科学出版社,2003,77.

物理学中的"场"概念提出可用于社会学的"场域（field thery）"概念及其公式：B＝f（p.e），式中 B 表示行为，f 是函数，p 表示个人，e 表示环境。该公式表明人的行为是个性特征与环境相互作用的结果，每一个人都生活在特定的"场"中。[①] 据此勒温认为，作为群体中的一员，群体氛围或群体气氛对个人的发展很重要，群体中每个成员之间彼此会互相影响并具有交互依存的动力。

"学校教育作为一个社会制度，它通过给儿童学习提供一个特别的场所而把学习的复杂性进行简单化。学校建筑通过把人类的学习与日常生活隔离开，并通过提供给人类学习以有形的场所。"[②]在学校中，教师作为成熟的人与成长中的人——儿童之间的情感性关系，在很大程度上决定了教育的成效。德国教育家诺尔称这种情感性的关系为"教育关系"，它犹如"场"，发挥着影响教师、儿童行为的作用。所以教育学专家钟启泉先生提出"学习场"概念，他指出，学校是所有事件交织在一起的、具有内在统整性的整体，这个"内在的统整性"就构成"学习场"。[③] 钟先生进一步指出："存在于这个整体之中的所有的人，包括教师、事物与事件的关系，都是作为整体的一分子发挥着重要作用。"[④]所以"学习场"可以理解为"有心力场"，它的中心指向"儿童未来的发展"；在某种程度上它可视为儿童学习环境、儿童学习的背景及支持儿童学习的各种关系的总和。但"无论环境还是系统，教师都处在学生学习系统的外部，发挥着建构、整顿学习系统的作用"。[⑤] 因此，教师在"学习场"的建构及作用发挥中的作用举足轻重。

二、教师与"学习场"的关系

1. 教师在教学预设中建构"学习场"

教师是"学习场"的主要建构者。他要紧紧围绕教学主题，花大量精力和时间，从知识海洋里剪切出一定的事物关联、意义关联或问题关联，并把它转变为教学的情境。他还必须研究设定儿童必须思考、促进思考、验证思考的问题。通过让儿童思考，实现"学且思，则不罔"，因为"思考就是知性的学习方法本身，学生就是在这

---

① Owens.R.教育组织行为学[M].武汉：华中师范大学出版社，1988，101—103.
② ［英］格特·比斯塔.教育研究和教育实践中的证据和价值[J].北京大学教育评论，2011(1)，130.
③ 钟启泉."学习场"的生成与教师角色[J].上海教育科研，2004(9)，4—8.
④ 钟启泉."学习场"的生成与教师角色[J].上海教育科研，2004(9).
⑤ 钟启泉."学习场"的生成与教师角色[J].上海教育科研，2004(9).

种状况中思考,形成意义的",①从而实现文化的再创造与文化的传承。教师必须认识儿童,了解他们的兴趣是什么,什么方法能够激励他们,他们有什么样的学习风格,他们和谁在一起学习最好、效率最高等等。因为教师是"学习场"的主要建构者,"学习场"是为儿童的学习服务的。"学习场"中的教育关系必须永远同时指向儿童的现在和未来。所以教师就"必须感受和认识到儿童的实际知识、能力以及未来的可能性,必须在行动中把当前和未来相互联合起来"②。这样教师就要高度关注儿童现有的基础和儿童的潜能。因为"学习场"是针对儿童建立起来的,是为了帮助儿童实现他们的愿景。教育行动也主要指向儿童,所以教师利用儿童的好奇心、儿童的兴趣等构建的"学习场",首先应该是"引力场",让儿童不仅能进入"学习场",直接面对文化和现实世界,而且要被教师建立的"学习场"所深深吸引。因为教育的目的在于引导和发展儿童认知欲望和认知能力,促进其发展。所以"学习场"的建构应以引导儿童的求知欲望,为儿童提供各种学习机会和可能性为主要目标。教学过程中应以儿童为主体,教师只是引导、帮助、协助儿童学习,并鼓励儿童各具特色的多样化、多途径发展。不同的教师创建的"学习场"存有差异。梅贻琦在 1931 年 10 月就任清华大学校长演讲中改孟子的"所谓故国者,非谓有乔木之谓也,有世臣之谓也"为"所谓大学者,非谓有大楼之谓也,有大师之谓也"。③ 此言已成举世经典,它同样适应于基础教育。学校之所以成为学校不仅需要校舍,更需要有教师、有优秀教师。作为教师、优秀教师必须思考:什么是有效学习,什么样的"学习场"才能够更有利于儿童的成长,在学习场中如何发展儿童的个性,如何把儿童个人的兴趣发展成为其"顶端优势",怎样才能帮助每一位儿童发掘他们的真实潜能,该怎么激发每一位儿童去发现他们内在渴望学习的热情,如何通过技术的运用为有才华的儿童提供个性化的服务,应该如何去尊重每一个儿童个体经历的独特生命旅程等等。总之,有什么样的教师,就有什么样的"学习场"。创建什么样的"学习场"就显现了学校什么样的办学特色。

2. 教师在教学过程中生成"学习场"

"教育活动在本质上是一种对话活动,通过师生的交流对话达到教育主体之间

---

① 钟启泉."学习场"的生成与教师角色[J].上海教育科研,2004(9).
② 彭正梅.德国教育学概观[M].北京:北京大学出版社,2011,197.
③ 梅贻琦.就职演说[R].国立清华大学校刊,1931.

以及个体与人类文化之间生命精神能量的转换,同时促进个体生命质量的不断提升。"①由于教学的交流性、对话性,教学中就常有超出预设的新"生成性活动"涌现,即在教学的互动中会生成一些新的教学资源。例如当儿童在教师创建的"学习场"中直面生活与经验时,在儿童与同伴、儿童与教师的交流中,儿童会提出哪些问题、发表哪些观点,往往是难以准确预测;儿童之间的讨论会在哪些方面发生争执,产生困惑,是否闪现出教师都根本没有想过却十分有价值的智慧火花等,这些因素使"学习场"焕发出了生命的活力。所以教师要敏锐地发掘教学中的这种"生成智慧"和"变迁",并把它生成新的"学习场"。这种因师生互动、生生互动形成的"学习场",往往更能激发师生的创造性思维。在这一过程中,教师是"学习场"中的一分子,教师不仅作用于儿童的学习,积极促进儿童经验的变革,而且能在教学中反思自己的教学,促使自己教学经验的升华。由于教学中新生成资源具有隐蔽性和潜在性,因此只有教师的敏锐捕捉才能使之成为显性的、现实的教学资源。这需要教师有良好的教育机智,能迅速而准确地判断出这一教育资源的属性价值,及时调整并生成新的教育过程,使儿童的学习活动具有灵动性。这对教师提出了更高的要求:首先,教师本身要有先进的教育教学理念,要有较强的教育智慧和灵活驾驭教学的能力;其次,教师要有超强的敏感性,随着儿童质疑能力的逐渐提升,会不时提出有价值的问题,教师要及时给予鼓励,并提供必要的资源,激励儿童进一步深入地探究学习。总之,教学中生成的"学习场"是教学智慧的结晶,对它的发掘和有效利用会使教学有了灵性和"生命"。

3. 教师对"学习场"进行整顿

教师不仅要建构"学习场",丰富"学习场",还要有意识整顿"学习场",促成"学习场"朝向有利于儿童学习的方向发展和变化,并帮助儿童从学习场中获取有效信息。教师也要从学习场中获得信息、解读儿童并促进儿童"视界融合",在这个过程中教师对儿童的学习是援助、帮助、激励,而不仅仅是指导、教导。教师虽然不能明确知道儿童未来会遇到什么,但仍然需要思考"怎样为孩子的明天做准备",帮助儿童实现高效的学习。高效的学习建立在儿童最大程度参与和儿童思维的深刻性上,这样的学习有利于儿童才能的形成和发展。因为儿童只靠"听"难以提高能力、增长才智。儿童只有在做自己感兴趣事情的时候,才能完善自我、成为自己。如何

---

① 钟启泉."学习场"的生成与教师角色[J].上海教育科研,2004(9).

引领儿童去探索未知的世界,如何才能让儿童在"学习场"中高效达到教育教学目标,这就涉及到"学习场"的建构、"学习场"的有效功能等问题。对学校进行比较,我们会发现,儿童所学的课程、所用的教材大同小异,但毕业后,素质往往有较大差异。究其原因,除了一些先天性因素外,关键在于儿童感受的环境和条件不同,学校为儿童建构的"学习场"不同。所以一所学校的力量在于它的"学习场"使儿童产生深层感受和体验的强度。因此,重视营造"学习场",让师生处于一个良好的氛围中,我们教育目标的外化形式便会在潜移默化中上升为他们的内心境界。从这个意义上说,学校的"学习场"应牵引着儿童在"润物细无声"中朝向他们的理想迈进。创设有利于儿童的"学习场",最好的方法就是让儿童接触更多的学科领域,让他们像科学家一样有机会参与社会实践乃至科学实验,通过了解和接触认识世界的奇妙,激发儿童个体的心智、锻炼身心,让儿童不仅心灵手巧、聪明能干,而且有创造性思维,并形成习惯和品质。因此,教育工作者必须研究我们的时代需要什么样的人才,优秀人才有些什么共同的特质,为人类做出重大贡献的"英才"又是如何成长的等问题。只有强化问题意识,"学习场"的建构才能方向明确、成效显著。这就要求教师对儿童的兴趣了如指掌,并知晓儿童已有的知识和经验及个性。只有这样,教师设计的情境才能打动儿童,适应儿童的发展,儿童也才能学得更多更好。总之,由教师构建、整顿并丰富的"学习场",应是促进儿童学习的积极时空。儿童在这个特殊的时空中学习方式的多样性、积极参与性十分重要,让儿童表达自己的心声,让儿童有机会与同伴交流、与教师交流,发现自己的世界,同时教师也能知晓儿童的世界。所以教学中教师的倾听和与儿童的交流是儿童与教师沟通的最有效的途径,在这个过程中往往会生成有创意的见解,反过来更进一步促进"学习场"的建设朝向儿童成长有益的方向发展。

三、"学习场"中的儿童

1. "学习场"对儿童学习的促进作用

在"学习场"中儿童应该学会学习、学会思考、学会合作、学会生存。当儿童离开学校进入社会时,才能够成为一个被社会接受的人,一个对社会有责任感的人,并且拥有能不断适应新情况"韧性"的具有灵活性的人。所以教育的目标不是传授已有的东西,而是要把作为人的独特本质的创造力引发出来,创造的潜能开发出来,让儿童拥有一个充满信心、勇于探索、勇于开拓的积极人生,使其成为能够自学、自由创造的人。在"学习场"中儿童应形成良好的学习习惯。但自工业化进程中学校产生以来,学校的教学以班级授课制为主,虽然它很适合传授知识,但它给儿童自主学习的空间很小,教学以教师为中心,以教师讲授为主、儿童练习为辅。"教学往往成为压抑人的生命的人工窒息机。即使在 21 世纪的今天,教学沦为人工窒息机的状态依然没有改观,如今,在受到教学窒息的学生之间,疲于奔命甚至断送性命者,也屡见不鲜。"①良好的生态的"学习场",会让儿童养成好的学习、生活习惯,包括创新的习惯。因为学习习惯是在漫长的学校教育中逐渐形成的,并不是在某一年或某一门课上突然产生的,所以在人生十几年的学校"学习场"中熏陶过的人,一般都会留有它的印记。可以说,儿童是"学习场"中"泡"出来的,儿童的学习生涯也是儿童与"学习场"相互作用的过程。在"学习场"中培养儿童的思维品质。儿童通过独立学习、合作学习、群体探究学习等过程,不仅掌握知识,更重要的是掌握有效处理现实问题的思维方法,以及创造新知识的工具及拥有智慧的途径,这正是"学习场"建设的根本目的。正如杜威在《我们怎样思维》(1933 年)中所言:"智识教育的真正问题在于把(我们所有人包括儿童与成人都拥有的)自然力量转化成专业的、经得起检验的力量","智慧是一种智识化(intellectualized)的期盼,一种经受得起更改辨识与检验的渴望,一种可以付诸实践的社会希望,一种对于未来的预言,但同时也是一种深思熟虑的结果。"②"学习场"是促进儿童学习的,学习场应为儿童提供进入专业群体的条件,"如果教育者能够创造使儿童进入专业群体的条件,那么每个儿童都能成为专家,每个儿童都可以成为特殊的人才"。③"学习场"还应突显因材施教的教育思想。"学习场"要能有效地"平衡儿童当前的需求和未来的需要,使两者统一于教育行动之中,从而把儿童当前的幸福和未来的目的统一起来"。④ 好的"学习场"应让儿童学会独立思考,学会如何去开发自己的智慧以及发展创造能力。所以教师建构的"学习场"要提供给儿童多种的学习机会,不仅有常规的学习,而且还应有开放式的学习,通过多种形式的教学,培养儿童理性地分析、批判地选择有用的信息和采取行动的能力。

---

① [日] 佐藤正夫.教学原理[M].北京:教育科学出版社,2001,22.

② [美] 小威廉·多尔,余洁.杜威的智慧[J].全球教育展望,2011(1).

③ [美] 兰祖利,里斯.丰富教学模式(一本关于优秀教育的指导书)[M].上海:华东师范大学出版社,2001,33.

④ 彭正梅.德国教育学概观[M].北京:北京大学出版社,2011,200.

2. "学习场"对儿童个性化发展的积极意义

由于"教育关系绝不是指对儿童的单向的影响,而是相互作用的关系",[①]所以,教师和儿童的关系制约着教师和儿童的思想和行为方式。但由于儿童成长中形成的差异,不同的儿童兴趣、兴奋点不同,儿童所表现出的能力、执着精神和创造力也千差万别,即每一个儿童都有其优势与劣势,所以"教师的职责就在于发现、发掘学生的优势、长处或潜能,因为这些优势、长处或潜能正是学生发展的生长点;基于生长点的教育,是出于这样一个假设:在学生的正常发展中,倘若学生能够自由地选择,那么,几乎在所有场合,都能选择有助于自己成长的潜能所在"。[②] 教育的本真是开发人的潜能,促进人自由而全面的发展,实现人人都做自己爱好的事、成为自己想做的"人",把爱好和潜能发展到极至。无论是物理学家如牛顿、麦克斯韦、爱因斯坦、丁肇中,还是其他行业的精英如球王贝利、罗纳尔多、乔布斯、比尔·盖茨等,无不是在浓厚的兴趣驱使下做出举世瞩目的成就的。所以"如果教育者能够给予所有的学生以机会、资源和激励,促使他们的聪明才智发展到最高水平,那么人的作用就能够得到充分的发挥"。[③] 教育的价值、教育的意义就在于将儿童个体的潜能发挥得充分卓越。但因教育和医学一样,不存在普遍有效的手段,也就是说没有一种手段或一种方法就能实现所有可能的教育目标。所以,"学习场"应包含多种丰富的学习活动和学习方式,并且,这些学习活动和学习方式要能有效地吸引儿童的注意力、吸引儿童成为一个积极的参与者;这有利于儿童与其环境之间形成良性互动、并引起儿童的思考,使其在参与中形成经验,生成实践智慧。同时激发儿童表现出教师所期盼的那些反应。故"学习场"肩负着发展儿童才能、促进儿童成长的使命。

四、"学习场"中的几个关系

由于"学习场"是学校所有事件交织在一起,具有内在统整性的整体,因此"学习场"包含了教师、儿童、学习资料 3 个基本要素。其中涉及几个基本组成部分,如儿童与学习资料、教师与儿童、儿童与同伴、教师与同事等,"各组成部分不是以相

①　彭正梅.德国教育学概观[M].北京:北京大学出版社,2011,210.
②　钟启泉."学习场"的生成与教师角色[J].上海教育科研,2004(9).
③　[美] 兰祖利,里斯.丰富教学模式(一本关于优秀教育的指导书)[M].上海:华东师范大学出版社,2001,1.

互孤立而是以相互联系及系统整体的关系"①出现的。

1. 儿童与学习资料的关系

学习资料一般可分为两类,由专业人员设计的供学习者学习使用的资料,如教科书、学习参考书、阅读资料、练习册,包括音像资料等;另一类为非专门为儿童设计的但可利用的教育资源,如博物馆、科技馆、戏剧院等。儿童在"学习场"中的学习资料一般主要指向前者。提供给儿童的学习资料,必须适合儿童的生理和心理特征,它必须拥有趣味性,而且它还必须能引发儿童的思考,同时它能让儿童已有的直接经验与将要形成的间接经验间形成桥梁,使两者形成弹性连续体,以帮助儿童形成知识的迁移。因为"学习是学习者同客观世界(教材)的对话,学习是人类的特殊的认识过程;学习是学习者同他人的对话(社会性实践)同时还是学习者同自身的对话(伦理性实践)"。② 通过这三种对话,儿童逐渐建构起知识与经验的意义,并形成属于自己的内心世界的思考与情感。所以只有当儿童积极主动地与"客观世界"对话,认真阅读、体验并感受学习资料提供的素材,才有可能实现"认知性实践"等。在儿童与认识环境的相互作用中,儿童逐渐形成了自己独特的兴趣方向;对于自己感兴趣的方面,儿童还会超越学校提供的学习资料,从更大的社会环境中找寻他需要的学习素材。如果儿童的学习是被动的,甚至是被迫的,那么再好的学习资料对他来说也是无益的。

因此,如何构建高成效的学习场,精心编制和选择学习资料是不可忽视的重要环节。提供给儿童的学习资料越丰富,儿童学习的成效性越好;能引起儿童情感共鸣的资料越多,儿童的体验就越深刻。儿童是透过学习资料与客观世界"对话"的。儿童与"客观世界"的对话存在表层和深层之分。儿童从学习资料中获取信息属于表层"对话",因为信息不等于知识、不等于思想,更不等于智慧。只有当儿童用一套属于自己的对信息世界的解读法则,以自己的方式去解释信息,并"自主加工外部启示和内部冲动来发展反思能力和行动能力"③,由此产生出有价值的思想和解决问题的方法,儿童的学习才是有效的、深层次的。所以儿童深层次的学习,是借助感知、情感,主动的、个性化的、全身心的参与学习资料的"应答性对话"而实

---

① [美]小威廉姆·E.多尔.后现代课程观[M].北京:教育科学出版社,2000,87.
② 钟启泉.教育的发现[M].北京:中国人民大学出版社,2009,105.
③ [德]希尔伯特·迈尔.备课指南[M].上海:华东师范大学出版社,2011,112.

现的。

2. 教师与儿童的关系

在"学习场"中师生关系是双向互动、交互主体的关系。如果教师无法与儿童建立起联系，不提供与儿童相互交流的机会，儿童之间没有互动，那么教师就无法让儿童理解他们为什么需要关注自己的学习。所以对教师而言，师生通过对话、交流、沟通，了解儿童、理解儿童的需求，并进入儿童的心灵世界，就能更好地成为儿童的"引路"人。首先，教师必须明确儿童学习的目标和任务。其次，教师要使这些目标和任务具有预测性和发展性，即要确定它是儿童通过努力可以达成的。再次，教师还需要为儿童提供完成这些目标、任务必要的策略性知识；并且要通过评价来检查儿童是否完成任务，判断儿童是否达成目标。实际上儿童的能力不是教师"教"出来的，情感态度价值观更不能靠"告诉"获得。儿童的能力提高和情感态度价值观的形成，必须在"学习场"中经历"过程"，在"过程"中感悟方法。同时教师也从"学习场"中获取信息，反思自己的教学、促进"学习场"有效性、有益性的发展。教师的责任是把各具个性的儿童吸引到"学习场"中，让其在师生互动中展示儿童的聪明才智，唤醒其自主性，并把他们目前的需要以及尚未被发现的未来的可能性也带入其中。这样，儿童的自发性以及未来的可能性才能得以发现和发展。教师要给予儿童开阔视野、参与实践的机会，为儿童提供优质的学习资源，发掘儿童的潜力和给予他们鼓励。对于儿童的学习和成长来说，机会、资源及鼓励三者缺一不可。当儿童与环境形成良性互动时，就能促进儿童创造才能的养成。

总之，教师不仅仅是"园丁"、"工程师"，更应该是儿童生活的导师、人生的引路人。在"学习场"中，教师则更多的是教练、是伯乐，是儿童才能的催生者、潜能的发掘者、智慧的点拨者。

3. 教师与同事的关系

"学习场"中教师与同事的关系应是同盟者、合作者的关系。但是由于教师职业的独特性以及个人经历、教育信念、文化素养等的差异，加之当前对教师的评价机制等诸多因素，教师之间的关系微妙且复杂，所谓"合作"往往貌合神离。但如果教师之间没有真诚合作的意识，还各自为政的话，那他们对儿童的教育和影响的作用将大打折扣，严重的可达"五马分身"的程度，让儿童不知所向。"试设想一下，倘若我们的教职员室和课堂遮蔽了所有这些品性——以谎言与私利代替了诚实，以傲慢代替了礼让，以冷酷代替了关爱。那么在这样的环境里我们究竟能够学到什么呢？在上课之前，大家都会逃之夭夭吧！"①所以"学习场"中，同事的可靠性、合作性十分重要。只有当教师们都怀着诚实之心、谦虚之意、关爱之情对待教育、对待儿童、对待同事时，教师之间才能形成亲密的"同盟者"的关系、进而形成"伙伴式的团队文化"。由这样的教师群体建构并整合的"学习场"才能更有效地激发儿童学习的自觉性、主动性。对学生的教育，不是一个教师就能担当、完成得了的工作。教师需要与同事的通力合作，互相之间需要建立起友善的伙伴关系，结成"同盟者"的共同体，他们才会用心于探讨儿童的学习和儿童的发展问题，也才会从儿童学习的事实基础出发对儿童进行深入细致的研究；向同事的课堂学习，找寻自己的不足；从自己课堂着手，反思自己教学的成败与得失。只有这样他们才会在工作中体验到幸福，才会用心关注共同的这一组儿童，研究他们的共性和差异，了解他们的兴趣和爱好，他们的成长规律等，以实现促进儿童"学习共同体"的形成，也才有可能帮助儿童构筑起儿童之间"合作学习"关系等。

4. 儿童与同伴的关系

在"学习场"中儿童与同伴的关系应是互助合作、相互促进的关系。因为人是社会的人，儿童通过学习进入社会，成为社会的一员，所以"学习"不仅是一个人的事，还是一群人的事。在学习过程中，由于"影子履历"的影响，个人感知的独特性，对同一事物、同一现象其所思所想有极大的差异，为此在儿童的共同学习中，透过学友间的讨论、质疑、互动、实践等方式，常常会迸发出许多思想的灵光，实现在"听、说、读、写、思"中让知识"好玩"起来，并在这个过程中让儿童学会倾听、讨论等。所以教师要帮助儿童形成"学习共同体"，引导儿童学会互惠互利的"合作学习"。一个人通过"观看"能够沉浸于"思辨"之中，但通过带着问题倾听或倾听同伴对自己问题的解析，却一定会把自己作为当事者置身其中，这样在儿童之间就形成了相互倾听的关系。同时已"懂"的儿童在回答同桌或学习小组成员的提问中通过自己语言表达梳理学习内容不仅能帮助其对学习内容更好地理解，同时也让儿童感受到学习的乐趣。所以，通过在"学习场"中的"合作学习"，儿童不仅可以学会如何向同伴学习、如何互相帮助，还可以学会如何倾听同伴的声音，如何与教师沟通、如何向同学请教等。

在"学习场"中，让儿童体验到互助互惠学习的积极意义是很重要的。在这方

---

① ［日］佐藤学.学校的打挑战——创建学习共同体［M］.上海：华东师范大学出版社，2010，151.

面,哈佛大学的物理教授埃里克·玛祖为我们作出了表率作用,他透过组织"同伴相助、闯关学习",有效地帮助学生实现高效益的学习。因为在"合作"学习中每一个儿童是平等的参与者,是平等的互动伙伴,是学习的主人。所以,在"学习场"中不仅要追求儿童学习的多样化,还追求儿童见解的多样性与思考的相互碰撞。另外"学习不是从同一性中产生的,学习之所以形成是在差异中产生的"①。所以儿童"个人学习合作化"后,儿童在和睦的"学习场"气氛中互学、互教,学会学习,最终实现"自我教育",为终身学习奠定坚实的基础。总之,建构"学习场",就是为儿童营造创新思维的情境,通过让儿童在"学习场"中感受,在"学习场"中发现,在"学习场"中领悟,在"学习场"中成长,在"学习场"中成熟,最终带着自信走向社会,融入社会,成为合格的公民乃至成为社会的栋梁之材。

（本文发表于《江苏教育学院学报》(社会科学)2013 年第 4 期,署名舒康云、金荷华）

---

① ［日］佐藤学.学校的打挑战——创建学习共同体［M］.上海:华东师范大学出版社,2010,24.

从"课程"视角审视教师在课程改革中的角色行为 *

"课程"是近代学校发展到一定阶段才形成的概念,其概念的内涵及外延不断发展变化。课程概念的变化引发课程形态的变化,不同的课程类型反映不同的课程观,不同课程观决定了课程的不同形态和特征。教师要强化自身在课程改革中的重要地位与责任意识,明确自己在不同课程形态中的角色定位和行为取向。教师是重要的课程建设者,要担当起课程的批判者、实施者的角色,从而更好地提升专业化水平和职业境界。

尽管不同时代、不同国度、不同形式的学校教育都存在"教什么—学什么"的"课业"问题,但"课程"却是近代学校发展到一定阶段才形成的概念。随着教育科学研究进程的加快,"课程"概念的内涵及外延还在不断发展变化。在当代,课程作为基础教育的核心工程,是教育思想和教育制度的具体体现,是保证教育质量的重要措施,是实现教育目标的基本途径。因此,追溯课程概念变化发展的轨迹,检讨其变化对学校课程形态的影响,理解不同课程内涵对教师的角色定位和行为价值取向的不同要求,是当代教师专业发展的有效途径。

一、"课程"的渊源及涵义的变化

1. 中外"课程"辨义

在国际上,通用的术语"课程"英语为"curriculum",源于古拉丁语"跑道"(racecourse)一词,意为"规定赛马者的行程",与教育中的"学习内容进程"之意较为接近。19 世纪 60 年代英国教育家斯宾塞在其《教育论》中首用"课程"这一术语,并将其定义为"教育内容的系统组织",其后日益流行通用。

在中国,"课程"一词首次出现于唐代文献中。唐代孔颖达在《五经正义》中对出自《诗经·小雅·小弁》的"奕奕寝庙,君子作之"作注疏:"教护课程,必君子监

———————————

* 本文为笔者主持的江苏省高等教育教学改革资助课题"打造学术性与师范性有机统一的语文课程与教学论精品课程"(项目编号:2011JSJG151)、江苏省教育科学研究院、江苏教育学院"十二五"规划研究课题"基于教师专业发展的语文课程衔接研究"(项目编号:Jsie2011yb08)的研究成果之一。

之,乃得依法制也"。在宋代,朱熹、杨应之、吕祖谦等人的著作中都有"课程"一词出现。例如朱熹在《朱子全书·论学》中,有"宽在期限,紧在课程"、"小立课程,大作功夫"等语句,大意为"应修习的课业"或"功课"。其后"课程"一词在中国日渐通用,涵义大体包括学业范围、进程、计划等内容。

究其实质,我们通用的"课程"一词,是借用我国古代的"课程"作为近代西方"课程"(curriculum)的汉语译词,其涵义有本质的不同:前者指"功课"或"课业",后者是"教育内容的系统组织";二者只是大体相当而已。可见,中国古代的"教师"与近代西方的"教师"的职业范式是不同的。

2. 从"跑道"到"在跑道上奔跑"

自"课程"概念出现后,在教育术语使用中,课程概念存在两个话语系统,一是"教学论"话语系统,另一是"课程论"话语系统。在"教学论"概念系统中,"教学计划"、"教学大纲"、"教科书"等术语概念,虽然不冠之以"课程",但是其主要内涵与功能就相当于"课程论"概念系统中的"课程计划"、"课程标准"、"课程文本"等术语概念。① 从实际运用看,二者往往"混合"着用。其实,在本质上"教学论"系统的"课程"范畴(教学计划、教学大纲、教科书等)属于"教程",相当于"跑道"(racecourse):即需要贯彻的课程计划或需要遵循的教学指南;"课程论"系统的"课程"范畴(课程计划、课程标准、课程文本)属于"学程",相当于"在跑道上奔跑"(to run the racecourse)。从现在新课程话语系统改变看,体现"教程"的"课程"概念将逐渐被体现"学程"的"课程"概念所替代,这一发展趋势反映了课程(或教学)从教师的"教程"向学生在教师指导下的"学程"转变的趋向,体现了教育发展的科学取向和时代必然。

二、"课程"概念的变化引发课程形态的变化

1. 课程类型及其发展变化

从课程发展史看,学校课程大体有如下几种:一是"文献课程",以传授经典著作本身为直接任务,如中国从汉代至清代各类教育所采用的课程基本属于此类;又如欧洲中世纪的学校设置"七艺"科目,但往往以古希腊亚里士多德等人的著作为基本教材,这在本质上也属于经典课程。二是"学科课程",又称"科目课程",以传

---

① 陈桂生.普通教育学纲要[M].上海:华东师范大学出版社,2009,129.

授系统的学科知识为直接任务,如近代以来随着科学门类分化发展而化分的课程。三是"活动课程",又称"经验课程"或"学生中心课程",是以儿童的兴趣和动机为课程组织的基本出发点,主张"在做中学",如 1896 年在杜威指导下的芝加哥大学实验小学试行的"活动课程",即以诸如纺织、烹饪、缝纫、木工等人类衣食住行的基本活动为小学课程的中心。四是"核心课程",即围绕人类基本活动来确定各年级学习的核心主题,"核心"包括"文化时代核心"、"青少年需求核心"与"社会问题核心"三种类型。① 如美国在 20 世纪 30—50 年代盛行此课程。

但是到 20 世纪末,在国际高中课程改革潮流中,"核心课程"的内涵发生根本性变化,它是与"选修课程"并列的课程概念,美国称之为"共同核心课程",范畴包括语言类、历史、公民、科学、数学、技术、健康、职业和跨学科研究;法国称之为"共同文化",其内涵包括了解世界、具备公民身份的基本知识、应对社会生活共同要求的技术能力,接受高等教育的方法论和民主社会本身有所需的智力素质。② 同时,在"共同核心课程"基础上,通过学习领域和模块设计,设置多种形式"综合课程",如"理科综合课程"、"科学科综合课程"、"社会科综合课程"等,如美国的"理科综合课程",包括生物、化学、物理等学科内容;"社会科综合课程"包括美国史,世界史,地理、文化,社会科学等范畴。③

我国现行的基础教育新课程,实质上是以"学科课程"为主体,以"活动课程"、"综合课程"为辅助,在实施课程的内涵上兼及其他几种课程类型。例如,语文课程标准中新增设的"综合性学习"就兼有"综合课程"与"活动课程"性质;语文教材中经典文本(王荣生教授界说为"定篇")的教学价值取向——全方位、彻底、清晰、明确地领会作品,则兼具"文献课程"特色。

2. 不同课程观及其涵义

不同的课程类型反映了不同的课程观,不同的课程观决定了课程的不同形态和特征。常见的课程观如下几种:

(1) 学科(科目)观。认为课程即科目或教材,强调学科知识的系统化进程的安排,课程内容的来源主要是人类长期积累的知识,教学的任务就是把经过选择并系统化的知识传递给学生,表现为"学科课程"形态。由于一味地以学科为本位,往

① 钟启泉主编.国际普通高中基础学科解析[M].上海:华东师大出版社,2003,129.
② [美]小威廉姆 E.多尔著,王红宇译.后现代课程观[M].北京:教育科学出版社,2000,4.
③ [美]小威廉姆 E.多尔著,王红宇译.后现代课程观[M].北京:教育科学出版社,2000,186.

往会忽视学生心智的发展、情感的陶冶和个性的养成。这种课程观的渊源是:以夸美纽斯、赫尔巴特等为代表的传统教育学派的以教材为中心、以知识为中心、以训练为中心的教育思想。如凯洛夫的《教育学》就是把课程窄化为学科、把学科窄化为教材、把教材窄化为知识点的典型,如将新授课程规定为"组织教学—检查复习—教授新课—巩固新知—布置作业"五个环节,就折射出"没有儿童的教育学"的本质。随着课程范式的转型和当代对于"人的全面发展"的教育需求,现在学校教育中即使仍存在"学科课程"的形式,也会在实施过程中极力摒弃"只关注学科而忽视人的存在"的极端行为。

(2)目标(结果)观。是现代主义课程范式,认为课程就应该关注学习结果,因而事先必须制订一套结构化、序列化的教学目标;课程实施就是按照预定的教学目标选择教学内容、组织教学活动,进而进行教学评价。例如影响深远的"泰勒原理"就是这一课程观的典型体现:"学校应该试图达到教育目标——要提供什么经验以便达到这些目标——如何有效地组织这些经验——我们如何确定这些目标是否达到。"[①]还有斯金纳的"程序学习"中的"小步子原理",布卢姆的"形成性评价"和"掌握学习"的理论,以及20世纪初期以博比特、查特斯等人为代表的教育科学运动、科学化课程设计等,都属于该课程观指导下的课程形态。其实质,就是把学校视为工厂,教师视同工人,学生视同原料,通过课程的生产线加工成产品;反映了现代课程观的"工业化管理"特色,却忽略了人的认知过程的复杂性以及教学的预设与生成的辩证关系。日本教育家佐藤学将这类课程模式称为"阶梯型"课程编制模式。其特征是将学习单向地、线性地规定了逐级上升的过程;其弊端是造成学习者经验的过份狭窄和评价的划一。[②]

(3)经验(活动)观。该课程观,既受以卢梭、杜威为代表的现代教育学派以儿童为中心、以活动为中心、以经验为中心的现代教育学派教育思想的影响,又吸收了后现代主义课程的精要思想;认为课程就是学生在教育环节中与教师、材料、环境等相互作用的所有经验,如施瓦布提出:课程是教师、学生、教材、环境四个因素的整合。该课程观强调学习者的兴趣、爱好、需求和个性,重视学习者与其他几种因素的相互作用,注重教育环境的设计与组织,兼顾课程的过程与结果、预期与未

---

① [美]小威廉姆·E.多尔著,王红宇译.后现代课程观[M].北京:教育科学出版社,2000,71.
② 钟启泉.课程的逻辑[C].上海:华东师大出版社,2008,148.

预期的经验。如以儿童为中心的"杜威实验学校"设计的课程就是其最初代表,表现为"经验课程"(活动课程)的课程形态。

佐藤学把这种课程编制的本质概括为"登山型"课程标准模式,"杜威实验学校"只是其雏形。它以重大的主题(山)为中心,准备了若干学习的途径(登山道),即以"主题—探究(经验)—表达"为单元组织,首先预设特定的主题,然后学习者以多种多样的方式与逻辑,展开研究性活动,最后表达、交流并共享学习成果。这种课程观,是以杜威的"经验"说、维果茨基的"活动"概念为基础的"建构主义"学习观,其最大特征是打破传统学习观的二元对立:具体与抽象、经验与概念、感性与理性、实践与理论的分割。这是一种不仅注重学习成果,而且更加注重学习过程的多元化、个性化的课程设计,目前许多发达国家倡导的"主题学习"、"项目学习"、"问题学习"、"真实学习"、"服务学习"、"体验学习"、"表现学习"等,可以说都是以"登山型"单元学习来组织课程的典型案例。① 当前,我国新课程推行的"综合性实践活动"等,当属此类型的课程模式。

这种课程范式中的师生关系,用多尔的"我的教育信条"最有概括力:"在教师与学生的反思性关系中,教师不要求学生接受教师的权威;相反,教师要求学生延缓对那一权威的不信任,与教师共同参与探究,探究学生所正在体验的一切。教师同意帮助学生理解所给建议的意义,乐于面对学生提出的质疑,并与学生一起共同反思每个人所获得的心照不宣的理解。"②

三、教师在课程改革中行为的价值取向

如果说,了解课程发展的历史、理解各种课程观的本质、熟悉不同形态课程的操作模式,是课程研究者、教师共同的职业素养的话;那么,如何选择和确定在学校教育教学工作中自己的实践行为,以及这种行为的价值取向和追求,则是每一位教师必须具备的专业能力。

1. 深信自己是重要的课程建设者

我国现行课程改革只是我国课程改革历史性变革的开端,而现代课程改革的进程,越来越取决于教师专业发展的成效。③ 钟启泉教授早在新课程改革之初就

① 钟启泉.课程的逻辑[C].上海:华东师大出版社,2008,149.
② [美]小威廉姆·E.多尔著,王红宇译.后现代课程观[M].北京:教育科学出版社,2000,27—228.
③ 陈桂生.普通教育学纲要[M].上海:华东师范大学出版社,2009,161,121.

强调:大凡课程改革总要经历"总体设计—标准编制—教材编写—教学实施"等环节,在这些环节之间总会存在某种"落差";要通过学术讨论、对话和积极开展教师培训及研修来解决、克服这些落差。① 因为课程改革不是一个结果而是一个过程,是一个"不断修订"和"正在改编"的长期的渐进性过程。②

教师要强化自身在学校课程工作中的重要地位与责任的意识,明确自己在不同课程形态中的角色定位。据国外统计,在多达9类课程决策中起重要作用的人中,公认的影响最大的参与者就是教师。美国当代课程专家大卫·G.阿姆斯特朗认为,课程就是"为了促进学生知识、技能和洞察力的发展而进行决策的过程,是预设的学习结果以及相关的评价方案"。课程既象"过滤器"又象"排序机","课程不仅涉及到对教学内容的选择",而且"起着对学习内容进行排序的作用"。教师要"对实施的课程进行解读,对课程进行修改以满足学生的需要,以及以其他途径使课程与你所处的背景相协调。"③

2. 充分认识学校课程的微观形态

课程是一个使用广泛而含义多重的教育学术语,不同的人在不同时代、不同情境中,所使用的课程概念的内涵和外延往往不同。美国教师教育家约翰·古德拉德在学校现场的研究报告中说,任何学校都同时存在五种课程:一是理性课程(学者认为应当接受的内容);二是正式性课程(监督机构,如行政区等所规定者);三是感悟性课程(教师认为根据教师需要所要教授者);四是操作性课程(在教室中究竟教了什么,由外部的观察人员所发现者);五是经验性课程(学生所学者)。④ 其实,这里涉及学校两种课程形态,即应然课程与实然课程。

"应然课程"也称"理想课程"、"正式课程",即古德拉德所言"理性课程"和"正式课程";"实然课程"指实际实施的实有的课程,二者是相对的辩证关系。课程标准(教学大纲)、教学计划、教科书、课程表等都属于"应然课程";相对于此,"教师理解(感悟)的课程"、"教师实施(操作)的课程"是"实然课程"。而相对于课程实施的目标"学生经验(所学)的课程"来说,"教师理解的课程"、"教师实施的课程"也只能算是"应然课程";而"学生经验(所学)的课程"才是"实然的课程"。教师的职业行

① 钟启泉.课程的逻辑[C].上海:华东师大出版社,2008,31,64.
② [美]David G.Armstrong 著,陈晓瑞主译.当代课程论[M].北京:中国轻工业出版社,2007,220.
③ [美]David G.Armstrong 著,陈晓瑞主译.当代课程论[M].北京:中国轻工业出版社,2007,144,123.
④ 钟启泉主编.国际普通高中基础学科解析[M].上海:华东师大出版社,2003,133—134.

为主要应该研究如何从"应然课程"走向"实然课程",探讨缩小"实然课程"与"学生经验课程"之间落差的途径与策略。

3. 积极发挥课程的批判者、实施者的角色作用

就实质而言,教师的行为是对实施的课程进行解读、修改以满足学生的需要,以及以其他途径使课程与他所处的背景相协调,因而教师角色更具批判性。以执行课程标准为视角,教师的角色定位应该是:在批判性解读中贯彻实施。因为现实中存在如下情况:课程目标既正确又全面,而课程实施的效果不佳。单就课程设置来说,至少有两方面原因:或是实现课程目标的教育手段(课程门类、教材的选择与组织等)与条件成问题;或由于课程目标虽正确、全面,但失之于空乏,缺乏可操作性,不足以规范教育手段。其实,教育手段与条件存在的问题中还折射出课程目标的问题:它缺乏可行性。

以语文课程标准为例,与国外发达国家语文课程标准相比,我国《义务教育语文课程标准(2011 年版)》仍然存在不尽如人意之处。对于课程目标、内容标准、成就标准等几大构成元素的呈现,并不是完全合理有序、脉络分明的。"内容标准"、"成就标准"与"机会标准"、"背景标准,分别呈现于课标不同的章节,其间缺乏必要的连贯性;执行这些标准,实施者必须前后翻找、对照,才能理解、领悟其精神实质,很不方便研读和运用。另外,不少"成就标准"后缺少二级指标,没有"表现指数",也不便于操作。而国外许多国家的语文课程标准都拥有共同的特征:构成课标的几大要素都较为集中,且按照相对合理的顺次编排;很多国家的课程标准的主要内容,通过列表的形式,使课程目标、内容标准、能力标准、表现指数(二级标准)一览无余。因此,课标的不同使用者,诸如教材编者、语文教师以及督导评价人员等,能够根据自己工作领域的需要,明确地遵其范、定其向、循其路、尽其责,从而更好地发挥国家课程文件的规范指导效应。

再如,有些"内容标准"仍然不够具体明确,往往过于笼统宽泛。主要原因在于新版课标与实验稿课标一样,仍然没有单设"内容标准",依然将"目标"和"内容"融在一起,将"课程的内容标准"结合在"课程目标"中叙述。尽管在修订中,对实验稿课标"缺乏内容标准"的质疑和批评很重视,通过增加篇幅进一步丰富、细化"教学建议"和"评价建议",很多内容增加了可操作性。但有些课程内容仍然缺乏"内容标准",如关于"词汇语法修辞"等语文知识,只有大致的内容范围和能力要求,却没有将附录 3 的内容以"内容标准"的形式,落实到各个学段当中,这就给教材编写或教学内容取舍方面带来了难度,或给课程实施增加了随意性。

　　新课标诸如此类的问题与缺憾,将有待于在实施过程中进一步改进和完善。一线教师因拥有"学校现场"而使课程研究具有得天独厚的条件。教师要通过实践、质疑、研究、改进乃至创造的探究性活动,逐步提升自己的课程素养,从而实现"教育理论实践化—教育实践理论化"的专业水准和职业境界。

　　　　　　(本文发表于《江苏教育学院学报》(社会科学版)2013 年第 1 期)

从"应然课程"走向"实然课程"*
——以语文课程标准为视角

我国现行《语文课程标准》最突出的弊端是缺乏明确的"内容标准"。一是整体性缺失:语文学习中的重要内容没有设置,如"词汇和语法"作虚化处理;二是因为将"课程的内容结合在'目标'中叙述"而导致"内容标准"或混杂、或缺失。当前教师的当务之急,是要彻底改变对"教学大纲"亦步亦趋的惯习,了解学校课程的微观形态及其辩证关系,在研究和解读中不断改进和完善《语文课程标准》,并创造性地运用到语文教学和评价中。

一、关于"应然课程"与"实然课程"

课程专家钟启泉教授早在我国课程改革之初就强调:大凡课程改革总要经历"标准编制——教材编写——教学实施"等环节,而且在这些环节之间总会存在某种"落差"。这是不可避免的。关键在于我们一定要正视这种"落差"。[①] 钟先生所说的"落差"我们可以理解为"应然课程"与"实然课程"之间的落差。"应然课程"与"实然课程"之间是相对辩证的关系。具体而言,课程标准(教学大纲)、教学计划、教科书、课程表等都属于"应然课程"——一种希望或规定予以实施的课程;"教师的教案"、"教师课堂行为"则属于"实然课程"——一种实际实施或实现的课程。而对于课程实施的目标"经验性课程(学生所学者)"来说,"教师的教案"、"教师课堂行为"也只能算是"应然课程";而"经验性课程(学生所学者)"才是"实然的课程"。约翰·古德拉德在学校现场的研究报告中阐述的更为详细:任何学校都同时存在五种课程:理性课程(学者认为应当接受的内容);正式性课程(监督机构,如行政区等所规定者);感悟性课程(教师认为根据教师需要所要教授者);操作性课程(在教

*　本文系笔者主持的江苏省高校哲学社会科学研究基金资助项目"新课改视野下语文教师素养的价值追求"(2010SJB880012)和江苏省高等教育教学改革资助课题"打造学术性与师范性有机统一的语文课程与教学论精品课程"(2011JSJG151)的研究成果之一。

①　钟启泉.课程的逻辑[C].上海:华东师大出版社,2008:64.

室中究竟教了什么,由外部的观察人员所发现者);经验性课程(学生所学者)。①
从某种意义上说,教师的职业行为主要应该研究如何从"应然课程"走向"实然课程",探讨缩小"应然课程"与"实然课程"之间落差的途径与策略。

　　课程改革不是一个结果而是一个过程,是一个"不断修订"和"正在改编"的长期的渐进性过程②。自 20 世纪 90 年代以来,国际上课程改革强调"标准驱动",即"以学科标准为视角,结合国外新世纪母语课程标准的发展趋势,探讨语文教师如何发挥当代教师"批判性角色"作用,对《语文课程标准》进行研究解读并改进完善,从而缩小"应然课程"与"实然课程"之间的落差。

二、正视我国现行《语文课程标准》的问题与弊端

1. 理解国际视野下的《语文课程标准》及其发展趋势

　　进入新世纪后,课程标准的编制在整个课程改革中是一个核心环节。长期以来,作为指导学校教育教学工作的纲领性文件,在体例上存在"教学论"及"课程论"两套话语系统。"教学论"话语系统的称为"教学大纲","课程论"话语系统的称为"课程标准"。新世纪以来的"教学大纲"在内涵及职能上,与以往的"教学大纲"已经不同:不再是教师的"教程"(跑道:racecourse)指导文件,而是教师指导学生"学"的"学程"(在跑道上奔跑:torun the racecourse)指导文件;其内涵与职能与"课程标准"基本相同。因此现在国际上"教学大纲"和"课程标准"仍然通用,人们在表述上也经常互换对举,如洪宗礼等主编的《外国语文课程标准译介》,其内容包括"语文课程标准"和"语文教学大纲"两种体例。基于此,本文也沿用此惯例,以"语文课程标准"作为统称。

　　从国外语文课程标准发展趋势看,呈现出基本共同的特征。在教育理念上,明确要求在母语教育中渗透公民意识的培养,主要指向个人、社会和自然环境的和谐发展。在课程内容上,规范母语学习的范畴,大体包括语言知识、文化知识和思维能力,具体指向听、说、读、写能力的训练与语言综合素养的整体提升。同时,各国语文课程标准在结构模式及内容编排方面又各具个性特色,具有代表性的有三种。一是"能力说"特色:侧重教和学的预期结果;课程目标、内容标准、成就标准、能力

---

①　钟启泉.国际普通高中基础学科解析[M].上海:华东师大出版社,2003:7,8—9,133—134.
②　[美]DavidG.Armstrong.当代课程论[M].陈晓端等译.北京:中国轻工业出版社,2007:220,74—75.

指标都有呈现,而且脉络分明,描述详尽清晰;易于理解,便于操作;如德国的语文课程标准、日本的语文教学大纲等。二是"内容说"与"能力说"兼具特色:既保留了对"教学内容"作系统的规范和要求的优秀传统,又体现了重视学习"预期结果"及其达成途径和策略的当代课程发展趋势;如美国的马萨诸塞州的语文课程标准、法国的语文教学大纲等。三是"课程与评价整合"特色:课程和评价密切地结合起来,课程的设计与实施,直接与课程的考试评价连接,相互推进,互为完善;如英国的语文考试大纲、南非的语文课程标准等。较之国外合理、科学的母语课程标准,我国现行《语文课程标准》无论是结构模式还是内容呈现,都有许多需要改进和完善之处。

2. 我国现行《语文课程标准》存在的问题剖析

按照雷维奇(Diane Ravitch)的解释,所谓"标准"(standard)原本包含两层涵义,一曰"模范"、"模式"之意,二曰"基准"、"尺度"之意。① 钟启泉教授认为,作为课程的"国家标准",应有三层涵义:一是内容标准;反映的是学生应该知道什么和能够做什么,指明学生所要达到的目标。二是成就标准(表现标准);就是指每一个学生应当达成的"基础学力"或是"基本能力"、"关键技能"的目标规定。三是机会标准,这是旨在保障每一个学生"学习权"而制定的教学规范、关系规范、(课程资源)分配规范,为每一个学生提供尽可能丰富的学习资源,保障每一个学生的"学习权"。②

我国现行《语文课程标准》实施 10 年以来,确实取得了实质性进步:突出了"实现人的全面发展",即"以人为本"的语文教育本质观;将平等对话的民主思想渗透于语文课程之中;在重视中华优秀传统文化的同时,建立了"尊重与理解多样文化"的文化开放观。③ 但是存在的问题及弊端也着实阻碍着语文新课程实施的进程。最突出的问题,是缺乏规避课程实施中的盲目性和随意性的"课程内容"("内容标准");最明显的弊端,是缺失具体的、便于操作的"能力标准"("表现标准")。以下选取两个角度予以剖析。

其一,"内容标准"混杂在"课程目标"当中,没有具体的"能力标准"呈现。

也许,课程编制者出于担心太过细化的"内容标准"容易导致语文教学教条化

---

① 钟启泉.国际普通高中基础学科解析[M].上海:华东师大出版社,2003:7,8—9,133—134.
② 钟启泉.从《课程标准》的要素谈什么是"好教材"[J].基础教育课程,2011(9):67—70.
③ 雷实.着眼于 2021 年的语文课程研究[J].语文建设,2011(10):12—15.

乃至僵化，或者出于其他诸多原因，而采取将"课程内容"结合在"课程目标"中叙述①的呈现手段；因而导致"内容标准"混杂在"课程目标"当中。综观义务教育阶段和普通高中阶段的两套课程标准，其共同弊端是："课程目标"可谓既正确又全面，包括总目标、阶段目标（高中为"分类目标"），但却缺乏规范教学内容的明确、具体的"课程内容"，更缺乏层次清晰、描述详尽、便于操作的"能力标准"。尤其是发展性"课程目标"，表述比较笼统宽泛，有的条目很抽象，缺乏操作性较强的行为表现指数；有的条款中虽然也具有能力表现，但往往与课程目标混杂在一起，缺乏应有的清晰度和层次感；增添了教师和学生理解和操作的难度。

先剖析《德国完全中学 10 年级德语课程标准》（2003 年）②中一个目标呈现的例子。德语的能力范围包括四个类别：说和听、写作、阅读（印刷资料和媒体资料）、对语言和语言运用的学习和研究；这四项内容构成了该课程标准"四位一体"的结构模式。对于"说和听"，分别从"对别人说话"、"在别人面前说话"、"与别人对话"、"倾听别人说话"和"角色表演"5 个角度，逐层描述其"能力标准"。例如：

与别人对话，要做到——

■ 建设性地参与对话；

■ 通过有目的地提问索取信息；

■ 遵守基本对话规则；

■ 有理又有说服力地表达自己的意见；

■ 就事论事，用说理的方式辩驳反对意见；

■ 观察、解读和评估自己和他人的言谈举止。

上述细则，突出了描述详尽清晰、易于理解、便于操作的"能力说"特征。就其内容而言，主要突出了在"对话"过程中，对话主体应有的行为规范，如遵守规则、就事论理、表达意见有理有据等。同时，还强调了对话者在对话过程中要有高度的理性思维。如"建设性地参与对话"，要求在对话中要有自己的观点，而不是随声附和；"通过提问索取信息"，强调在对话中要有主动性，减少由于被动而产生的负面效果。还要求能够通过观察来解读、评估对话者的言谈举止，包括自己在内。由此

---

① 语文课程标准研制组.全日制义务教育语文课程标准解读（实验稿）[M].武汉：湖北教育出版社，2002：31.

② 洪宗礼等.外国语文课程标准译介[M].南京：江苏教育出版社，2007：7,19,192.

可见,"与别人对话"实在是一种丰富而复杂的心智活动过程,完全不同于"随意的交谈"。这些内容的设置,折射出当今社会对人的口语交际能力的新要求。

同为对高中生的口语交际能力的培养要求,在我国《普通高中语文课程标准(实验稿)》(以下简称"高中语文课标")中,对于"口语交际"的目标及内容,仅仅是三句概括性的陈述:

◎ 增强人际交往能力,在口语交际中树立自信,尊重他人,说话文明,仪态大方,善于倾听,敏捷应对。

◎ 注意口语的特点,能根据不同的交际场合和交际目的,恰当地进行表达。借助语调和语气、表情和手势,增强口语交际的效果。

◎ 学会演讲,做到观点鲜明,材料充分、生动,有说服力和感染力,力求有个性和风度。在讨论或辩论中积极主动地发言,恰当地应对和辩驳。朗诵文学作品,能准确把握作品内容,传达作品的思想内涵和感情倾向,具有一定的道德感染力。

以上三个条目,分别从形成人际交往能力、注意口语特点和学会演讲三个方面予以交待、说明,只是"课程目标"而已;缺乏达成上述目标的"内容标准"。更缺少清楚明晰的体现能力水平的"表现指数"。

如果该课标中关于这一项的"教学建议",能如同上述德语课程标准那样具体、细化、明晰,倒也可以当作"内容标准"来使用。可是那些"建议"却是一些大而化之、不着边际的内容(第 17 页,此略);而课标中针对"口语交际"的"评价建议"也只有一句话的"宏观要求":"口语交际的评价,应考察学生参与口语交际实践活动的态度,能否把握口语交际的基本要求,善于倾听,在交际中捕捉重要的信息,清楚、准确、自信地表达自己的思想和感情"。而且,从"课程标准"到"教学建议"再到"评价建议",分别属于课标的不同部分的不同章节,其间缺乏必要的连续性,很不方便使用;更何况这些"建议"根本不能替代"内容标准"和"能力标准",对于教师来说并不实用。至于有关两个与《语文课程标准》配套的权威性"课程标准解读"文本,虽然在某种程度上做了一些"细化"、"诠释"工作,但由于其解读文本整体结构上属于"另起炉灶",与课程标准内容不是一一对应关系;而且反复对照研读这些内容,势必加重了教师备课的负担。以上所述,笔者以为是"课程实施效果不佳"的主要原因之一;也是"新课程实施 10 年以来,我国语文教学内容僵化与随意性过大并存这一痼疾并无多大改变的主要原因之一。

其二,整体性缺失:忽略了母语学习中的重要内容。

例如,"词汇和语法"内容就没有得到应有的重视。无庸置疑,任何一门母语教学,都离不开语音、词汇和语法。虽然语文课程中的语言学习,不同于"语言学"的学习:前者更加重视言语实践能力的训练和语感素养的培养;后者则往往走上让学生钻入"语法"的死胡同、却无补于实际语言能力的提高这一极端。这是我国一直以来提倡"淡化语法"的主要原因,但也不可因噎废食,导致在母语课程标准中忽略不可或缺的词汇、语法内容。统观现行的两套《语文课程标准》,都没有设置"词汇"、"语法"的"学习目标"以及"能力标准"。尽管在《全日制义务教育语文课程标准(实验稿)》(以下简称"义务教育语文课标")"教学建议"中指出:"在阅读教学中,为了帮助理解课文,可以引导学生随文学习必要的语法和修辞知识",并在"附录"中附有"语法修辞知识要点";其中关于"词的分类",只列举了名词、动词等 12 种词类。这种大而空的"目标",恐怕即使对于教材编制者也是没有多少确实可行的规范指导意义的,更何谈对教学的指导价值。这样,在课程实施中,教师只能依据所用的教材而定夺这些缺失的"课程内容"的取舍;而其"内容标准"还得听凭教师的个人理解而作教学选择。如此一来,教学内容出现随意性和盲目性则在所难免。更应该引起重视的是,现在外语词汇、网络语言充斥青少年的语言生活,直接冲击母语表达能力的形成;作为国家课程标准,如果淡化或虚化母语学习的一些重要内容,比如体现我们汉民族思维特点的词汇、语法、修辞等。那么,通过语文课程学习来守住母语家园这一重要功能,是难以保证的。

我们看看国外语文课程标准是如何处理这类内容的。《法国初中教学大纲》(2004 年)①在适应阶段的"六年级教学大纲"中,共包括四个部分:1.阅读;2.写作;3.口语:听与说;4.阅读、写作、口语训练的语言工具。在"口语训练的语言工具"类别中,专门设置"教学内容"条目,该条目从话语、词法句法、词汇、拼写几方面,列举描述了若干条款,覆盖面非常大。例如"词汇"条目包括三点内容:一是丰富词汇量,尤其是表达时间、空间和感觉的词汇;二是词汇分析:通常意义和情景中的意义、同义词、对偶词、反义词;三是词汇的构成,(前缀、词根、后缀)、词源(希腊、拉丁表达时间地点的词根,借用套语)。另外,大纲后面附录详细的大纲配套内容,并附"总词汇表"、"语言工具词"和"语法词汇卡片"等资料。这样的教学大纲,拥有"内容说"的全面、细密的特质,使大纲不同的使用者,能够根据自己工作领域的需要而

①　洪宗礼等.外国语文课程标准译介[M].南京:江苏教育出版社,2007:7,19,192.

遵循规范,确定方向,选择方法,从而更好地尽其职责。纵观国外语文课程标准,许多国家,如日本、俄罗斯等,都设置"语言事项"、"语言规则及运用"这一重要领域。因为尽管"一切语言通过实践去学比通过规则去学来得容易";"但是规则可以帮助并强化从实践中得来的知识"。①

三、充分发挥"课程标准"视野下教师角色的作用

1. 确实从"教程"的执行者转向"学程"的引导者

诚然,凯洛夫的课堂教学五环节,在新中国成立初期,确实对大批非科班出身的中小学教师尽快掌握课堂教学程序和规范,起到引领作用;但是当今时代,中国早已走出了战争的创伤影响,教师专业化水平不断提高,仍然有很多人对其拥有朴素的"情结"。尽管那种把课程窄化为学科、把学科窄化为教材、把教材窄化为知识点的"没有儿童的教育学",在世界发达国家早已成为教育历史的"陈芝麻烂谷子"。

这里还有更深层次的原因,即"我们之所以拥有教学传统而不是课程传统,是因为我们有过漫长的封建制时期和超稳定的制度化课程,而我国的古代课程多数是圣人编撰的经典,还具有深在的国家权力控制特征,由此就积淀成了中国教师以传道授业解惑为本分的尊课程重教学的传统"。② 因此,课程改革 10 年以来的争鸣与博弈,主要是课程论话语与教学论话语的冲突;当然也存在理论话语和实践话语、西方话语与本土话语的冲突,但后两种冲突一般也源自前一种冲突。长期以来,我国中小学教师已经对"教学大纲"形成了深深的惯习,说得直白些,就是过去那种对作为"教程"的"教学大纲"的"亦步亦趋"的依赖性,还没有消退。对于当今作为"学程"的"课程标准",很不适应;感觉"现在越来越不会教书了"。指责最多的是"语文课程标准"太宏观、不好操作;最受"诟病"的是"三维度目标"设置,认为没有过去的"双基"好落实。关于"双基论",其源头在苏联,而苏联《教师报》曾经自我批判"双基"是违背马克思主义的,因为它抽去了人的主观能动性的要素,是"唯技术主义"的标本。③ 我们需要重申"课程标准"视野下的教师观:教师是"在跑道上奔跑"(torun the racecourse)的组织者、护卫者、共跑者;为了适应不同的"奔跑者"(学生),教师有责任、有义务,也应该有智慧、有能力经常不断地对其"跑道"作适当

---

① 夸美纽斯.大教学论[M].傅任敢译.北京:教育科学出版社,1999:159.
② 杨启亮.守护家园:课程与教学变革的本土化[J].教育研究.2007(9):23—28.
③ 钟启泉."三维目标"论[J].教育研究,2011(9):62—67.

的调整和修缮。

2. 在研究解读中改进并完善《语文课程标准》

首先,给"混杂"的课程目标梳理归类,重新编排,使其构成分级标准。

例如"高中语文课标"中必修课程"阅读与鉴赏"目标第2条:

发展独立阅读能力①(序号为笔者所加,以下同)。从整体上把握文本内容,理清思路,概括要点,了解文本所表达的思想、观点和感情②。善于发现问题、提出问题,对文本作出自己的分析判断,努力从不同的角度和层面进行阐发、评价和质疑③。根据语境揣摩语句含义,运用所学的语文知识,帮助理解结构复杂、含义丰富的语句,体会精彩语句的表现力④。

上述目标的呈现,在行文结构和描述技巧上,都不够清楚、明晰。如果对其梳理并作微调,让句①作为一个"宽泛的发展性目标"(即"学习结果")单独列出来,让②③④句作为该目标的"能力标准"(尽管这些"能力标准"较之欧美等国家语文课程标准中的"行为指数",仍欠具体)分列其下,呈现方式如下:

2. 发展独立阅读能力

2.1　从整体上把握文本内容,理清思路,概括要点,了解文本所表达的思想、观点和感情。①

2.2　善于发现问题、提出问题,对文本作出自己的分析判断,努力从不同的角度和层面进行阐发、评价和质疑。②

2.3　根据语境揣摩语句含义,运用所学的语文知识,帮助理解结构复杂、含义丰富的语句,体会精彩语句的表现力。③

这样处理,上述内容的层次及功能便清晰多了:句①为"独立阅读能力"的基本要求或体现,突出了阅读的整体把握性;句②是独立阅读能力的进一步要求,强调了阅读的多元化理解;句③是阅读中提高语言感知力、语言理解力、语言鉴赏力的具体要求,突出了语言学习得的具体性、特殊性和迁移性。经过这样的梳理和解读,在日常阅读教学中,再把这些指标具体化,即将这些行为性指标落实为细目化的课文教学目标(其实,世界许多国家的语文课程标准中,这些细则都作为分级标准,一并呈现出来),围绕这些具体的教学目标开展教学活动,然后再根据目标的属性选择恰当的评价类型,这样将有利于规避课程内容、教学内容、评价内容相互脱节的现象。

其次,重构不可缺失的课程目标,并根据教学实际设置"能力标准"。

例如,"义务教育语文课标"后附录的词汇、语法、修辞等知识要点,有必要作为重要的课程内容,予以补充建构。以"词汇"为例,设置"课程目标"为"理解基本词汇",然后据此再作补充细化:

1. 理解基本词汇

1.1　能用自己的话口头给某个词语下定义。

1.2　能指出词语运用的错误之处。

1.3　能将词语放在表示层次关系相应的表格中。

1.4　能将词语与其反义词配对。

1.5　能对相近的词语进行比较鉴别。

以上示例中,"理解基本的词汇"是一个发展性课程目标,而后面补充并分列的5个项目,则是可资教师进行评价的学生的"能力标准"。其实,上述能力标准还可以结合教学情境,设置相应的"二级标准"。比如第"1.5"条,其下面还可以要求对不同类别的相近词语进行比较,如语义相近、语体相近、感情色彩相近等。

3. 把课程设计和情境适应性评价密切结合起来

当前国内外课程研究发展趋势中,高度重视教学评价,尤其重视对学生学习的评价,"没有好的学习评价,就没有好的教学"已形成共识。因此,国外"课程与评价整合型"语文课程标准代表着一种新的需求和发展趋势。所谓"情境适应性评价",就是基于促进、改进教和学的评价理论和实践的新发展,是对教学内容、教学目标、活动设计以及教学评价进行统整性设计的评价新范式。[①] 我国现行语文课程标准,没有能够做到"把课程与评价密切地整合起来",而"评价建议"大多是一些宏观、原则性的"策略要求",根本代替不了"评价标准"。

豪恩斯坦对于教育目标分类的一个创新点,就是将认知领域的目标放在完整的教学系统中进行优化设计,强调了输入、学习过程、输出和评价性反馈四个要素相互作用的意义。[②] 因此,"评价是澄清教育目标的一种有力的手段","评价也能不断地作为确定进一步需要注意的特定内容的一种基础;同时又作为帮助个别学生,或者根据他们在教育计划中的具体进展情况,设计各种个别计划的一种基

---

① ［美］杰拉尔德·S.汉纳,［美］佩姬·A.德特默.课程的情境适应性评价[M].王艳玲译.杭州:浙江教育出版社,2008:22—23.

② 盛群力.21世纪教育目标新分类[M].杭州:浙江教育出版社,2008:38.

础。"①可见,把课程设计和情境适应性评价密切结合起来,是实施新课程的必要行为。

以"义务教育语文课标"第四学段(7—9年级)的"识字与写字"为例,该项课程目标共三个条目:

第1条:"能熟练地使用汉语字典、词典独立识字,会用多种检字法。累计认识汉字3500个,其中3000个左右会写。"该条目主要指向"知识与能力"维度。适宜通过行为表现(限时查字、词典)和作业练习(注音解词)等进行定性评价,也可以设计掌握性纸笔测验,对学生进行定量评价。就评价标准而言,适宜选择目标参照评价;就评价功能而言,要达到形成性评价或终结性评价的目的。

第2条:"在使用硬笔熟练地写正楷字的基础上,学写规范、通行的行楷字,提高书写的速度。"该目标属于明晰的发展性目标,主要指向"过程与方法"维度;适宜通过书法作品进行定性评价,参照标准应该选择目标参照和常模参照,从而对学生个体水平的提高程度做出评定。

第3条:"临摹名家书法,体会书法的审美价值"则属于宽泛的、开放的发展性目标,主要指向"过程与方法"、"情感态度与价值观"维度;教学活动主要在于促进高水平迁移,学生实现这些目标,主要表现在对名家书法审美能力的广度和深度方面,评价时可以选择常模参照标准,通过学生的书法作品进行定性评价。

(本文发表于《语文教学研究》2012年第5期)

---

① 洪宗礼等.外国语文课程标准译介[M].南京:江苏教育出版社,2007:7,19,192.

三视角下的语文"真味" *

秉持"求真务实"的语文教学思想,是推进语文课改进入深水区的前提条件,开展"真语文"大讨论,针对的不仅是"少、慢、差、费"陈疴,还有"假、大、空、杂"新疾。本文拟从三个视角审视新课改视野下的语文真味:课程理论素养真味、师生角色定位真味、教学效率追求真味。

秉持"求真务实"的语文教学思想,是推进语文课改进入深水区的前提条件。实施《义务教育语文课程标准(2011版)》(以下简称"2011版语文课标"),必将对语文新课改以来的经验与教训进行反思、总结、调整、提升。因此《语文建设》2013年发起的"真语文"大讨论,无疑是率先发出的深化语文课改的最强音。

"真语文"的提法,颇令语文人尴尬,正如"有效教学",颇有"伪命题"之嫌。低效,对于语文教学已是历史性"顽疾"。叶圣陶1978年曾大声疾呼:"以往少慢差费的办法不能不放弃,怎样转变到多快好省必须赶紧研究。"如今呼唤"真语文",主张"让语文回到起点:姓语名文"(王旭明),针对的不仅是"少慢差费"的陈疴,而且还有"假大空杂"的语文教学乱象。"真语文",与课改以来语文同人倡导的"本色语文"、"生态语文"、"去弊语文"一样,都有其特定的课程改革背景,其根本目的在于对历经10余年的语文课改实验进行纠偏正误;而绝不是对课程改革的粗暴指责,更不可视为对新课改理念的简单否定。本文拟从三个视角来审视新课改视野下的语文真味,即课程理论素养真味,师生角色定位真味,教学效率追求真味。

一、课程理论素养真味

语文教师的课程理论素养是建构"真语文"的前提条件。教师课程理论素养的真味在于,坚持课程理念多元化,理解先进课程思想并灵活运用,既不抱残守缺,也不盲目跟风;注重回归本土语文传统,但绝不排斥国际母语教育发展潮流。

* 本文是笔者主持的2013年江苏省高等教育教改研究立项课题"基于'临床教育学'的师范生专业实践能力培研究"(2013JSJG144)的阶段性成果。

　　课程是教育思想和教育制度的具体体现,是实现教育目标的基本途径。追溯课程概念的变化,理解不同课程内涵对教师的角色定位和行为价值取向的不同要求,是当代教师专业发展的有效途径。具有代表性的课程观有三种,一是学科(科目)观,二是目标(结果)观,认为课程就应该关注学习结果,事先必须制订一套结构化、序列化的教学目标,课程实施就是按照预定的教学目标选择教学内容、组织教学活动,进而进行教学评价,著名的"泰勒原理"就是这一课程观的典型体现;该课程观反映了"流水线作业"、"工业化管理"的现代课程观特色,因为太过目的性、计划性、操作性,而容易忽略教学的具体情境、个体差异等诸多不确定因素,常常忽略人认知过程的复杂性,以及教学预设与生成的辩证关系。三是经验(活动)观,认为课程就是学生在教育环节中与教师、材料、环境等相互作用的所有经验,如施瓦布提出:课程是教师、学生、教材、环境四个因素的整合;这是一种不仅注重学习成果,而且更加注重学习过程的多元化、个性化的课程观。学科(科目)观、目标(结果)观两种课程观,相当于教师的"教程",因不适应21世纪人才培养的需求而逐渐受到诟病;而"经验(活动)观"更接近于学生的"学程",体现了后现代课程思想以及建构主义学习原理,很受推崇。

　　语文新课改以来,影响较大的是第三种"经验(活动)"课程观,尤其是施瓦布的"四因素整合"课程理念,聚焦于"用教材教"而不是"教教材"。从"教教材"走向"用教材教",意味着语文同人必须努力走出过去对课程狭义的理解,语文课程实施要积极发挥教师、学生、教材、环境四个方面的积极影响和作用;尤其要发挥"环境"的隐性含义"人文环境"的作用,如充分发挥校容校貌、班风班纪、新型的师生情感关系、民主和谐的课堂氛围等多种因素的作用等。立足于提高学生的语文素养,凭借教材而不拘泥于教材,教师要因"校"制宜、因"班"制宜、因"学生"而异地处理语文教材;课堂教学应该立足于学生的需要,利用校本资源,突出班级特色,充分彰显师生的个性和优势,让每一个学生都获得个人意义上的成功感和幸福感。因此,那种抱着"陈腐的语文课堂教学观念"积重难返,按部就班、照本宣科、"目中无人"的课,无疑是缺乏语文真味的课。反之,则过犹不及,那种冷落文本、架空文本、曲解文本,乃至天马行空、任意发挥的课,同样是失去语文真味的课。当下盛行的"做秀"、"表演"色彩浓重的公开课、研讨课、示范课,师生活动呈现虚假繁荣、泡沫效应,"文道"关系的处理,表现为"道"有余而"文"不足:语言学习、思维训练没有落到实处;这样的语文课,不仅是丢失语文真味的课,而且是严重违背新课改精神实质的"畸形"课。

其实,这些教育思想并非完全是"舶来品",我国教育家们早有论证。关于教材的功能,叶圣陶说过"语文教材无非是例子";关于教学,陶行知指出"教什么和怎么教,绝不是凭空可以规定的;他们都包含'人'的问题,人不同,则教的东西、教的方法、教的分量、教的次序都跟着不同了。"今天看来,坚持后现代课程观,遵循教学是师生的交往、对话,充分发挥学生在教学中的主体地位,当然重要,这是教育发展的历史必然。然而,那些体现教师"教程"的课程观,也不应被扫进"历史垃圾堆";因为其高度的目的性、计划性、指南性,对于规避教学中的盲目性、随意性,减少乃至杜绝教学中的"少慢差费"、"假大空杂"现象,具有重要的规约作用。因此,对于教育思想、课程理念,无论中外古今,也不管门第流派;只要有益于提高当下的教育教学质量,不妨从容"拿来",并消化吸收、内化为自身的教育素养。即如"讲授法"的运用,只要教学内容和学生学情需要,教师不妨精讲畅讲,大可不必因新课程倡导"自助、合作、探究"学习方式而谈"讲"色变。

语文教师课程素养真味,还体现在课程定位上的国际视野与本土行动。国外母语课程改革与发展新趋势表现在三方面:一是在教育理念上,明确要求在母语教育中渗透公民意识的培养和价值观的引领;二是在在课程内容上,规范母语学习的范畴,包括语言知识、文化知识和思维能力,具体指向"听、说、读、写"四大核心能力;三是母语课程标准在突出"听、说、读、写"四大核心能力的基础上,积极向"观察、思考、评论"三大能力领域扩展,目的是通过母语课程的学习,使中小学生能够对多样的文学文本、信息文本、媒介文本、视觉文本等,进行理解性的选择、阅读和思考;这是顺应时代发展、提升人才综合竞争力的必然趋势。我国 2011 版语文课标顺应国际语文教育发展趋势,增设"非连续性文本"阅读能力目标,增加语文课程性质的界定:"语文是学习语言文字运用的综合性实践性课程";"运用、积累、方法、实践、读书"是 2011 版语文课标中的重要关键词。因此,实施语文课程,就是让学生在学习语言文字运用的同时,吸收优秀文化,提高思想水平,促进精神成长和人格提升,充分发挥母语教育"立人"的重要功能。

二、师生角色定位真味

教师的课程理论素养影响着课程实施中师生角色的定位,教师角色的真味能够折射学生角色的真味。教师角色,古今大致经历了"圣职化"——"工匠化"——

"专业化"的演变过程,当代教师角色面临的挑战,是如何真正从"工匠化"走向"专业化"。语文教师既要继承发扬"蜡烛"、"园丁"、"人类灵魂工程师"等优秀传统,又要正视先进的教师观。新型教师观中很受关注的两种,一是后现代课程论专家小威廉姆·多尔的"教师是学生平等者中的首席";二是唐纳德·A舍恩的"教师是反思性实践者"。关于教师专业属性的新界定,我们应该客观理性地对待:不必顶礼膜拜、盲目尊崇;也不可一味排拒以严守母语教育本土化的民族自尊。

(一)关于语文教师如何发挥"学生平等者中的首席"作用的思考

"平等",要求教学关系民主化,不搞师道尊严,没有话语霸权;课堂上学生的成功感重于教师的成功感。如果教学中教师是演员、学生是道具,教师的光辉掩盖了学生的灿烂,那么教师与学生的角色都失去了真味。改革语文课堂教学陈腐的"牵牛式"当然必要,但是当改革已经走向另一个极端"放羊式"的时候,而教师却集体无意识地以为这是在落实课改精神。匪夷所思的现象极具普遍性:课堂教学盲目无序、少慢差费,理由是要呵护学生的自尊心;文本解读信马由缰、五花八门,理由是要尊重学生的多元反应、提倡个性化解读。诚然,从表象看,尊重并释放儿童言说的权利,倾听儿童的话语,这是有益的;但是尊重儿童不能搞形式主义,激活儿童思维不能放任儿童异想天开,过分怂恿儿童,而且不问是非、没有诊断、纠正和引导地"给他鼓掌",还公然欺骗他说"你是最棒的",教师没有负起主导、教导的教学责任。这是当下教师角色严重失去真味的一种最常见的现象,低年级语文教学此类现象尤甚。

因此,"首席"的意义在于把好课堂教学的脉搏,适时调节,使教学行为得以高效运行。要妥善处理三种矛盾:一是妥善解决"气氛活跃"与"课堂秩序"的矛盾;二是正确处理"用教材教"与"脱离文本"的矛盾;三是客观对待"自主探究"与"学习效率"的矛盾。课堂上,教师要通过了解学生的不同状态,来判断其是否进入学习、思考的情境,并及时作适当调控。对于"自主、合作、探究"的学习方式,不可满足于"形似"而要追求"神似"。不是让学生自己看书就是"自主学习"了,也不是前排学生一转身与后面同学面对面地高声说话就是"小组合作"了;自主学习,学生要具备能学、想学、会学和坚持学等条件。能学,建立在学生自我意识发展的基础上;想学,学生具有内在的学习动机;会学,学生掌握了一定的学习策略;坚持学:学生要有恒心,有学习的意志和毅力。合作学习也是要具备一些条件的:一是所确定的学习目标要明确、恰当,是短时间内能够完成的,是学生最近发展区域内的学习结果;

二是此前教师有所引导和培训,小组已经形成合作的机制,熟悉合作的规则,知晓自己的分工和任务,并能够在民主、有序的状态下进行;三是教师要提供足够的准备时间,使学生能够对学习内容进行讨论、交流和整合;四是合作学习的目的是"多赢",学生之间形成优势互补、资源共享的学习共同体关系。

其实,语文教师角色的真味,在我国古今语文教育改革中并不缺乏深刻的思考和有价值的践行。如关于课堂教学对话中教师的作用,黄伟认为"课堂教学中教师具有话题设置、话题呈现、话题限定的优先权,这是教师的权力,也是教师的职责","教师具有启动对话和结束对话的权力","教师不仅是对话的组织者和发动者,而且也是话语权的分配者","话权移交,也是一种话语使用和话语操纵权"。① 这是从课堂教学对话这一视角,阐述教师角色作用的真味。而这种真味,在《论语·子路曾皙冉有公西华侍坐章》中已经体现得淋漓尽致。又如钱梦龙的"三主"、"四式"语文导读教学法,宁鸿彬的"三不迷信、三个欢迎、三个允许"教学三原则,"平等"和"首席"的本质内涵都高度浓缩其中。语文教师如何充分发挥这种"首席"作用呢?首先,要有"青出于蓝而胜于蓝"的胸襟、抱负和魄力:自己具备"一桶水",则不满足于学生仅仅获得"一碗水",而要设法促进学生获得"一缸水"。其次,要有评判学生"多元反应"、处理课堂"旁逸斜出"的底蕴和智慧;有不武断阻止学生思维,给学生以反复思考、纠偏改错的方略。第三,要掌握评价中有诊断、有评判、有引导、有纠正,立足于学习过程,重在促进学生全面发展的科学评价标准。

(二)关于语文教师作为"反思性实践者"行为特征的思考

舍恩认为教师要从技术理性的桎梏中解放出来,在实践中反思和探究,树立"反思性实践者"的专业形象。并指出"反思性实践者",是实践情境的研究者,是实践知识的创造者。波斯纳认为:"没有反思的经验是狭隘的经验,充其量只能形成肤浅的知识。"他提出教师成长的公式:经验+反思=成长。罗赛尔、科萨根指出:"训练只能缩小专家教师与新手教师之间的差异,而反思性实践或反思性教学,却是促使一部分教师成为专家教师的一个重要原因。"②教师作为反思性实践者的本质,就是要为学生营造自由的学习氛围,揣测学生的需求,导引学生的思考,辅助学生的活动。

---

① 转引自杨启亮.教学对话之"道"的特殊性[J].教育研究,2013(7).
② 李保强、薄存旭."教学相长"本义复归及其教师专业发展价值[J].教育研究,2012(6).

这种在反思性实践中提高教师的教育智慧、促进专业成长的思想，我国古已有之。例如"不愤不启，不悱不发；举一隅不以三隅反，则不复也"：一方面，如果没有教学前的反思，没有严谨的教学设计，教学时则无法做到举一反三、触类旁通；另一方面，教师要对学生"愤"、"悱"状态进行仔细观察，并作出准确判断；如果没有教学中的及时反思，根本无法完成真正意义上的"开导"与"启发"。我国古代第一部教学论著作《学记》中，已有关于教师专业成长的阐述："虽有佳肴，弗食不知其旨也；虽有至道，弗学不知其善也。是故，学然后知不足，教然后知困。知不足，然后能自反也；知困，然后能自强也。故曰：教学相长也。"由此可获得启示：教师的发展，不仅是自学体验，也是教人所得；不只是一个"专业化"的历程，也是一个"专业化"水平不断升级的手段。"教学相长"中所蕴含的以"自反"和"自强"为特点的自主和内省思想，更能体现当今语文教师角色的真味：积极实现由"要我发展"到"我要发展"的转变，把教师专业成长看作自我内在的心理诉求和发展渴望。因此，语文教师要努力成为反思性实践者，或专家型、学者型教师，不仅要使自己拥有丰富的文化底蕴，而且要具有扎实的教育实践能力，还要掌握敏锐娴熟的实践性思维方式。

三、教学效率追求真味

强调语文教师课程理论素养、师生角色定位的真味，旨在追求教学效率真味。笔者曾提出语文教学要从传统的"精气神"走向"精"、"气"、"神"。精，精当的目标设置、精选的教学内容、精心的组织设计；气：民主的气氛、成长的气息、创新的气魄；神：教师形象要精神、课堂教学要传神、学生听课要入神。[①] 这里不再赘述。以下结合苏教版中小学语文教材，对相关问题作进一步讨论。

（一）关于语文教学目标设计问题的讨论

第一，是否要按照三维度设计课堂教学目标？教学目标清晰化，首先需要教师的专业判断，其次需要目标具体化的技术。当前教学目标的设定与描述仍然存在问题。如目标定位不恰当，预测性与发展性不协调，定位或高或低，或太单一；又如三维目标割裂化，不能相互渗透、融为一体，在实施中经常遇到难以表述和操作的尴尬。有人因此质疑三维目标的科学性，甚至排拒三维目标理念。三维目标的实质是基础学力的一种具体表述，其具体内涵是：第一维目标（知识与技能）意指人类

---

① 金荷华.教学要有"精"、"气"、"神"[M].新课程名师教学 100 条建议：151—153.

生存所不可或缺的核心知识和基本技能；第二维目标（过程与方法）的"过程"，意指应答性学习环境与交往体验，"方法"指基本学习方式和生活方式；第三维目标（情感态度与价值观）意指学习兴趣、学习态度、人生态度以及个人价值与社会价值的统一。在学校教学中，既不能离开过程与方法、情感态度与价值观去求得知识与技能，也不能离开了知识与技能去空讲过程与方法、情感态度与价值观的发展。三维目标是一个整体，不可分割。[①] 三维目标理念，体现了教育思想的进步，以此为确定语文教学目标的指导思想，应该是毋庸置疑的。"知识与技能"指向"学会"范畴，属于成果性目标，包括字、词、句、篇、语、修、逻、文等语文核心基础知识，以及读、写、听、说等语文基本技能；"过程与方法"指向"会学"范畴，属于过程体验性、能力形成性目标，包括语文学习的程序性知识和策略性知识，如通过识字写字、阅读、写作、口语交际和语文综合性学习等语文活动过程，学生掌握相关语文学习方法和学习规律等；"情感态度与价值观"属于情感迁移性、人格发展性目标，指向"立人"范畴；三个维度是辩证统一关系：既相互渗透、融为一体，又互为前提、互为因果。

第二，如何清晰地陈述指向三维度的教学目标？目标的设定，要体现教学目标综合化、系统化、行为化和条目化的要求。语文教学目标，要根据国家课程标准要求，依据教材内容特质，结合学生实际情况，科学合理地设定。语文教学目标，不宜要求严格按照三维度切分开来作线性描述，因为容易造成三维度割裂的歧义或误导。表述形式上不一定列出，但目标范畴还是应该包括三维度的，因为这正是语文教学真味在教学目标层面上的集中体现。例如一位小学老师教学《大自然的文字》（苏教版小学语文六年级上册）确定如下教学目标：

1. 正确流利有感情地朗读课文，读准熊、耸、兆三个字。

2. 了解什么是大自然的文字，从中获取哪些信息，以及如何读懂大自然的文字。

3. 创设探究情境，亲身体验观察思考的过程，初步感受科学小品文形象生动的语言特点。

4. 感受大自然的奇趣，点燃对大自然好奇探究的兴趣。

该教学目标尽管没有标明三维度，但很显然指向"知识与技能、过程与方法、情感态度与价值观"三个层面。目标 1、目标 2 侧重于第一维度，兼及第二维度；目标

---

① 钟启泉."三维目标"论.教育研究［J］.2011(9).

3 侧重于第二维度,兼及第一维度;目标 4 直指第三维度,但在字面描述上脱离语言学习的载体,有孤立地"教情感态度价值观"之嫌。如果将目标 4 组合到目标 2 中,使"情感态度价值观"目标的落实,渗透在文本研读之中,这样既水到渠成,又水乳交融。

三维目标比重分配上,并非要求平分秋色,教师根据教学内容特质及学生学情,完全可以有所侧重或有所取舍。语文新课改之初,课堂教学一度出现矫枉过正现象:"人文性有余而工具性不足";可是据笔者听课观察,当下语文教学又有"工具性有余而人文性不足"的趋向;不知是否因为要落实 2011 版语文课标"语文是学习语言文字运用的综合性实践性课程"而导致的另一种矫枉过正。就古今中外的经典名篇而言,文字层面、文章层面和文化层面的阅读价值都很高,指向三维目标的内容都很丰富。丰厚的语言文字养料当然值得高度重视,而以这些语言文字为载体的蕴藉深厚的人文内涵,是不应该淡化处理的。例如古代儒家作品中"义利统一"的价值取向和"智仁双修"的人格理想(如《鱼我所欲也》、《寡人之于国也》);志士仁人不以物喜、不以己悲的人生境界和"天人合一"的博大情怀(如范仲淹《岳阳楼记》、庄子《逍遥游(节选)》);古今思想者对于天、地、人的哲学思考(如陈子昂《登幽州台歌》、张若虚《春江花月夜》);中外名人直面人生坎坷不幸的生死观、生命观(史铁生《我与地坛》、司马迁《报任安书》)等等;这些内容直指"情感态度价值观"目标,有的甚至需要作为教学重点难点处理,因为对于"立人"意义更大。对于一些实用性文本的教学,尤其是通知、启示、申请书、调查报告之类的应用文体式,情感态度价值观目标,完全可以淡化甚至忽略,因为语言要符合语体色彩、格式要规范严谨,这些本身就是该类文本教学的主攻目标。

第三,教师是否要在课堂上交待教学目标? 现在中小学语文课堂上,绝大部分教师并不展示该课的教学目标,评优课、展示课也如此。这就意味着教学目标仅仅存在于教案中,是作为教案必有的一个栏目以备督导检查,还是真正作为教师教学行为的指南和规约,只有教师自己心里清楚。按理说不展示教学目标是不规范的,课堂教学目标,其本质就是示之师生:这堂课、或该篇课文,要学什么,要学到什么程度。精当的教学目标,是具备定向功能、适应功能、强化激励功能、评价功能的,将其告知学生,让学生能够根据自己的需要有针对性、有期待地参与课堂活动;反之,只是听凭老师安排,让读书便读书,让合作便合作,亦步亦趋;这种情况下,教学目标的多种功能将难以发挥,顶多起到教师课堂教学行为的指向作用。课堂上教师为什么不交待教学目标,可能原因有多种:或不愿,课堂时间本不够用,不如省去此环节;或不屑,认为学生根本不懂什么教学目标,尤其是低年级;或不敢,是教师自我保护的策略:万一课堂教学运行不畅,未能完成教学任务;甚至教学活动并未指向教学目标,即教师"预定教什么"与他"实际上教了什么"并不一致;这样,听课者不知晓教学目标,岂不是好事! 然而,这毕竟不是能够摆上桌面的理由。从加强课堂教学管理角度看,一节课时间是有限的,课堂教学有目标、有落实、有反馈、有督促、有巩固,学生才能有所提高、有所发展;提高、发展的效率更高。否则,以老师之"昏昏"难以使学生"昭昭";即使老师是"昭昭"的,学生恐怕也难免处于"昏昏"状态:教了,不一定学了;学了,不一定会了;课堂教学只是"望天收",课堂教学效率何以保证!

总之,语文教师在导入新课文后,应该交待本课文或本课堂要完成的教学目标,这对于语文教师"打算教什么"、在课堂上他"实际教了什么",很有规约作用;这也是当前听课、评课活动中应该高度重视评价视角(当然,课堂上有价值的生成会是原设目标有所调整当是允许的)。魏书生当年经常在课堂上与学生共同商定本课教学目标,而后再导引学生研读课文,来达成这些目标。今天看来,这种行为的价值不只是师生关系民主化,还渗透着当今课程改革倡导的先进的教师观、学生观和教学观。

(二)关于语文教学内容的选择与设计问题的讨论

首先,如何选择合宜的教学内容来达成教学目标?就阅读教学而言,文本有原生价值与教学价值的区别;也有文字层面阅读、文章层面阅读、文化层面阅读的不同取向;教师要针对教学目标,从课文中选择合宜的教学内容,使"教材内容教学化"。所谓合宜,一要体现文本的体式特点或内容特质,二要体现学生的学情需要;从这两方面考虑精选教学内容,以解决"用什么来教"的问题;笔者以为,精选教学内容可以从以下几个方面着手:第一,要抓住文本主要内容,突出主攻目标,抓大放小,舍弃偏干旁支;这在"长课文短教""深课文浅教""多篇课文组合教"的策略运用中尤其重要。第二,要挖掘独特内容:挖掘能收"举一反三、触类旁通、牵一发而动全身"教学效果的内容,正如叶圣陶所言"为教纵详密,亦仅一隅成。贵能令三反,触处 自引申";例如,渗透于鲁迅作品中"希望"、"绝望"两个情感元素;古今诗文中的"悲悯"情怀;现代象征、反讽、荒诞、写意作品对于人性、人生、人类的剖析与思考,如泰格特《窗》、余华《十八岁出门远行》、刘亮程《今生今世的证据》等等。

第三，要适时补充相关内容，针对教学目标，紧扣教学内容，结合政治、经济、文化科学技术等热点问题进行拓展性教学。教学余光中《乡愁》，可以将其与流沙河《就是那一只蟋蟀》、洛夫《边界望乡》两首现代乡愁诗，进行整合式阅读教学设计。教学《"神舟"五号飞船航天员出征记》，应该将有关"神舟"六号、"神舟"七号、"神舟"八号飞船及其航天员等社会关注的焦点内容，纳入课堂师生互动环节。教学鲁迅《为了忘却的纪念》中的七律小诗"惯于长夜过春时"，如果联系其名言"横眉冷对千夫指，俯首甘为孺子牛"的出处《无题》一诗，会有助于加深理解鲁迅当年面对黑暗、恐怖、凶险境遇的心灵挣扎。引领学生体悟余光中《听听那冷雨》中的思乡倾诉："大寒流从那块土地上弥天卷来，这种酷冷吾与古大陆分担。不能扑进她怀里，被她的裙边扫一扫吧也算是安慰孺慕之情"，有必要联系其《乡愁》最后一段，让学生想象：面对这样的心灵道白，你眼前是否出现伫立在台湾海峡一端遥望故乡的老者，其形容恰如雕塑一般；如果再联系国民党元老于右任 1964 年《望大陆》中的凄怆哭喊："葬我于高山之上兮，望我大陆／大陆不可见兮，只有痛哭／葬我于高山之上兮，望我故乡／故乡不可见兮，永不能忘／天苍苍，野茫茫；山之上，国有殇！"，语文教学的真味一定更加浓厚。诸如此类的拓展延伸，通过加大提供给学生语言文字学习的空间，能够促使语文课程"立人"功能的发挥，具有一定的宽度、厚度和深度。

其次，在教学活动设计中如何突出问题意识？《尚书》曰："好问则裕"，我国古代教育就非常重视问题意识的培养，"多闻与阙疑"是古代重要的语文教学方法。《学记》中的五段学程，首提"博学之"，"审问之"紧继其后，位在"慎思之"、"明辨之"、"笃行之"前，对问题意识的高度重视可见一斑。清代教育家黄宗羲很重视学习中的疑问，强调"小疑则小悟，大疑问则大悟，不疑则不悟。"新课程特别强调问题意识的培养，认为"没有问题的课堂不是成功的课堂"，主张"课堂教学要以问题为纽带"。问题意识指向两方面：教师的设疑、启疑、答疑，学生的怀疑、质疑、解疑。问题意识的真味在于：师生的质疑，具有先导性、好奇性、潜在性和深刻性。当前语文课堂教学中的问题意识之假，主要体现在教学各个环节中的问题设计。一是肤浅、琐碎的问题多而滥，提问随意性很大，问题的针对性、目的性不强，对完成教学目标作用不大；二是问题的认知层次较低，多为复述性、回忆再现性问题，学生不用思考就可从课文中找到答案，不利于激发学生高层次的思维活动；三是"伪问题"禁而不绝，有的是针对课文具体内容而"满堂问"，有的则让学生揣摩老师的语言倾向而接"话茬",学生不用思考便齐声发出"好"、"不好"或"对"、"不对"高喊声,学生的亢奋只是"虚假繁荣"而已。

改进课堂教学的提问策略,是减少或规避此类现象的有效途径。第一,要兼顾指向不同目标层次的问题,多设计发展性问题;因为这些问题需要学生经由理解、比较、联系、想象、重组等心智活动才能做出解答,对于提升学生的概括、推断、评价、创意等能力的培养,具有重要作用。小学语文教育专家支玉恒教学《只有一个地球》,在理解性阅读环节,只设计一个问题:"读了这篇文章,你是什么滋味?酸甜苦辣,你是哪一味?"这是一个高屋建瓴的问题设计:建立在对课文内容高度概括基础上,洒向全班都是思考,学生可以见仁见智地回答问题;课堂上师生互动环节因此而遍地开花。可见,投石击破水底天、一石激起千层浪的问题设计,才真正体现问题意识的真味:具有点燃思想火花、撞击思维闸门的功效。第二,要选好问题的切入点或突破口,所提问题追求旧中见新、易中见难、平中见奇、难而可及。如《药》:"买药那一夜,华老栓睡得平静吗?他会想些什么?"该问题可谓牵一发而动全身,直抵该小说揭示民众愚昧、麻木、自私的主题。又如泰格特的《窗》:"该小说只涉及两个人物,即同病房的两个病人,可是他们却无病名、无姓名、无国籍、无年龄,甚至也无社会身份,对此你如何理解?联系题目"窗"谈谈看法。"该讨论话题,对于转换小说观,改变文学阅读的态度和方式,学会欣赏"心理"、"荒诞"、"象征"、"反讽"乃至"写意"的现代主义作品,具有重要的导引性意义。第三,问题设计的语言表述要讲究策略,能够追求"寄深于浅、寄厚于轻、寄劲于婉、寄直于曲、寄实于虚、寄正于余"(刘勰)的境界更好。第四,问题指向要明确,切忌笼统抽象、指向不明,以避免课堂讨论时因此而费时低效。第五,问题要有一定的针对性和连续性,使之形成问题链,有益于提高学生思维的缜密性。

(本文发表于《教育研究与评论》(综合版)2014 年第 4 期)

第四编　语文教师的 PKC 水平聚焦

语文教师学科教学知识聚焦[*]

——以文言文教学为视角

怎样确定语文教学内容，是课改以来很纠结的问题。理想的语文课程体系应该是："课程目标内容化—课程内容教材化—教材内容教学化—教学设计个性化。"当前语文课程实施中的难点是该体系中的后两个环节："教材内容教学化"、"教学设计个性化"，其实质就是"教学什么"、"怎么教学"的问题。由于我国《义务教育语文课程标准（2011 年版）》（以下简称"2011 版语文课标"）仍然缺乏具体的课程内容，而当前通行的新课标教材基本都属于"文选型"教材，在"教材内容教学化"方面还有待提高，这就决定了语文教师的"备课"难度仍然不小。"教什么"、"学什么"，在很大程度上比"怎样教"、"怎样学"更重要。因此，当前语文教师专业发展需要聚焦"学科教学知识"水平的提升，这是实施语文课程新理念的关键环节。

一、学科教学知识概念的提出及其对语文教师的重要性

舒尔曼 1986 年提出"教师知识"概念，指出它由七个部分构成：学科内容知识；课程知识；学科教学知识；一般教学法知识；关于学习及其性质的知识；教育情境知识；教育目标与价值的知识。其中"学科教学知识"（以下称"PCK"）最重要，因而最受重视。PCK 是学科内容与教学论的合金，是教师专业素养的核心。PCK 具有专业独特性、个体发展性、多元整合性、实践生成性等特征，它是教师专业发展的聚焦点。我国 2012 年公布的《中学教师专业标准（试行）》和《小学教师专业标准（试行）》，都将其作为教师专业知识的重要领域。

PCK 水平的提升，对语文教师来说更加不可忽视。首先，语文课程"工具性与

---

* 本文是 2013 年江苏省高等教育教改研究立项课题" 基于'临床教育学'的师范生专业实践能力培养研究"（2013JSJG144）的研究成果之一。

人文性的统一"的特殊性质,决定了语文在人的终身发展中的奠基性地位,语文学习内容和核心任务的高度综合性、实践性,决定了语文教学的情境更为复杂,不确定因素更多;因而语文学科对教师知识的指向和范畴更加广泛,不确定性很强。其次,母语教育对于"立人"具有得天独厚的条件和任重道远的使命,因而要求语文教师的专业素养更加广博深厚。习近平主席 2014 年 9 月 9 日同北师大师生代表座谈时指出:"广大教师要用好课堂讲坛,用好校园阵地,用自己的行动倡导社会主义核心价值观,用自己的学识、阅历、经验点燃学生对真善美的向往,使社会主义核心价值观润物细无声地浸润学生们的心田、转化为日常行为,增强学生的价值判断能力、价值选择能力、价值塑造能力,引领学生健康成长。"语文教师 PCK 水平,影响教师对知识的教学表征,影响教学任务的设计、实施与课堂对话的内容、方式;也必然影响语文课程目标的达成,影响语文课程育人功能的发挥。

二、语文教师学科教学知识的表征

语文教师 PCK 的基础内容,就是语文学科知识,即学校教育课程中的语文课程学科知识,是由文字、语言、文学、文章等多门学科经过综合、改造、遴选、提取而来的,这些知识力求"精要、好懂、有用",以适应基础教育阶段的学生需要,曾经被概括为"字词句篇、语修逻文",称为语文基础知识,与语文基本技能"听说读写"并列,构成语文教学的核心内容"双基"。尽管语文教师 PCK 是建立在"语文学科知识"之上,但又不是单纯的语文学科知识的直接呈现,而是对它们进行加工、重整乃至变更,使其指向语文教学目标。

语文教师 PCK 的指向范畴大体包括如下几方面。第一,"要实现什么目标",指向语文学科教学目标知识。教学目标必须清晰化,这既需要教师的专业判断,又需要目标具体化的技术。当前教学目标的设定与描述仍然存在问题:有的目标定位不恰当,预测性与发展性不协调,定位或高或低,或太单一;有的三维目标割裂化,不能相互渗透、融为一体,在实施中经常遇到难以表述和操作的尴尬。第二,"拿什么来实现此目标",指向为了实现此教学目标,要运用哪些语文知识。就三维目标而言,"知识与技能"指向"学会"范畴,属于成果性目标,包括"字词句篇、语修逻文"等语文核心基础知识,以及"听说读写"等语文基本技能;"过程与方法"指向"会学"范畴,属于过程体验性、能力形成性目标,包括语文学习的程序性知识和策略性知识,如通过识字写字、阅读、写作、口语交际和语文综合性学习等语文活动过程,学生掌握相关语文学习方法和学习规律等;"情感态度与价值观"属于情感迁移性、人格发展性目标,指向"立人"范畴;三个维度是辩证统一关系:既相互渗透、融为一体,又互为前提、互为因果。第三,"怎样教才能更好地实现此目标",指向将采取哪些方法、策略来呈现、传递这些语文知识,使其能够转化为语文能力,形成学生的语文素养。第四,"何以知晓是否实现了此教学目标",指向如何通过检测、评估学生语文知识的掌握程度,来判断教学目标实现的效度。语文教师"PCK"可表征为以下几个环节:

准确确定"教学什么"——理性选择"怎样教学"——质询判断"为什么要这样教学"——积极思考"还可以怎样教学"——洞悉课堂动态,适时调整"教学什么"、"怎么教学"——借助评价手段检测"教学得怎么样"——反思、总结经验教训,形成语文教学智慧。

三、语文教师学科教学知识聚焦:文言文教学的视角

文言文是中国传统文化的载体,入选中学语文教材的文言文,大体包括史事传记、诸子散文、传奇小说、游记小品、政论辩说、诗词散曲、骈文辞赋、古代戏曲、书信公牍、序跋赠言等类型。不管哪一种类型的文言文,其教学价值一般都包含"文言"、"文章"、"文学"、"文化"四个方面,四者互为渗透、相辅相成。经典的文言文大多是"文章"与"文学"的统一,其中"文化"是呈多层面多视角地体现出来的,是渗透在语词、章法及所言之志、所载之道中的。因此,学习文言的词汇、词法、句法,是为了更好地读懂文言文,学习文言凝练而智慧的语言表达,从而汲取文言文中丰厚的文化滋养。苏轼《石钟山记》是传统的经典课文,被多种版本语文教材收入,沪教版新课标教材将其编入高中语文第四册第六单元(华师大出版社 2011 年),该单元共选五篇课文,依次是《过秦论》、《师说》、《石钟山记》、《劝学》、《古代散文学习漫议》(张中行)。以该单元设置为依据,立足于"教学什么"、"怎么教学",注重探讨:经典课文的教学设计,如何体现出经典的厚度与张力。

(一)教学目标

1. 给文中"彭蠡、钟磬、栖鹘、澎湃"等字词注音。

2. 解释文中"鼓、遗、适、固、方、发、殆、莫、何"等重要词语。

3. 指出文中的词类活用现象,解释词的意思,并掌握活用的规律。

4. 识别文中所运用的几种语言表达方式,理解其表达效果,并学习综合运用几

种语言表达方式的写法。

5. 体会作者的探究精神和科学态度,理解文末所揭示的深刻道理。

(二)教学重点难点

1. 理解文中活用的词及其意义,并掌握其规律。

2. 学习综合运用记叙、描写、议论几种语言表达方式的写法。

3. 探究石钟山得名的真正原因,用现代观念审视作品该如何评价课文的地位和价值。

(三)教学方法及课时

提问对话法、诵读涵泳法、探究阅读法,2 课时。

(四)教学内容及流程

1. 导入:以旧带新,诗文兼顾,上挂下联。

古代散文博大精深,先秦诸子散文、汉代政论文、唐宋八大家古文是其中几座高峰。

在前两篇课文学习中,我们领略了贾谊《过秦论》兼具汉大赋特色的气势磅礴、汪洋恣肆,品味了韩愈《师说》的文道并重和雄健笔力;今天我们要走近苏东坡,跟随他姿态横生的笔触,去领悟游览名山大川引发的人生思考。其实,这类富含生活哲理的思考和感悟,在苏轼的诗歌中也有表现,即名句“不识庐山真面目,只缘身在此山中”的出处。师生齐声背诵《题西林壁》,并引出有关文史知识:苏轼“两起三落,再三遭贬”的坎坷人生。以此调动学生的语文知识积淀,营造积极的学习氛围,为深刻理解课文的丰富哲理性做铺垫。

2. 切入:第一轮阅读,注重整体感知,体会文章脉络,概括初读感悟。

任务:对照课文注释自读全文,概括课文主要写什么,找出文中表达主旨的语句。

第一轮阅读设计,遵循“由表及里、逐层深入”的阅读规律,体现语文课程标准“注重整体把握”的阅读要求,培养学生快速搜寻、提取文章中重要信息的能力。古代山水游记的重要特点,是在游历名山大川、欣赏奇秀美景的同时,往往有所感悟,或名士情怀,或人生哲理,即所言“志”和所载“道”。文言文学习的最终落点就是文化的传承与反思,因此,无论是课内阅读还是课外阅读,这种阅读的“原初感悟”都很重要。

这一环节的主要能力点是:迅速找到文章的“卒章显志”处,锁定重要语句“事不目见耳闻,而臆断其有无,可乎?"。当然,可根据学生的实际情况,适当设计字词教学,如强调"彭蠡、钟磬、栖鹘"的音、形;也可运用汉字造字规律,对"钟磬"、"罄竹难书"、"馨香"进行同型字辨析,以丰富词汇的积累。

3. 推进:第二轮阅读,注重语言文字层面,积累文言基础知识,积淀文言语感。

任务:掌握重要实词、虚词的意义及其用法,掌握特殊的文言句式;**学法指导**:将重要词语、句子置于具体语境中理解掌握。

关于文言文中的字词及文言句式教学,王荣生教授主张遵循"放过、突出、深入、分离"四原则,这是比较贴近当今文言文教学实际的。对于古今意义及用法完全一致的词句,直接放过;对于教科书有详细注释的词语,如本文中实词"鼓、遗、适、方、发、殆、莫、何",也尽量放过;对于较难的字句,如本文中生僻的拟声词"磔磔"、"噌吰"、"窾坎镗鞳"等,教科书上有确切的注音、解释,则不必花过多时间,都可放过。对于"同中有异"的常用字词,则应该结合具体语境予以突出、强化,如本文中的两个"绝":"乘小舟夜至绝壁下"、"噌吰如钟鼓不绝"。对于那些体现文章章法考究、折射作者炼字炼句独特艺术的词句,则需要深入赏析、涵泳品味。这是文言文教学价值"文言、文章、文学、文化"的重要组成部分。

关于"课标"中所列的文言常用字词、句法,王荣生教授主张将其"分离",其理由是:"语文课程标准所列的文言文常用字词,以及一些句法,是要求学生在'古汉语'意义上掌握的,在文言文阅读测试中出现频率较高。这类词语和句法的学习,主要靠记忆,因而需要反复练习。这种练习,与所学习的文言文的理解和感受,其实没有什么关系,因而宜与阅读教学相分离——或放在课前,或放在课后,或布置家庭作业;也可以有计划地用黑板、墙报等强化记忆。穿插在课文中,与文言文阅读教学混合,其结果往往是两头都不着落,两败俱伤。"[①]对于以上观点,尚需作客观辩证地理解。首先,在"古汉语"意义上的掌握,如果结合本课文的语境,并充分利用该单元、或之前学过的文言文,列举典型例句,则更有利于掌握这些词法、句法与"现代汉语"的区别,这是更有益于"文言文的理解与感受"的,其实文言文中的"常用字词、句法",与对该文言文的"理解和感受"是互为因果、相辅相成的关系;说"这种练习,与所学习的文言文的理解和感受,其实没有什么关系",似有武断。

对此,高中语文课标中有明确要求:"了解并梳理常见的文言实词、文言虚词、

---

① 王荣生.文言文教学教什么[M].上海:华东师范大学出版社,2014,9.

文言句式的意义或用法,注重在阅读实践中举一反三。"张中行《古代散文学习漫议》中指出:学习文言文要"多次重复"、"于'熟'中求通晓"。有鉴于此,在本文的第二轮阅读中,注重引导学生归纳文言文学习中的有关"规律",由"学会"向"会学"过渡。具体要求:一是指出文中词类活用现象,如词语的使动语法,名词做状语;二是找出文言特殊句式,如定语后置句,宾语前置句;要求结合语境解释其意义和用法,并联系学过的此类例句,思考体会其规律,有助于提高文言语感。

因此,在师生共同讨论环节中,针对课文中的例句,充分利用上下单元相邻课文,结合书后《文言文的特殊句式》,列举出一组相关例句,使其构成"同类项合并",促使学生真正理解这些文言词语、文言句式的语法规律,而不是死记硬背这些例句。例如,使动用法:虽大风浪不能鸣也(完璧归赵、大王必欲急臣、以愚黔首);名词作状语:余自齐安舟行适临汝(包举宇内、相如廷斥之、奉璧西入秦);定语后置句式:石之铿然有声者(马之千里者、村中少年好事者驯养一虫、亦雁荡具体而微者);宾语前置句式:古之人不余欺也(未之尝闻、何以知之、大王来何操)。这样,注重上挂下联、旁征博引,引导学生在积累文言基础知识过程中,培养文言语感,进而形成凝练的语言表达能力。夸美纽斯指出:"一切语言通过实践去学比通过规则去学来得容易","但是规则可以帮助并强化从实践中得来的知识。"①对高二学生来说,在学习语言文字运用中重视规则,是很有必要的。

4. 深入:第三轮阅读,注重文章、文学层面,赏析章法考究处,品味炼字炼句处。

任务:识别文章主要运用哪几种语言表达方式,指出它们分别体现在文章那些段落,并简要概括文章三个自然段的内容及其结构关系。

要求学生结合课文后的思考题,重点梳理文中二"疑"、三"笑"、一"悟"等环节,初步体会作者行文构思的逻辑严谨性,然后进一步赏析。此环节设计,目的在于学习经典课文是如何布局谋篇、实现文道统一的。经师生讨论可作如下概括:

1. 质疑——叙议结合 ⎫
2. 解疑——记叙、描写 ⎬ (因果)
3. 感悟——议论 ⎭ (因果)

全文三段文字形成缜密的逻辑关系:因有疑而探寻考察,由实地考察而解疑;

---

① 夸美纽斯.大教学论[M].傅任敢译.北京:教育科学出版社,1999:159.

因考察、解疑之不易而产生感慨,揭示了凡事不可道听途说、主观臆断的深刻道理。这正是该篇游记的匠心独运之处:内容环环相扣,笔触姿态横生;叙事、写景、说理水乳交融,水到渠成。作为经典课文,其在选材立意、布局谋篇、语言运用方面的精妙构思,都是值得学生模仿学习的范畴。

本文的炼字炼句值得玩味处很多,例如,二"疑"(人常疑之、余尤疑之)、三处"笑"(余固笑而不信也、因笑谓迈曰、而笑李渤之陋也)、一"悟"(事不目见耳闻,而臆断其有无,可乎?)中几个动词的不同涵义;还有这些动词前面的修饰词语"常、尤、固"的意义及其运用的独特价值等;最值得玩味的是描写石钟山夜景的一段文字。文中的石钟山夜景是阴森恐怖的,学生概括出这一特点并不难,关键是要了解作者从哪些方面突出这一特点,哪些词语、句子用得独特。因此,赏析的重心应放在写景的视角选择与词语的创造性运用方面。例如,写山形:"至绝壁下"、"大石侧立千尺,如猛兽奇鬼,森然欲搏人":作者从视觉和心理感受两方面描写了山之险峻;为其险,"独"与儿子迈月夜乘"小舟"实地探寻、考察,足见其勇气之大。写鸟声:宿巢的老鹰"闻人声亦惊起"、在云霄间发出"磔磔"叫声;水鸟鹳鹤的叫声"若老人咳且笑于山谷中",这些都令人毛骨悚然;而作者"心动欲还"、"舟人大恐"更衬托出当时情境的恐怖骇人。

总之,文中的石钟山夜景,有远有近、有高有低、有动有静、有形有声,非常逼真,可谓姿态横生、用墨繁复,其用意在于:渲染环境气氛,烘托亲身探寻考察石钟山得名由来之不易,为下文抒发感慨、卒章显志蓄势。本文的叙事写景状物抒情,或繁笔或简笔,各得其宜,各尽其妙。学生反复诵读涵泳此类文字,必将有助于提高语文表达能力。正如曾国藩《家训》所言:"先之以高声朗读,以昌其气;继之以密咏甜吟,以玩其味;二者并进,使古人之声调拂拂然若与我喉舌相习,则下笔时必有句调奔赴腕下。"

5. 拓展:第四轮阅读,注重文化意蕴层面,提取并整合课文内、外信息,学会辩证客观评价古今人与事,获得文化提升。

随着上海连续两次参与 PISA 测试,当代阅读素养内涵发生的变化,对我国的阅读教学逐渐产生影响。PISA 阅读评估的范畴包括:获取信息;获取信息形成广义、整体的理解;形成完整的解释;反思评价文章内容,反思、评价文章表达形式。我国高中语文课标也明确要求:"学习中国古代优秀作品,体会其中蕴涵的中华民族精神,为形成一定的传统文化底蕴奠定基础。学习从历史发展的角度理解古代作品的内容价值,从中汲取民族智慧;用现代观念审视作品,评价其积极意义与历史局限。"鉴于此,该环节设计提取、整合、评价性语文活动。利用教科书中思考题有关内容,并链接有关资料:一是晚清学者俞樾经过周密考察,认为"全山皆恐,如钟覆地"是命名因素;二是当代人共识:石钟山命名,"形"与"声"都是其因素;三是清代郭庆藩诗作《舟中望石钟山》:"洪钟旧待洪钟铸,不及此山造化工。风入水中波激荡,声穿江上石玲珑"。

任务:学生根据课文及上述资料,概括关于石钟山得名由来的几种观点、依据及其代表人物。

附:古今关于石中山命名原因异同对照表

观点	依据	代表人物
主声派	水声如钟、石声如钟	郦道元、苏轼、李渤
主形派	全山皆空,如钟覆地	(清)俞樾
形声派	山形似钟、水声如钟	(清)郭庆藩、今人

在此基础上激发学生畅所欲言,讨论问题:苏轼的观点对本文的经典性地位和价值有无影响?为什么?这是一个开放性问题,不在于寻求答案,而在于运用历史唯物主义观点分析问题,养成多元文化视角和包容宽阔的人文胸襟。在讨论中,教师可适当引导学生联系苏轼"两起三落、再三遭贬"的坎坷人生,客观辩证地看待本文的观点。尽管苏轼考察的结果并不完全正确,但是他不迷信古人、不轻信旧说,敢于怀疑、勇于身体力行的精神,还是值得肯定的,这与他一生中坚持自己的立场,不随便附和"革新派"和"保守派"的行为是完全一致的。这种不盲从不轻信、敢于探索、勇于追求的精神,对于涤荡当下人心浮躁、泡沫效应、文化快餐等社会现实,都有一定的积极意义。

6. 迁移:作业练习。

高中语文课标有关评价建议要求:"要考察学生对传统文化是否热爱和有兴趣,在文言文阅读中能否有意识地了解文化背景,感受中国文化精神。评价要有助于学生确立古为今用的意识,用现代观念审视作品的内容和思想倾向。"本文体现了宋代散文因事见理、长于议论的特点。宋代诗歌也以因事见理的特质见称,世有"唐诗主情,宋诗入理"的说法,如苏轼《题西林壁》就蕴涵着深刻的生活哲理:观察事物、看待问题,立足点不同、视角不同,则所得结论必然不同。其实,古今诗文中蕴含深刻的名句很多,教师可以启发学生列举出来,并简述其中蕴藏的深刻道理。如"随风潜入夜,润物细无声";"野火烧不尽,春风吹又生";"山重水复疑无路,柳暗花明又一村";"卑鄙是卑鄙者的通行证,高尚是高尚者墓志铭";"而世之奇伟、瑰怪、非常之观,常在于险远,而人之罕至焉,故非有志者不能至也"等等。最后要求学生选择一则富含生活哲理的诗文名句警言,以其为话题材料,写一篇议论文。

（本文发表于《中学语文论坛》2015 年第 5 期）

语文课改要"穿新鞋"走"新路"

整合课程资源是课程改革所倡导的重要理念之一,也是当代课程设计领域的主要趋势。多年来不少研究者从不同角度、不同层次对其进行了理论的研究与探索,但是落实到实际课堂教学的尝试并不多。最近有语文教育界同仁对语文课程整合式教学进行了新的论述和尝试,这些探索对一线语文教师有一定的借鉴意义。本文在新课程的理念指导下,结合这些研究成果,反思过去的做法和经验,对语文课程整合式教学的途径和方法作了一些思考和探微。广义的课程整合,不仅仅是一种组织课程内容的方法,还是一种课程设计的理论以及与其相关的学校教育理念;狭义的课程整合,指一种特定的课程设计方法,这里谈的主要是狭义的课程整合,即语文学科内的课程整合。

一、语文学科内的课程整合

语文学科内的课程整合,要求打破原有的结构安排和方法设计,以特定的目标为中心,重新组织课程内容。语文教师应该在课程标准的指导下,依据某一学段的学习目标,以学生既有的学习经验为基础,将教科书所提供的教学内容进行重组,从而设计出教学操作层面上的具体语文课程内容,比如许多教师倡导的读写结合的教学模式,就是语文学科内课程整合的一种方式。新课程克服了课程类型单一、结构单一的弊端,实现课程模式的多元化,赋予教师更大的教学自主权。语文学科特有的人文性、实践性、民族性特点,使课程整合教学具有很强的可能性。

二、语文课程整合的纬度

1. 学科教学目标的整合

实施课程改革以来,根据语文课程标准编制的各套语文教科书,目前通过国家审定如"人教版"、"语文版"、"苏教版"、"山东版"、"粤教版"语文教材,虽然仍然以教学单元面貌出现,但是其实质已经发生了根本性的变化。这些单元已经不再着重于语文知识点、能力点的逻辑排列,而是根据不同年级段提出若干"主题"或"情境",每个单元从情感态度与价值观,过程与方法,知识与能力三个维度上进行整体推进,教学目标具有弹性。

例如"苏教版"《语文》七年级上册六个单元的题目分别是:"亲近文学"、"金色年华"、"民俗风情"、"多彩四季"、"关注科学"、"奇思妙想";"人教版"《语文》八年级上册六个单元的综合性学习的题目分别是:"世界何时铸剑为犁"、"让世界充满爱"、"说不尽的桥"、"走上辩论台"、"莲文化的魅力"、"怎样搜集资料"。从这些单元题目可看出,新教材的单元编排,实际上是给学生提出了一个个与学生生活很贴近的话题,这些话题富有激起学生心灵对话的引力,有利于激发学生学习语文的兴趣。因此,教学定位就适合选择单元教学模式,设计教学目标时应该从单元总体考虑。例如人教版八年级上册第二单元,由五篇叙事性作品构成,分别是鲁迅的《阿长与〈山海经〉》、朱自清的《背影》、李森然的《台阶》、杨绛的《老王》、余秋雨的《信客》;几篇文章,都是通过平凡事情的叙写,折射出平凡生活中的随处可见的人性美、人情美。结合该单元的读写主题"让世界充满爱",可将教学目标确定为"感受爱——品读爱——叙写爱——学会爱";或定为"品读人性美——感受人性美——发现人性美——讴歌人性美"。总之要让学生通过阅读、品味、感受、体验课文中的人和事所表现出来的情和美,充分领悟让人间充满爱的重要意义,从而收到陶冶情操、涵养性情的效果;并且学会怎样发现并描写生活中的各种美好事物。

2. 学科教学内容的整合

从教学内容上看,新课程教科书的单元编排,以综合性语文实践活动为主,不仅综合了语文知识和技能,综合了语文能力与观察、调查、参观访问、搜集资料等社会活动,而且还注重语文课程与其他学科的结合,以及语文课程与其他社会生活的联系。单元内部结构灵活,选题具有开放性,师生可以根据实际情况调整、补充或重选。如苏教版普通高中课程标准实验教科书"语文必修一"第三单元的主题是"月是故乡明",该主题内设两个板块,第一个板块"漂泊的人生",统领三篇课文:老舍的《想北平》,韩少功的《我心归去》,柯灵的《乡土情结》;阐释的是人与故乡的关系,包括故土、家、亲情等等;第二板块"乡关何处"统领两篇课文:曹文轩的《前方》,刘亮程的《今生今世的证据》,是对第一板块的拓展,重在阐释家园不仅是指故乡,还指向祖国与精神意义上的皈依,是人的生命的确证。与之配套的教材"语文读本必修一"中,又编选一个主题为"故乡诗情"的单元,供学生拓展学习使用。其中的重要内容"乡愁",就可以作为整合式教学内容。

3. 教学方法的整合

新课程按教学主题或情境编排单元,教学时势必要求师生侧重于探究性学习方式,同时既要求学生个体主动去理解体验,又要求展开群体性对话与交流。以诗歌教学为例,如果仅仅是学习一篇诗歌,那主要通过诵读涵泳法就可以达成目标。但是如果把若干篇诗歌放到一起,或把某位诗人的多篇诗作放在一起,然后确立适当教学目标,进行整合式教学,就势必需要综合运用多种教学方法,除了诵读涵泳法,还需要运用情境教学法、揣摩语言法、探究阅读法等;学生也需要采用合作、探究的方式进行深入的、个性化的阅读。

当然,还有许多整合的角度,例如,可以从文本的取材方面进行整合教学,如同为论及历史上六国灭亡史实的《过秦论》(贾谊)、《六国论》(苏洵)、《阿房宫赋》(杜牧);可以就以手法运用方面加以整合教学,都用象征手法的《病梅馆记》、《白杨礼赞》、《海燕》;可以就写作特色加以整合,如描写战争具有共同特点的《曹刿论战》、《赤壁之战》、《殽之战》;还可以是同一作家作品语言特色方面的整合,如朱自清的散文《春》、《绿》、《荷塘月色》、《匆匆》等;或同一作家笔下人物的风貌,如鲁迅作品等。

整合式教学,根据需要,可以进行跨单元、跨版本,甚至跨年级段的整合,语文课程整合突出表现了语文教师对教科书的创造性使用上。但是不管采用哪种视角的整合,教师都应该全面把握文本内容,科学整合教学内容,努力优化教学结构,构建多边互动,强化阅读实践,引导学生探究思考,做到收放自如,指导到位。

三、示例:《伶官传序》教学设计

[引子]

近来,关于"新课改穿新鞋走老路"的话题引起专家学者的关注,郭华教授认为"穿新鞋走老路"现象具有积极意义,是广大师生对某些片面、偏激的所谓"新课改理念"的自发纠偏,是学校教育规律发挥作用的实践体现。① 而陈尚达则撰文表示

---

① 郭华.新课改与"穿新鞋走老路".课程·教材·教法[J].2010(1):3—11.

应理性审视新课改下的"穿新鞋走老路"现象,警醒人们要正视长期应试教育传统所导致的教学习惯和因袭心理。[①] 或臧或否,见仁见智,对推进新课程都具有积极意义。笔者曾撰文对有关版本新课程语文教科书的"人文性有余而工具性不足"提出过质疑,因而对"新鞋"与"老路"的话题特别敏感,以为当下应该"穿新鞋"从"寻常路"走向"新路"。

"穿新鞋",就是要坚持课程改革以人为本的正确方向,坚持新课程倡导的科学理念和行动策略;从"寻常路"走,即要求新课程改革不能因浮躁、冒进而欲速则不达,要遵循语文教育教学的客观规律;"新路",就是新课程改革的愿景,即经过踏踏实实的实验、改进、完善的过程,使语文教学完全走进一种确实全面提高学生的语文素养的理想境界。我国语文教育本质观,大体经历了教化本体观——工具本体观——文化本体观三个阶段,文化本体的语文教育观代表了语文的民族化、现代化的发展方向;它不是对教育传统的抛弃和悖逆,而是一种扬弃和在更高层次上的回归。文化本体的语文教育观认为,汉语文本体的构成要素,主要是语言、文字以及由文字构成的文本;因而它们既是文化符号,又是文化要素,是一种文化存在。从这个意义上说,语文教育的过程就是文化熏陶与提升的过程。鉴于此,笔者以传统经典文本的阅读教学设计为例,作为践行语文教学如何"穿新鞋"从"寻常路"走向"新路"的尝试。

[教学设想]

语文教材向来注重选入堪称民族精神源泉的经典作品,尤其是一些文质兼美、经久不衰的文言文,具有丰厚的语言学习滋养和深刻的育人意义。例如,人教社高中语文教材 1983 版、1987 版、1990 版、2000 版、2003 版,都选入贾谊《过秦论》、苏洵《六国论》、杜牧《阿房宫赋》和欧阳修《伶官传序》;2005 版只有《过秦论》被选入必修本。可见,新课改后这些文化经典名篇,因教材版本体例的不同,或编入必修课本,或置于选修课程模块,有的被收入必修课程的配套用书"语文读本"之中。无论怎样归置,都应该充分发挥这些文化经典的育人功能,不能让几经遴选的置于选修课程或课外读本的经典名篇虚设。钱理群先生认为,在中学语文课程中讲经典作品,应有别于社会生活中的经典普及;它应服从于语文教育的目标,注意其基础

---

① 陈尚达.应理性审视新课改下的"穿新鞋走老路"——兼与《新课改与"穿新鞋走老路"》一文商榷.全球教育展望[J].2010(8):3—9.

教育的特点,应始终抓住语言文字这一基本环节,因文而会心。① 国学大师章太炎先生认为中华民族的历史精神都记录在中国语言文字中,故语言文字实为"国粹"之最精微者;深爱本国民族之种姓历史,必自深爱本国本民族之语言文字始。②

　　一般情况下,选入必修课本的文本,教师大多会在课堂上引导学生认真研习;而课外阅读文本,则往往因学生的阅读兴趣和时间以及精力等因素,而被冷落甚至完全闲置。我们以"苏教版"普通高中课程标准实验教科书及其配套用书(2007 年版)为依据,以《伶官传序》(语文读本·必修三)为主要阅读对象,结合《过秦论》(语文读本·必修二),以及已经学过的必修本中的《六国论》、《阿房宫赋》(《语文·必修二》,对学生进行同类文本比较阅读训练;在如何将课内学习与课外阅读紧密结合方面,给学生以"铺路导引";同时也期望在语文必修课程与选修课程之间,起到"架梁搭桥"作用。

　　[主题切入]

　　醉翁之意不在酒:以史立论,旨在讽今;鉴于往事,资于治道,资于立人。

　　[教学目标]

　　知识和能力:1. 疏通全文,理解文章大意,深刻理解文本的文化意蕴。2. 梳理整合文中实词、虚词、句式等文言知识,体会汉语语法的文化特征:注重整体意合,注重语序和虚词,注重语境等。

　　过程和方法:研究《伶官传序》内容和结构,并与《六国论》(苏洵)、《阿房宫赋》、《过秦论》进行比较阅读,掌握比较阅读的基本方法。

　　情感态度和价值观:1. 背诵"满招损,谦得益"、"忧劳可以兴国,逸豫可以亡身"、"夫祸患常积于忽微,而智勇多困于所溺"等句子,并解读其含义及现实意义。2. 通过文本的研习,学会审视历史、反思历史,接受和借鉴历史的经验,提高认识社会、适应生活的能力。

　　[教学设计]

　　1. 课型定位:扶读课。

　　2. 教学方法:提问对话法,语言揣摩法,比较阅读法。

　　3. 课时安排:2 教时。

---

① 钱理群.钱理群语文教育新论[M].上海:华东师范大学出版社,2010:147.
② 曹明海编.语文教学本体论[M]. 山东:山东人民出版社,2007:230.

第一教时

[教学重点]

1. 理清思路,了解文章大意。

2. 疏通全文,归类整理文中实词、虚词的意义及用法;掌握判断句、省略句、介词结构后置句的句式结构,着重理解领略其表达效果。

3. 指导诵读,当堂背诵课文第三段。

[教学难点]

1. 理解常见的几种词类活用情况(兴国、函梁君臣之首、亡身、东出、泣下)

2. 翻译句子"岂得之难而失之易欤?抑本其成败之迹,而皆自于人欤?",理解其大意;并据此判断作者所持的态度。

[教学步骤]

一、导入:用以旧带新法,以"醉翁之意不在酒"的出处导入课文。

二、有关知识

1. 作者身份、作品(略)

2. 补充注释欧阳修晚年自号"六一居士"缘由,引导学生追求高雅的志趣。"吾家藏书一万卷,集录三代以来金石遗文一千卷,有琴一张,有棋一局,而常置酒一壶;以吾一翁,老于此五物之间,是岂不为'六一'乎?"

3. 题解:五代,唐宋之间的五个王朝(梁、唐、晋、汉、周)。二十四史中有两部"五代史",旧的《五代史》为宋代薛居正修撰,欧阳修嫌其不佳,便自撰《新五代史》。其中有篇《伶官传》,欧阳修又为此传写了序,重在论古讽今,属史论范畴。该序因文质兼美而为古今各类文集所收录,也是近现代各种版本语文教材中的经典篇目。

三、师生逐段研读课文,归纳整理有关知识

1. 归类、整理文言实词、虚词、句式等内容

2. 途径:以问题带动阅读,注重整体感悟;从品味语言入手,注重培养文言语感;师生互动,展开对话,共同建构知识。

3. 示例1:文中有哪些词类活用现象?找出来并予以具体解释(如兴国、函梁君臣之首、亡身、东出、泣下等)。

教学定位及价值引导:在文言文教学中渗透语言文化知识,展示中华文化景观,丰富学生的文化积累。如本文中的"函梁君臣之首",不仅体现了古汉语的凝

练,也展示了古代特定的行为习惯。词语的文化蕴含包括许多方面:表现中国独有的物质文化,宗教或制度文化,精神文化以及风俗习惯等;在与其他几篇文本比较阅读中,应引导学生注意这些词语的学习体会。

4. 示例 2:文章中心论点是什么?文中句子"岂得之难而失之易欤?抑本其成败之迹,而皆自于人欤?"表明作者什么观点?翻译后予以概括。

教学定位及价值引导:在阅读教学中,要抓住文本中关键语句进行语感分析训练,深化对文本内容的理解。本文作者没有直接提出中心论点,而是以慨叹起笔,用反问句委婉地表达自己的观点。因此,读者要凭语感理解其语意,从而概括出文章的中心论点:"国家的盛衰是由人事决定的。"在叙述后唐庄宗得天下与失天下的史实之后,又连用问句"岂得之难而失之易欤?抑本其成败之迹,而皆自于人欤?",语气委婉而不乏决断,含蓄又兼张力;对后面的引用论证、对比论证和推论,起到了很好的蓄势作用。

四、课后作业

1. 归纳整理几篇文章中的特殊文言词法、句法的类型,并配之以句例。

2. 研究《伶官传序》思想内容及结构,并与《六国论》、《阿房宫赋》、《过秦论》进行比较,思考探究其异同。

第二教时

[教学重点]

1. 总结课文结构特点,把握史论的常见结构。

2. 进行比较阅读,掌握比较阅读的常见方法。

3. 对国家盛衰的因素进行探究。

[教学难点]

1. 比较阅读中"比较点"的确立。2."国家盛衰"之理的拓展解读。

[教学步骤]

一、朗读全文,理清结构脉络,体会历史事实的"比较叙述"对于阐明道理的作用。

二、总结课文内容结构,完成下列板书内容:

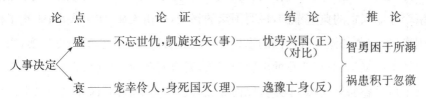

伶官传序（欧阳修）

三、总结课文结构特点，把握史论的常见结构。

联系有关课文，归纳借古讽今文章的立意谋篇特点：

以史立论，旨在讽今；透视历史，卒章显志。

四、比较《伶官传序》、《阿房宫赋》、《过秦论》、《六国论》的相同点和不同点

1. 明确比较的意义

比较是人认识事物、鉴别事物的一种方法；通过比较，能够了解事物的本质属性，揭示事物之间相互关系和差别。有比较才有鉴别；通过比较，能够更好地打开思维的通道，学会多层面、多角度、多方位地思考问题，从被动接受进入主动分析评价，长此以往，必将走出思维定势、人云亦云的局限，有利于创新精神的养成。

2. 确立比较点：求同与求异

语文课堂教学的有效性取决于两方面，一是选择"合宜的教学内容"；二是进行"有效的教学设计"；前者解决"教什么"问题，后者解决"怎么教"问题。合宜的教学内容，来自对文本的教学解读，主要依据课文的体式及学生的学情。鉴于本设计的目标定位是关注学生学习经验的积累，因此该教学环节设计如下两个学习活动。

（1）求同：包括选材立意、文章体式和结构布局。

选材立意：几篇文章都通过历史上有关国家或王朝灭亡的史实，来奉劝当朝统治者力避重蹈古人之覆辙，这是史论的共同特点。

文章体式：几篇基本上属于史论范畴；虽然《阿房宫赋》前半部分更具"赋"的工整对仗之美，但后半部分则兼有史论的特色。

结构布局：几篇的共同特点是透视历史、卒章显志；或隐或现，都突出一个"鉴"字。

（2）求异：包括选材立意、论证结构和语言风格。

　　首先,选材立意不同。写作主旨决定了文章的选材视角。《伶官传序》通过后唐庄宗李存勖兴亡的典型事例,说明国家的兴衰,非由天命,实由人事;表达了作者关心国事、支持范仲淹等改革派的思想。《六国论》用六国灭亡的历史事实,来劝诫北宋王朝不应惧怕契丹、西夏的威胁与侵略,要奋起抗敌。《阿房宫赋》借用秦王朝统一天下后日益骄奢淫逸、不爱其民而导致灭亡的历史教训,讽谏当朝皇帝唐敬宗要"节用爱民"。《过秦论》纵论秦国以锐不可当之势统一天下,建立秦王朝,不久却迅速灭亡,指出其原因是"仁义不施";"过秦"暗含"过汉",为汉文帝改革弊政提供借鉴。

　　其次,论证结构不同。四篇课文结构上可谓同中有异、异中有同。《伶官传序》、《六国论》是属于开门见山式结构:文章首先开宗明义提出中心论点,接着展开逐层论证,而后得出结论,最后进一步推论,揭示文章的主旨。《过秦论》和《阿房宫赋》,前者属于"史论",而兼具"赋"之铺采摘文、笔墨酣畅的特色;后者名为"赋",而实有"史论"的功能;但是二者都是属于水到渠成式结构:《过秦论》从秦孝公拥有天时、地利、人和的优势起笔,纵论秦国历任国君励精图治,成就了"子孙帝王万世之业",然而却"一夫作难而七庙隳,身死人手,为天下笑",顺理成章导出了"仁义不施而攻守之势异也"这一结论;这结论正是作者卒章所显之"志":反对暴政,讽谏汉文帝实行政治改革。《阿房宫赋》先以繁笔描写"阿房宫"之奢华,接着以简笔交代其结局:"庶卒叫,函谷举,楚人一炬,可怜焦土!"而后得出结论:"灭六国者,六国也,非秦也。族秦者,秦也,非天下也。"最后推论:"秦人不暇自哀,而后人哀之;后人哀之而不鉴之,亦使后人而复哀后人也。"

　　就得出结论后又增加"推论"这一结构特色而言,《阿房宫赋》与《六国论》、《伶官传序》又有相同之处。《六国论》推论:夫六国与秦皆诸侯,其势若于秦,而犹有可以不赂而胜之之势。苟以天下之大,下而从六国破亡之故事,是又在六国下矣;《伶官传序》推论:"夫祸患常积于忽微,而智勇多困于所溺,岂独伶人也哉!"

　　再次,语言风格不同。《伶官传序》长于对比叙述,叙事波澜起伏;叙议结合,一唱三叹:"方其系燕夫子以组函梁君臣之首,入于太庙,还矢先王而告以成功,其意气之盛,可谓壮哉! 及仇雠已灭,天下已定,一夫夜呼,乱者四应,仓皇东出,未及见贼而士卒离散,君臣相顾,不知所归;至于誓天断发,泣下沾襟,何其衰也!"笔墨婉转流畅,大起大落,给人以酣畅淋漓之感。《六国论》行文汪洋恣肆,气势排山倒海,论断斩钉截铁;如"思厥先祖父,暴霜露,斩荆棘,以有尺寸之地。子孙视之不甚惜,今日割五城,明日割十城,然后得一夕安寝。然起视四境,而秦兵又至矣。然则诸侯之地有限,暴秦之欲无厌,奉之弥繁,侵之愈急。故不战而强弱胜负已判矣。至于颠覆,理固宜然。"语言朴素而不乏生动,内容形象而更兼理性。

《过秦论》和《阿房宫赋》都具有"赋"的潇洒俊逸、铺张扬厉的特色。《过秦论》原有上、中、下三篇,开中国散文中"史论"的先河,被鲁迅称誉为"西汉鸿文"。课文所选为上篇,全篇气势宏伟,笔墨酣畅,可发动学生予以总结概括,此处不作列举。

五、拓展探究,升华认识

以下两个设计,主要是引导个性化解读和进行创造性思维训练,意在体现"用教材教"而不是"教教材"的新课程理念。

1. 结合古代文化经典中的有关内容,联系"生于忧患,死于安乐"、"得道者多助,失道者寡助"、"天时不如地利,地利不如人和"、"人定胜天"、"民为贵,社稷次之,君为轻"等著名论断,阐述自己对国家盛衰之理的认识。

2. 针对"夫祸患常积于忽微,而智勇多困于所溺"的总结概括,结合现实生活,谈谈面对当今社会多元化媒体、高科技娱乐、快餐文化消费等诸多诱惑,谈谈如何把握好个人成长的方向盘。

六、课后作业

以"国家盛衰之我见"或"也谈'祸患常积于忽微,智勇多困于所溺'"为题,写一篇议论文。

(本文发表于《语文教学研究》2011 年第 10 期)

一种情思，别样离愁

——三首现代乡愁诗对比阅读教学探微

乡愁是中国诗歌中历久常新的主题，文化乡愁大多为古今志士仁人、文人墨客不能实现其匡时救世、安邦定国的人生理想而"心事浩茫连广宇"(鲁迅)的心灵倾诉，也是民族精神在知识分子身上的一种折射，这种民族精神和文化心理正是我国当代教育不可或缺的人文滋养。因此语文新课程标准教科书特别重视编选此类文本内容。如苏教版普通高中课程标准实验教科书"语文必修一"设置一个专题为"月是故乡明"的单元，并在"语文读本必修一"中编选一个主题为"故乡诗情"的单元，供学生配套学习。

整合课程资源是新课程改革所倡导的重要理念之一。高中语文"课程目标"关于"积累·整合"条目中，要求"能围绕所选择的目标加强语文积累，在积累过程中注重梳理"；"感受·鉴赏"条目中，要求"阅读优秀作品，品味语言，感受其思想、艺术魅力，发展想象和审美力。"据此，笔者试图改变单元教学常规，不局限于教材版本和具体年级段课文，并且打破必修课文和读本课文的界限，以指导诗歌鉴赏方法和途径、增加学生诗词知识积累、提高审美体验能力为整合教学的旨归，选取几篇可以进行多角度、多层次比较的课文，进行诗歌鉴赏整合教学设计，旨在探索怎样更有效地落实语文课程发展目标的路子。

本设计选择三首现代乡愁诗作为对比阅读的对象，它们被编入多种版本语文教科书，分别是余光中的《乡愁》("语文版"义务教育课程标准实验教科书语文七年级下册，2003年版；"人教版"义务教育课程标准实验教科书语文九年级下册2003年版)、洛夫的《边界望乡——赠余光中》("苏教版"普通高中课程标准实验教科书《语文读本·必修一》)、流沙河的《就是那一只蟋蟀》("苏教版"普通高中课程标准实验教科书《语文读本·必修一》；人教版全日制普通高中语文读本(试验修订本·

必修)第三册,2000 年版)。

[主题导引]

在我国浩如烟海的文学作品中,乡愁诗几乎俯拾皆是。例如崔颢的"日暮乡关何处是,烟波江上使人愁。"杜甫的"露从今夜白,月是故乡明。"李白的"总为浮云能蔽日,长安不见使人愁。"宋之问的"近乡情更怯,不敢问来人。"古诗十九首中的"环顾望旧乡,长路漫浩浩。"卢纶的"家在梦中何日到,春来江上几人还?"李益的"不知何处吹芦管,一夜征人尽望乡。"等等。余光中先生说:"乡愁是根深蒂固的人之常情,但不完全由地理造成。一个人多年后回到故乡,仍然可能乡愁不断,因为他所熟悉的故乡已经变了。物是人非,便有乡愁。若是物也非了,其愁更甚。我当年离开内地,'掉头一去是风吹黑发 / 回首再来已雪满白头'乃此生最大的伤痛。幸好那一年我已经 21 岁,故土的记忆,文化的濡染已经深长,所以日后的欧风美雨都不能夺走我的汉魂唐魄。我在诗文中所以呼喊着狂吼着黄河长江,无非是努力为自己招魂。"①

[教学目标]

1. 知识和能力:熟悉几种常见的诗歌鉴赏方法,注重有关知识的积累和整合;熟悉并背诵古今有关乡愁的诗词。

2. 过程和方法:通过对几首诗品、赏、悟、味的体验活动,发展想象能力和审美能力,进一步提高文学修养。

3. 情感态度和价值观:注重个性化阅读,体味乡愁诗人丰富的情感.;感受诗人高度的社会责任感和高远的人格境界,涵养心灵,提升人格。

[教学过程]

一、整体感知——浏览性阅读

(一)问题及要求

1. 问题:《乡愁》、《边界望乡》、《就是那一只蟋蟀》(以下简称《乡愁》、《望乡》、《一只蟋蟀》)三首诗堪称姊妹篇,构成了当代文化乡愁诗中一道亮丽的风景线。但它们抒情方式各有不同,可谓"一种情思,别样离愁"。阅读后说说三首诗抒发思乡之情的主要方式分别是什么。

2. 要求:抓住主要内容,注重从宏观上整体把握。

---

① 选自《新京报》2004 年 4 月 14 日。

（二）交流、整合

1.《乡愁》：乡愁的载体是诗人生命年轮中几个富有代表性的印记，表达了诗人生命长河中童年、青年、中年、晚年几个阶段乡愁的不同内涵。

2.《望乡》：诗人通过自己一次"近乡情更怯"的心灵振颤过程来表达思乡的复杂情怀。

3.《一只蟋蟀》：把乡愁置于中华民族广阔的文化背景中，采用与友人面对面的方式来倾诉、吟咏。

二、品赏悟味——鉴赏性阅读

（一）运用知人论世方法，了解三首诗的创作背景，初步把握三首诗所表达的意蕴。

1. 指导：知人论世法与西方的"社会历史分析法"类似，是一种源远流长的文学鉴赏方法。所谓"知人"，即理解作者的生活经历和创作倾向；"论世"，即了解作者所处的时代状况和作品所反映的社会生活；依此二者求得对作品的充分认识。鲁迅说："我总以为尚要论文，最好是顾及全篇，并且顾及作者全人，以及他所处的社会状态，这才较为确凿。要不然，是很容易近乎说梦的。"①知人论世的鉴赏方法可以引导读者深入领会作品的意蕴，引发与作者的心灵对话，从而产生强烈的艺术共鸣。

2. 展示有关三位诗人的资料（学生介绍，教师补充。内容略）

3. 再次阅读，概述三首诗的不同意蕴（学生发言，互为补充，教师归纳）

余光中丰富的生活阅历、厚重的中华文化积淀，以及深厚的中西学养，无不折射出一个文化大家的风范和从容气度。但是正如他自己所说"欧风美雨都不能夺走我的汉魂唐魄"。《乡愁》一唱三叹、回环往复，四个画面勾勒出诗人的生命成长过程，展示了一生的漂泊不定，及其在漂泊不定中乡愁的不同内涵，在反映人世沧桑的同时，把个人、国家、民族的命运紧紧地连在了一起，可谓思绪悠悠，离愁悠悠，感慨怅惘幽幽。

洛夫出生于大陆却谋生于台湾以及写诗、译诗、教诗、编诗的人生经历，与余光中颇有相似之处，这是他在偶得望乡机缘时爆发思乡情愫的直接原因。其早期超现实主义的诗歌创作追求，使他善于锤炼语言，创造奇特意象，并且长于从现实中

---

① 鲁迅. 鲁迅全集(第六卷).人民文学出版社。2005.第 444 页。

发掘超现实诗情。《望乡》抓住生活中几乎是稍纵即逝的一次心灵振颤过程,用极其繁复而细腻的笔触,将其夸张、放大、生动化、形象化,使读者伸手可及他那强烈的乡愁。

流沙河与前二人经历都不同,他生于大陆长于大陆,对文学的钟爱与追求使他有幸与余光中成为诗友。《一只蟋蟀》的创作,虽然也同样因为诗人对世事沧桑的敏感、忧患,但最直接的因素还是余光中的中华精髓、文化乡愁对他的濡染。该诗小序云:台湾诗人 Y 先生说:"在海外,夜间听到蟋蟀叫,就会以为那是四川乡下听到的那一只。"他所抒发的乡思乡情,不像前两首诗那样沉郁,而是极其舒缓畅达,雄浑自然;更多的是表达诗人一种坚定的民族信念。

(二)运用品象入境方法,赏析三首诗塑造的不同意境及其表达的意蕴。

指导:品象入境,即品味意象、探入意境。这是一种最为常见的具有中国特色的诗文鉴赏方法。一般有以下几个步骤:披文识字——感知物象——探入意境——领悟意蕴——体会情感——审美评价。①

⬤ 赏析《乡愁》

1. 导引切入:诗中"小小"、"窄窄"、"矮矮"、"浅浅"几个修饰词语有何作用? 注意从意境创造的角度去思考理解。

2. 讨论、交流、赏析

邮票本来就不大,"小小"似乎多余,用它来形容邮票,意在说明诗人童年时代求学在外,恋家之心太切,想家之情过重,一封短短的家书怎么能取代孩子对家庭温暖的眷恋呢! 所以童年时代的诗人面对家书内容,就只能眼巴巴的发呆,似乎母亲就在眼前,伸手可及,却难以扑到母亲的怀抱。邮票之微小,衬托出母爱之博大。

"窄窄"用来形容船票颇有寓意。长大后诗人成家了,乡愁中最刻骨铭心的体验就是对爱妻的深深思念。一张窄窄的船票给亲人带来多少欢乐和幸福,又带去几多期盼和离愁! 读到此段,让人顿生柳永笔下的"关河冷落/残照当楼"、"误几回、天际识归舟"的惆怅。惟其夫妻恩爱似江海宽广,每次相聚才会觉得时间太短太短。"窄窄"的船票哪里载得下夫妻的恩爱和离愁!"我在这头,新娘在那头",那种"相见时难别亦难"(李商隐)、"举手长劳劳,二情同依依"(《孔雀东南飞》)的情境如在读者眼前。

---

① 刘真福. 文学鉴赏方法举隅. 课程・教材・教法.2007.(8)

人到中年,操劳一生的母亲永远地去了,留给儿女的只有故乡的一抔土。就是这样一座"矮矮"的坟墓,薄薄的黄土,却如无形的厚墙高壁,阴阳两相隔绝。慈母的牵挂,儿女的喜忧,尽管近在咫尺却难以相诉。这种残酷的生离死别,怎一个愁字了得!

诗人晚年在台湾教书,写作,讲学;应该说人生、事业均收获颇丰,但是诗人总是有漂泊他乡的浓重的孤独感,他在诗文中"呼喊着狂吼着黄河长江",就是"努力为自己招魂"。然而,就是那不起眼的甚至给人些许美感的"一湾""浅浅的"海峡,竟然使诗人思乡之情漫长悠远,似乎永远没有尽头。地理概念上的浅浅,反衬出台湾与大陆政治、经济、文化阻隔的深重。不妨听听诗人在《听听那冷雨》中的倾诉吧,"大寒流从那块土地上弥天卷来,这种酷冷吾与古大陆分担。不能扑进她怀里,被她的裾边扫一扫吧也算是安慰孺慕之情",面对这样的心灵道白,你眼前会出现伫立在台湾海峡一端遥望故乡的老者,其形容恰如雕塑一般。此时,令人联想到国民党元老于右任先生 40 多年前的凄怆哭喊:"葬我于高山之上兮,望我大陆 / 大陆不可见兮,只有痛哭 / 葬我于高山之上兮,望我故乡 / 故乡不可见兮,永不能忘 / 天苍苍,野茫茫;山之上,国有殇!"(《望大陆》1964 年)。

3. 整合归纳

作者用几个修饰语分别来形容诗中的几个意象,这是创造意境、表达意蕴、抒发感情的一种必要手段。诗人正是通过"小小的邮票"、"窄窄的船票"、"矮矮的坟墓"、"浅浅的海峡",以及"……在这头"、"……在那头"的对比处理,创造了少小离家别、成年夫妻别、中年生死别、晚年故乡别的生动画面,抒发了沉郁缠绵、悠远深长的离愁之情和故国之思。

● 赏析《望乡》

1. 导引切入:该首诗写的是一次边界望乡的心灵震颤过程(或叫心境),请仔细研读每一段,理出诗人当时的心路历程。注意抓住诗中奇特的意象描写,并对语言运用超出常规之处认真咀嚼品味,体会这些语言所创造的意境及其表达的意蕴。

2. 师生共同展开赏析

第 1 段——

1. 质疑:只有 2 句,"说着说着/我们就到了落马洲",表层语意只是简单交待到了目的地,但是这里有无深层语意呢? 纵观全诗可推知他们说的是什么吗?

2. 讨论解答:他们说的一定是与故乡有关的人和事,因为他们要去的是边界,是可以眺望故乡的。他们兴致勃勃地说着,不经意间就到了,反映出诗人一行对此次落马洲之行所抱希望很大。

3. 教师补充:这正是全诗内容的铺垫,是抒情的蓄势待发;希望越切,失望时越痛苦;这里可视为作者的创作空白。所谓创作空白,就是一切艺术创作中,艺术家有意或无意造成的隐蔽、残缺、中断、休止、无言、无声、无形的部分,即"笔所未到,有意所忽"之处,也就是留给欣赏者通过"有形"部分而进入想象的艺术空间。在语文课程阅读教学视域中,作家的艺术空白大体通过预设、角色、省略、隐蔽、终端、冗余、隐喻、陌生化等手段来达成。①

第 2 段——

1. 质疑:你觉得这段中哪些诗句在语言表达上不符合常规? 这样处理有何妙处?

2. 回答:有两处,"望远镜中扩大数十倍的乡愁 / 乱如风中的散发 "、"一座远山迎面飞来 / 把我撞成了 / 严重的内伤"。

3. 讨论、分析:由于诗人望乡心切,可是"雾正升起"不能及时望见故乡,因而"茫然"、"四顾",进而"手掌生汗",于是就有下面急切的动作。诗人不实写急速调整焦距放大影像的动作行为,而是写调整焦距的轻微动作带来心灵的强烈反应:乡愁被"扩大数十倍",而且"乱如风中的散发",可见乡愁何止是剪不断理还乱! 就在诗人因即将望到故乡而激动得心跳加剧的时候,望远镜头里如飞一般扑面而来的远山,使诗人一颗饱受思乡之苦的心受到了强烈的冲击。此处用"撞"、"严重"形容冲击力之大,受伤害之深;"内伤"表明这种伤害是看不见摸不着的,完全是内心深处的隐痛。

4. 总结、概括:语言的超常规表达,在诗歌创作中极为常见。清代诗歌理论家吴乔在《围炉诗话》中将诗歌抒情的一种规律概括为"无理而妙",说的是诗歌中感情抒发强烈处往往是不合事理的。这种"无理",有的表现为语法上突破常规,如"碧水惊秋,黄云凝暮"(秦观),"药炉汤鼎煮孤灯"(范成大),"清新庾开府,俊逸鲍参军"(杜甫);有的则表现为行为方面自相矛盾,如"近乡情更怯,不敢问来人"(宋之问),"抽刀断水水更流,举杯销愁愁更愁"(李白);还有的表现为大胆的夸张和想象,如"断肠人在天涯"(马致远),"晓来谁染霜林醉,总是离人泪"(王实甫)。超常

---

① 倪文锦. 高中语文新课程教学法. 高等教育出版社.2004.第 75—79 页。

规的艺术表达,往往创造出新颖而独特的意象,拓宽加深意境的意蕴,从而增强作品的艺术感染力。

第 3 段——

1. 质疑:由故国山河引起的精神痛苦使诗人恰如大病一场,这种病当然无临床表征。那么诗人用哪些富含特殊意蕴的意象来表达这种难以言状的苦痛的? 你觉得其中有哪些词语值得咀嚼品味?

2. 回答:意象有"凋残的杜鹃","禁止越界"告示牌,"白鹭";值得品味的有行为动作词语有"蹲","咯血","猛然折了回来";还有"一只"、"唯一"、"一朵"等数量词。

3. 分析效果:以上内容共同构成了凄清、孤独、失望的意境。当时诗人离开大陆已经整整 30 年了,如今只能在望远镜中重温故乡山水,诗人在无限感慨中神伤心痛。洛夫的诗素有意象奇特、表现手法繁复多变、耐人回味之称,此处有意象的跳跃转换:凋残的是杜鹃花(山上那丛),咯血的是杜鹃鸟。杜鹃鸟,又称子规,其啼声如说"不如归去",游子听其叫声往往顿生飘零之感,离别之恨。"咯血"形容其伤痛之深,与"断肠人在天涯"(马致远)、"肠断白萍洲"(温庭筠)有相同的艺术效果。这里通过意象的跳跃转换,拓宽了意境,增大了意蕴的厚度,给人以诗情回转缠绵的感染。

第 4 段——

1. 质疑:此段有三处值得思考讨论,一是你怎样理解"鹧鸪以火发音"和"冒烟的啼声"? 二是鹧鸪啼声"穿透""春寒"表达上有何特殊效果? 三是同伴"冷,还是/不冷"有何深层涵义?

2. 讨论、交流:鹧鸪又名山鹧鸪,啼声凄厉悲惨,其叫声如说"行不得也哥哥"。"火"、"冒烟"、"穿透",写出了鹧鸪叫声频率之快、声音之高,给人以声嘶力竭的感觉;"烧"与前句中"以火发音"和"冒烟的啼声"相呼应,是导致"双目尽赤,血脉贲张"的直接原因;这正是诗人"内伤"严重带来的心理和生理上的强烈反应。而同伴"竖起外衣的领子"问"冷,还是/不冷",则衬托出在场的所有望乡者都从内到外彻底冷透,此可谓心寒之至!

3. 归纳:这里又有语言的超常规表达,用"火、冒烟"的视觉形象,来描写杜鹃啼叫给人的听觉感受,是通感手法。

第 5 段——

1. 质疑:该段颇有点朦胧诗的味道,开头两句列出几个中国特有的农历节气有何用意？你喜欢"当雨水把莽莽大地/译成青色的语言"这一诗句吗？说说你的理由。

2. 师生解读：诗人用中国特有的农历"二十四节气"中的几个节气来表示时令的更迭，别有寓意。惊蛰、春分、清明、雨水是相邻的几个节气，它们都代表春天的步伐，古老的中华民族就是在这样的信号更迭中春耕，夏种，秋收，冬藏；生生不息，源远流长；同根同祖、血脉相连，这是毋庸置疑也无法改变的历史渊源！春风吹过，大地一片生命的绿色，在诗人看来，那就是中国人无声的心灵沟通的语言，所以他能听懂朋友广东的乡音。可是故乡明明是"伸手可及"，却只能抓回"一手冷雾"，近在咫尺难相诉，骨肉分离几十年，到底谁之过？此时诗人已经彻底伤心失望。

诗句"当雨水把莽莽大地/译成青色的语言"中，用"译"把大自然的更迭渐进现象拟人化了，比王安石"春风又绿江南岸"中的"绿"更添几分人类的灵性。

3. 总结归纳：诗人边界望乡时的心路历程：

近乡心切——望乡情怯——念乡心痛——思乡心寒——盼乡失望

● 赏析《一只蟋蟀》

1. 介绍有关知识 [1]

兴象——是艺术作品中没有明显的人为痕迹的意象，"兴象天然"，是无言的天籁。其构成似乎是纯粹客观的物象，往往没有明显的象征、比喻的意味，单个兴象的存在与否似乎也无关紧要，但由很多单个兴象组成的兴象群，就具有深层的意蕴。

境象——也就是通常所说的意境，是由基础层次上的意象组合而成的一个整体，它比基础性的意象在时空上更具有突破性，有强烈的宇宙感、历史感、人生感。

喻象——即通过比喻、象征的方式构置的意象，它是艺术家借助一定的艺术技巧，将客观物象按照心灵重组或变形，让客观物象成为心灵的载体而创造出来的，比喻和象征性的意象因其具有巨大的暗示性而为艺术家所喜爱。

2. 导引切入：该诗把乡愁放在广阔的民族文化背景中吟咏，诗中意象众多，内蕴深刻，组合也具巧妙。试找出其中意象的不同类别，并说说这些意象所表达的意蕴。

3. 师生讨论、交流、明确

---

[1]　王本志.《就是那一只蟋蟀》的审美意象及其组合艺术.语文教学通讯,2001.(6).

诗中的兴象:主要集中在第 2、3、4、5 段中。第 2 段中的诗经、古诗、木兰辞、姜夔词构成第一个兴象群,这是从历史发展纵向铺排展开的;第 3 段中的驿道、烽台、天井、战场构成第二个兴象群,这是从地点转换横向铺排展开的;第 4 段中的月饼、桂花、石榴果、残荷、雁南飞、草垛构成第三个兴象群,这是按照童年、中年的生活片断铺排展开的;第 5 段中的台北巷子、四川乡村、露珠、萤火、鹧鸪构成第四个兴象群,这是按海峡两岸的空间来展开的。四个兴象群中,第一、第二相互呼应,第三、第四相互照应。

诗中的境象:2、3、4、5 诗段中众多兴象,组成了四大兴象群,这就构成了全诗的四大境象。透过这四大境象,读者可以深刻地感受到中华民族沧桑的历史,广阔的河山,可爱的家园,以及血脉相连、心灵相通的情愫。这些兴象群,从时间、空间、人物角度相互对应,互为补充,构成一个由客体呈现到主体呈现,由民族的宏观到个人的微观,再到民族的宏观的抒情脉络;充分表明从古至今,我们中国有着悠久的历史文化,共同的文化积淀使生活在不同时代、不同地域的中国人,有着相同的心理和情感。这种多层次、多角度的对应,使诗人将个体的情感投射到民族的文化背景上,从而使个人的情感得到放大、升华,这就使该首乡愁诗已经大大超越了古代文人墨客得意、失意时的思乡之作的境界。这也正是三首现代乡愁诗更容易引起当代读者共鸣的共性特征。

诗中的喻象:就是贯穿全诗的蟋蟀。蟋蟀又称促织,是普通中国人都非常熟悉的小昆虫,但是诗歌中的蟋蟀已经不是一般意义上的昆虫了。由该诗小序可知,在两位诗人心目中,蟋蟀已不再受时间、空间、政治等因素的限制,它在两位诗友之间、诗人与读者之间架起了沟通的桥梁。蟋蟀就是我们中华民族生生不息的共同见证,是中国人血浓于水的感情象征。尽管这种感情有时是沉重甚至惨烈的,但却是不可磨灭的,是任何力量也隔绝不了的。

三、比同较异——评价性阅读

(一) 找出共同点

1. 主题相同。都描写乡愁,倾诉离情,表达盼望台湾与大陆骨肉不再分离的强烈愿望。

2. 体裁相同。都是现代抒情诗歌,结构形式和语言运用都比较宽松自由。

(二) 分析不同点(学生列举,教师概括)

1. 抒情方式不同。乡愁的载体各不相同,详见"整体感知"概括。

2.结构形式不同。《乡愁》用"在这头""在那头"、"在里头""在外头",构成重章叠句的复沓式结构,全诗大体押韵,且一韵到底;每段行数、句数、字数都相等,较为整齐。《一只蟋蟀》也大体押韵,一韵到底;虽然每段的诗句行数不一,但是由于兴象众多,境象广远,大量相同的句式,构成反复和排比,朗读时有酣畅淋漓之效果。《望乡》则不同,全诗除了首段只有 2 句,其他几段都是 8 句,但是每段内部诗句长短极为自由,全诗不讲究押韵。

3.用典不同。从严格意义上说《乡愁》没有涉及典故,只有塑造"夫妻别"意境时用的"窄窄的船票",赏析时可以引导学生联想李清照《武陵春》中"只恐双溪舴艋舟/载不动,许多愁",以及柳永《八声甘州》中"关河冷落/残照当楼"、"误几回、天际识归舟"等诗句,因为在写离愁别绪方面它们有异曲同工之妙。

《望乡》中不少意象涉及典故。

一是杜鹃。传说杜鹃鸟叫声凄切,啼叫时嘴里会流出血来,在古典诗歌中多用来表示凄婉哀怨的情调。如李白的"杨花落尽子规啼,闻道龙标过五溪。我寄愁心与明月,随风直到夜郎西。"(《闻王昌龄左迁龙标,遥有此寄》)为送友人营造了哀怨的氛围;白居易的"其间旦暮闻何物,杜鹃啼血猿哀鸣"(《琵琶行》)渲染了被贬后寂寞难耐的情境;李商隐的"庄生晓梦迷蝴蝶,望帝春心托杜鹃"(《锦瑟》)写出了长期积压的遗憾和伤痛;秦观的"可堪孤馆闭春寒,杜鹃声里斜阳暮"(《踏莎行·郴州旅社》)表达了诗人被贬郴州后失意凄苦的心情;而文天祥《金陵驿》中的"满地芦花和我老,旧家燕子傍谁飞。如今别去江南月,化作杜鹃带血归",不得不使读者为其壮志难酬、矢志不渝的精神境界而扼腕长叹。洛夫在该诗中用杜鹃咯血这个具有传统文化意蕴的意象,表达了自己不能回归故乡的哀怨悲苦之情。

二是白鹭。白鹭在古典诗歌中多表现为对安静、平和生活的自由向往,如王维的"漠漠水田飞白鹭,阴阴夏木啭黄鹂"(《积雨辋川庄作》),渲染了积雨天气中辋川山野一片画意盎然的景象;杜甫的"两个黄鹂鸣翠柳,一行白鹭上青天"(《绝句》),描绘了有声有色的绚丽图景;张志和的"西塞山前白鹭飞,桃花流水鳜鱼肥"(《渔歌子》),道出隐居江湖生活的娴静舒适。洛夫在这里借白鹭"飞跃深圳/又猛然折了回来",来抒发对台湾大陆和平统一生活的渴望,也表达了自己纵使插上翅膀也难回故乡的近乎绝望的悲凉之情。

三是鹧鸪。鹧鸪又名山鹧鸪,啼声凄厉悲惨,也是古诗词中经常用以表达哀怨离愁的意象。如辛弃疾的"江晚正愁余,山深闻鹧鸪"(《菩萨蛮·书江西造口壁》),

强烈地抒发了作者不能南归的悲愤之情。洛诗中鹧鸪"以火发音"和"冒烟的啼声",使诗人蛰伏了 30 年的故国之思,如潮水奔涌不能遏抑,以致被"烧"得"双目尽赤,血脉贲张",强烈地抒发了自己遥望故国时急剧沸腾、摧肝裂胆的心灵躁动。以上三个意象的使用,将历史与现实叠合在一起,既抒发了诗人的乡愁情绪,又增加了这种情怀的历史纵深感和厚重感。

《一只蟋蟀》中的意象多到组成四个大的意象群,因而其意象涉及典故和化用前人诗句的现象较多。如第 2 段中涉及典故:1. 诗经《七月》第 5 章中涉及到蟋蟀的诗句是:"五月斯螽动股,六月莎鸡振羽。七月在野,八月在宇,九月在户,十月蟋蟀入我床下。"描写的是古代生民在岁寒时节的劳作情形。2. "蟋蟀在堂"是诗经中《蟋蟀》每章的首句,该诗是一篇岁暮述怀而又乐不忘忧的诗。3. 古诗十九首《明月皎夜光》中有诗句"明月皎夜光,促织鸣东壁",这是一篇写失意之士对世态炎凉怨愤的诗。4.《木兰诗》中有诗句"唧唧复唧唧,木兰当户织。不闻机杼声,唯闻女叹息",其中"唧唧"一说为拟声词,用蟋蟀叫声,以动衬托静,突出木兰深夜心事重重、不能平静的状貌。5. 姜夔的《齐乐天》是一首咏蟋蟀的词,该词着重写思妇、行人、骚客听了蟋蟀凄凉的叫声后的感受和情怀,如"哀音似诉,正思妇无眠,起寻机杼。曲曲屏山,夜凉独自甚情绪? ……笑篱落呼灯,世间儿女。写入琴丝,一声声更苦。"

在前人诗词中出现过的有关诗句或意象,如第 4 章中的"故园飞黄叶"、"野塘剩残荷":前者可联想到范仲淹词《苏幕遮》中的"碧云天,黄叶地,秋色连波,波上寒烟翠"诗句;后者可联想到李商隐《宿络氏亭寄怀崔雍崔衮》中的"秋阴不散霜飞晚,留得枯荷听雨声"。还有"雁南飞",也是常见于古诗词曲的意象,如王实甫《西厢记》中崔莺莺唱词:"碧云天,黄花地,秋风紧,北雁南飞,晓来谁染霜林醉,总是离人泪。"又如第 5 段中的鹧鸪,在《望乡》中也出现过,前文已作分析,此不赘述。

4. 诗化语言的风格不同。《乡愁》遣词用字比较平实自然,意象明朗清新。《望乡》则多运用一些超常规搭配的语言,来创造新奇而强烈的刺激,给读者以回味无穷的余地。例如"望远镜中扩大数十倍的乡愁/乱如风中的散发":无形的"乡愁"以有形的望远镜来"扩大",用"乱如风中的散发"来形容;望远镜中的"远山"把人"撞成""内伤";以有形写无形,生动、可感。"雨水"把莽莽大地"译"成"青色的语言",用拟人、通感的手法,把视觉感受和听觉感受完全打通了、融合了,造成了清新脱俗的效果。这些语言的处理,创造了新颖的意象,拓宽了诗的意境,高度艺术化地反映了作者沉重悲苦难以言状的故国之思。《一只蟋蟀》由于通篇运用象征的艺术手法，全诗四大境象都由蟋蟀这个喻象统领起来，构成一个有机的整体。通篇使用反复、排比的修辞手法，每段都由"就是那一只蟋蟀"发端，经过"在……唱过"、"在……唱歌"的铺陈排比，将所有的意象都聚会到"蟋蟀"这个象征体上，纵横古今，循环往复，从而形成一种内在的节奏，发展到最后形成高潮。最后以"中国人有中国人的心态，中国人有中国人的耳朵"总结性地揭示了蟋蟀歌唱的深刻意蕴。

四、教师感言（意在引发学生发表个性化阅读见解）

如果说《乡愁》是一曲苏州评弹，委婉缠绵地向你倾诉着他生命中曾经历的少小离家别、成年夫妻别、中年生死别和晚年故乡别的遭遇，唱出了人世沧桑的多种况味和当下最强烈的心灵企盼；那么《望乡》就如一段当今流行的"rap"，高频率快节奏大容量地向你倾诉他的一次"近乡情怯"的意识流动过程，淋漓尽致地道出了他的故国之思、离愁别恨；而《一只蟋蟀》则更像一曲沿着远古高高低低的山涧奔腾不息的泉水之歌，通过古今蟋蟀的声声不绝，唱出了中华民族文化同根、血脉相连，时空距离终究隔不断心灵融合的真理；全诗的感情基调厚重而更兼自信和乐观。

（本文发表于《语文教学研究》2008 年第 6 期）

古代人名、字、号、谥号面面观

——古代文化常识探究性学习活动设计

　　语文课程特殊的育人功能,决定了语言文字、文学、文化是语文教科书不可分割的有机组成部分,文化内容是高中阶段中、后期学习的重点,当前已经通过了国家教育部审批的"人教板"、"苏教版"、"语文版"、"山东版"、"粤教版"五种高中语文实验教材,都通过不同的途径和方式突出了这一要求。如"人教版"普通高中课程标准实验教科书(必修)·语文每册都有一个"梳理探究"部分,它实际上就是一些语文专题活动,如第一册:优美的汉字;奇妙的对联;新词新语与流行文化。第二册:成语—中华文化的缩微景观;修辞无处不在;姓氏源流与文化寻根。第三册:交际中的语言运用;文学作品的个性化解读;语文学习的自我评价。第四册:逻辑和语文学习;走近文学大师;影视文化。第五册:文言词语和句式;古代文化常识;有趣的语言翻译。这些专题活动大体可分为两类:一类是侧重于对学生以前语言、文学、文化等方面所学过的内容进行梳理,以便于在积累基础上进行巩固和整合;另一类是专题研究,主要在于引导学生自主思考、拓展探究一些问题,从而培养创新精神和实践能力。

　　本活动主要根据人教版《普通高中课程标准实验教科书·语文(必修五)》中"梳理探究"之二"古代文化常识"的内容进行设计,力图兼具上述两方面特点,即既有巩固整合性内容,又有拓展探究性特征。

　　[活动目标]

　　1. 引导学生在长期积累古代文学常识基础上,对有关作家作品知识进行归类整合,在梳理探究中巩固知识,提高探究性学习能力。

　　2. 在品味古代学者名人的名、字、号、谥号的用字中,积累词汇,增强对词语的理解和运用能力,感受祖国语言文字的丰富多彩,体会中华文化的博大精深、源远流长。

3. 进一步领会古代仁人志士的人格理想和价值追求,在文化品味上受到感染熏陶,追求高尚情趣,提高道德修养。

[内容及步骤]

一、学生梳理课本所提示的内容,初步了解古代人姓名、称谓的常见规律。

二、学生对古代人名、字、号、谥号的规律进行拓展探究。

(一) 具体要求

1. 把课内外读过的古代诗文作者的身份及名、字、号、谥号写下来。

2. 对这些人名、字、号、谥号的用字进行梳理、分析、诠释。

3. 把名、字、号之间有联系的人按朝代先后顺序列举出来,并加以归类。

4. 找出谥号与庙号、年号的区别。

(二) 实施建议

1. 组成活动小组,分工合作;分组形式及任务分配,由全班商定。

2. 小组内再进行责任分工,分工依据由组内成员商定。

3. 查阅、搜集资料范围:课内外所读文本与其他资料相结合。

(三) 活动时间

课前准备:根据分工情况自行安排时间;课堂展示总结:2 课时。

三、小组展示梳理探究成果

四、师生总结归纳,共建相关知识

名,古代人出生 3 个月由父母或祖父母命之;男子 20 岁行加冠礼、女子 15 岁行笄(别头发的簪子)礼,表示已经成人,应该受到尊重,于是再由父母或祖父母另起一个称呼,这就是"字";名与字,大多互为表里,故又称字为"表字"。

(一) 名、字之间的关系

1. 意义相同或相近

孟子(战国时思想家、政治家、教育家)——名轲,字子舆。轲,本义为一种车:接轴车;舆,车上载人载物的部分。"轲"与"舆"都与车有关,意义相近。

屈原(战国时爱国诗人)——名平,字原;又自称名"正则",字"灵均"。平:平坦,引申为公平、平均,与"原"、"正"、"均"意义相近。

班固(东汉史学家、文学家)——字孟坚。"坚"与"固"意义相近。

曹操(三国时政治家、军事家、诗人)——字孟德。操,操守、品德、品行。"操"与"德"意义相同。

曹丕(三国文坛领袖)——字子桓。丕,有"大"、"宏大"义;桓,古代立在驿站、官署等建筑物旁作标志的木柱,后称华表,有威武宏大义。"丕"与"桓"意义相近。

曹植(三国魏诗人)——字子建。"植"与"建",都有竖起、树立之义。

诸葛亮(三国蜀汉政治家、军事家)——字孔明。孔,有"甚"之义,"甚明"即为"亮"。"亮"与"明"同义。

陶渊明(东晋诗人、文学家)——名潜,字元亮。"明"与"亮"同义。

钟嵘(南朝梁代文学批评家)——字仲伟,(峥)嵘,山势高峻,与"伟"都有高大、壮美之义。

高适(唐代边塞诗人)——字达夫。适,到……去;达,到达,通达。"适"与"达"意义相近。

杜甫(唐代伟大现实主义诗人,世称诗圣)——字子美。甫,古代在男子名字下加的美称,后常用于人的字,有时用"父"通"甫",如"余弟安国平父,安上纯父"(王安石《游褒禅山记》)。

孟郊(唐代诗人)——字东野。郊,上古时代国都城外百里以内称"郊",后泛指城外、野外,"郊"与"野"意义相近。

李煜(五代时期南唐后主)——字重光。煜,光耀。"煜"与"重光"意义相近。

曾巩(北宋散文家)——字子固。巩,本义为用皮革捆东西,引申为坚固、巩固。"巩"与"固"有相同义。

秦观(北宋词人)——字少游。观,看、观赏;游,游玩、游览。"观"与"游"意义相近。

陆游(南宋爱国诗人)——字务观。(同上)

梅尧臣(北宋诗人)——字圣俞。尧与舜是传说中上古贤明君主,后"尧舜"泛指圣人。"尧臣"与"圣俞"意义相关相近。(其诗《鲁山行》入选人教版义务教育课程标准实验教科书·语文八年级上册)

辛弃疾(南宋词人)——字幼安。"弃疾"则为"安"。意义相通。

白朴(元代戏曲家、词人)——字太素(一字仁甫)。素,未染色的丝;朴,未加工的木材,引申为质朴、淳朴;"朴"与"素"意义相近。

高启(明代诗人)——字季迪。启,开、打开;迪:有开导、引导义。"启"与"迪"意义相近。(其诗《登金陵雨花台望大江》入选语文版普通高中课程标准实验教科书·语文必修三)

2. 意义相对或相反

王绩(初唐诗人)——字无功。"绩"与"无功"意义相反。(其诗《野望》入选苏教版义务教育课程标准实验教科书·语文八年级上册)

韩愈(唐代文学家)——字退之。愈,胜过、更加;与"退"意义相反。

3. 名与字形体上相关

吴敬梓(清代小说家)——字敏轩,一字文木。梓,一种树木。"梓"与"木"意义相关,字形也有联系。张璐(清朝医学家)——字路玉。曹邺——字业之。

4. 名与字共用一个语素

李白(唐代伟大浪漫主义诗人,世称诗仙)——字太白。杜牧(晚唐著名诗人)——字牧之。睢景臣(元代散曲家)——字景贤。宋濂(明初散文家)——字景濂。冯梦龙(明代文学家、戏曲家)——字犹龙。

(二) 别号的类型

"号",是古代人成年后在社会上有一定的成绩或名望时,又另起的一个称号,故又叫"别号"。别号有时由自己起,表达自我期待和志趣追求,称"自号";有时是别人根据其为人或生平事迹加以概括而形成号,表达世人对他的颂扬或尊敬。

1. 与人格志向有关

陶渊明(略)——自号"五柳先生",源自其自撰小传《五柳先生传》;表达了安于贫困、自得其乐的高洁志趣。世称"靖节先生",称颂他"不为五斗米折腰"淡薄名利的脱俗人格。

欧阳修(北宋史学家、文学家)——号醉翁,表达"醉翁之意不在酒,在乎山水之间"的人生境界。晚年自号"六一居士",自解缘由:"吾家藏书一万卷,集录三代以来金石遗文一千卷,有琴一张,有棋一局,而常置酒一壶;以吾一翁,老于此五物之间,是岂不为'六一'乎?"

贺知章(唐代诗人)——自号"四明狂客",四明,是其家乡地名(浙江境内);狂客,因"性放达,好饮酒,善狂草"而自号。

陆游(略)——字务观,号放翁。"务观",体现了他饱读诗书、探奇览胜、亲历战乱、身杂老农间——"年来诗料别,满眼是桑麻"(陆游《倚仗》)丰富的人生经历;又因"不拘礼法",同僚"讥其颓放",他索性自号"放翁"。

马致远(元代戏曲家)——号"东篱"。其晚年隐居田园,过着"酒中仙,尘外客,林间友"的生活,这与陶渊明"采菊东篱下,悠然见南山"宁静、致远的志趣相近。

李渔(清代戏曲理论家、作家)——字笠翁,晚年自南京移家西湖,因自号"湖上笠翁"。从其名、字、号中,可透视出柳宗元诗"千山鸟飞绝,万径人踪灭。孤舟蓑笠翁,独钓寒江雪"的意境,暗示着"钓胜于鱼"的人生态度和精神追求。

2. 与对其影响较大的地方有关

李白(略)——号"青莲居士",因其幼年生活在四川彰明县的青莲乡。

白居易(唐代大诗人、文坛领袖)——晚年号"香山居士",因其晚年定居于洛阳的香山。

杜牧(略)——号杜樊川,因晚年居住在长安城南其祖父留下的樊川别墅中。

王安石(北宋政治家、文学家、思想家)——晚号"半山",因其晚年在金陵(南京)钟山的半山上筑室定居。

苏东坡(北宋大文学家、书画家)——号"东坡居士",因谪居黄州时筑室东坡而自号。

辛弃疾(南宋词人)——号稼轩,因其曾寓居江西上饶筑带湖稼轩。

姜夔(南宋词人、诗人、音乐家)——号"白石道人",因其曾寓居在浙江吴兴苕溪白石洞近旁。

袁枚(清代诗人)——号简斋,别号"随园老人",因 33 岁退职定居南京,在小仓山筑园林号"随园"。

(三)谥号的渊源及发展

1. "谥号"

又称"谥",是古代帝王、诸侯、卿大夫、高官大臣死后,朝廷根据他们的生平行为给予的一种称号,用以褒贬善恶。用于谥号的是一些固定的字,这些字被赋予特定的含义,大致可以分为三类:(1) 用于表扬。经纬天地曰"文";布义行刚曰"景";威强睿德曰"武";柔质慈民曰"惠";圣闻周达曰"昭";圣善闻周曰"宣";行义悦民曰"元";安民立政曰"成";布纲治纪曰"平";照临四方曰"明";辟土服远曰"桓";聪明睿智曰"献";温柔好乐曰"康";布德执义曰"穆"。(2) 用于批评。乱而不损曰"灵";好内远礼曰"炀";杀戮无辜曰"厉"。(3) 用于同情。恭仁短折曰"哀";在国遭忧曰"愍"(悯);慈仁短折曰"怀"。

上古谥号多用一个字,也有两个字的,如:周平王、郑武公、赵孝成王。后世除皇帝外,谥号大多用两字,如诸葛亮:<u>忠武</u>侯;岳飞:<u>武穆</u>王;左光斗:<u>忠毅</u>公。

取谥号一般在下葬之时,也有死后一段时间才追赠的,这叫"赠谥"或"追谥",

如张溥《五人墓碑记》中道周顺昌（谥号"忠介"）死后"赠谥美显，荣于身后"。

2."私谥"

谥号的涵义后来有所发展，除了朝廷给谥号外，一些有名望的人死后，其亲友也会根据其生前情况赠给一个谥号，这叫"私谥"。如陶渊明的谥号"靖节"即为私谥。世称"靖节先生"，称颂他"不为五斗米折腰"淡泊名利的高尚人格。

3. 谥号与庙号、年号

唐代以前，对已殁的国君，多称谥号，如梁惠王（名罃）、齐桓公（姜小白）、汉武帝（刘彻）、隋炀帝（杨广）。唐代以后则多称庙号。庙号兴起于汉代，有公德的皇帝都有庙号，称"祖"曰"宗"。每个朝代的第一个帝王，称为太祖、高祖、或世祖；以后的嗣君多称太宗、世宗、仁宗、高宗等。如唐高祖（李渊）、唐太宗（李世民）、宋太祖（赵匡胤）、宋仁宗（赵祯）。唐以后也有庙号、谥号兼称的，如唐玄宗（庙号）李隆基，亦称唐明皇（谥号"明"）。庙号后来渐趋泛滥，不管有无公德，几乎无帝不"宗"了。

年号，是帝王纪年的名号，始于汉武帝。每一个朝代每一个新帝即位，都必须改换年号，称此为"改元"。改元多的皇帝，一生中有过十几个年号，但也有的皇帝自即位到离位或去世，只用一个年号；明清两代的皇帝就是这样，因此人们一般不称他们的谥号、庙号，而习惯用其年号代称。如，朱洪武（年号），即指明太祖（庙号）朱元璋；康熙帝（年号），即指清圣祖（庙号）爱新觉罗·玄烨。同样，雍正帝，即清世宗爱新觉罗·胤禛；乾隆帝，即清高宗爱新觉罗·弘历。

五、迁移体验

名、字、号、谥号是我国独特的语言文化现象，其中选"字"、择"号"的习惯一直延续到近现代，如梁启超，字卓如，其号"饮冰室主人"出自《庄子》的典故："我朝受命而夕饮冰，我岂内热欤？"；鲁迅，名樟寿、树人，字豫才；茅盾，名德鸿，字雁冰。同学们想给自己起一字或号吗？请根据自己的积累，或翻阅词典选几个你喜欢的词，推敲含义，选定能表现你个性和精神追求的字词，叙述选择的过程和原因。（略）

（本文发表于《语文建设》2005 年第 12 期）

教学要有精、气、神

传统教学中提倡的教师教学要有"精气神"，是指教师具有那种情感的升腾和冲动，极富感染力的语言和传神的情态。这里所指的"精""气""神"，是指在新的教学观、教师观、学生观指导下，教师对课堂教学的追求。

精：精当的目标、精选的内容、精心的设计

精当的目标：教学目标是教学活动的一大支柱。目标精当，就能避免教学的盲目性。精当的教学目标，要具备定向功能、强化激励功能、适应功能和评价功能。教学目标的精当还体现在：1. 综合化。即兼顾目标的各个组成部分，如三维度目标中的"知识和能力、过程和方法、情感态度和价值观"都要体现；还要有所侧重，根据教材内容特点科学分配三个维度的比重，不可面面俱到，平均分配。2. 系统化。目标设置既要符合"课程标准"中"总目标"要求，又要体现现阶段、本章节的具体目标定位，避免广度和深度上出现随意性和盲目性。3. 行为化。教学目标是晓之以师生：学生要学习什么、学到什么程度。因此目标的行为主体是学生；行为动词要具体明确，易理解、可测量、便于评价。

精选的内容：教学内容主要指教科书，广义的还应该包括参考资料、作业练习及其他辅助资料。对教学内容的精选表现为：1. 抓住主要内容，即指向教学、教育、发展任务的内容。2. 挖掘独特内容，即能收"举一反三、触类旁通、牵一发而动全身"效果的内容。3. 不放过深奥之处，即对于较重要而又难懂之处，教师作精细讲解，要抓住重点、突破难点、解决疑点。4. 适时补充相关内容，围绕教学目标，紧扣教学内容，结合一些政治、经济、文化、科学技术等热点问题教学，建设开放而有活力的课程资源。

精心的设计:教学设计包括目标设计、导语设计、板书设计等多方面,这里主要谈谈教学程序设计。一要选好教学的突破口(切入点)。以语文教学为例,可以从另拟题目入手;可以从概括课文入手;可以从复述入手。如宁鸿彬教学《七根火柴》前,说:假如有一座博物馆叫"红军博物馆",假如你是该馆的一名讲解员,假如你负责讲解的展台上有六根火柴,请你以讲解员的身份,用讲解员的口吻,向前来参观的人们介绍这六根火柴的来历。[①] 用上述方式介入课文学习,可收激趣效果。二要精心设计提问。仍以语文教学为例,提问的角度可以是:1. 在关键的内容处;2. 在内容的矛盾处;3. 在内容的对比处;4. 在语句的重复处;5. 在细节描写处;6. 在语言深刻蕴含处;7. 在不解决就难以读懂处;8. 在学生不经意却是教育教学不可忽略处;9. 在字面背后还另有深层涵义处;10. 在对称照应处;11. 在总结概括处;12. 在象征性语句处。

气:民主的气氛、生活的气息、创新的气魄

民主的气氛:新课程的教学观、学生观,决定了师生之间的关系是新型的民主平等关系。教师在课堂上的角色是"平等中的首席"。针对教学内容,师生敞开心扉,倾听接纳,坦诚相待;学生人人参与,突出主体,表现个性,展示创造性。师生在如沐春风、其乐融融的气氛中,通过分享彼此对教材的思考、经验、情感、体悟甚至困惑和疑虑,从而达到共识、共进、共发展的境界。

生活的气息:新课程理论强调,"课程"是教师、学生、教材、环境四个因素的整合。课程不仅指"文本课程",还包括"体验课程"。新课程在内容上,改变过去"繁难偏旧"和偏重课本知识的现状,加强与学生生活的联系,与现代社会、科技发展的联系,重视贴近学生学习的兴趣和体验;学生学到的是终身发展需要的知识、技能和人格素养。从杜威的"教育即生活,学校即社会"到陶行知的"生活即教育,社会即学校",都强调了教学与生活的重要关系。因此在教学中,要引导学生走近生活,观察社会,体悟人生,帮助学生形成乐观开放、勇于竞争和善于合作的人生态度。

创新的气魄:知识经济呼唤创新人才,素质教育的最高目标是培养创新人才。教学中,教师要有培养创新人才"舍我其谁"的责任感和气魄,学生也要有"敢为天下先"的自信和勇气。心理学家吉尔福特根据研究得出,创造性人格有如下特征:

---

① 关鸿羽.提高教育教学质量的策略与方法.北京:中国和平出版社,2000:36.

有高度的独立性和自觉性;有旺盛的求知欲;有对事物深究的强烈动机;善于观察,知识面广;工作追求准确与严格;有丰富的想象力;富有幽默感;意志品质出众,能长时间专注于感兴趣的问题之中。① 可见创造性不是可望而不可及的,是可以培养的。教学中首先要立足个性差异,培养求异思维;切忌求同过多,遏止学生的独特性、创造性。其次要灵活运用教材,积极诱导启发。重视设疑、启疑,因为没有提问,就没有回答;而一个好的提问比一个好的回答更有价值。再次要创设宽松环境,鼓励创新精神。创造学研究表明:荒唐和越轨往往是创造性的萌芽阶段。青少年独特的心理特点,决定了他们天真直率、敢想敢说,乐于独辟蹊径,却容易挂一漏万,缺乏严谨。教师要细心呵护这些宝贵的创新性表现,因为学生脆弱的自尊心会使它稍纵即逝。另外,教师要掌握新课程科学的评价标准,不据统一标准判成绩,不惟分数多少论高低。创造性如种子,它需要一定的环境,即良好的土壤、适宜的气候、科学的灌溉、合理的施肥、精心的培养;只有这样,它才能生根发芽、开花结果。

神:形象要精神、讲授要传神、听课要入神

形象要精神:这里主要指教师在课堂上的精神风貌。课堂上教师是学生注视的中心,其言行举止、音容笑貌具有鲜明的直观性,直接影响学生的学习心理。因此教师的精神面貌应该神采奕奕、亲切自然。切忌无精打采、拘谨单调、拖沓慵懒。

讲授要传神:美国心理学家奥尔波特经过多年研究得出:人们之间交流的效果,7%来自言辞(文字),38%来自语调,而55%来自表情。② 一般情况下,老师讲授的内容都是重要而难懂的问题。讲授要达到传神效果,要从以下几方面努力:1.提高语言表达能力。教学语言要简明、规范,抑扬顿挫、富有节奏感,形象生动、富有幽默感;2.增强教学非言语表达艺术。一要发挥"类语言"的积极效果。类语言指无固定语意的发声,如笑、哭、叹息、呻吟、咳嗽等。教学活动中不可忽视笑声的作用。善意的笑,是师生关系和谐的润滑剂;幽默的笑,是营造宽松氛围的催化剂;会心的笑,能取得微妙的褒贬效果。二要恰当运用手势。教学中的手势按其构成方式和功能可分为:象征性手势;会意性手势;指示性手势(指定发言对象应以手掌

---

① 曹明海.语文教育智慧论.青岛:青岛海洋大学出版社,2001:120.
② 关鸿羽.提高教育教学质量的策略与方法.北京:中国和平出版社,2000:64.

向前做邀请姿势,不可用手指做点戳状);强调性手势;描述性手势;评价性手势。三要善于使用面部表情。做到① 自然:使学生看到教师表里如一的真实形象,以赢得充分信任。② 适度:嬉笑而不失态,哀痛而不失声。③ 温和:教育心理学研究表明,当教师在课堂上的表情温和、亲切、平易时,师生间的角色差异给学生造成的心理压力就会减少甚至消失。因而学生接受信息的灵敏度会大大提高。①

听课要入神:学生如果对课堂内容产生了浓厚的兴趣,他的注意力就会高度集中,此所谓"入神"。课堂教学要以高水平、高质量来吸引学生精力的高度投入,而不是靠管、卡、压手段威逼学生进入所谓的最佳状态。值得注意的是,学生注意力高度集中的表现是多种多样的:有的跃跃欲试,有的屏气凝神;有的起身发言,有的低头深思;有的与老师思路一致,有的却与老师背道而驰。研究并掌握"入神"的种种状态,目的是要避免追求课堂的虚假"繁荣"。如教学中师生的"对话",有的教师就误解为:对话就是交谈,对话越多越好,对话就是求同等。于是课堂上出现了师生高频率问答的"活跃气氛",而仔细琢磨所问答的内容,就会发现其中很少有能够撞击学生思想火花、促进学生思维发展的内容。因此要杜绝教学中的形式主义,就要重视每一节课、每一个教学环节、每一个教学因素的科学处理。

---

① 关鸿羽.提高教育教学质量的策略与方法.北京:中国和平出版社,2000:66.

怎样评判一节语文课

在新课程背景下，语文课究竟该怎么上？好课的标准是什么？随着新课程的不断推进，有关该问题的讨论越发热烈，其论述见仁见智，可谓"横看成岭侧成峰"。有人甚至说：从感觉上看，语文老师觉得好、区县领导觉得好、学生认为好的课，就是好课；从效果上看，实用的、禁得住分析和考问的课，就是好课。当前新课程的评价体系尚未完善，学科教学评价标准也有待于在讨论探究中构建，评课的标准很难统一，很多评课标准不好操作借鉴。一线教师上课常遇到"踩不着点儿"的尴尬，比如快乐于"活教活学"的同时，又痛苦着"顾此失彼"、完不成教学任务。因此如何客观地评课，对正确引导教师实施新课程有着重要的导向作用。本文从"课程意识"、"角色意识"、"问题意识"几个共性要求的具体体现着手，结合高中新课程实验中出现的情况，谈谈怎样评判一节语文课改课。

一、对"用教材教"课例的质疑

新课程的教学观要求教师强化"课程意识"，积极发挥教师、学生、教材、环境四个因素的作用。主张把教材当作一个教学的凭借，不拘泥于教材，表现为"用教材教"而不是"教教材"。即要求教师因"校"制宜、因"班"制宜、因"学生"而异地处理教材。课堂教学应该立足现状，利用校本资源，突出班级特色，充分彰显师生的个性和优势，让每一个学生都获得个人意义上的成功。新教材的多样性、选择性，解决问题思维的多层次、多角度，问题答案具有开放性等特点，都为师生的个性化阅读和创新性理解提供了可能。从这个意义上说，按部就班、照本宣科、亦步亦趋的课，不是好课。

但是在"用教材教"的教学实践中，往往出现架空文本、冷落文本、甚至完全曲解文本的极端想象。例如广东省一个高中新课程实验课例《说数》:第一环节,整体感知。师生用很短的时间,从课文中概括出两句话(板书):热爱——发现美;修养——领悟美。接着第二环节,练习仿写"数"诗。学生针对"平行线"、"无穷"、"小数点"等数学名词抒情言志;几个学生展示自己的诗作后,老师宣读了"下水作",将该环节推向高潮。第三环节,拓展延伸。老师启发学生回忆含数字的古诗句,如"二十四桥明月夜"、"七八个星天外……"、"一去二三里……"、"两个黄鹂鸣翠柳……"等等。还让学生根据数字填写成语,如 2345679——缺衣少食(缺"一"少"十",谐音)。应该肯定,该课在提高学生语文素养方面的效果是明显的,因为在课堂上学生的想象和联想以及语言表达能力得到了训练,思维获得了发展;情感态度目标"只要热爱生活,就容易发现美;只有具有修养,才能够领悟美"也得到了体现。但是,《说数》课文却在一定程度上被架空了,文本中所说的"数",美在哪里? 作者是如何揭示这些美的? 课堂上几乎未作研习。没有文本研习的过程,迁移、体验、拓展,往往导致"另起炉灶"。试问,该课内容设计,与《说数》何干? 文本充其量起一个引起话题的作用;那么撇开课文,从任何一个角度都可以引出关于"数"之美的话题和"数"诗的写作训练。

再如教学《愚公移山》,有人根据新课标提倡的"学习从历史发展的角度理解古代作品的内容价值,从中汲取民族的智慧;用现代观念审视作品,评价其积极意义与历史局限",启发学生进行开放式思维:1. 从环境保护角度,提出让愚公搬家,保持生态平衡;2. 主张开发旅游,让愚公们都富起来;3. 愚公对"其妻献疑"、"智叟问难"置之不理,说明愚公不民主,听不得不同意见;4. 针对"寒暑易节,始一返焉",讨论工具落后、速度太慢问题。这种"开放式阅读",笔者不敢苟同。《愚公移山》以寓言的形式,把中华民族脚踏实地、艰苦奋斗、百折不挠的精神,通过愚公典型形象折射出来,以弘扬民族优秀传统。而上述课堂教学处理,完全视"寓言"这种文学体裁于不顾,还津津乐道为"走出阅读教学的封闭圈",可以说完全曲解了新课程所指出的理解和评价古代文学作品的根本方法,也不符合"用教材教"的精神实质。

无独有偶,有学生在阅读《鹬蚌相争,渔人得利》过程中质疑:既然鹬的嘴被蚌钳住了,它怎么能讲话呢? 执教老师认为这是课堂上出现的"无法预约的精彩",于是暂停预定教学内容,引导学生展开热烈的讨论。该案例同样犯了忽略"寓言"体裁的错误,正如阅读《小马过河》要质疑"马怎么会说话"一样荒谬。在实施新课程中,诸如此类的曲解"用教材教"的课堂教学不乏其例,如教学《叫三声夸克》:花大量时间让学生搞清相关物理知识;阅读《米洛斯的维纳斯》,引出众多艺术领域的不同历史时期的审美理念;学习《桃花源记》,把重点放在"桃花源"是否真实,或探究"桃花源"究竟在哪里上。

对文本的个性化解读、创新性理解,其前提是立足文本;"有一千个读者就有一千个哈姆雷特",尽管千差万别,但毕竟还是"哈姆雷特",而不会是"李尔王";"用教材教",毕竟还要"凭借"教材,否则导致随意性和盲目性。把握教材精髓而又不拘泥于教材,是值得肯定的;但是,不顾文本的基本意义,冷落教材、架空教材,甚至完全背离文本的宗旨,随心所欲地曲解文本,是要予以否定的。因此,无视文本、天马行空、任意发挥的课,也不是好课。

二、关于"平等中的首席"角色的透视

新课程要求教师从心灵上打破自身传统意义上的权威地位,努力适应"平等中的首席"这一角色定位。前年在一次研讨会上听了一位知名教师的新课程研讨课,课题是李白的《将进酒》,课堂上尽管这位教师自己激昂慷慨,声情并茂,将诗人"由悲而欢、由欢而狂"的情怀,传达到极致,可是学生(高二)却绝大多数低头听讲、记笔记,根本未能走进诗人的心灵世界,当然也始终未被诗情所"感动"。该教师无奈地多次要求学生"抬头看着老师",但学生还是无动于衷,更多的像观众似的观赏老师的"表演"。课堂出现这样的尴尬局面,可能与异地借班上课不无关系,但我以为主要原因还在于,教师过多地展示自我优势,掩盖了学生的思考、探究的过程。该课教师显然把自己当"主角"而非"平等者中的首席"。作为语文教师,在朗诵、书写、表演等许多方面有超过学生的地方,往往善于展示自己的才艺,过多地发挥示范作用,反而让学生遭遇"闲置",乃至因"自惭形秽"而产生不自信心理。有的教师为了避免课堂"冷场",或完不成教学任务而越俎代庖,把课堂教学变成教师的"表演剧",学生只是"道具"而已,切实的收获却寥寥无几。

毋庸置疑,课堂教学中"学生的成功感"重于"教师的成功感。如果教学中教师的"光辉"掩盖了学生的"灿烂",这样的课是不该予以肯定的课。

课堂上如果教师只考虑教学环节是否一一落实,课时计划是否有序地完成,板书是否完整;而不去考虑学生学得怎样,收获多少,效率高不高;这样的教学过程是有"教"无"学"的过程。这样的课堂关注的是教师的成功感,而不是学生的成功感。当然教师追求课堂的成功感无可厚非,但教师的"成功感"应该通过学生的"成功

感"来折射,学生没有成功,教师何言成功? 课堂上学生的"成功",内容丰富、形式不同:或得到教师的有效点拨,习得新知;或解决了一个有价值的问题,甚或发现一个老师也未发现的问题;或增进了交流体验,拓展了想象思维;或者是触动了心灵感悟,产生从未有过的审美感受;或陶冶了性情、提升了人格、改变了价值观、净化了人生观等等。

江苏特级教师唐江澎在新诗鉴赏课上,指导学生阅读堪称现代文学史上的朦胧诗《断章》("你站在桥上看风景,看风景的人在看你。""明日装饰了你的窗子,你装饰了别人的梦"——卞之琳):教师在学生小组间随意地走动着,平静地提着要求:该诗说的什么故事? 它给人什么启发? 接着似乎不经意地融进了学生的阅读和思考中,并不时地提些问题:"你"是谁? "看风景的人"是谁? 说说两个"风景"的涵义……整个教学过程没有热闹的气氛和情感的高潮,教师的话并不多,但是在丝丝入扣的点拨引导、深思探究中,完成了对诗意的多角度、多层次的解读。学生不仅获得了审美愉悦,更主要的是在如何读诗品诗,乃至动笔写诗方面,受到了很大的启发。唐江澎老师是位演讲高手,但他在执教演讲稿《不自由,毋宁死》("苏教版"高中实验教材必修四)时,仍然让学生充分展示自己对文本的理解,教师则根据学生模拟演讲的情况,对上台的动作礼仪、心理上的从容自信、语调的处理和情感的抒发,甚至动作手势的设置,一一作耐心的指导,学生通过反复训练和模拟,增加了对文本的理解和把握,也提高了演讲能力。课堂教学应该让学生获得实惠:获得了知识、能力,掌握了方法、规律,发展了智慧、提高了素养。课程专家叶澜说过:把课堂还给学生,让课堂充满生命的活力;把班级还给学生,让班级充满成长的气息;把创造还给教师,让教育成为充满智慧的事业。

"平等中的首席"之"首席"的意义在于:把好课堂教学的脉搏。表现为:

1. 妥善解决"气氛活跃"与"课堂秩序"的矛盾。课堂上学生主体性得到凸显,个性得以表现,创造性获得解放;课堂氛围可谓"活跃"。可是"活跃"往往容易与课堂秩序相悖逆。教师要有处理课堂"旁逸斜出"现象的机智,能使课堂教学在既"活跃"又"有序"的氛围中进行。发挥组织者、引导者的积极作用,随时扭转课堂讨论中的"话语霸权"现象,防止学生"活跃"与"缄默"两极分化的加剧。

2. 正确处理"用教材教"与"脱离文本"的矛盾。例如,当有学生提出"愚公为什么要不自量力去移山,把家搬了不就得了?"的问题时,教师首先应该肯定学生逆向思维的积极意义:生活中许多事情退一步则海阔天空,换个角度就柳暗花明。要改变面山而居、生活诸多不便的处境,确有"搬家"和"移山"两种办法,但因为我们民族有安土重迁习惯,也因为愚公毕竟是"愚公",所以他就选择了"移山"。对学生的逆向思维赞赏之后转换话锋,引导学生讨论:愚公移山的举动中有无积极意义? 这样就自然涉及到愚公形象的意义以及"寓言"这种文学体裁的特点。

还有一个不容忽视的问题,就是课堂上教师要洞悉学生"多元反应"中的情感态度和价值取向,关注学生"说真话,抒真情"所反映出来的心理不健康,或人格的低级趣味等现象,以便作适时引导和纠正。切不可纠正了"牵牛式",却又走向了"放羊式"。

3. 客观对待"自主探究"与"课时任务"的矛盾。改变被动接受、死记硬背的学习方式,实行自主、合作、探究的学习方式,学生的思维被激活后,疑问明显多了,问题的质量也会提高,有的问题还很棘手,讨论的时间也就长了,于是往往完成不了当堂教学任务。解决上述矛盾,可以从以下几方面入手:首先,要明白不是课课、时时都要用"自主、合作、探究"的学习方式,得根据教学内容需要灵活运用,必要的呈现、讲解,教师尽可大胆去做。其次,对那些始料未及的问题,教师要快速进行梳理,作出反应:或纳入,或舍弃,或作为课后作业处理;不必拐弯抹角,搞迂回战术,浪费时间;当然,教师的语言要机智幽默,不可挫伤学生的自尊心和积极性。第三,教师要有"知之为知之,不知为不知"的胸怀和境界,勇于在学生面前袒露自己的不足。第四,要解放思想,与其面面俱到、隔靴搔痒,不如突出重点、不及其余。"伤其十指,不如断其一指。"

例如江苏高中新课程实验课例《金岳霖先生》(汪曾祺)、《亡人逸事》(孙犁):课堂设计为两大环节:其一,建构细节之美及赏析的方法;师生概括出语言、动作、情态、肖像几个角度;其二,赏析两篇课文的细节之美;教师引导学生围绕以上几个角度找出两文中的细节描写,并进行欣赏。这是"苏教版"高中语文实验教科书必修二的第四个专题"慢慢走,欣赏啊"中的两篇文章,执教者根据高中新课程"模块"、"专题"的特点,采用"捆绑"式教学模式,将两篇回忆性散文放在一节课中,贯通起来阅读,抽取两文的共同点"细节描写"来集中研习,突出了"学会鉴赏意境美、细节美、情节美、环境美和人物性格美"的专题教学目标。至于两文在选材立意、谋篇布局、遣词造句方面的各自特色,则不在课堂上研究。

总之,盲目无序、少慢差费的课,是要彻底摒弃的课;而有特色、有创新、有突破的课,是瑕不掩瑜的课。

三、"问题意识"与"伪问题设计"

素质教育要求改变传统的"重知识传授轻能力培养"的课堂教学模式,倡导以问题为纽带的教学,化结果为过程的教学,培养学生的问题意识。语文学科"工具性和人文性统一"的性质特点,决定了语文教育既是标准的、统一的、具有一定理性的教育,又是多样的、个性化的、更具感性的教育。因而语文课堂教学中注意激趣、质疑和引导学生发现、创新,具有得天独厚的条件。

例如《荆轲刺秦王》可谓传统名篇力作,其故事情节及荆轲形象意义,不难为学生接受。但是值得探究的问题很多。比如,(1)文中荆轲自己解释刺杀秦王失败的原因:"事所以不成者,乃欲以生劫之,必得契约以报太子。"可是在有关诗文中却道荆轲不成功,与其剑术不精有关;请根据课文的情节描写来判断荆轲说法有无真实性;(2)荆轲究竟是救国于危难之际的英雄,还是"为知己者死"的封建之"士"?抑或为施行暗杀手段的恐怖分子?结合课文及相关历史资料,谈谈你的看法。这样的教学环节设计,体现了从新课程的发展目标定位:即落实"思考·领悟"的目标,应该立足于对文本语言的品味,从而养成独立思考、质疑探究的习惯,增强思维的严密性和批判性。又如元代散曲杰作《高祖还乡》(睢景臣)可谓思想内容和艺术形式上的"新奇"力作。教学时如果从究"新"探"奇"切入课文学习,应该算是"抓住了牛鼻子"。但是仅仅理解作品本身的"新奇"还不够,毕竟作品是时代的产物,睢景臣的观点并非历史"定论"。一代帝王汉高祖,英雄乎?无赖乎?抑或瑕瑜互见乎?其千秋功罪任评说。让学生结合课外阅读,广泛搜集资料,形成自己的观点,然后把自己对刘邦的看法在课堂上"一吐为快"。让问题成为课堂教学的纽带,使问题意识的培养,成为素质教育课堂的灵魂;使学生带着问题走进文本,与作者的心灵世界沟通,与教材编者的意图对话;又能够带着新的问题,走出文本,在"应用·拓展"过程中,努力达到"发现·创新"的高度。这样可以使学生在鉴赏领悟中,学会用历史的眼光和现代观念审视古代作品的内容和思想倾向。

"过程和方法"是新课程"三维度目标"之一,是各学科都要追求的总目标之一。知识经济、信息时代要求学生不仅要掌握知识,还要掌握分析知识、选择知识、更新知识的能力。知识是启发智慧的手段,过程是结果的动态延伸。例如教学《鸿门宴》设计探究问题:有人说鸿门宴上项羽不杀刘邦,表现了项羽的"妇人之仁",而苏轼却认为表现了项羽的"君人之度",对此你怎么看?语文教学重视"过程"的更重要意义还在于：语文教育"移人性情、陶冶情操、提升人格"特殊的育人功能，大都是在"涵泳体味"、"想象联想"、"熏陶浸染"的"过程"中实现的。

可见，没有问题的课堂不是成功的课堂（"问题"，指教师的设疑、启疑、答疑和学生的怀疑、质疑、解疑等）；有结果无过程、有学习无思考，重学会轻会学、重继承轻创新的课，是严重违背新课程精神实质的课。

但是，追求问题意识，要提高问题设计的价值，尤其是进行探究性问题设计的时候，要防止和杜绝"伪问题设计"。过去有人教学毛泽东的一首诗《送瘟神》，针对"春风杨柳万千条，六亿神州尽舜尧"诗句设计了这样一个提问：同学们，春风杨柳多少条啊？（生齐答"万千条！"）；"六亿神州怎么尧的呀？"（生齐答"尽舜尧！"）——这是提倡"启发式"课堂教学背景下出现的一个堪称"伪问题设计"的"经典"例子。如今虽然不至于再犯如此低级的错误，但类似于伪问题的设计，并不是没有。例如研究性学习课例《我的叔叔于勒》研究性问题之一："于勒是流氓无赖，还是正直、有良心的人？"（高占魁主编《语文新课程研究性学习》，高等教育出版社，2005》）从形式上考虑，此类问题的答案有三种可能：其一为前者"是流氓无赖"；其二为后者"是正直、有良心的人"；其三为前后兼而有之；但本题不可能是第三种情况，因为自相矛盾。而该问题师生研究的结果却既不是前者，也不是后者，而是"他有行为不正的地方，却也有正直、有良心的一面"。因此，该问题应该改为："于勒究竟是怎样的一个人？你同意'流氓无赖'或'正直、有良心的一个人'的说法吗？"否则容易误导学生思维定势。

在旧版语文教科书"思考和练习"的中，经常出现一些预设判断先行，武断地牵引学生认同成人或者编者的解读之类的问题设计。例如：试比较下边每组句子里两个句子的句式，体会课文中用(1)这样的句式，表达效果为什么更好些？（1995年"人教版"高中第二册《包身工》）

(1)蓬头，赤脚，一边扣着纽扣，几个还没睡醒的"懒虫"从楼上冲下来了。(2)几个还没睡醒的"懒虫"从楼上冲下来了，蓬着头，赤着脚，一边扣着纽扣。

(1)长方形的用红砖墙严密地封锁着的工房区域，被一条水门汀的小巷划成狭长的两块。(2)一条水门汀的小巷，把长方形的用红砖墙严密地封锁着的工房区域划成狭长的两块。

诸如此类的问题设计，与伪问题设计在本质上无多大区别。因为学生针对该问题的思考和探究，其任务就是要认同编者的结论，或按照这个结论去理解文本，这样学生的思考和探究岂不成了一场游戏！其实，从遵循语文的人文性特点和尊重学生主体性需要来看，上述两组句子，用句式（2）也未尝不可，何故非要让青少年学生的思维与作家的思维完全一致呢？

新课程实验教科书，在问题设计上则避免了这种现象，注意体现新的教育理念，鼓励学生对文本进行多元解读，对文本语言发表独到见解。如"语文版"高中语文实验教科书（必修）第三册《山地回忆》第三题："一个标点符号不同往往会造成不一样的表达效果。……'以后，女孩子就学习纺织的全套手艺了：纺，拐，浆，落，经，镶，织。'这7个动词之间若用顿号，在表达效果、节奏和语气上与用逗号有什么区别？从这7个动词中，你能想象出课文中那个女孩子劳动的情景吗？"又如其第五册《神游物外（〈庄子〉节选）》第五题，通过援引相关资料，引导学生思考，对庄子和惠子的濠梁之辩除了从语言学、哲学方面去观察，"你觉得还可以从哪些角度去观察？你自己有什么看法？"上述两例分别为教材课后的"理解·鉴赏"和"拓展·应用"两个栏目练习的设计，在内容上既有理解与鉴赏的基本学习目标，又有拓展思维、深入探究的进一步要求；并且简明扼要，层次清楚。

问题意识，体现在课堂教学中，就是师生的质疑，具有先导性、好奇性、潜在性和深刻性，它标志着一个人思维的品质。师生只有有了真正的问题意识，才能发现问题、生成问题，从而在解决问题过程中，获得规律性知识，提高能力，发展智力。显然，那种肤浅、琐碎、多而滥的，学生不需要深刻思考就发出"是"或"不是"、"对"或"不对"高喊声的"满堂问"的课，不是具有问题意识的课；投石击破水底天、一石激起千层浪的"问题设计"，才具有点燃思想火花、撞击思维闸门的功效。

新课程根据"以人为本"的教育理念，确立了"立足过程，促进发展"的评价体系和原则。因此评价课堂教学，应该坚持"以学论教"的理念，即通过关注学生"学"的状况，来判断教师"教"的质量。充分发挥评课的积极作用，能更好地促进教师完善教学设计、优化教学过程，高效地完成教学任务，促进学生全面发展，从而促进教师的专业化发展。

（本文发表于《中学语文教学》2005 年第 12 期）

"说课"：基于"备课"，并高于"备课"

解读新课程背景下的"说课"

一、说课的概念及意义

说课，就是授课教师依据课程标准，在充分备课的基础上，根据组织者规定的时间和要求，运用口头语言向同行或专家，述说课堂教学的整个构思和设计。说课是一种没有学生参加的课堂教学技能的演示，是从教者知识水平、教学水平、理论水平的展示，它可以较全面地衡量一个从教者的业务素质，在检查、考核从教者对课程理念、性质以及实施内容的理解把握程度方面，有着短、平、快的效果。因此，说课成为教师专业研修、工作调动和新教师就业经受考核的有效手段。在当前深入推进新课程实施过程中，应当充分发挥说课在教师专业发展中的重要作用。新课程中的"说课"，要体现新课程"以人为本"的教育理念，要反映授课教师新型的教师观、新颖的教学观和科学的知识观。

二、说课的类型及其职能

由于组织"说课"的目的有所不同，因而说课的分类也不同。就说课的目的而言，可分为研究型说课、汇报型说课、示范观摩型说课、考核评比型说课等；就说课的内容要求而言，可分为整体性说课、专题性说课。

研究型说课，也叫教研型说课，一般是以学校各学科教研组为单位进行的同学科备课交流，也可以是上级教育主管部门或教研机构开展的学科中心组活动；这种活动往往通过备课、说课、评议、修改的集体备课形式，来对某专题或某单元进行深入研究，从而达到整体提高教师业务水平的目的。汇报型说课，是授课者向前来听课的同行或专家、领导进行说课，既展示备课者驾驭教材的水平，又显示说课活动开展的状况，从而得到赞同和指导。示范观摩型说课，就是针对说课立模子、给样子;也可以是树靶子,为同行进一步研修提供比较好的案例。考核评比型说课,是一种带有鲜明的竞赛性质的说课,是检验教师水平、选拔优秀教师的一种手段,是迅速培养骨干教师和学科带头人的有效方法。因为要突出比赛的公平公正,所以说课的内容和时间都有非常严格的限制,并有一定规则和评分标准。

整体性说课,是对某一教学内容,按照课堂教学的内容设计,作系统而全面的述说;这种说课往往与上课配套进行;或先说课,而后付诸实际课堂教学;或先上课,而后面向听课者对课堂教学的构思和设计予以阐释说明;这种形式在各级各类优课评选中经常使用。专题性说课,是对特定教学内容中某一角度、某一方面的内容,根据组织方的要求,进行局部陈说;专题性说课经常被运用于检查考核之中,或作为教师基本功竞赛中的一个比赛环节。

三、说课的内容及策略

说课作为一种教学研究形式,早在 1987 年就由河南省某市一个区级教研室创建推行,其后虽然引起全国教育界同行的广泛关注,但是具规模、有影响的研究成果并不多见;在实践运用中,常有见仁见智、各行其道的现象。在国家新一轮基础教育课程改革中,教师面临必须与新课程同行的机遇与挑战;教师专业发展的新形势,赋予"说课"新的生命内涵,它将在新课程推进实施中产生新的价值。以下立足于"整体性说课",阐述新课程背景下说课的内容及策略。

(一)说课的内容范畴

1. 说所教教材

这个环节包括三个层次:教材类型或定位、主要内容、授课年级。简单交待教材在教科书中的地位、作用以及与前后章节的知识联系或该章节的性质定位,并概括其主要内容以及将施教的年级;在此基础上自然地过渡到说教学目标的确定。

2. 说教学目标

首先,说确立目标的依据。总体依据是三维度目标,即"知识与能力,过程与方法,情感态度与价值观";具体要根据"课程标准"的总目标中的相关条目以及所授课年级的学段目标;或根据学科的领域目标的分类及相关表述,如"普通高中语文课程标准"中的"阅读与欣赏""表达与交流"中的目标要求。

其次,说具体的教学目标。教学目标的表述要符合以下要求:一是目标要条目化,如"知识与能力目标":1……;2……;3.……;"过程与方法目标"、"情感态度与价值观目标"依次如此表述;不可泛泛而谈,也不必展开论述,以免类似于"教学设想"。二是目标要符合新课程的教育理念。具体要求是:

(1)目标中的行为主体一般是学生而不是教师。

教学目标,美国克拉克认为是"目前达不到的事物,是努力争取的、向前的、将要产生的事物。"通俗讲,教学目标就是对教学活动完成后,学生应该达到的行为状态的详细具体的描述。因此,教学目标与以往"教学大纲"中的"教学目的"明显不同,不再用"使学生……"、"提高学生……""培养学生……"的陈述方式,这是区别"教学目的"与"教学目标"的关键所在;前者行为主体是教师,后者行为主体是学生。因为课程标准是检验和评价学生的学习结果有没有达到,而不是评价教师有没有完成某项工作,因而行为主体当然应该是学生。这样才体现了在执行课程标准或进行教学评价时,心中始终装着学生,一切为了学生的发展。

(2)目标中的行为动词必须具体明晰,便于理解和操作。

要摈弃过去"教学目的"陈述中诸如"提高……技巧"、"形成……态度"、"灵活运用……"等笼统、模糊的术语,在陈述中要确立相应的学习水平,行为动词要明确和规范。体现在如下两方面:

① 结果性目标陈述。在"知识"方面,属于"了解水平"范畴的,用"说出、回忆、举例、复述、再认、选出"等行为动词表述;属于"理解水平"范畴的,用"解释、比较、概括、推断、整理、归纳"等行为动词;属于"应用水平"范畴的,用"质疑、解决、检验、总结、证明、评价"等行为动词。在"技能"方面,是"模仿水平"的,用"模拟、重复、例证、临摹、扩展、缩写"一类动词表述;是"独立操作水平"的,用"完成、制定、拟定、安装、绘制、测量"一类动词;是"迁移水平"的,则用"联系、转换、灵活运用、举一反三、触类旁通"一类动词。这些行为动词,有质和量的具体规定,具有可测性和可比性,因而便于教师、学生在教学实践中把握,也便于进行教学评价时操作运用。

② 体验性目标陈述。要求既有一定的精确性,又有某些不确定性,如"在课文中划出自己喜欢的语句,并说出喜欢的理由"、"积累收藏自己喜欢的书籍资料",其中有确定的一面,就是要划出语句、积累收藏书籍;但又有不确定的一面,即并没有规定数量和具体内容。这样的目标陈述,其意义不仅在于目标具有弹性,更在于激发学生的学习兴趣,体现新课程标准"以人为本"的开放性和灵活性特征。

(3)目标中有有行为条件的限制和范围的界定。

行为条件是指影响学生产生学习结果的特定的限制或范围。诸如辅助手段的使用、信息的提供或提示、时间的规定、完成行为的情景等。例如,"可用计算器……"、"通过查字典……"、"40 分钟内能完成不少于 400 字的习作"、"在课堂讨论时,能叙述……"。这样的陈述,除了指向明确、师生便于操作之外,还贯彻了让学生自主学习、帮助学生自己建构知识的理念,同时也便于对学生学习进行综合评价。

3. 说教学重点难点

首先说确立重点难点的依据。确立教学重点难点,一要依据教材的特质,以语文课为例,假如文本的思想感情比较含蓄深沉,语言又深邃蕴藉,诸如《我与地坛》(史铁生)、《花未眠》(日本·川端康成)等,则重点难点可定为对文章思想内容的理解。二是依据施教班级学生的实际情况,包括学生原有的知识和技能的基础、学习态度和习惯、意志和毅力品质,特别要重视学生潜在的非智力因素;这样才能较为客观、准确地定位教学目标。当然,由于说课是一种没有学生参加的课堂教学技能的陈述和演示,说课者只能根据学校(自己所在学校,或指定学校)的规模层次和班级的性质(如"实验班"或"学困班")作大致定位。

接着说具体重点难点。按先后逐条表述即可,具体内容可单独拟定,也可在教学目标中选定;但是由于说课是诉诸听觉的,因此不适宜表述为见"教学目标某条目",而应该把被确定为重点难点的那几个条目再重复一遍。

4. 说课型设计

课型亦称课堂教学模式,指课堂教学中以教学内容为依据的师生双向活动的一种时空结构形态。设计课型要有效率意识,讲求实用性、可行性和合理性,目的是使教学任务能够高效率、高质量地完成。仍以语文课为例,课型主要有三大类:阅读课、写作课、口语交际训练课;阅读课型中又可细分为讲读课、扶读课、自读课等。课型设计也可具体指向教学过程模式,如钱梦龙的"三主四式"语文导读模式,魏书生的语文教学"六步式"等。

5. 说教学方法

教学方法是一种复杂的多要素的教育现象。广义的教学方法,是指为了实现教学目标所采用的一切手段、技术、途径和程序,包括教学内容和组织方式、教学过程安排、教学组织形式、教学设施、教学技术以及课堂教学结构等;狭义的教学方法,是指在教学情境中师生共同活动的具体独立的行为方式。说课中涉及的应该是狭义的教学方法,常见的几种分类有:就教育者的哲学观而言,有启发式、注入式;就师生双向活动而言,有教授法、讨论法;就信息传递方式而言,有语言类方法、直观类方法、练习类方法。

随着新课程的实施推进,经过广大教育工作者的探索实践,一些体现新课程理念的新兴教学方法陆续呈现出来,例如语文阅读教学的"提问对话法"、"理清思路法"、"整体感悟法"、"揣摩语言法"、"诵读涵泳法"、"情境教学法"、"研究阅读法"等等,说课时尽可能体现这些新颖方法的运用。选取教学方法,除了要考虑教材特质、学生实际情况外,还要注意兼顾教师自身的风格特点,比如擅长运用现代教育技术的可以选择直观的方法;擅长朗诵的则可选择诵读涵泳法。

6. 说教学程序

教学程序是完成教学目标的具体途径及其措施。说教学程序,就是简要说明课堂教学思路、教学结构和层次,说清楚教学过程的总体框架,甚至包括各板块的时间安排等。特别要说明在教学过程中,突破教学重点的环节设计,解决教学难点的步骤安排,以及对学生的学法指导等。具体程序如:

(1)导语。介绍导入新课的角度,并说明这样导入的目的。常见的导入语类型有解题式、过渡式、悬念式、情境式、趣味式、激情式等。

(2)切入。导入只是拉开了课堂的序幕,而进入教材学习,也需要有好的介入面。以往受前苏联教育家教学模式的影响,总是习惯于从检查预习切入,基本是置学生于被动地位。如果换一个角度,从让学生展示预习成果切入,则在课的起始阶段就突出了学生的主体地位,且师生的情感关系也不再是检查与被检查的关系。当然,教师必须根据教学内容,设计出有效问题,来激发学生对教材进行整体感知或体验;否则,只作千篇一律的简单要求,就难以调起学生积极投入学习的胃口。

(3)推进。切入只是教学的开始,往后如何推进、进一步展开教学,使学生保持积极的学习情绪,还要精心设计一些教学环节,使之与"切入"相互关联,形成有机的组成部分。

(4)深入。推进的目的是深入研究教材内容,目的是突破重点,解决难点。说如何深入教学内容时,要说清楚设计什么问题、组织哪些活动,并且要说明这样设计的目的。

(5)收束:传统教学中的这一环节,大多是总结归纳、练习巩固,以达成教学目标。在新课程理念指导下,这一时段可以设计一些激活学生思维、培养创新精神的内容,这种设计往往能带来"投石击破水底天"的情境,激发学生思维火花的强烈闪现,从而收获"无法预约的精彩"。当然,这一环节的设计与掌控,要紧扣教材内容,不可信马由缰,作任意发挥。

总之,说教学程序要体现以下四个和谐统一:教师的主导作用和学生的主体活动的和谐统一;教法、学法与练法的和谐统一;知识传授与智能开发的和谐统一;德育、智育、体育、美育、劳动技术教育的和谐统一。

7. 说板书设计

陈述板书设计的主要内容、整体布局以及与教学内容的内在关系。最好结合多媒体课件或投影进行陈说,以增强直观性效果。教学板书设计要遵循如下原则:① 要月明星稀,忌繁星满天;② 要画龙点睛,忌鱼龙混杂;③ 要提纲挈领,忌一盘散沙;④ 要恰到好处,忌画蛇添足;⑤ 要别具一格,忌千篇一律;⑥ 要图文并茂,忌抽象单调。

8. 说课外作业布置

课外作业是课堂教学的延伸与补充,是复习知识、巩固能力必不可少的重要环节。说课外作业要突出三个问题:一是作业量,包括作业的数量和完成的时间;二是作业的难度与层次;三是完成作业的总体目标与要求。如果时间允许的话,最好再说说布置这些作业的理论依据,以及检查作业的措施与方法。

（二）说课的策略

首先,要强化时间意识。要针对组织方的要求来安排说课内容的详略;但是基本上要突出整体性说课的特点,展示上述几大主要框架。

其次,要注重语言的简洁明晰。说课是诉诸听觉的一种教学活动演示,其内容稍纵即逝,因此说课的语言既要规范明晰,又要简明扼要、层次分明。有些内容可以一带而过,如上述 8 项中的 1、4、5、8 项,只需略说,有的甚至点到即止。

第三,区分"说课"与"上课"的本质不同。上课是一种系统的教学活动,其实质是师生针对教材展开精神领域的交往、对话;教师是主导,学生是主体,教材是媒介。而说课是一种教学活动的介绍和演示,听"说课"的对象是教师、教研员或其他评委;说课者是主体。

第四,弄清"说课稿"与"教案"的联系和区别。教案是教师进行课堂教学的操作性方案,重点内容是"教什么"和"怎么教",以及"学什么、学到什么程度、怎么学"等;而说课稿是揭示从教者在备课过程中,确定教学内容、教学手段、教学结构、教学程序、教学设计的思维过程和理论依据,不仅要说出"教什么"、"怎么教",还要说出"为什么这样教"。

第五,需要注意的几个细节。

(1) 尽量脱稿,展示落落大方的教师精神风貌。

(2) 展示语言表达能力,语音标准、抑扬顿挫是基本要求;表述重要内容时要字斟句酌,不可太快,更不可"吃字"。几个容易读错的字音:

熏陶、教法、教学、混沌、跳跃、褒贬、煲汤、挫折、通假字、潜移默化、质疑问难

(3) 课件不可出现"硬伤"。一是避免错别字;二是目标叙写要条目化,遵循新课程要求,不可再用"知识目标、能力目标、情感目标"来分类,而应以三维度目标分类。三是正确使用标点符号:如一、(一) 1.(1) ①等。

(4) 科学处理好"课件屏幕内容"与"口头陈述内容"。一般说来,说课的几大环节要展示出来,最好编写序号,以收到醒目、清晰效果。"●◆"等特殊符号一般用于特别需要强调的编外内容。PPT 内容不可庞杂,一般叙述语言、过度语言、引导评价语言等,不要和教学的每个环节、提供思考的题目等"堆"在一起。

(5) 恰当处理图片和音像资料。可酌情在屏幕上展示片刻,但不要全盘演示,图片展示与口头交代结合起来进行。

(6) 把握说课的语言的基调。以平和舒缓的语气述说:陈述、说明,不宜用高亢的、感情浓烈的语气进行说课,说导语、创设情境或激发学生兴趣的内容时,展示自己如何"声情并茂"地进行的,也只需示意一下即可,不可把评委当作学生大段地演示,时间来不及。

总之,说课者必须在掌握说课策略的前提下,做到脑中有理论、胸中有课标、手中有方法、眼中有学生。

(本文为两人合作,第二作者左长旭;发表于《新语文学习》(教师版)2008 年第3—4 期)

两条笔下"路"，情理各分明

——由两篇学生习作谈新课程写作教学目标的落实

习作

这是以"路"为题的两篇高二年级的限时作文。

《路》1：

总在梦中摇曳着一条小路，黑黑的泥土凝成弯弯的小路，路两旁绿草苍翠，鲜花烂漫。我赤着脚在路上奔跑，笑啊，唱啊，就连树上那不知名的鸟儿也和着我的音，唱出委婉的曲子来。我追着风儿，赶着云儿，旖旎的景致一路都是。

梦中的我，总是怀着满腔信心，携着一手的幸福，在梦中路上奔啊，跑啊，用一颗童心去编织出美好的未来。

而眼前，也横亘着一条路，坚硬的土，坚硬的石。望望前方，路过去还是路，我别无选择，只能一脚踏上去，它送我的只是一声沉重的"咚"。于是本来缓缓流淌的血，陡然魔幻般地奔突起来。再望望前方，苍茫的天穹下只有这一条延伸的，单调的，也许是沉寂了千万年荒芜了千万年的路。于是，我不禁迷惘。

然而，我终究还是义无反顾地迈出了我的脚。

在路上，我用血肉之躯尝试着去追风儿，赶云儿，但石头很快就碰伤了我的脚。路，给了幼稚的我第一个教训。路上的我，是小小的我，痴痴的我，被频频捉弄的我。

当我春风得意时，它会用一根藤绊倒我；当我急急前行时，它会用一块巨石挡住我；当我累极了，想坐下来歇口气儿的时候，丛丛的荆棘又会让我摇头。

路漫漫兮！有死寂的荒漠，噬人的沼泽；但也有怒吼的黄河，迷人的绿洲。

这，就是我的生命之路啊！时而魔鬼般狰狞，使我茫然无助；时而又像慈母般温柔，使我信心倍增。

生命之路像一块极长极韧的砺石，不是磨出锋芒，就是被磨掉棱角。

梦中之路中，我追求尽善尽美；人生之路中，我追求无憾无毁。让这两条路交迭着载我前进。

《路》2：

那是一个平常的下午，我去朋友家。去朋友家有两条路，大路远些，我走的是小路。

那是条"路"——"走的人多了，也便成了路"的路。每户人家到它的近邻之间，都是最短的捷径。可是这所有的捷径缠在一起却成了一张网，我陷在这张网里了。这里有走不完的岔道口。一条漫漫而修远的路摆在我的面前。我总想从中找出捷径，然而捷径也有岔路，又要再选择一次。这样几经选择，捷径往往也成了歧途。我记不清自己拐过多少个弯，只是本来同路的，渐渐成了陌路；本来陌路的，又会同走一段路。渐渐变成我一个人独行。可是不久，在另一个岔道口，我又遇上了最初的同路，我们又同行了一段路。

我看不到路的尽头。渐渐也分不出路的优劣。远些的，可能路面好一些；路面差的，可能风景却不错。我不再寻求捷径了，只是认准大致的方向，走下去。

这样走了很久。有时前面遇到人家，仿佛无路可走，待走到跟前，却发现又有一条小径。有时明明走了很远，仔细一看，却又到了刚才走过的地方。

渐渐地我发现，一个岔口上的路经过迂回百折，会在另一点交汇，那里就是另一个岔路口。

最后，终于到了目的地。可是算算时间，并不比走大路省。

回家时，我走大路。那是条平坦而宽阔的路。每到岔口，都有明确的路标。方便极了。

可是，路标是前人留下的，总是有限的，而真正的路，似乎没有尽头。

路，只能靠自己走出来。

评析

《普通高中语文课程标准(实验)》(以下简称"语文课程标准")中写作目标第1条："学会多角度地观察生活，丰富生活经历和体验，对自然、社会和人生有自己的感受和思考。"该目标从客观和主观两方面提出写作的基本要求。(1)从客观方面说,表达与交流的基础源于生活,故"必须多角度地观察生活";强调多角度,是因为外部世界本身就是丰富多彩的,可以"横看成岭侧成峰"。(2)从主观方面说,表达与交流的动因应该来自于学生的内心需求,故必须"丰富情感体验","有自己的感受和思考"。因此,在"教学建议"中提出:"在写作教学中,教师应鼓励学生积极参与生活,体验人生,关注社会热点,激发写作欲望。"

上述两篇习作,应该说都是来自学生自己对生活的"感受和思考",是学生对目前自我经历、自我心境的"情感体验"。

《路》1:先描述梦中的"绿草苍翠,鲜花烂漫"的"路",以及在这条理想的"路"上"怀着满腔信心,携着一手的幸福"的美好感受。而后笔锋一转,用细腻的笔触描写了生活中自己的"路":"苍茫的天穹下只有这一条延伸的,单调的,也许是沉寂了千万年荒芜了千万年的路",习作者既写出了自己"望望前方,路过去还是路"时,自己的恐惧、迷惘和无奈;又写出了在这样一条"别无选择,只能一脚踏上去"的"路"上,自己的教训、艰辛和坚定。最后表达了对理想之路和现实之路的积极态度:"梦中之路中,我追求尽善尽美;人生之路中,我追求无憾无毁。让这两条路交迭着载我前进",可谓卒章显其志。

《路》2:开头以非常朴实的语言交代自己去朋友家时对路的选择,看似写实,走路"求近舍远"乃人之常情;但此处实为伏笔,为下文阐述生活哲理做好铺垫,同时也定下了全文宛如一篇散文诗的基调。文章处处在写实,然而却处处有寓意。作者写自己选择了"捷径"后的遭遇、困扰、迷惑和感悟。例如,"我总想从中找出捷径,然而捷径也有岔路,又要再选择一次。这样几经选择,捷径往往也成了歧途。""本来同路的,渐渐成了陌路;本来陌路的,又会同走一段路。"这里不正蕴涵着生活的辩证法吗?又如,"渐渐也分不出路的优劣。远些的,可能路面好一些;路面差的,可能风景却不错。我不再寻求捷径了,只是认准大致的方向,走下去。"这里所寄寓的道理,与王安石的《游褒禅山记》中所言"而世之奇伟、瑰怪、非常之观,常在于险远,而人之罕至焉,故非有志者不能至也"多么相似!再如,"有时前面遇到人家,仿佛无路可走,待走到跟前,却发现又有一条小径。有时明明走了很远,仔细一看,却又到了刚才走过的地方。"这里与陆游的"山重水复疑无路,柳暗花明又一村"有着异曲同工之妙。文章最后颇有异峰突起之效:"最后,终于到了目的地,可是算算时间,并不比走大路省。回家时,我走大路。那是条平坦而宽阔的路。每到岔口,都有明确的路标。方便极了。"本以为,这是习作者经过挫折后的"醒悟",在情感态度上表现出"亮色";然而,文章并未到此结束,作者真正要表达的"感悟"却是:"路标是前人留下的,总是有限的,而真正的路,似乎没有尽头。"、"路,只能靠自己走出来。"这样的收笔,比简单的展示亮色要深邃得多。

据悉,《路》1 作者是一个单亲家庭的孩子,成绩优秀,但是家庭的困顿,尤其是母亲的含辛茹苦常使他的心境处于矛盾状态:既对美好未来充满信心,又对艰难处境充满忧虑。正是这样的生活体验,使他流淌在笔端的都是真情实感。他并不回避在艰难困苦面前的"负面"情绪,如在现实"路"中自己的恐惧、迷惘、无奈等;惟其如此,文章才别具一种震撼心灵的力量。充分认可这些,才能够把新课程的写作要求"重视学生对生活的感受、体验,鼓励学生留心观察,善于发现,珍视感受,有创意地表达;要求学生在写作中说真话、做真人"落到实处。《路》2 的作者也是一个品学兼优的学生,但是在选择学习文科、理科时,曾经犹豫再三,几经反复后选择了理科,但是后来的学习景况不太理想,他为之苦恼过、彷徨过。也许正是他的这段经历促成了他的深刻思考,从而成就了该篇佳作——一条铺满生活哲理的"路"。

综观两篇习作,不难看出,两文卒章所显之"志",基本上体现了语文课程标准中写作教学目标对"情感态度和价值观"方面的要求。义务教育阶段写作目标重点强调激发学生的写作愿望和兴趣,而对于高中生来说,随着身心发展渐趋成熟,社会参与日益深入,基本具备社会人自觉的意识,光强调兴趣已经远远不够,应该重点强调"负责的态度"、"真实的情感"和"科学理性的精神"。所以,语文课程标准在"教学建议"中提出:"不说假话、空话、套话,避免为文造情。"因此教师评价习作时,要彻底改变过去对学生作文求全责备的过分要求,也不可以动辄通过作文对学生进行"道德拷问";前者会使学生对写作望而生畏,后者则容易导致学生写作言不由衷。

语文课程标准在写作教学目标的 3 至 6 条,还提出了写作的个性化要求,如"力求有个性、有创意地表达,根据个人特长和兴趣自主写作"、"多想多写,做到有感而发"、"在表达实践中发展形象思维和逻辑思维"等。我国教育界前辈刘佛年说:"只要有点新意思、新思想、新设计、新做法,就称得上创造。"[①]以上两篇习作在个性化方面也体现得很好。就总的特色而言,《路》1 以写景状物、抒情言志见长,《路》2 以叙事明理、托物寄思制胜。就布局谋篇而言,《路》1 通过梦中路和现实的

---

① 转引自章雄:《关于中学生写作教学的思考》,《语文学习》2006(10)。

路的对比描写,抒发了自己对待生活的情感态度;《路》2 则通过一次平常的出行的叙述,寄寓自己对生活事理的思考。就语言风格而言,《路》1 笔触细腻,用词生动传神,富有意境,如梦中路是"摇曳"着,现实路是"横亘"着;同时通篇长句和短句交织使用,使文章给人以跌宕多姿的感受。《路》2 笔力深邃,语言平实而不失含蓄,晓畅而更兼蕴藉;许多语句具有双关意义,如"所有的捷径缠在一起却成了一张网"、"本来同路的,渐渐成了陌路;本来陌路的,又会同走一段路"等,读来感觉洋溢在字里行间的尽是思想的火花。

思考

"课程标准"取代"教学大纲",标志着课程与教学的时代转型,"课程标准"规定的课程内容,其价值趋向于从精英教育转向大众教育;课程目标着眼于学生素质的全面提高;课程管理从刚性转向弹性。因为课程标准主要是对学生在经过某一学段之后的学习结果的描述,而不是对教学内容的具体规定。因此在"评价建议"中相应提出"评价应以课程目标为基准,面向全体学生"的评价原则,即"语文课程评价要根据总目标和分类目标,抓住关键,突出重点,在保证达成目标的基础上,尊重学生的个体差异,关注学生的不同兴趣、不同表现和不同学习需要。"因此,当前落实新课程教学目标的当务之急,是要走出执行新课程的种种误区,要在形形色色的对课程标准的不同理解中,对那些因偏爱而导致的"颂扬",抑或因反对而产生的"贬斥"的几乎是个人主观意见的阐释中,保持清醒的头脑;进而脚踏实地地对语文课程教学目标进行研究,分析并阐释每一条目标的具体涵义,理解这些涵义对教学究竟意味着什么,从而知道在教学中,教师和学生分别要"做什么"和"怎样做";否则,在"公说公有理,婆说婆有理"的无所适从中,难以很好地实现全面提高学生的语文素养、促进学生均衡而有个性地发展的终极目标。布鲁姆说过:"在确定哪些目标是可能的时候,教师并不代表主要因素。正是教学才决定了哪些目标是可能的。如果教师认识到这种需要并获得他们所需要的训练和经验,那么他们就能够实现自己学科的大多数重要教学目标。"①

(本文发表于《新语文学习》(中学教师版)2007 年第 4 期)

---

① 布鲁姆等著,邱渊等译:《教育评价》,上海,华东师范大学出版社 1987 年,第 111 页。

育人为本：在语文教学中渗透与浸润爱情教育

爱情是一种高尚纯真的感情，不能以遗传的方式自然产生，需要通过教育来养成。

——苏霍姆林斯基

《国家中长期教育改革和发展规划纲要（2010—2020 年）》把"育人为本"作为教育改革与发展的核心和方向，这就要求教师必须重视学生的情感教育与个性发展，培养学生的精神生活。从道德上培育青少年对爱情、婚姻、家庭做好充分准备，是学校在关怀个人幸福的同时，也在推进社会的和谐发展。母语教育的主要目的是"立人"，因为语言负载着人的情感意识，充满着人的思想观念；因此在语文教学中渗透爱情教育，使学生受到人类美好感情的熏陶，有利于学生形成良好的个性和健全的人格。

爱，是一种感觉，是一种本能，是一种生命对另一种生命的无条件接受，世界因有爱而精彩。爱情，是人类情感的重要组成部分，是男人与女人之间最圣洁的情感。苏霍姆林斯基认为，爱情是一种高尚纯真的感情，不能以遗传方式自然产生，需要通过教育来养成。爱情教育，能促进个人道德面貌和个性的形成，帮助学生养成高尚的个性；是造就个人幸福人生的重要环节，对家庭的稳固和下一代的健康成长具有非常重要的意义；爱情教育有利于促进人类社会的文明进步（《爱情的教育》，教育科学出版社，2001 年）。

古今语文教材中向来不乏感人至深的爱情题材作品，但是由于时代及诸多因素，对这类课文的教学定位各有不同；有的教师唯恐拨动学生早恋的心弦，要么闪烁其词、欲言又止，要么大而化之、流于说教。新课程背景下应该充分利用语文课程的特点,把人类情感中最圣洁、崇高的爱情思想元素,浸润在汉语言文字的学习中,渗透在课内课外的阅读与写作中,从而收到"随风潜入夜,润物细无声"的教育效果;这是母语教育得天独厚的优势。

首先,在语文教学中进行爱情教育,应立足于感受汉语言文字的魅力,促进学生提高审美能力。

国家语文课程标准中建议背诵的爱情题材作品《蒹葭》、《氓》、《锦瑟》、《无题》(李商隐)几乎入选所有版本的语文教科书。教学这些经典名篇,首先要立足于语文课程的定位,不可直击爱情主题而轻视语言文字的品味。钱理群先生认为,在中学语文课程中讲经典作品,应有别于社会生活中的经典普及;它应服从于语文教育的目标,注意其基础教育的特点,应始终抓住语言文字这一基本环节,因文而会心(《钱理群语文教育新论》华东师范大学出版社,2010:147)。例如《蒹葭》、《氓》的教学目标,除了要了解我国诗歌的源头《诗经》中"风"类作品的思想意义和艺术价值之外,更重要的,还在于四言古诗中那种优美的韵律、灵动的语词构成的生动画面以及所表现的淳朴、细腻、丰富的人性人情,对学生语感的培养和心灵的浸润作用。又如《锦瑟》、《无题》二诗,体现了李商隐诗歌创作的高超艺术:意象的奇特,意境的旷远,主题的多元;教学时可以把爱情主题作为欣赏品味的一个视角,然后在此基础上,再引导学生进行个性化、创新性解读。

其次,正视当今一元与多元价值观共存的社会现实,辩证分析爱情婚姻中的道德问题。

当今一元与多元价值观共存的社会现实,已经打破教育预设目的和内在结构的单一性、确定性、工具性;坚持育人为本,就要使每个学生主体能坚守基础的、共同的、符合社会主流文化的价值观,并善于在多样纷呈的价值流域中对各种价值观念进行认识、辨别、理解和选择。爱情教育,更加需要在坚持其"永恒的道德价值教育",即"情感文明"的基础上,明智地适应当今多元文化背景下形成的不同的爱情婚姻观念。

秦观《鹊桥仙》、柳永《雨霖铃》、王实甫《长亭送别》、苏霍姆林斯基《给女儿的信》、舒婷《致橡树》、林觉民《与妻书》、邓颖超《西花厅的海棠花又开了》以及《孔雀东南飞》等作品入选不同版本的新课程语文教科书,《红楼梦》、《边城》、《雷雨》、《西厢记》、《复活》、《罗密欧与朱丽叶》等,是语文课程标准中建议课外阅读的中外名著。对这些爱情题材作品的阅读指导,在注重教学共性价值的同时,应该有鲜明的个性价值,即突出时代性注重当下性。例如《给女儿的信》中所揭示的爱情观"相互爱慕,彼此忠诚,生死不渝",无论何时都应该是值得予以追求的爱情最高境界;而当下我国爱情婚姻方面的问题令人忧虑:非法同居,未婚先孕;家庭不和,离婚率上升;一些人视婚姻如儿戏,闪恋、闪婚、闪离似乎已经司空见惯,还美其名曰"好合好散",有的还标榜"没有爱情的婚姻是不道德的"。因此教学爱情题材作品时就特别需要联系社会现实,有针对性的强调正确的爱情观的重要性。又如"两情若是久长时,又岂在朝朝暮暮"曾经滋润了多少天涯海角之人的心田,当今也希望能够成为恋人之间心灵的座右铭。而古今中外的"焦仲卿刘兰芝"们的殉情行为,是特定社会特定时代的产物,在当今社会应该明确予以摒弃,要坚信"天涯何处无芳草";这是当下教师必须正对的教育命题:关怀生命是学校的神圣职责。因此,自尊自爱、敬畏爱情,提高恋爱婚姻中抗挫折的心理能力,应该成为当今爱情教育中的重要内容。

第三,爱情教育应该以人格养成为依托,并且与时俱进,避免空洞说教。

当今社会文化多元化,青少年的情感态度和价值观的形成受到多方面干扰,面对形形色色的爱情观、婚姻观以及对男女性关系的认识等思想,涉世未深的学生往往无所适从。现在有人将爱情划分为心理上的、生理上的、经济上的爱情,认为这三种爱情各有其存在的土壤,为社会不同阶层的人所选择取舍。还有一些说法颇为流行,诸如"学得好不如嫁得好"、"找不到我爱的人,就找一个爱我的人结婚吧"等等。

在语文教学中,通过爱情作品的熏陶感染,使学生认识并理解真正的爱情应该是两厢情愿的。罗素说:"爱如果只是为了占有,那它本身就没有价值。"林觉民《与妻书》和邓颖超《西花厅的海棠花又开了》所表现的革命家的爱情感人至深,对后人具有永恒的教育感染力量;语文教师应该引导学生咀嚼文章中的许多细节描写,去感受"无情未必真豪杰,怜子如何不丈夫"的境界。舒婷的爱情观可谓振聋发聩,在《神女峰》、《致橡树》中表现得淋漓尽致,更加易于青少年接受。她提倡的平等独立、同甘共苦、比肩而立、忠贞不渝的爱情,与当今世俗的爱情价值观形成鲜明的对比。如果高尚的纯洁的爱情思想深入到学生的心灵深处,熔铸成人的情感元素,那么对人的情感素养的提升则可起到潜移默化的作用。学校教育对此责无旁贷,语文教师更加任重道远。

第四,结合戏剧文学作品,引导学生在解读生活、体悟人生中讨论爱情的选择

与保鲜的策略。

　　新课程高中语文课程标准在其"选修课程举例二:中外戏剧选读"中,明确提出:"选读、观摩若干中外戏剧(包括影视剧)的经典作品……正确理解中外戏剧作品表现出来的价值判断和审美取向,从中吸取思想和艺术营养,提升艺术欣赏品味,丰富精神生活。"近年来,我国爱情婚姻问题剧很多,如电视剧《牵手》、《新结婚时代》、《中国式离婚》、《蜗居》等,这些作品探讨的问题很有现实意义,其扬弃的道德价值也容易引起学生的深刻思考;其中很多故事情节、生活细节,比如相爱者相互信任问题,婆媳关系处理问题,夫妻双方亲人城乡生活差距问题等等;尽管观众对这些问题的反映可能是见仁见智的,但从总的价值取向来说,主创者还是力图引导人们思考:在当今多元文化背景下,人应该怎样经营神圣的爱情、护卫来之不易的婚姻,如何才能避免婚后爱情倦怠、使家庭生活幸福美满等。《中国式离婚》中女主人公的悔恨顿悟之语就颇有哲理性:"爱是要有能力的,这能力就是要使我爱的人爱我。"诚然,爱是相互的,不能强求;自己必须可爱,才有可能真正被自己所爱的人爱着。这些问题看起来似乎距离青少年很遥远,其实不然;这些来自生活的爱情婚姻问题,在学生身边可谓俯拾即是;对这些问题加以思考、评价,乃至做出选择的意见或建议,本身也就是进行爱情教育,因为这些思想内容将积淀成他们的道德素养,成为他们一生的精神财富。

(本文发表于《语文建设》2011 年地 4 期)

第五编　语文教育研究视角举隅

敏于探究、善于总结：科研型教师的必备素养

教师的教育科研能力在过去是属于教师专业素养中较高层次的要求，随着新课程改革对教师要求的提高，教研能力已经成为教师的基础能力。叶澜教授将新基础教育中的教师素养划分为基础素养和专业素养两大范畴，基础素养由教师的价值动力系统、文化素养系统、实践创生的思维能力三维构成；专业素养指学科专业素养和教育专业素养。构成基础素养三维结构的内涵是："价值动力系统"指教师个人价值取向和发展的动力，集中表现在教师的事业心、责任心、爱心和自我发展的内在追求等方面；"文化素养系统"指教师要拥有宽厚、扎实的文化底蕴；"实践创生的思维能力"主要表现为敏于探究、善于策划和强于反思重建。[①] 前两个维度与以往强调的教师职业道德和文化底蕴方面的要求大体相当，第三维度"实践创生的思维能力"则体现新课程对教师要求的本质内涵，也就是说，具备在教育教学实践中"反思、探究、策划、总结"的能力，已经成为当今新型教师的必备素养。因此，本文着重从开展教科研如何选题和怎样撰写科研论文两方面，讨论中小学教师在实践中开展教育教学研究的策略，以期有益于广大一线教师基础素养的快速提高。

一、掌握选题的策略和方法是"敏于反思"的重要条件

选题是指经过选择来确定所研究的中心问题。广义的选题包括两方面含义：一是确定科学研究的方向，二是选择进行研究的具体问题。只有研究有意义的课题，才能获得好的效果，中小学教师当然要选择对教育教学有积极意义的课题进行研究。

---

① 叶澜著."新基础教育"论——关于当代中国学校变革的探究与认识.教育科学出版社,2006:360—364.

1. 遵循选题的原则及要求

首先，课题要具有应用性和学术性。课题是否具有应用性，要看课题是否符合教育事业发展需要，是否有利于提高教育质量，能否促进青少年全面发展。强调选题的应用价值，就是要求选取具有代表性的，或被普遍关注的，或亟待解决的问题加以研究。例如，关于中考、高考试题如何更好体现新课程标准倡导的评价标准的问题，就是当前很有价值的课题研究。所谓具有学术性，是指所选的研究课题，是根据教育科学本身发展的需要，为检验、修正或创新、发展教育理论，建立科学的教育理论体系的需要而研究。强调选题的学术价值，就是要求进行的研究在理论上有所建树，或有重要的补充和完善。

当然，教育教学研究的实际课题，有的强调实用价值，有的强调学术价值；但更多的是二者兼而有之。例如李吉林的"情境教育理论"，窦桂梅的"主题教学理论"，孙双金的"情智教育理论"，是在多种学术理论指导下对教育理论的新探索，既具有发展教育理论的学术价值，又具有教育教学的实践指导意义。这类研究需要经过长期的探索、实验和在实践中逐步完善，才能成一家之说。教师如果想突出研究的时效性，可以选择应用性较强的课题，以便于研究取得"短、平、快"效果。

其次，课题要具有科学性和新颖性。所谓科学性要求做到两点，一是要有一定的事实依据，有很强的针对性；二是要以教育科学或心理科学的基本原理为依据。没有一定的事实依据和科学理论支撑，容易导致课题研究的随意性和盲目性。为了保证选题的科学性，有必要对选题加以论证，如撰写开题报告或填写课题申请书等。

要做到选题具有新颖性，就必须"站在他人肩膀上说话"，这就需要通过广泛深入地查阅有关文献资料，搞清楚所要研究的课题在当前国内外已经达到的水平和已经取得的成果，要了解是否有人已经或者正在研究类似的问题。只有在原有研究成果的基础上，有所突破和有所创新，至少要有所推进发展，课题才具有研究的价值和意义。

再次，课题要具有现实性和操作性。所谓现实性，包括当下的客观条件和主观条件。具备客观条件，指除了必要的资料、设备、经费以及时间、技术、人力、理论准备等条件外，还要有科学上的可能性。有的研究课题，看起来似乎是从教育的发展需要出发，但由于不符合现实生活实际，违背了基本原理，因而研究缺乏可行性。比如，关于有家长不让孩子进入学校学习，居家自行实施教育的这类问题，就违背了当今人才培养的基本理论。学会生存、学会合作,是当今世界公认的社会公民的必备素质。如果离开学校教育,要实现儿童身心的"全面发展"几乎是很难做到的。具备主观条件,是指要考虑自身原有的知识和能力、经验和专长以及掌握该选题材料的广度和深度,还有对该选题的兴趣,要扬长避短。

所谓具备操作性,是指选择的问题必须具体明确,界定要清楚;范围不宜过大,问题指向不要太笼统;可从小处着手,作深入开掘。应该避免以下几种情况:范畴太大,无从下手;问题太小,视野狭窄;目标不清,主题不明;问题艰深,缺乏资料。[①]

2. 掌握选题的方法与策略

首先,从他人的研究成果中寻找新的研究视角。这包括两种情况,其一,在阅读专著或期刊文章中受到启发,引发思考,选择有待进一步研究的课题。例如,李吉林的情境教育理论包括"真、美、情、思"四个元素,各个元素的内涵是十分丰富的,对其解读也应该是见仁见智、不断发展的。吴康宁教授认为:"讲究真",讲究现实的成分,也应该包括理想的成分;"追求美",要呈现美,但是呈现生活中的丑,也是为了更好地追求美;"注重情",仅仅指师生情吗? 生生情、人世间的亲情、友情、爱情是否应该包含在其中?"突出思",不仅要"正思",更要突出"反思"。吴教授还指出,可以从社会学的视角进行追问:"情境教育,谁的教育?"教育研究有三大基础理论学科,即哲学、心理学、社会学;情境教育研究较多地依托哲学与心理学,而社会学则很少介入。哲学视角下的人是"大写的人",是整个人类意义上的人;心理学视角下的人,是"处于发展序列中的个体";而社会学视角下的人,则是"特定的人群",是处于社会结构中的人群。因此通过介入社会学视角,来探究情境教育中有无"被遗忘的角落"? 有无"话语霸权"? 会不会形成"教育不公平"? 这样,通过探究来确认"情境教育的人群属性",为情境教育的继续发展注入新的活力。[②] 可见,他人的研究成果本身存在一定的张力,教师可以根据自己任教学科的特点,结合教育教学实践作进一步的深化研究,在理论成果的实践转换方面作进一步探究。其二,从有争议的问题中发现有研究价值的问题。凡是有教育争议的地方,就隐含着相关的教育道理和值得研究的主题;这当然需要研究者具有慧眼,能够从大量争议的材料中领会其中的真谛,并能发现其分歧,从而找到新的研究

---

① 刘良华著.教育研究方法专题与案例.华东师范大学出版社,2007.2—10 页.
② 吴康宁.李吉林教育思想基本特征与情境教育研究拓展空间.课程·教材·教法,2009(6).

起点。例如新课程改革中关于数学课程实用性与学术性孰轻孰重的问题，曾经就有资深教授公开极力反对新课程数学教材的实用性、生活化倾向。对此研究的视角有："追问学校数学与生活数学的分野"，"学校数学：必要的抽象"等。又如，关于情境教育问题，立论的视角可以是："情境≠情境的生活化、趣味化"、"让情境拥有'数学的脊梁'"等。

其次，由"实践问题"转化为"研究课题"。行动研究，就是将"实践问题"转化为"研究课题"的一种研究方式，这种研究注重教师"从能够改变的地方开始"。教师可以改变的地方至少有三个领域：一是课程问题，新课程改革实行课程的开放性管理，有国家课程、地方课程、校本课程三种类型，这就为教师开发课程资源提供了前提条件。王荣生提出了语文课程研究的方向：课程内容如何目标化，目标内容如何教材化，教材内容如何教学化；在此基础上，可以进一步研究：教学内容如何个性化。个性化就是充分发挥教师开发与利用课程资源的能力。二是教学问题，涉及到教学理念、教学方法、教学手段等的调整和改善，当然也包括对这几方面的重新建构，即教学理论的创新。三是管理问题，教学工作尤其是班主任工作涉及到大量的学生管理问题；对学生的管理，需要做一些观察、访谈、思想教育等工作，而这些工作本身就隐含一定的研究价值，关键在于如何将这些"问题"转化为"研究课题"。要注意将"研究课题"与课堂上随意的"解决问题"区分开来。

再次，根据自己的兴趣和特点选择研究课题的类型。如果擅长描述教育事实并对教育事实进行解释，则选择"描述与解释"类研究的课题；当前比较盛行的教育叙事研究就是这种类型。如果擅长就某个教育思想或教育事件提出质疑与商榷，则选择"批判与论证"类的研究课题；例如，对当下课堂教学中实施自主、合作、探究学习方式中出现的形式主义现象提出批评。如果意在改善自己的教育教学实践状况，则选择"改造与变革"类研究的课题；有一种简单易行的方法，就是关注学校生活中常见的三种情况——一个兴趣：想尝试一种新的想法，开发一种新的途径，来提高日常工作的效率；一个困难：要改善一个困境，解决一个问题，或弥补一个缺陷，如教材中的缺漏或不足等；一种"不明"的情况：课堂上的"意外"或无法解决的体验，如课堂中的"沉闷"或"吵嚷"情境，对学生学习的影响研究等。

另外，还有一种通用的方法，就是通过搜寻"课题指南"选择或自行设计课题。各级教育科学研究管理机构会定期或不定期发布一些教育科研"课题指南"，教师可以从不同部门的"课题指南"中获得启示，由此判断哪些问题是当下值得研究的，哪些问题已经是"昨日黄花"。

二、掌握教科研论文撰写的规范是"善于总结"的必要前提

科研论文一般包括五种类型。一是理论阐述式论文,是科研论文中较高层次的一类,要求具有"创新性、科学性、实践性"。二是研究报告式论文,是关于文献调查、教育教学现状调查,或教育教学实验等研究工作的报告,包括文献报告式、调查报告式、实验报告式。三是模式构建式论文,是对在一定教育教学理论指导下形成的、相对稳定的教育教学思路和程序的一种书面表述。四是经验总结式论文,简称"经验总结",是对自己教育教学经验进行的总结提炼。五是个案案例式论文,简称案例,是在教育教学具体事实记述性基础上进行分析、推理,从而揭示事物本质和教育规律的一种科研成果形式。分清科研论文的类别,在拟题、选材、安排论文结构等方面会有较强的文体感,写出来的论文就不会出现个案的题目、实验报告的架子,或理论性论文的题目、经验总结的内容,甚至出现"四不像"的情况。① 以下重点讨论几个方面。

1. 要掌握科研论文的体式要求

首先,重视论题、论据、论证三个要素的确立及其之间的关系。论题是其真实性需要被证明的新观点、新看法、或新发现;论据是用以证明论题的根据和材料,可以是创造性研究工作的成果,也可以是已知理论运用于实践中所取得的新进展,还可以是收集到的经验教训正反两方面大量的材料等等;论证是运用论据证明论题的论述过程,论证必须合理严密,不可牵强附会。

其次,要掌握规范的框架结构。第一,要理解标题的作用。标题是论文内容的高度概括,它明示读者研究的问题及意义。第二,要合理安排正文内容。正文是研究者科研成果的表述,要重视选材立意、谋篇布局和语言的严谨性;正文包括引论(提出问题)、本论(分析问题)、结论(解决问题)三大结构,值得强调的有三点,一是引论部分,在开宗明义的同时,要注意"站在别人的肩膀上"说话,尽量避免人云亦云,亦步亦趋。二是本论部分,要注重理性阐述,要有充分的理论支撑;或概括阐述、条分缕析;或左右逢源、旁征博引;如果只是观点和事例的叠加,必然缺乏理性,没有说服力。对实践材料或具体例子的叙述,要注意详略得当,做到"点面结合",

---

① 赵大悌,等编.教育科研能力的培养与提高.中国和平出版社,2000.152页。

既有微观的典型事件或案例的描述,又有宏观的广度的概括;这样避免以偏概全的嫌疑。三是结尾要在新的高度上重申观点,语言要洗练,避免成为文章观点的重复。第三,要列出引文注释或参考文献。论文要求在后面列出文中直接提到的或利用的资料来源,这表明充分尊重他人的研究成果,同时体现作者治学严谨的学术规范。

2. 掌握个案案例式论文的特点及写法

个案案例式论文简称"个案",是一种常见的行动研究方法,是对教育教学具体事实记述性基础上进行分析、推理,从而揭示事物本质和教育规律的研究方法。对于中小学小教师来说,个案是比较容易操作且能取得时效性的科研论文样式。

首先,要掌握个案的特点。个案主题集中、短小精悍,研究的对象比较单纯,如一个人、一节课、一次活动或一项教育措施等。具体表现如下特点:切入面小,便于深入开掘;时间灵活,周期短,见效快;方法多样,容易操作;研究成果具有很强的可操作性,便于推广。

其次,了解个案的类型。就叙述方式而言,有第一人称自述式,如《思想与精神的生长——我教《晏子使楚》的三点想法》;有第三人称陈述式,如《一堂印象深刻的示范课》。就内容范围而言,有对即时发生的一件事情的记述;有对一节课的实录评析;有对教学中一个环节、一种教学手段使用成功的记述与评论;有对典型事件处理方式方法的追忆与反思等等。就表述形式而言,个案多以一事一议为主。

再次,创造符合个案案例式论文的条件。一要注意选材的典型性,不是就事论事,而是透过对现象的记述与分析,能引起人们的思考,认识事物的某些本质,以及在当前教育教学中值得借鉴和注意的经验与教训。二要使材料具有真实性,不可道听途说,是第二手材料的,一定要加以核实、验证;如果是引用文献的则要注明出处。三要体现叙事的描述性,对个案中人的行为或事件进行续写时,要进行深度描述,否则就难以很好地揭示出蕴含在这些教育实践中意义。一般记叙,只交代行动的事实;而深度描述,则写出行动的意图和情景等。四要力求分析严谨,由材料引申出某种事理,其材料与事理之间要有一定的逻辑联系,不可穿凿附会。五要使研究的成果具有可操作性,个案研究成果能反映同类问题的普遍性,其借鉴意义较大,因而必须突出所总结的经验或教训便于同仁借鉴。

3. 探寻教育杂感的不同写法

教育杂感即围绕教育话题发表自己看法或感想的一种文章类型,可称为教育科研论文中的"轻骑兵",它具有"短、平、快"的特点。写这类论文,大体上要注意以下几点。

首先,选材立意注重时效性、实效性。时效性要求洞悉时髦话题,快速作出反映。可顺风而呼,为新形势、新方针摇旗呐喊、鸣锣开道;如《呼唤"杂家"》;也可"反弹琵琶",为防止某种新生事物从一个极端走向另一个极端而大声疾呼;如《为"讲"正名》。如果文章所写是"老生常谈",则必须对教育教学的实践有所启发,有所指导,否则文章缺乏现实意义,难以产生效应。

其次,结构布局可取论文的体裁、散文的风格。教育杂感采用论文的框架结构是无疑的,但是可以体现散文"形散而神聚"的风格特点,力求取材灵活广泛,中心明确突出;上下几千年、纵横几万里,中外古今、名家学者,社会更迭、人情物态,一切能阐释文章中心的材料,不妨信手拈来;这是使文章显得厚重一些的必要手段。

再次,语言风格可因文而异、各得其宜。可以取实用文体的语言风格:平实、晓畅;可以取杂文的语言风格:凝练、犀利;也可以取散文的语言风格:精彩、生动。

三、注重创新重建是"敏于反思、善于总结"的目标追求

1. 文章题目要规范并具有新颖性

一个好的论文标题,一般应该符合三方面的要求:第一,要能够准确概括论文的内容,能反映研究的方向、范围和深度。论文标题可以采用点名题意式,如《对语文教学"高耗低效"的三个追问》;可以采用指出范围式,如《由"木桶理论"想到的……》;也可以采用提出问题式,如《优秀作文,路在何方?》。第二,标题要便于分类,使人一看题目就能判断文章所写属于什么领域,如《小学三年级学生诚信教育的行动研究》、《初中语文个性化作文教学实验探究》、《不同类型学校初中生人际交往能力的比较研究》等。第三,标题要做到文字简练,具有新颖性,例如《教学要有精、气、神》,其中"精、气、神"与"精气神"的内涵完全不同,可以根据需要作具体的界定,如精当的目标、精选的内容、精心的设计,民主的气氛、生活的气息、创新的气魄,形象要精神、讲课要传神、听课要入神。[①]

2. 审视问题的视角独特,观点有创建性。题目新颖取决于观点新颖,而观点新

① 金荷华.教学要有精、气、神.周成平编.新课程名师教学100条建议.中国教育科技出版社,2005.151页。

颖与否,又受看问题的视角是否独特影响。要使视角不落窠臼,就要寻找问题或矛盾的突破口,以此分析问题的症结,并提炼出观点。可以从各种矛盾中寻找突破口,提炼观点。注意抓住三种类型的矛盾:(1)同一理论内部的矛盾,如新课程确立的教学三维目标中的"情感态度和价值观",在教学考核评价中如何具体操作?怎样规避考核过程中出现的诚信问题?(2)不同理论之间的矛盾,如与新课程提倡的教师要尊重学生、赞赏学生,让学生在赞赏中获得成功感和幸福感,这与我国曾经产生积极影响的"赏识成功教育理念"是一致的;但是有许多事实说明"没有惩戒的教育是有问题的教育",问题的症结在哪里?又如新课程的教育理念是培养"全面发展人",这与加德纳的"多元智能"理论是否相悖逆?(3)理论与事实之间的矛盾,如教育促进经济建设是当下的共识,可是为什么很多文化之乡同时又是国家经济扶贫的对象?又如有些教师并非谈吐侃侃、口若悬河,可谓貌不惊人,语不压众,对学生的管理也不严格,可是他的教育却很成功;教师与学生当中诸如此类的矛盾现象很多,都可作为研究的突破口。

3. 用以证明论点的材料要有新意。一是写作时尽量选择富有时代特色、具有典型性的材料;例如语文教学研究,应该选择新课标教材的课文或教学案例。二是在修改中对文中材料要进行严格的核实,包括材料的取舍与订正,用典型的事例、新数据、新图表替换旧材料、旧数据、旧图表;根据表达的需要,或削减,或调换,都必须以事实为依据。一些缺乏背景的地方要做出时间和空间的比较或限制,遗漏处加以补充。

总之,文章总体上给人以耳目一新之感。资料翔实,观点新颖;结构合理,行文严谨;语言流畅,富有逻辑性。必须避免以下几种不良现象:一是穿靴戴帽、拖沓冗长,所谓下笔千言,离题万里;二是泛泛而谈,大话、空话、套话、抽象话连篇,不打"深井",只挖"池塘",表达观点犹如隔靴搔痒;三是就事论事,有结论而无阐述,或只是观点加上事例;四是达不到深入浅出的境界,却有意浅入深出,故作学问艰深,对此不良文风有讽刺诗云:"学术文章句未通,聱牙诘屈亦称雄。半生半熟舶来语,不明不白基本功。"

(本文发表于《江苏教育研究》2011 年第 4 期)

情境适应性评价在语文教学中的应用

当前国内外课程研究发展趋势中,高度重视教学评价,尤其重视对学生学习的评价,"没有好的学习评价,就没有好的教学"已形成共识。"情境适应性评价"就是基于促进、改进教和学的评价理论和实践的新发展,是对教学内容、教学目标、活动设计以及教学评价进行统整性设计的评价新范式。我国语文新课程实施以来,积极贯彻"立足过程,促进发展"的评价理念,但当前却存在课程内容、教学内容、评价内容严重脱节的现象,表现为两个极端:一方面,常规教学主要围绕中考、高考指挥棒转,严格按照"考试大纲"排兵布阵,基本不顾国家的课程理念和学科教学目标,教学评价几乎全凭中考、高考的终结性评价一统天下;另一方面,课堂教学中的评价,尤其是低年级课堂学习评价,渐趋随意化、盲目化,一味崇尚定性评价手段。因此,贯彻情境适应性评价理念,在语文教学中适切地运用各种评价手段,真正发挥教学评价的检查、诊断、反馈、甄别、选拔和发展等多种功能,对于扭转语文新课程实施中的矛盾现象具有重要的现实意义。

一、情境适应性评价的主要思想

所谓情境适应性,就是要求教学内容、教学目标、教学活动与评价方法之间必须保持统一性。针对不同的教学内容、教学目标和不同的教学对象,教师将采用不同的教学手段,因而必将需要运用不同的评价方式。如果教学不能与评价一致,那么即使学生的学习效果再好也无法在评价的结果中体现出来;同样,如果评价与目标相背离,则评价的结果也无法反映目标的要求。情境适应性评价的主要思想就是:课程内容的性质是影响教学和评价的决定性因素,不同的课程内容应该通过不同的方式得到最好的教学和评价;不同的教学目标要求运用不同的评价方法,即使相同的教学目标,也要根据学生的具体情况采用不同的评价手段。评价与教学有着共生关系:评价以教学为基础,又高于教学;评价为教学提供反馈,为教师改进和提高教学服务。

二、情境适应性评价的主要因素

1. 划分教学内容情境

学科内容可以按多种方式进行分类,教学内容也可以进行分类,一是把那些易于描述或具体说明的内容,与那些不能详细描述或具体说明的内容区别开来,前一类内容称为"明晰型",后一类称为"宽泛型";二是把教学内容划分为"可掌握型"和"可发展型"两种。这样可以把教学内容大致划分为 ABC 三类情境,其特征分别是:A 类情境,其教学内容是那些明晰的、重要的、可以被掌握的内容;B 类情境,其教学内容是那些明晰的,但对其掌握程度是无止境的,因而是不能或不必要被掌握的内容;C 类情境,其教学内容是那些宽泛的、且不可被掌握的内容。对教学内容类型划分的过程如下图所示:①

<pre>
                                              否
教学内容是否可以被清楚地表达或明确地描述 → 考虑情境 C
            ↓是   否
教学内容是否可被掌握   → 考虑情境 B
            ↓是   否
教学内容是否为日常生活或日后学习所必需   → 考虑情境 B
            ↓是
考虑情境 A
</pre>

2. 区别教学目标属性

情境适应性评价以"行为学习理论"和"认知学习理论"两大流派为主要理论基础,其课程目标表述主要采用"行为性目标"和"发展性目标"两种类型。

(1)行为性目标。又称掌握性目标,主要倡导者是教育家罗伯特·马杰(Robert Mager)。该目标以行为主义心理学为理论基础,是学习者取向的、基于学

---

① [美]杰拉尔德·S.汉纳,[美]佩姬·A.德特默 著《课程的情境适应性评价》,王艳玲译,浙江教育出版社 2008 年版,第 72 页。

习的、外显的、可评估的，并且能对预期的认知结果做出具体陈述的目标。该目标陈述要具备三个基本要素：一是有可观察到的行为动词，即表述教学之后学生的行为发生哪些变化，学生将能够做什么或说什么；二是必要时指出行为得以发生的条件，即要求清楚地陈述提供什么样的刺激或信息，以及可以使用什么工具等；三是具体规定行为必须达到的最低水平，即指明学生达到什么程度才算合格。如"45分钟内能写不少于 500 字的文章"。

（2）发展性目标。主要倡导者是教育家诺曼·格朗伦德（Norman Gronlund）。该目标以认知心理学为理论基础，一般用认知性的或情感性的动词来陈述目标；或描述学生的心理感受、体验，或明确安排学生表现的机会，所采用的行为动词往往是体验性的、过程性的，目标指向无结果化的、或者难以结果化的学习内容；对这些内容的学习，是一个开放的、永无止境的过程。发展性目标一般不应该停留于模糊的认知或情感动词层面，而是要相应地提供一些如何合理地评价学生达标水平的行为指标。示例如下：[①]

1. 理解基本词汇。

1.1　用自己的话口头给某个词语下定义。

1.2　识别词语的不正确用法。

1.3　将词语放在表示层次关系的表格中。

1.4　将词语与其反义词配对。

1.5　将相近的词语进行比较和对比。

以上示例中，"理解基本的词汇"是一个发展性目标，而后面分列的 5 条则是可资教师进行评价的学生的行为指标，或者称为能力表现。

3. 根据内容情境确定教学目标和评价类型

（1）情境 A：当学习内容可以被详细具体地表述，是能够被掌握的，并且对每一个学生都极为重要、必须掌握的，其相应的教学目标就应该是明晰的、可掌握的"行为性目标"，例如"学会汉语拼音，能读准声母、韵母、声调和整体认读音节"。针对此类教学目标，教学过程基本上是这对该领域中具体内容开展训练，教学方法主要是行为学习理论指导下的模仿练习和强化训练；这种学习追求的

---

① ［美］杰拉尔德·S.汉纳，［美］佩姬·A.德特默 著《课程的情境适应性评价》，王艳玲译，浙江教育出版社 2008 年版，第 46 页。

是低水平的迁移,即基于大量的、多样化的练习,从而使行为达到自动发生的目的;学生学习的差异主要表现在"时间维度",即表现在达成行为性目标所需的时间长短方面。

针对情境 A 的教学开展评价,可以选择目标参照评价,即进行达标检测,以发现学生的学习存在的差异,促进师生找出造成差异的原因,并进行补救,从而实现形成性评价的功能。如果评价中所有学生都表现优秀,都符合达标要求,则该评价就可以视为终结性评价。就评价的功能而言,在日常进行的教学评价中,形成性评价和终结性评价是可以互为转换的,由评价的结果决定:如果评价结果显示需要进一步改进教和学,则所进行的评价就是形成性评价;如果评价结果完全达标无需再改进,则该评价可作为终结性评价,教师可以开展下一阶段内容的教学。

(2) 情境 B:该情境的学习内容可以被清晰、详细地阐述,或者很容易通过行为术语来表示,但因为没有行为水平下限(不规定行为必须达到的最低水平),学习成绩追求的是"越高越好",如习得日常生活中各种技能等学习内容,其相应的教学目标就应该设置为明晰的发展性目标,如"提高计算机操作技能"、"临摹名家书法,体会书法的审美价值"等。该领域中学生的成绩差异主要表现在"成就维度",即达成目标的水平的高低方面。针对这种情境开展的教学评价,可以选择目标参照评价,来评定学生水平发展或提高的程度;同时也可以进行常模参照性评价,从而评定学生个体与其他人相比,其成绩所处的位置。

(3) 情境 C:当教学内容不能被完整、充分地描述时,其范围就是宽泛的、开放的,甚至是无限的内容领域,该领域的教学目标,通常设计为宽泛的发展性目标,一般采用体验性的、过程性的行为动词来表述,例如《普通高中语文课程标准(实验)》(下称《高中语文课标》)必修课程"阅读与鉴赏"类目标第 1 条:"在阅读与鉴赏活动中,不断充实精神生活,完善自我人格,提升人生境界,逐步加深对个人与国家、个人与社会、个人与自然关系的思考和认识。"对该领域的学习内容实施评价,无具体的目标可参照,往往以广泛的调查测验来进行常模参照评价,从而反映学生个体成就在广度和深度上的差异。该领域的教学和评价追求的是高水平迁移,就是使学生能够有意识地从一个情境中将知识抽象出来,应用到另一个新的情境中去,即所谓举一反三、触类旁通。高水平迁移应该成为学科教学制定目标、开展教学活动和进行评价所关注的中心。

三、语文教学中开展情境适应性评价的策略

1. 理解教学评价的类别及其适用性

教学评价,涉及教师用于收集数据以做出教育决策的所有方法,包括纸笔测验、对作品的评价、对个人表现的评价,以及正式和非正式的观察和访谈。教学评价从不同角度可分为不同类型,不同类型的评价适用于不同的教学情境。

(1)按评价的功能和用途,可分为"形成性评价"、"终结性评价"。形成性评价是关注过程、面向"未来"、对正在进行或正在形成中的学习形成帮助的、重在发展的评价;终结性评价是关注结果、面向"过去"、为了达到总结、甄别的目的、重在评定的评价。

(2)按评价参照的不同标准,可分为"目标参照评价"、"常模参照评价"。目标参照评价又称"领域参照评价",是以教学目标为参照标准来考查学生掌握目标的程度的;常模参照评价又称"相对评价",是以某一群体的整体状况为参照,来评价个体在群体中相对位置的评价。常模参照评价的标准是在测量之后,根据群体行为表现具体情况设定的,它重视个体之间的比较,但是这种评价对个人的努力状况以及进步程度重视不够。

(3)按评价的不同方法,可分为"定量评价"和"定性评价"。定量评价是指收集资料并采用定量计算的方法进行的评价,包括问卷调查、纸笔测验等;其评价的结果精确且信度高,但是教育的复杂性和学生状况的丰富性却泯灭于其中。定性评价是指用描述、解释的方法进行的评价,能够涉及量化评价难以评价的领域,如学生的意志、兴趣、情感态度等;定性评价便于评价学生阅读理解、鉴赏、评价能力以及表达与交流能力的水平,包括行为观察法、日常检查法、表现评价法、成长记录袋评价法等;但这种评价很难避免评价者的主观因素的干扰,难以保证评价的较高信度。

(4)按评价的不同载体,可分为三类:一是"客观性评价",主要指向客观性教学内容,题型如填空题、判断题、配对题以及单项、多项选择题等;二是"论述题和作品评价",主要指向那些主观性很强、不能充分地运用客观题来评价的教学内容,如阅读理解、鉴赏评价以及写作等范畴开展的评价;三是"表现性评价",主要指向那些需要长期关注的、纸笔测试难以实施评价的的教学内容,如口语交际、演讲、辩论、小组合作学习能力等。

(5)按评价内容的复合程度,可分为"单项评价"与"综合评价"。单项评价是

就学生某一方面能力进行的评价,如对阅读或写作水平的评价;综合性评价是对学生进行完整的、系统的评价,如对学生语文素养的全面评价。

(6) 按评价的不同主体,可分为"自评"和"他评"。自评,是评价对象参照教学目标和评价标准对自身进行的评价;他评,是评价对象以外的团体或个人对评价对象进行的评价。

需要强调的是,在实际评价过程中,上述几种评价类型往往是交叉使用、综合发挥评价的检查、诊断、反馈、甄别、选拔和发展等多种功能的。

2. 对语文课程标准进行解读和梳理

教学目标是建立在人类学习理论基础之上的。基础教育新课程的理论基础主要是行为主义心理学、人本主义心理学、认知心理学和建构主义心理学等。我国语文新课程标准是按照国家的教育方针以及素质教育的要求,从知识与技能、过程与方法、情感态度与价值观三个维度,阐述语文课程的总目标和阶段目标(普通高中为总目标和分类目标),其中行为目标陈述方式基本上按"结果性目标"和"体验性目标"来陈述。[①] 结果性目标告诉人们:学生的学习结果是什么,要学到什么程度,要求行为动词明确、可测量、可评价,这些目标主要指向"知识与技能"领域,这相当于上述马杰式"行为性目标";体验性目标,描述学生自己的心理感受、体验,或明确安排学生表现的机会,所采用的行为动词往往是体验性的、过程性的,指向无需结果化的或难以结果化的课程目标,主要指向"过程与方法"、"情感态度与价值观"的领域,这相当于上述格朗伦德式的"发展性目标"。遗憾的是,语文课标准中,无论是总目标还是阶段目标或分类目标的陈述,都存在缺乏可操作性现象。尤其是发展性教学目标,表述比较笼统宽泛,有的条目很抽象,缺乏操作性较强的行为指标;有的条款中具有行为指标或能力表现,但往往混杂在一起,缺乏应有的层次感。

如《高中语文课标》中写作目标"学会多角度地观察生活,丰富生活经历和情感体验,对自然、社会和人生有自己的感受和思考"条款(第 9 页),就缺乏具体能力表现的表述,而相应的"教学建议"是:"写作教学应该培养学生的观察能力、想象能力和表达能力,重视发展学生的思维能力,发展创造性思维。鼓励学生自由地表达、有个性地表达、有创意地表达,尽可能减少对写作的束缚,为学生提供广阔的写作

---

① 钟启权等主编《为了中华民族的复兴,为了每位学生的发展——〈基础教育课程改革纲要(试行)〉解读》,华东师范大学出版社 2001 年版,第 176—177 页。

空间"(第 17 页);可以说这仍然是大而化之的要求,没有明确的能力表现的呈现方式,缺乏可操作性。如果教师对教学及其评价进行情境适应性设计,对语文课程标准相关目标进行梳理和归类,必要时给抽象的目标补充适当的行为表现性指标,使之成为操作性较强的实施细则,并落实到日常语文教学活动当中,则有利于真正贯彻新课程的教学评价理念。

《高中语文课标》中必修课程"阅读与鉴赏"目标第 2 条:"发展独立阅读能力①(序号为笔者所加,以下同)。从整体上把握文本内容,理清思路,概括要点,了解文本所表达的思想、观点和感情②。善于发现问题、提出问题,对文本作出自己的分析判断,努力从不同的角度和层面进行阐发、评价和质疑③。根据语境揣摩语句含义,运用所学的语文知识,帮助理解结构复杂、含义丰富的语句,体会精彩语句的表现力④。"该条目标中,句①可以视为一个"宽泛的发展性目标"单独列出来,以下②、③、④三句可以视为该目标的行为表现性指标(尽管这些行为性指标较之欧美等国家语文课程标准中的行为性指标,仍欠具体)分别列于下面,即如"格朗伦德式发展性目标"陈述方式:

2. 发展独立阅读能力

2.1 从整体上把握文本内容,理清思路,概括要点,了解文本所表达的思想、观点和感情。②

2.2 善于发现问题、提出问题,对文本作出自己的分析判断,努力从不同的角度和层面进行阐发、评价和质疑。③

2.3 根据语境揣摩语句含义,运用所学的语文知识,帮助理解结构复杂、含义丰富的语句,体会精彩语句的表现力。④

这样,这些行为性指标的功能便一目了然:句②为独立阅读能力的基本要求或体现,突出了阅读的整体把握性;句③是独立阅读能力的进一步要求,强调了阅读的多元化理解;句④是阅读中提高语言感知力、语言理解力、语言鉴赏力的具体要求,突出了语言学习的具体性、特殊性和迁移性。经过这样的解读和梳理,在日常阅读教学中,再把这些指标具体化,即将这些行为性指标落实为细目化的课文教学目标,围绕这些具体的教学目标开展教学活动,然后再根据目标的属性选择恰当的评价类型,这样将有利于规避课程内容、教学内容、评价内容相互脱节的现象。

语文课程标准中还有一些目标,解读时需要做些调整或改进,如《高中语文课标》"阅读与鉴赏"目标第 9 条:"阅读浅易的文言文,能够借助注释和工具书,理解词句含义,读懂文章内容。了解并梳理常见的文言实词、文言虚词、文言句式的意义或用法,注重在阅读实践中举一反三②(序号为笔者所加,以下同)。诵读古代诗词和文言文,背诵一定数量的名篇③。(可参考附录一《关于诵读篇目和课外读物的建议》)"可以把"阅读浅易的文言文,"改为"能够阅读浅易的文言文。"以此作为一条"宽泛的发展性目标",并把它单独列出来,而将后面的"能够借助注释和工具书,理解词句含义,读懂文章内容。"设定为句 ①,连同 下面句②、句③构成三个行为性指标分列于下面;这样"能够阅读浅易文言文"的能力表现很清楚:句①是要求能够借助工具书把握文章大意;句②要求习得文言知识,并注重掌握规律,学以致用;句③是对古代诗文的诵读和积累的具体要求。经过这样的微调和梳理,将便于理解和在文言文实际教学中落实这些目标,也便于教师对学生开展有效的学习评价。

3. 根据教学目标的类型作出合理的评价决策

上文所举高中语文"阅读与鉴赏"目标第 2、9 条,经过梳理后,可以判断其属于"情境 C"领域的教学内容,该领域的教学和评价追求的应该是高水平迁移,也就是学生的成绩越高越好,因此其评价的决策应该为:通过广泛的调查测验来进行常模参照评价,从而反映学生个体成就在广度和深度上的差异。以《全日制义务教育语文课程标准(实验稿)》第四学段(7—9 年级)为例,"识字写字"目标中第 1 条:"能熟练地使用汉字典、词典独立识字,会用多种检字法。累计认识汉字 3500 个,其中 3000 个左右会写。"该目标属于明晰的掌握性目标,是 A 情境教学内容领域,主要指向"知识与能力"维度。适宜通过行为表现(限时查字、词典)和作业练习(注音解词)等进行定性评价,也可以设计掌握性纸笔测验,对学生进行定量评价;就评价标准而言,适宜选择目标参照评价,就评价功能而言,要达到形成性评价或终结性评价的目的。第 2 条"在使用硬笔熟练地写正楷字的基础上,学写规范、通行的行楷字,提高书写的速度。"该目标属于明晰的发展性目标,是 B 情境教学内容领域,主要指向"过程与方法"维度。适宜通过书法作品进行定性评价,参照标准应该选择目标参照和常模参照,从而对学生个体水平的提高程度做出评定。第 3 条"临摹名家书法,体会书法的审美价值"则属于宽泛的、开放的发展性目标,是 C 情境的教学内容领域,主要指向"过程与方法"、"情感态度与价值观"维度;教学活动主要在于促进高水平迁移,学生实现这些目标,主要表现在对名家书法审美能力的广度和深度方面,评价时可以选择常模参照标准,通过学生的书法作品进行定性评价。

开展情境适应性评价,能够适切地评价和分析学生的学习,为教师和学生提供及时的反馈,从而指导师生对教学做出适当的调整和改进。如果评价结果不被用于改善教学决策,而只是为了给学生"贴标签",那么该评价就不是基于教学的评价,其带来的负面效应必然会很大。早在 1990 年,美国"学生教育评价中的教师能力标准委员会"(由"全美教育测量理事会"、"全美教师联合会"和"全美教育协会"三个专业组织共同创办)就对教师如何开展教学评价提出如下标准:1. 教师应能熟练地选择与教学决策相适应的评价方法;2. 教师应能熟练地开发与教学决策相适应的评价方法;3. 对于现成的和自己开发的评价方法,教师应能熟练地施测、评分,并解释评价的结果;4. 教师应能熟练地将评价的结果应用于指导个体学生的学习、制定教学计划、开发课程以及改进学校工作等活动中;5. 教师应能开发用于学生评价的有效评分方法;6. 教师应能熟练地同学生、家长、其他教育工作者及相关人员交流评价结果;7. 教师应能熟练地辨别不合乎伦理的、不符合法律规定的和其他不恰当的评价方法,以及对评价信息的不当使用。[①] 上述标准,比较详细地概括了教师能否做出正确的教育决策以及能否为学生提供适当的成绩反馈的有关能力,这些能力正是教师在进行教学和教学评价中必备的业务素质。这些素质要求,我们应当把它视为当前我国教师专业发展中值得借鉴学习的重要内容。

(本文发表于《语文教学研究》2009 年第 8 期)

---

① 〔美〕杰拉尔德·S.汉纳 〔美〕佩姬·A.德特默 著、王艳玲译《课程的情境适应性评价》,浙江教育出版社 2008 年版,第 6 页。

近几年高考仿写题的发展变化探微及未来展望

仿写题自 1998 年在全国高考语文试卷中首次出现,至今历经 12 个年头,基本成为相对稳固的一种题型。在 2009 年全国各地高考语文试卷中,有 9 套保留了该题型。12 年来,该类题赋分大多在 4～6 分之间,2009 年全国卷 Ⅱ 赋 7 分,2008 年四川卷设两道仿写题,共赋 11 分。仿写与写作教学目标要求中的缩写、扩写、续写、改写属于同一范畴,一般是以优秀的言语材料为样本,把它的言语和思维规律内化为自己的认知结构,并再生成新的言语作品的一种创造性的写作过程。仿写题是小型化的写作活动,它提供的材料不太多,既具有限制性,又具有开放性,同时也便于操作,是考查学生语言综合运用能力的有效途径。

一、发展变化

近几年,全国实施新课程的省市已经陆续进行了适应新课程需要的高考命题改革,很多语文高考试卷的内容及结构,与课改之前相比有了较大幅度的变化,但大部分试卷依然保留了仿写题的题型,只是考查内容有了明显的变化,大体呈文学性与实用性兼济的发展态势,主要体现在以下几方面。

1. 强化语言能力的实践意义

仿写题考查的内容,由重视静态的语文知识考查,向重视动态的语言实践能力转变。如 2003 年全国卷第 25 题:

仿照示例,改写下列两条提示语,使之亲切友善、生动而不失原意。

提示语:(公园里)禁止攀折花木,不许乱扔垃圾。

改写为:除了记忆什么也不带走,除了脚印什么也别留下。

(1) 提示语:(教学楼内)禁止喧哗,不许打闹。

（2）提示语：（阅览室里）报刊不得带出，违者罚款。

注意体现新的语文教育理念，注重语文课程的育人功能导向，注重在语文实践中培养学生的公民素养。该题仿照的是"示例"的表述方式，改写的重点是：在保留原句的语言信息的前提下，改变用词的感情色彩和语气。一个人的语文素养应该体现在日常生活的方方面面，一个人语文水平的高低，不仅体现在表情达意方面，而且还体现在语言的文明修养方面。2007年江苏卷要求"补全'学校迎奥运主题活动'主持人的开场白"的仿写题，也体现了重视语言的实践运用的理念。

2. 知识能力与人文素养并重

以往的仿写题大多文学性、思辨性较强，学生的仿写过程更像"作文章"的过程，只不过是"仿作"而已。近几年的仿写内容趋向于人文素养的熏陶，提供的示例贴近生活实际，很多着眼于人性人情的揭示，思想意义较深刻。如2008年四川卷第20题：

请以"小学、中学、大学、社会"为内容，仿照下面的示例另写四个句子。要求每个句子都采用比喻的修辞方法，四个比喻句在语意上构成一个系列。

童年是一张白纸，青年是一篇诗歌，中年是一本散文，老年是一部百科全书。

这样的试题，考生仿写的过程，往往就是进行思想交流和心灵对话的过程。2009年全国卷Ⅰ第20题所给"示例"也具有明显的德育功能："工作是等不来的，有无机会，看你怎么争取；业绩是要不来的，有无成效，看你怎么努力；前途是盼不来的，有无出路，看你怎么奋斗。"尽管这些题目都要求"自选话题"，仿照的只是句式和修辞方法，但作为"示例"，其导引功能不仅指向形式，也会影响考生对"话题"思想内容的筛选。

3. 具有注重在阅读中积累语言文化知识的导向性

以往的仿写题，大多撷取当代文学作品或援引名人哲言作为示例，近年来情况明显有了改变，示例直接选自课文或课外读本的很多，如2006年全国卷第20题，提供的示例是朱自清散文《春》结尾用了比喻、比拟修辞的三句话；2009年四川卷第20题，所给示例是朱自清《荷塘月色》中的写景名句："层层的叶子中间，零星地点缀些白花，有袅娜地开着的……又如刚出浴的美人。"再看2008年四川卷第19题：

在下面横线处，仿照前面画线的句子，各补写两个例子。

人们从读书学做人：从往哲先贤那里，人们学得他们的品格。<u>从孔子学得仁爱的情怀，从鲁迅学得批判的精神</u>，_____，_____；从古今中外的著述中，人们可以感受到<u>司马迁《史记》的严谨态度，文天祥《正气歌》的浩然正气</u>，_____，_____。一个读书人，是一个有机会拥有超乎个人生命体验的幸运人。

该仿写题的视角，明显从课内拓展到课外，限制与开放达到和谐统一。这类命题，其导向是显而易见的，就是引导学生注重课内和课外知识的积累，这种积累的最佳途径，就是要广泛阅读。高中语文"语言文字应用"选修课程的开设，要求坚持三个意识，即应用意识、整合意识和实践意识；其中应用是首要的，整合是应用的加深和巩固，又反过来指导应用；而实践是为了达到更好的应用。

二、未来展望

仿写题作为富有生命力的高考题型，今后在适应新课程需要的高考改革中，会在"不变"与"变"中寻求发展。所谓不变，是指仿写题型的性质不会有改变，仍然会坚持以考查学生语言综合运用能力为旨归，提供不繁琐、不深奥的示例，设置一些适当的限制，提出明确的仿写要求，给学生以充分的选择权，尊重学生对生活的个性化理解，从而体现以人为本的教育理念。

所谓变，主要表现在两个方面。一是试题的结构形式会有所改变，比如从开放性角度考虑，完全仿写式将可能成为主要形式，而填充式仿写和接续式仿写会逐渐被淡化，因为它们所提供的语境往往会限制学生的思维，不利于调动学生的个性化生活储备。鲁迅说过："写作固然需要精熟的技巧，但须有进步的思想和高尚的人格。"虽然完全仿写题并不完全等同于作文，但毕竟也是一个具有写作特征的心智活动，有的仿写题甚至可以称为"小小作文"，因此需要提供更具有张力的题目，尽量使具有不同兴趣和文化积淀的学生都有话可说，真正达到限制性与开放性的辩证统一。

"变"的第二个方面，是仿写题的内容会随着课程改革的深度推进，进一步发生变化。仿写题考查的目标侧重于表达与交流，表达与交流包括书面表达与交流、口头表达与交流。以往的仿写题大多侧重于静态的书面语言表达，而书面语言表达能力的考查，作文已经有了相当重要的担当，现在高考作文赋分大多是 60～70 分。因此，以后的仿写题应该适当向口语交际方面拓展。当今社会，口语交际日益频繁，每一个公民都应该具有良好的口语交际能力。口语交际能力不是听说能力的简单相加,而是联系生活、实现个体社会化的一种能力；口语交际表达了语言与生活的源流关系,具有较强的社会实用价值。外交谈判、商业洽谈、日常生活都可以成为仿写题的内容。

（本文发表于《语文建设》2009 年 9 期）

高考仿写题型探微

仿写题,自 1998 年在全国高考语文试卷中首次出现,至今历经 12 个年头,基本成为全国语文高考相对稳固的一种题型;很多自主命题的省市高考语文试卷也一直沿用这一题型。2009 年我国大陆 18 套高考语文试卷中,有 9 套保留了该题型。12 年来,该道题赋分大多在 4～6 分之间,2009 年全国 II 卷赋 7 分,2008 年四川卷设两道仿写题,共赋 11 分。就"仿写"而言,与写作教学目标要求中的缩写、扩写、续写、改写属于同一范畴,一般是以优秀的言语材料为样本,把它的言语和思维规律内化为自己的认知结构,并再生成自己新言语的一个创造性的写作过程;而"仿写题"则是小型化的写作活动,它提供材料不太多,有点限制不太死,既具有限制性,又具有开放性,同时也便于操作,是考查学生语言综合运用能力的有效途径。随着新课程标准在全国范围的逐步推进实施,仿写题的命制也在逐步发展变化。本文试对 12 年来该题型的特点以及发展变化进行梳理归纳,并对今后的发展走向予以推测。

一、仿写类型:完全仿写式、填充仿写式、接续仿写式多样并举,结构形式稳中有变

综观多年来高考语文试题中的仿写题,大体上可以分为三种类型,即"完全仿写题"、"填充式仿写题"和"接续式仿写题"。

1. 完全仿写题

该类仿写题主要侧重于形式、结构的模仿,内容上只提供一个对象或话题的表述,以此作模仿的示例,限制不太大。如 1998 年全国卷第 33 题:

仿照下面两个比喻句的句式,以"时间"开头,写两个句式相同的比喻句。

书籍好比是一架梯子,它能引导我们登上知识的殿堂。

书籍如同一把钥匙,它将帮助我们开启心灵的智慧之窗。

以后高考语文试卷中采用该类型的很多,如全国卷 2000 年的第 26 题,2002 年的第 25 题,2003 年的第 25 题,2006 年第 20 题;各地自主命的高考语文试卷也有许多采用完全仿写形式的,如江苏卷 2004 年第 24 题、2005 年第 22 题、2006 年第 19 题。近三年采用该仿写形式的,有 2007 年全国 I 卷第 20 题,2008 年全国 II 卷第 20 题、全国 III 卷第 23 题,2009 年全国 I 卷第 20 题、全国 II 卷第 20 题。全国自主命题的省市高考语文试卷中考查完全仿写题的也很多,如 2008 年的四川卷第 20 题、辽宁卷第 19 题,2009 年宁夏卷第 17 题、四川卷第 20 题、辽宁卷第 17 题等。

2. 填充式仿写题

该类仿写题,形式上是填空,而实质上也是一种仿写的题型。它不但在内容上规定了表述的对象,而且在形式和语境方面也有严格的限制。如 2001 年全国卷第 26 题:

在画线部分填上恰当的话,使分号前后内容、句式对应,修辞方法相同。

① 悲观者说,希望是地平线,就算看得见,也永远走不到;乐观者说,希望是_____,_____,_____。

② 乐观者说,风是帆的伙伴,能把你送到胜利的彼岸;悲观者说,风是_____,_____。

1999 年全国卷第 27 题,2005 年全国卷第 23 题属于该类型,2007 年海南卷第 22 题,2008 年四川卷第 19 题,2009 年天津卷第 23 题之(3)、湖北卷第 20 题、安徽卷第 20 题,都属于填充式仿写题。

3. 接续式仿写题

该仿写题是提供一个话题或诗句的开头,让考生按照示例的话题或思路,接续写几句,要求句式、修辞和示例一致,有的还要求所选取的续写对象之间的关系,也要和示例中所写对象的关系保持一致。例如 2007 年天津卷 23 题:

在下面横线处,续写两句话。

兰因春而存在,而春也因有了兰的幽美,才多了些温煦,少了些清寒;

荷因夏而存在,而夏也因有了荷的淡雅,才多了些凉爽,少了些燥热;

_____;

_____。

接续式仿写题具有一定的难度,如上述试题中的示例,两句修辞上有对偶,语义上有因果关系,如植物与对应季节不能错位;对植物特点的描绘,如兰的幽美、荷的淡雅,以及"多"与"少"后的词为形容词,而且是反义词,构成对比;这些都是考生应当注意的仿写要点。2004 年北京卷第 24 题、浙江卷第 24 题、湖南卷第 23 题,2007 年天津卷第 23 题,2009 年山东卷第 17 题,都属于接续式仿写题。

分析多年来高考语文试卷中的仿写题,发现其结构形式上有明显的发展变化,具体体现为以下几方面:

(1) 仿写形式上,稳中有变化。

就全国卷而言,该题型出现的前几年,完全仿写题和填充式仿写题交替出现,如 1998 年、2000 年、2002 年、2003 年、2006 年的全国卷,采用的是完全仿写题,1999 年、2001 年的全国卷,采用的是填充式仿写题。2004 年,在各地自主命题的高考语文试卷中,有多套试卷出现了接续式仿写题,如北京卷、浙江卷、湖南卷等。近三年来,完全式、填充式、接续式三种类型,在全国各地高考语文试卷中依然通行。当然题型内部形式有所变化,如填充式仿写,起初几年的题目,要求在一段话的中间仿照填写相关、相应的内容,如 1999 年第 27 题:

在下面的横线处填入适当的语句,组成前后呼应的排比句。

人民共和国迎来了她五十诞辰。五十年像一条长河,有急流也有缓流;五十年像一幅画,有冷色也有暖色;_____,_____;五十年像一部史诗,有痛苦也有欢乐。长河永远奔流,画卷刚刚展开,_____,史诗还在续写。我们的共和国正迈着坚定的步伐,跨入新的时代!

后来有的题目,要求根据提示,仿照示例的形式填写出有关内容,如 2009 年湖北卷第 20 题:

对"幸福"的理解因人而异。请仿照示例,将下列作品中的两个人物的话补泻完整,表达人物对"幸福"的理解。要求①符合人物的思想性格。②句式相近,每句话补写的字数不超过 30 字。

《守财奴》中的葛朗台说:"我的幸福就是极金子,守住了金库的钥匙,就守住了我的幸福。"

(1)《项链》中的玛蒂尔德说:我的幸福就是_____;

(2)《荷花淀》中的水生说:我的幸福就是_____。

接续式仿写题的结构形式也有变化,起初的题目大多要求在示例下面接续,如上文所举 2007 年的天津卷,2009 年的山东卷也如此。后来有的题目,要求在一段话的中间陆续接续下去,如 2007 年江苏卷第 20 题:要求"补全'学校迎奥运主题活动'主持人的开场白。"题中主持人甲的话就是示例。

甲:2008 年,我们将迎来一次体育的盛会,

乙:2008 年,我们将迎来五洲的宾朋。

合:我们的口号是"同一个世界,同一个梦想!"

甲:我们来自不同的国家,

乙:　　　　1　　　　,

甲:我们有着不同的肤色,

乙:　　　　2　　　　,

合:但我们生活在同一个世界。

…………(共要求仿写主持人乙的话 5 句,其余略)

(2) 仿写要求上,难度逐渐减轻。

减轻难度体现在三个方面,一是形式取舍上,渐趋开放化。十几年来,尽管上述三种仿写形式交替出现,但不同形式出现的频率发生了变化,以近三年为例,2007 年完全仿写式、填充仿写式、接续仿写式三种类型分别呈现于高考语文试卷中;而在 2008 年出现仿写题的试卷中,大多都采用完全式仿写题,只有四川卷第 19 题采用填充式仿写。2009 年 9 套考了仿写题的高考语文试卷中,只有山东卷第 17 题属于接续式仿写题,湖北卷第 20 题属于填充式仿写题,其他 7 套都为完全式仿写题。填充式仿写题、接续式仿写题较之完全仿写题,难度要大一些,因为前二者多了语境、既定内容等一些限制。在完全式仿写题中,大多明确要求"自选话题",体现了语言表达的选择性和个性化理念。

二是字数要求上,渐趋宽泛化。除了 1998 年全国卷第 33 题、2006 年江苏卷第 19 题和 2009 年湖北卷第 20 题有具体的字数限制外,其他很少有具体的字数规定,有的还在题干中用括号注释,提醒考生"不要求与示例字数相同"。三是题目要求上,更加明确具体化。仿写题初次出现的前几年,题干要求还是比较清楚简洁的,但后来有些笼统抽象的趋势,如 2003 年全国卷 25 题:

仿照示例,改写下列两条提示语,使之亲切友善、生动而不失原意。

提示语:(公园里)禁止攀折花木,不许乱扔垃圾。

改写为:除了记忆什么也别带走,除了脚印什么也别留下。

(1) 提示语:(教学楼内)禁止喧哗,不许打闹   改写为:

(2) 提示语:(阅览室里)报刊不得带出,违者罚款   改写为:

该题题干中的要求有些笼统,因此对它所包含的语言信息,考生必须作一番认真分析才能进行仿写。因为题干中没有具体指明仿照句式、修辞方法,那么仿照的就有可能是句式、修辞方法,也有可能是其表述方式。根据题干中要求改后"达到亲切友善、生动而不失原意"的内容,再结合分析所提供的改写"示例",才可以理解为:本题仿照的是"示例"的表述方式,改写的重点,是在保留原句的语言信息的前提下,改变用词的感情色彩和语气。2004 年北京卷 24 题"举出一个北京日常口语词语,并就其形象生动的特点作简要解说"、2004 年湖南卷 23 题"根据下面提示,仿写句子"、2007 年天津卷 23 题"在下面横线处,续写两句话"等,都是题干要求过于笼统,在审题上增加了难度,耗费考生的时间和精力;而仿写题考查的并不是学生审题立意的水平,而是学生语言的综合表达能力。

近几年的情况有所改变,绝大部分高考仿写题的题干要求,具体而明确,包括话题或意象的自主选择,句式与示例要一致,仿写的句子要用到几种修辞方法等等,都一一予以明确表述,使考生能够很快领会仿写要点。这无疑是命题理念更新、命题技术成熟的一种体现。

二、仿写内容:文学、语法、修辞、逻辑多元呈现,语言综合性较强,呈文学性与实用性兼济的发展态势

高考仿写题的内容范畴,按传统的语文基础知识分类来分析,大体包括文学(含文化)、语法、修辞、逻辑等几方面,这几个方面往往是综合体现于题目之中的。如 2001 年全国卷第 26 题、2007 年天津卷 23 题(见上文列举)都具有很强的综合性。2009 年山东卷第 17 题综合性更强:

请仿照下面诗歌前两节的格式,续写第三、四节。

我是雪   我是水

我被太阳翻译成水   我把种子翻译成植物

要完成该仿写题,考生首先要具备一定的文学修养,会读诗、能写诗。仿写题中的文学性考查内容主要体现在两个方面,一是想象和联想能力,二是阅读的积累与语感的积淀;也许正因为如此,命题者在题干中不作任何仿写要点的提示。其次

要掌握一些修辞方法,题目中示例的两节诗歌用到了比拟、顶针两种修辞格,示例还暗示:下面的第三、四节,要与前面两节构成排比,这也是诗歌常用的重章迭唱的结构形式。第三,要懂得一些逻辑知识,两节诗歌中事物之间具有一定的内在逻辑关系,如雪、太阳和水,水、种子和植物。第四,要学会虚词的不同用法,如"被"与"把"的用法大有讲究,在具体语境中不可互换使用。有了以上几方面的素养,便可以接续仿写出第三、四两节诗,例如:

我是植物　　　　　　　　　　我是生机

我被绿色翻译成生机　　　　　我把生命翻译成永恒

2009年辽宁卷第17题,也是一道典型的语言综合性很强的仿写题:

仿照下面的示例,自拟两个对象,另写三个句子,要求使用比喻和比拟来表现两个对象之间的关系。

我的祖国和我,像海和浪花一朵;

浪是海的赤子,海是浪的依托;

每当大海在微笑,我就是笑的漩涡。

考生首先要意识到,该题既考查文学性内容,如大胆的想象和联想以及诗化语言的运用等;又考查修辞格中的比喻、比拟;除此之外,还要特别注意题干中"两个对象之间的关系"所暗示的逻辑知识,即要求所仿写的两个对象,其本体和喻体之间的关系,都必须和示例一样,是整体与部分的关系。

近几年来,全国实施新课程标准的省市,已经陆续进行适应新课程需要的高考命题改革,很多语文高考试卷的内容及结构,与课改之前有了较大幅度的变化,但大部分试卷依然保留了仿写题的题型,当然考查内容有明显的变化,大体上呈文学性与实用性兼济的发展态势,主要体现在以下几方面。

1. 强化语言能力的实践意义

仿写题考查的内容,由重视静态的语文知识考查,向重视动态语言实践能力的考查转变。如2003年全国卷第25题(前已列举),就注意体现新的语文教育理念,注重语文课程的育人功能导向,注重在语文实践中培养公民的语文素养。该题仿照的是"示例"的表述方式,改写的重点是:在保留原句的语言信息的前提下,改变用词的感情色彩和语气。一个公民的语文素养应该体现在日常生活的方方面面,一个人语文水平的高低,不仅体现在表情达意的能力方面,而且还体现在语言的文明修养方面;语感不仅应该包括通顺感、生动感、幽默感、蕴藉感,还应该包括得体感。2007 年江苏卷要求"补全'学校迎奥运主题活动'主持人的开场白"的仿写题，也体现了重视语言的实践运用的理念。

2. 知识能力与人文素养并重

以往的仿写题大多文学性、思辨性较强，学生的仿写过程，更像"做文章"的过程，只不过是"仿做"而已；近几年的仿写内容，趋向于人文素养的熏陶；提供的示例，贴近生活实际，很多着眼于人性人情的揭示，思想意义较深刻。如 2008 年四川卷第 20 题：

请以"小学、中学、大学、社会"为内容，仿照下面的示例另写四个句子。要求每个句子都采用比喻的修辞方法，四个比喻句在语意上构成一个系列。

童年是一张白纸，青年是一篇诗歌，中年是一本散文，老年是一部百科全书。

这样的试题，考生"仿写"的过程，往往就是进行思想交流和心灵对话的过程。2009 年全国Ⅰ卷第 20 题所给"示例"也具有明显的德育功能："工作是等不来的，有无机会，看你怎么争取；业绩是要不来的，有无成效，看你怎么努力；前途是盼不来的，有无出路，看你怎么奋斗。"2009 年全国Ⅱ卷第 20 题的示例同样具有育人功能："金钱不必车载斗量，够用就好；友谊不必甜言蜜语，真诚就好；人生不必惊天动地，踏实就好。"尽管这些题目都要求"自选话题"，仿照的只是句式和修辞方法，但作为"示例"，其导引功能不仅指向形式，也会影响考生对"话题"思想内容的筛选。

3. 具有注重在阅读中积累语言文化知识的导向性

以往的仿写题，大多撷取当代文学作品或援引名人哲言作为仿写示例，近年来情况明显有了改变，仿写示例直接选自课文或课外读本的很多，如 2006 年全国卷第 20 题采用的是完全仿写式，提供的示例是朱自清散文《春》中结尾的用了比喻、比拟的三句话；2008 年江西卷第 20 题要求仿写的示例，是台湾作家李乐薇《我的空中楼阁》中的句子："山上有了小屋，好比一望无际的水面飘过一片风帆，是单纯的底色上一点灵动的色彩。"2009 年湖北卷第 20 题，是结合课文《守财奴》、《项链》、《荷花淀》命制的仿写题，题干中要求"符合人物的思想性格"就是对阅读积累的考查。2009 年的四川卷第 20 题，要求"另选一种景物进行 描写，句式基本一致，并运用比拟、比喻和排比的修辞"，所给的示例是朱自清《荷塘月色》中的写景名句："层层的叶子中间，零星地点缀些白花，有袅娜地开着的……又如刚出浴的美人。"再看 2008 年四川卷 19 题：

在下面横线处，仿照前面画线的句子，各补写两个例子。

人们从读书学做人;从往哲先贤那里,人们学得他们的品格。<u>从孔子学得仁爱的情怀,从鲁迅学得批判的精神</u>,_____,_____;从古今中外的著述中,人们可以感受到<u>司马迁《史记》的严谨态度,文天祥《正气歌》的浩然正气</u>,_____,_____。一个读书人,是一个有机会拥有超乎个人生命体验的幸运人。

该仿写题的视角,明显从课内拓展到课外,限制与开放达到和谐统一。这类命题,其导向是显而易见的,就是引导学生注重课内和课外文化知识的积累,这种积累的最佳途径,就是进行广泛的阅读。高中语文课程标准五个系列选修课程中,"语言文字应用"选修课程的开设,要求必须坚持三个意识,即应用意识、整合意识和实践意识;其中"应用"是首要的,"整合"是应用的加深和巩固,又反过来指导应用;而"实践"是为了达到更好地应用。

三、未来展望:在"不变"与"变"中求发展,限制性与开放性高度统一

仿写题在新旧课程过渡时期走过 12 个年头,既没有昙花一现,也没有渐趋消亡,而是发展成为高考语文试题中相对稳固的题型,今后必将更加引起广大中小学师生以及高考命题者的高度重视,把它作为提高语文能力和提升语文素养的重要训练和考查途径。仿写题作为富有生命力的高考题型,今后在适应新课程需要的高考改革中,会在"不变"与"变"中寻求发展。

所谓"不变",是指仿写题型的性质不会有大的改变,仍然会坚持以考查学生语言综合运用的能力为旨归,提供不繁琐、不深奥的示例,设置一些适当的限制,提出明确的仿写要求,给学生以充分的自主权、选择权,尊重学生对生活的个性化解读,从而体现以人为本的教育理念。

所谓"变",会表现在两个方面,一是试题的结构形式会有所取舍或改变,比如从开放性角度考虑,完全仿写式将可能成为主要形式,而填充式仿写和接续式仿写会逐渐被冷遇,尤其是填充仿写式,所提供的语境,往往会过分限制学生的思维,不利于调动学生的个性化生活储备。鲁迅说过:"写作固然需要精熟的技巧,但须有进步的思想和高尚的人格。"虽然完成"仿写题"并非完全等同于"作文",但毕竟也是一个具有"写作"特征的心智活动过程,有的仿写题可以称为"小小作文"。因此需要提供更具有张力的题目,尽量使具有不同兴趣和文化积淀的学生都有话可说,真正达到限制性与开放性高度的辩证统一。

"变"表现在第二个方面,是仿写题的内容层面或视角,随着新课程改革的深度

推进,将会进一步发生变化。高中语文分类目标主要是"阅读与鉴赏"、"表达与交流"两大类,"仿写题"考查的目标指向,当然侧重于"表达与交流";"表达与交流"包括"书面表达与交流"和"口头表达与交流"两方面。以往的仿写题,大多侧重于静态的书面语言表达,而书面语言表达能力的考查,"作文"已经有了相当重要的担当,现在高考作文赋分大多是 60~70 分。因此,以后的仿写题内容,应该适当向"口语交际"目标范围拓展。当今社会,口语交际日益频繁,每一个公民都应该具有良好的口语交际能力。就国际争端、外交谈判而言,敏锐而得体的语言表述,能够平息祸端,维护国家尊严;就市场经济、商业贸易而言,智慧而灵活的语言技巧,可以打通合作渠道,获得双赢;就日常生活、待人处事而言,饱含情感、富有理性的言语交流,可以收到宣传鼓动、说服教育的效果;这些都可以成为设计仿写题的内容范畴。

(本文发表于《语文教学研究》2009 年第 12 期)

2009 年全国高考名篇名句考查情况分析

　　全国高考语文设置名篇名句专项考查,开始于 1992 年,暂停于 1999 年,恢复于 2002 年,现在已经成为高考语文试卷的固定题型。据本人统计,2009 年全国大陆 18 套高考语文试卷中,都有名篇名句默写,考查名言名句 133 句,涉及 53 首(篇)诗文。对 18 套试卷中名篇名句考查的有关情况进行统计和分析,找出其中的特点和规律,将有助于理解该项考查对语文教学的导向性意义。

一、所占分值情况

　　高考语文名篇名句考查,起初 6 年都赋 3 分,2002 年复考后分值逐渐从 4 分增加到 5 分、6 分,最近几年基本保持在 6 分上下。2009 年 18 套试卷该项考查赋分情况如表 1 所示,赋 6 分、占总分 4% 的试卷达 9 套,占试卷总数的一半;赋分较高的仍然和 2008 年一样,是北京卷和江苏卷。但是,2008 年 19 套试卷中,该项考查赋 4 分的有 3 套,赋 5 分的有 7 套,赋 6 分有 6 套,分别占试卷总数的 15.79%、36.84% 和 31.58%。可见,高考名篇名句考查赋分呈逐渐增高趋势。

表 1　2009 年全国高考语文名篇名句赋分情况统计表

分值	卷　别	占试卷总分百分比(%)	占试卷总数百分比(%)
4	重庆卷　　湖北卷	2.67	11.11
5	全国Ⅰ、Ⅱ卷,安徽、四川、天津卷	3.33	27.78
6	上海、浙江、福建、广东、湖南山东、辽宁、宁夏、江西卷	4	50
7	北京卷	4.67	5.56
8	江苏卷	5	5.56

二、出处体裁覆盖情况

18 套试卷中,该题型共考查填空默写题 139 道,其中名篇名句 133 句,文学常识 6 题。133 个名篇名句覆盖了 53 首(篇)诗文;对这些诗文考查的总次数是 89 次。涉及的体裁按覆盖面大小顺序排列,依次是诗、文、词、赋、曲。从表 2 可以看出,诗歌是名篇名句考查的重点;其次是古代名家散文;第三是词、赋。表 2 只是宏观上的统计,如果再作详细梳理和分析,会发现所考查的各种体裁内部仍然有许多区别。

表 2   2009 年全国高考语文名篇名句出处体裁分布情况统计表

类别\内容	诗	文	词	赋	曲
篇　数	23	16	9	4	1
次　数	35	27	14	12	1

(一)诗

23 首诗歌中,包括秦汉三国两晋时期的古诗 7 首、唐诗 13 首、宋诗 3 首。7 首古诗共考查了 12 次;分别是诗经中《静女》(2 次)、《氓》、《蒹葭》,屈原的《离骚》(5 次)、《迢迢牵牛星》,曹操的《短歌行》,陶渊明《归田园居》。唐诗 13 首,考查了 19 次;分别是杜甫《登高》(2 次)、《秋兴八首》(2 次)、《旅夜书怀》、《戏为六绝句》、《客至》、《偶题》,李白《蜀道难》(3 次)、《将进酒》,李商隐《锦瑟》(3 次),白居易《琵琶行》,杜牧《赤壁》,王维《终南山》,刘禹锡《石头城》。宋诗 3 首,共考查 4 次,分别是苏轼的《定风波》(2 次)、《题西林壁》,陆游的《书愤》。

综上统计可见,诗歌是名言名句考查的重点所在,唐诗是重点中的重点。唐诗涉及 13 首,考查 19 次,占所考查诗歌总次数的 54.29%。唐诗人中,杜甫的诗出现的频率最高,共 6 首 8 次,占所考查唐诗总次数的 42.1%;其次是李白,其诗考查了 2 首 4 次,占唐诗出现次数的 21.05%;第三是李商隐,《锦瑟》考查了 3 次,占唐诗出现次数的 15.79%。当然,诗经、楚辞也受到一定的重视,尤其是《离骚》,考查了 5 次,占所考诗歌总次数的 14.29%。

(二)散文

16 篇文章主要是古代散文,其中包括先秦诸子散文、历史散文和历代文人名士的论说文、游记以及各种抒情散文。16篇散文共考查了27次,分别是:《荀子·劝学》(8次);《论语》4篇4次;《史记》2篇3次,分别是《屈原列传》(2次)、《报任安书》;考查2次的还有3篇:诸葛亮《出师表》、刘禹锡《陋室铭》、贾谊《过秦论》;考查1次的还有6篇:《战国策·邹忌讽齐王纳谏》,王羲之《兰亭集序》,韩愈《师说》、《进学解》,柳宗元《小石潭记》,王勃《滕王阁序》。

从上述统计中看得出,诸子散文和历史散文都很受重视,荀子的《劝学》倍受青睐,出现8次,占所考文章总次数29.63%;《论语》和《史记》中的篇目考查频率也较高。

（三）词

9首词中,除了五代时期南唐后主李煜《虞美人·春花秋月何时了》和当代毛泽东的《忆秦娥·娄山关》,其余7首都是宋代词。宋词共考查12次,分别是柳永《雨霖铃·寒蝉凄切》(4次),苏轼《念奴娇·赤壁怀古》(2次),辛弃疾《永遇乐·京口北固亭怀古》(2次),李清照《醉花阴》、《声声慢》,秦观《鹊桥仙》,晏殊《浣溪沙》。宋词中"豪放"、"婉约"两大流派的代表作品都考查到了,而柳永《雨霖铃·寒蝉凄切》倍受重视,考查次数占所考词总次数的28.57%。

（四）赋、曲

4篇赋共考查了12次,分别是苏轼《赤壁赋》(4次),陶渊明《归去来兮辞》(4次),杜牧《阿房宫赋》(3次),欧阳修《秋声赋》。元曲考查1篇1次,是张养浩《山坡羊·潼关怀古》。可见,赋比曲更受重视,而对赋的考查则多集中在经典之作上。

三、作品年代分布情况

表3　2009年全国语文高考名篇名句作品年代分布情况统计表

内容＼年代	先秦		两汉		魏晋南北朝		隋唐五代		宋		元		现当代	
数量	10篇	22次	4篇	6次	5篇	9次	20篇	29次	12篇	21次	1篇	1次	1篇	1次
占总篇、次百分比（%）	18.87	24.72	7.55	6.74	9.43	10.11	37.74	32.58	22.64	23.6	1.89	1.12	1.89	1.12

从表3可以看出,2009年名篇名句考查,就考查作品的覆盖面和考查的频率而言,仍然是隋唐时期作品占首位,其次是宋代作品,第三是先秦作品。魏晋南北

朝时期的作品考查的次数比两汉时期的多，明、清两代作品没有涉及到，这与 2008 年保持大体一致的命题倾向。

四、同一作品中名言名句考查的比照

名篇名句考查经常出现这样的现象：同一篇诗文作品同时被多套试卷考到，同一句名言名句默写，会在多套试卷中出现。2009 年 18 套试卷中，考查了 8 次的有 1 篇；考查了 5 次的有 1 篇；考查了 4 次的有 3 篇；考查了 3 次的也有 3 篇；考查了 2 次的更多。详见上文。表 4 是考查 3 次以上的作品所考查的名言名句辑录，从中可以看出各套试卷关注点的异同。

表 4　2009 年出现 3 次以上的篇目所考查的名言名句辑录

篇名	作者	卷别	名言名句	容易写错的字词
劝学	荀子	1 全国Ⅱ卷	故不积跬步、无以至千里、功在不舍	跬
		2 江苏卷	吾尝跂而望矣	跂
		3 山东卷	无以至千里	
		4 福建卷	金就砺则利	砺
		5 安徽卷	驽马十驾	
		6 重庆卷	虽有槁暴	
		7 四川卷	青，取之于蓝，而青于蓝；冰，水为之，而寒于水。	有（又），暴（曝）
		8 天津卷	吾尝终日而思矣。	
离骚	屈原	1 全国Ⅰ卷	忍尤而攘垢、伏清白以死直兮	尤、伏
		2 江苏卷	又重之以修能	重（chóng）
		3 福建卷	哀民生之多艰	
		4 天津卷	虽九死其犹未悔	
		5 四川卷	扈江离与辟芷兮	扈，辟（僻）
雨霖铃	柳永	1 上海卷	暮霭沉沉楚天阔	霭
		2 浙江卷	应是良辰好景虚设，便纵有千种风情	好景
		3 重庆卷	暮霭沉沉楚天阔	
		4 江西卷	竟无语凝噎、暮霭沉沉楚天阔	凝噎
赤壁赋	苏轼	1 江苏卷	凌万顷之茫然	凌
		2 山东卷	凌万顷之茫然	
		3 湖北卷	郁乎苍苍	
		4 福建卷	徘徊于斗牛之间	

续　表

篇名	作者	卷别	名言名句	容易写错的字词
归去来兮辞	陶渊明	1 北京卷 2 江西卷 3 重庆卷 4 天津卷	聊乘化以归尽，乐乎天命复奚疑 策扶老以流憩，云无心以出岫 乐琴书以消忧 风飘飘而吹衣	乘化、奚疑 憩、岫
蜀道难	李白	1 全国Ⅰ卷 2 广东卷 3 湖北卷	不与秦塞通人烟，可以横绝峨嵋巅 又闻子规啼夜月，愁空山 下有冲波逆折之回川	塞、绝
锦瑟	李商隐	1 江苏卷 2 安徽卷 3 山东卷	蓝田日暖玉生烟 只是当时已惘然 此情可待成追忆	生 惘
阿房宫赋	杜牧	1 北京卷 2 福建卷 3 湖北卷	族秦者，秦也，非天下也 蓋不知乎几千万落 多于南亩之农夫	族 蓋

各套试卷要求默写的句子都有相同之处。首先，都是流传广远的名言警句，这正体现了"名篇名句"的本质特征；这些句子，或为作品中写景状物的绝妙之语，如"下有冲波逆折之回川"、"暮霭沉沉楚天阔"；或为作者抒情言志的集中体现，如"忍尤而攘垢"、"伏清白以死直兮"；或为见微知著的哲理名言，如"故不积跬步，无以至千里"、"青，取之于蓝，而青于蓝"。其次，句中存在具有重要意义的字词，或有容易写错的字词，如跬、跋、砺等；有的字是古今字或通假字，默写时容易混淆，如有（又）、暴（曝）等；还有的字容易写成别字，如将"生烟"写成"升烟"，将"横绝"写成"横决"。

五、启示及预测

分析 2009 年全国高考名篇名句默写题，可以获得多方面的启示。

第一，唐诗宋词名篇、先秦经典诗文，是高考名言名句考查的重要领地，其导向性是明显的：所考查的这些诗文经典，是语文积累的重要源泉，熟读这些经典并记诵其中的名言名句，是提高语文素养的重要途径。

第二，语文课程标准中建议诵读的篇目（包括义务教育阶段和普通高中阶段），是语文学习的重要目标，无论从应试角度，还是从提高语文素养、培养人文精神的高度，都应该予以充分的重视；18 套试卷所考查的诗文作品 53 首（篇）中，有 13 首（篇）是来自《普通高中语文课程标准（实验）》附录中"关于诵读篇目的建议"的内容,也就是说,高中课程标准中所建议诵读的 14 首(篇)诗文作品,只有《逍遥游》没有考查到,考查的覆盖率达 92.86％。

第三,考查形式多样化发展,根据上下文默写名言名句和提供适当的语境默写相应的名言名句,两种形式都会继续保留,但后者将会成为今后名篇名句考查的发展趋势。今年湖北卷、四川卷的名言名句考查就是这种类型,如四川卷中的题目:"《诗经·邶风·静女》中'_____,_____'两句,描写了一对青年男女约会逗趣的生动细节;李白《将进酒》说:'_____,_____。'这两句诗运用夸张手法极写人生的短暂,真是妙笔生花。"这样的名句默写题目,具有提倡理解性记诵、不主张一味地机械记忆的导向性。另外,提供多题任考生自选几题完成,也是其发展方向;因为这样给学生以充分的自主权和选择权,体现了限制性与开放性统一的原则。

第四,文学常识、文化常识的考查,将会进入填空默写的固定题型,和名篇名句并行考查。2008 年江西卷、湖北卷、重庆卷各出现 2 道文学常识填空,2009 年这三套试卷仍然各出现 2 题。这种变化应该引起广泛重视,以后的考查应当适当扩展和增加这种类型的填空默写,因为这也是敦促、鼓励学生拓展阅读视野,引导加强课内外语文积累的重要手段。

(本文发表于《语文学习》2009 年第 10 期)

近几年全国高考文言文阅读试题述评

　　文言文阅读能力是学生语文素养的重要组成部分,对该能力的考查已成为全国各地高考语文试卷中一个相对稳定的项目。笔者对 2007—2010 年全国内地 71 套高考语文试卷中文言文阅读试题进行梳理和分析,总结其发展趋势和命题规律,并对相关问题提出质疑和建议,以期有益于高考语文试题的进一步完善,有助于语文新课程的实施和推进。

一、发展趋势:稳中有变,变中求新

　　总体而言,文言文考查稳中有变、变中求新,都在努力探索适应新课程需要的高考命题方向。首先,选文的体裁多样灵活,具有引领学生在广泛阅读中提升语文素养的导向性。选文大致可分为 10 种:人物传记,各类记叙文,诸子、历史散文,议论文,文言小说,书序、赠序,说明文,墓志铭;四年来入选较多的体裁是人物传记,约占选文总数的 48%。人物传记因其富有故事性、可读性强而成为多套试卷文言文阅读选文的首选体裁,而史传又因其内容和形式更具规范性而倍受青睐。从多套试卷的选文内容和所设置的考题来看,切实体现了《普通高中语文课程标准(实验)》(以下简称"高中语文课标")关于"新闻与传记"的目标定位:"阅读古今中外的人物传记、回忆录等作品,能把握基本事实,了解传主的人生轨迹,从中获得有益的人生启示,并形成有一定深度的思考和判断。"①其次,文言文阅读所占分值相对稳定。部分试卷略有微调,但总体呈上升趋势;大多在 18～22 分之间;上海卷 29 分居高不下,北京卷 2010 年由前几年的 20 分上调到 27 分。第三,题型结构相对稳

---

　　① 中华人民共和国教育部制订,《普通高中语文课程标准(实验稿)》,人民教育出版社 2003 年版,第 11 页。

定。绝大部分试卷保持单项选择和翻译两种题型,其中翻译题赋分普遍较高,大多为 10 分,表明主观性题目受到高度重视。第四,部分试卷打破常规,力求创新。上海、北京、福建、湖南等几套试卷突破常见题型,增设概括、简答等题型;北京、重庆、浙江、广东卷等增设断句题型;这些题型具有综合性、概括性、主观性等特征,在很大程度上弥补了选择题的缺憾,对加强学生语言综合能力的提高起到积极的导向作用。

二、试题评析:同中有异,求活求新

文言文阅读的考查,题目的导向性无疑将直接影响学校文言文的教学,也会影响学生的课外阅读,甚至影响学生选修课程的选取与定位。以下重点剖析近几年来高考文言文试题的变化规律,探寻试题的价值取向其及重要意义。

1. 客观试题同中有异

首先,体现在实词、虚词的考查中。该项考查绝大多数是独立设题,一般实词考查选文中的词义解释,虚词考查意义及用法,大多与所学过的课文中虚词结合起来考查。2009 年浙江卷增设一个词类活用中使动和意动用法的题目(19 题),这就打破常规,拓宽了实词的考查面。文言文中一些特殊的语法现象,在现代语言中仍然富有生命力,如"悦宾饭店"、"怡人书屋"、"很牛"等;有些是作为成语流传下来,成为富有表现力的语词,如"狼吞虎咽"、"心猿意马"等,掌握这些语言规律,对语感的形成、语言表达的精炼都有很大的作用。因此古汉语中特殊的词法、句法应该纳入文言文阅读的考查范畴。

实词、虚词的考查尤其值得关注的是上海卷,其考查的范围比其他试卷要广泛得多,不仅考查选文语境中实词、虚词的意义,还结合平时的阅读积累考查古汉语知识。例如 2007 年卷第 18 题,考查的是古今词义异义知识;2008 年卷第 18 题,是一词多义问题,考查在具体语境中对"为"表被动、作为行为动词、作为介词的几种理解的能力;2009 年卷第 18 题,考查的是通假字知识。这几个考查项目,其他试卷都没有单独设置题目考查,只有少数试卷在翻译句子的题目中略有兼顾;而这些知识和能力,正是文言文阅读能力的重要组成部分,是语文课程标准特别强调学生要掌握和具备的语文素养。"高中语文课标"中关于文言文阅读有明确的要求:"了解并梳理常见的文言实词、文言虚词、文言句式的意义或用法,注重在阅读中举一反三。"①这类试题,反映了命题者较强的课程标准意识,是具有引领性的高考试题。

其次,体现在句意理解的考查中。对选文中句子的理解,考查的覆盖面都比较高,大多是围绕一个主题,或针对文中的重要内容,将文中句子编组,让考生选出不属于该主题或不指向该内容的一组句子;但也有试卷突破常规,力求创新。如2008 年浙江卷第 13 题就是一个非常有创意的新题型:

下列各句括号中补出的省略成分,不正确的一项是

A. 及览(其)诗卷　　　　　　　B. 流闻(于)禁中

C. (老妪)问解则录　　　　　　D. 伪者(国相)即能辨之

该题表面上是让考生判断句中所补出的省略成分的正误,来考查对句意的理解;但实际的效果是综合实词、虚词、句意的考查于一题之中。因为在鉴别判断过程中,必然要结合选文中的语境,要以理解该句子的意思为前提;还要具有文言实词和虚词运用的良好语感和相关基础知识,才能选出正确答案 C。这个题目设计得十分精妙!

第三,体现在文意整体把握的考查中。分析几年来对文意的考查试题可得知,绝大多数题目是从概括或理解全文角度来组织选项的内容,如概括选文主要内容,准确筛选文中基本信息,把握文本所写人及所做事的意义,概括人物的优秀品质以及他人或作者对人物有怎样的评价等等。但是浙江卷该项考查一直是从"赏析"的角度命制题目,虽然这与其选文大多是名人佳作、文学性较强有关,但笔者以为更主要的,还是反映了命题者更注重于在阅读中提高文学素养的倾向性。对于文意的考查,如果选文的体裁和特质差不多,那么考查选取理解和概括的角度,还是选取艺术品鉴和评价的角度,本身并无对错之分,这是由命题人对阅读积累的价值取向决定的。因为在阅读中培养审美情趣、提高审美能力,同样是语文教育追求的重要目标,"高中语文课标"对此也有明确的要求:"审美教育有助于促进人的知、情、意全面发展,文学艺术的鉴赏和创作是重要的审美活动""高中语文教育应关注学生情感的发展,让学生受到美的熏陶,培养自觉的审美意识和高尚的审美情趣,培

---

① 中华人民共和国教育部制订,《普通高中语文课程标准(实验稿))》,人民教育出版社 2003 年版,第8 页。

养审美感知和审美创造的能力。"①况且,赏析评价能力是阅读水平的高级层次,是以理解概括水平为基础的;也就是说考查赏析能力,也包括理解概括能力,且难度会更大些。

2. 主观试题求活求新

其一,上海试题独树一帜,亮点多多。一是选文一直保持 2 篇(段),体裁和题材都不雷同,考查的覆盖面较广,且篇幅短小灵活,可读性很强。二是题型多样,10～11 个考题,包括选择、简答、翻译、概括、填空等题型。三是以主观性题目为主体,分值占该项目总分的 80% 左右,如实词词义的考查,不用选择题,一律要求考生一一写出具体解释。四是题目灵活,即使同一考查目标,题目也有所变化,例如2010 年第 21 题:

本文展现了欧阳晔□□、□□和□□品质。(3分)

此项考查与往年相比,形式有了变化,不是让考生自行组织语言对选文中的人或事加以概括,而是采用填空形式总结文中人物的品质,这就有了严格的限制,增加了一定的难度:考生不仅要有总结概括能力,而且语言还要高度凝练。

其二,主观试题取材灵活而经济。首先,断句题型经济又实用;北京卷连续四年都设置断句考项,都是另选文段供考生断句,所选文段前三年大多出自诸子散文、历史散文,2010 年选的是苏轼《仁说》中一段,打破了选文体裁相对固定的格局。广东卷也是连续四年都设置断句题,所选句段都取自文言文阅读选文的最后一段,较之北京卷更加经济。断句题型,与过去"给语段加标点"的题型相比,既降低了难度,拓宽了考查面;又没有增加答题和阅卷的难度;同时还体现了当代阅读理念:重视文意的整体把握。其次,翻译题、简答题大多取材于"文言文阅读"选文,这样阅读材料的利用率就比较高。例如北京卷前三年的文言文阅读,15 分值都是选择题,2010 年则减少了客观题分值,增设了主观题(第 10 题,赋 10 分),让考生从选文中举一例说明"宋清谋取利益因为考虑长远,所以获得利益较大"的经商特点,并结合当下的社会生活谈谈自己对宋清经商特点的领悟,要求不少于 200 字。这一题型是北京卷的一个新突破,也可以视为文言作品现实意义解读的一个方向引领性试题。

---

① 中华人民共和国教育部制订,《普通高中语文课程标准(实验稿)》,人民教育出版社 2003 年版,第 2 页。

　　其三,文化经典片段的考查,兼顾必修与选修课程,富有张力。福建卷率先进行探索践行,四年来一直保持这一题型,并且兼顾客观题和主观题的考查;阅读语段主要选自《论语》和《孟子》。2009—2010 年,福建卷实行较大改革,"文学名著、文化经典阅读"成为阅读考查中的一个分支;"文化经典阅读"语段仍然选自《论语》和《孟子》,与前两年试题一样,都注重经典内容的现实意义。

　　文化经典阅读试题,在选文内容上突出"经典"性,注重"文化性";在题目设置上,既有语言能力的考查,又有文化底蕴的提取,突出了语文课程的工具性和人文性特点。例如 2007 年福建卷要求翻译句子"如欲治平天下,当今之世,舍我其谁?",此句反映了孟子志存高远、以天下为己任的高度责任感和远大抱负;又如2009 年浙江卷将《论语》的阅读与当今新课程教学理念结合起来,要求阅读《论语》中的两则文字,写出一个与"不愤不启、不悱不发"同一出处的成语(举一反三),并概括选文中孔子的话所包含的教学原则(以学生为主体);2010 年福建卷考查的内容是关于孔子的"择善而从"和孟子的"闻过则喜"的解读。以上所述考查内容,一般都与学生平时的语言积累有联系,大多为当今通用的成语或名言警句,选择考查此类经典语段的目的是显而易见的,就是重视经典对学生的文化濡染作用,体现了"高中语文课标"中关于"文化论著研读"建议的精神实质:"增强文化意识,学习探究文化问题的方法,提高认识和分析文化现象的能力,吸收优秀文化的营养,参与先进文化的传播。"[1]

　　总之,近几年的高考文化经典阅读考查,无论是选文还是题目,都具有丰富的育人内涵。"高中语文课标"中关于"文化论著研读"模块的评价有明确的建议:"考察学生是否认真研读经典原著,对原著内容的理解和观点的把握是否正确,能否借助注释、工具书、参考资料自主学习……还要注意考察他们的阅读兴趣和文化视野。"[2]因此,古代文化经典片段的考查,是"名言名句默写"的有效拓展,是"文言文阅读"的很好补充。文言文篇目阅读,重在考查学生阅读浅近文言文的能力,其考查更多地指向语文必修课程;而文化经典片段的阅读理解,则兼顾了对学生古代文化经典积累的深度和广度的考查,其指向更多地倾向于语文选修课程;二者互为补

---

　　①　中华人民共和国教育部制订,《普通高中语文课程标准(实验稿)》,人民教育出版社 2003 年版,第21 页。
　　②　中华人民共和国教育部制订,《普通高中语文课程标准(实验稿)》,人民教育出版社 2003 年版,第25 页。

充,相得益彰,可以强化语文必修课程与选修课程之间的紧密联系。认真研究并开发这种题型,将有助于在高考语文试卷中命制一些介于必修课程和选修课程之间的富有张力的试题,从而更好地发挥高考的积极导引效应,进一步深入推进新课程的实施。

三、讨论与建议

尽管高考语文试卷的命制已经渐趋稳定成熟,并且不断向公平化、科学化发展;但是一份高考语文试卷,既要全面适应新课程的评价原则和要求,又要兼顾各地当下教育发展的现状,毕竟需要投入很大精力进行不断探索和完善,以下结合具体试卷探讨几个问题。

1. 关于文言文阅读的选文

高考命题不可频繁变更试卷的结构和考查的范畴,要求具有相对的稳定性,这早成社会共识。但是稳定绝不等于固定,高考试卷和题型一旦具有某种导向性或客观形成了暗示性,那么带来负面影响几乎是无法避免的。以 2007—2010 年全国卷为例,11 套试卷中的文言文阅读选文无一例外都选的是史传,而且以宋代史传居多;此类现象在其他试卷中也有所体现。例如浙江卷对文意的考查连续四年都是以"赏析"的视角进行,虽然笔者前面已经阐明这是命题者趋于考查更高的审美鉴赏能力,但是毕竟可以适当变换一下角度,以免造成某种导向性;例如该省 2007—2009 年三年都选的是文人作品,其中两年都选苏轼文,而 2010 年则选了史传《魏书·胡叟传》,这就在一定程度上避免误导的产生。高中语文从必修课程到选修课程,内容非常广博,高考选文不应该"固定"在某一范畴;导致选文体裁不变的原因何在? 是命题专家们的学术偏好,还是对语文素养价值取向的个性化理解? 也许是二者兼而有之。如果这种现象一直不予改变,不仅有可能影响学生在必修课程的学习方面有所偏重,还有可能导致学生在选修课程的定位方面"忍痛割爱",只锁定高考所考的体裁及内容,这就完全背离了选修课程的旨归。

2. 关于文言词语的考查

全国卷、江苏卷以及湖北卷几年来一直没有设置文言虚词考查题目,重庆卷最近两年也取消了虚词考查题,虽然有些试卷在翻译句子的题目中有所兼顾,但虚词的意义及用法还是没有得到明确的考查,因为很多文言句子是可以意译的。上文已经述及,文言虚词是课标中明确要求掌握的,这样长期不设考题,其负面影响是难免的。

3. 关于断句题型问题

北京卷、浙江卷另选文段设置断句考题,增加了文言文考查的覆盖面,对学生的课内、外阅读具有很好的导向作用。但是,精心选取一段文字,只考了断句一项,其利用率似乎太低,以北京卷为例,几年来一直没有设置翻译题,断句既然在第Ⅱ卷中考查,何不在供断句的语段中选择一两个句子让考生翻译呢?而且完全可以将断句题的 5 分,切分一些给翻译题,这样也不影响试卷的整体结构和分值配置,完全可以实行。

当然,以上纯属本人一管之见,高考试题尤其是语文高考试题向来众口难调,对其关注和研究,包括提出质疑和批评,其宗旨都是期望它更加完善;同时也期望广大语文教师和学生,在以后语文教学实践中,以贯彻执行国家现行的语文课程标准为前提,充分发挥高考的积极引领效应,理性地规避高考试题带来的负面因素,努力实现全面提高语文素养的总目标。

(本文发表于《中学语文教学》2010 年第 11 期)

《乡愁》《就是那一只蟋蟀》对比赏析

　　文化乡愁大多是民族精神和民族责任感在知识分子身上的一种折射,这种民族文化心理正是我国当代教育不可或缺的人文滋养。因此语文新课程标准教科书特别重视编选此类文本内容,余光中的《乡愁》和流沙河的《就是那一只蟋蟀》都是抒发文化乡愁的现代诗歌力作(以下简称《乡愁》、《蟋蟀》),堪称乡愁诗中的姊妹篇,被编入多种版本语文教科书。[①] 二者有许多相同点,首先主题相同,都是描写乡愁,倾诉离情,表达盼望台湾与大陆骨肉不再分离的强烈愿望;其次体裁相同,都是现代抒情诗歌,结构形式和语言运用都比较宽松自由。但二者的不同点更多,本文从以下几个角度比较二者的不同之处。

一、乡愁的载体不同

　　也就是说两首诗抒情的方式各有不同。《乡愁》的载体是诗人生命年轮中几个富有代表性的印记,是人生长河中的几个片断:童年,青年,中年,晚年;《蟋蟀》是把乡愁置放于中华民族广袤的文化背景幕布上,采用与友人面对面的方式来倾诉、吟咏的。

　　余光中的大陆、台湾及欧美的读书讲学的丰富生活阅历,深厚的中华文化积淀及中西学养,无不折射出一个文化大家的风范和从容气度。他曾经说:"我当年离开内地,'掉头一去是风吹黑发 / 回首再来已雪满白头'乃此生最大的伤痛。幸好那一年我已经 21 岁,故土的记忆,文化的濡染已经深长,所以日后的欧风美雨都不

---

　　① 《乡愁》入选:语文版义务教育课程标准实验教科书语文七年级下册,2003 年版;人教版义务教育课程标准实验教科书语文九年级下册 2003 年版;《就是那一只蟋蟀》入选:人教版全日制普通高中语文读本(试验修订本·必修)第三册,2000 年版;苏教版普通高中课程标准实验教科书《语文读本必修一》,2007 版。

能夺走我的汉魂唐魄。我在诗文中所以呼喊着狂吼着黄河长江,无非是努力为自己招魂。"①《乡愁》一唱三叹、回环往复,四个画面勾勒出诗人的生命成长过程,展示了一生的漂泊不定,及其在漂泊不定中乡愁的不同内涵,在反映人世沧桑的同时,把个人、国家、民族的命运紧紧地连在了一起,可谓思绪悠悠,离愁悠悠,感慨怅惘绵绵幽幽。流沙河与余光中的经历不同,他生于大陆长于大陆,对文学的钟爱与追求使他有幸与余光中成为诗友。该首诗的创作,虽然也同样因为诗人对世事沧桑的敏感、忧患,但最直接的因素还是余光中的中华精髓、文化乡愁对他的濡染。该诗小序云:台湾诗人 Y 先生说:"在海外,夜间听到蟋蟀叫,就会以为那是四川乡下听到的那一只。"该诗抒发的乡思乡情,不像《乡愁》那样沉郁,而是极其流畅舒缓,雄浑自然,更多的是表达诗人一种坚定的民族信念。

二、结构形式不同

《乡愁》用"在这头""在那头"、"在里头""在外头",构成重章叠句的复沓式结构,

全诗大体押韵,且一韵到底;每段行数、句数、字数都相等,较为整齐。《蟋蟀》也大体押韵,一韵到底;虽然每段的诗句行数不一,但是由于兴象众多,境象广远,大量相同的句式,构成反复和排比,朗读时有酣畅淋漓之效果。

三、意境意蕴不同

《乡愁》中用几个修饰语分别来形容诗中的几个意象,通过"小小的邮票"、"窄窄的船票"、"矮矮的坟墓"、"浅浅的海峡",以及"……在这头"、"……在那头"的对比处理,创造了少小离家别、成年夫妻别、中年生死别、晚年故乡别的生动画面,抒发了沉郁缠绵、悠远深长的离愁之情和故国之思。

邮票本来就不大,"小小"似乎多余,用它来形容邮票,意在说明诗人童年时代求学在外,恋家之心太切,想家之情过重,一封短短的家书怎么能取代孩子对家庭温暖的眷恋呢!所以童年时代的诗人面对家书内容,就只能眼巴巴的发呆,似乎母亲就在眼前,伸手可及,却难以扑到母亲的怀抱。邮票之微小,衬托出母爱之博大。

---

① 2003 年度散文家颁奖词和余光中获奖感言。转引自苏教版普通高中课程标准实验教科书《教学参考书·语文必修二》,江苏教育出版社 2007 年版,第 168 页。

"窄窄"用来形容船票也颇有寓意。长大后诗人成家了,乡愁中最刻骨铭心的体验就是对爱妻的深深思念。一张窄窄的船票给亲人带来多少欢乐和幸福,又带去几多期盼和离愁!读到此段,让人顿生柳永笔下的"关河冷落/残照当楼"、"误几回、天际识归舟"的惆怅。惟其夫妻恩爱似江海宽广,每次相聚才会觉得时间太短太短。"窄窄"的船票哪里载得下夫妻的恩爱和离愁!"我在这头,新娘在那头",那种"相见时难别亦难"(李商隐)、"举手长劳劳,二情同依依"(《孔雀东南飞》)的情境如在读者眼前。人到中年,操劳一生的母亲永远地去了,留给儿女的只有故乡的一抔土。就是这样一座"矮矮"的坟墓,薄薄的黄土,却如无形的厚墙高壁,阴阳两相隔绝。慈母的牵挂,儿女的喜忧,尽管近在咫尺却难以相诉。这种残酷的生离死别,怎一个愁字了得!诗人晚年在台湾教书,写作,讲学;应该说人生、事业均收获颇丰,但是诗人总是有漂泊他乡的浓重的孤独感,他在诗文中"呼喊着狂吼着黄河长江",就是"努力为自己招魂"。然而,就是那不起眼的甚至给人些许美感的"一湾""浅浅的"海峡,竟然使诗人思乡之情漫长悠远,似乎永远没有尽头。地理概念上的浅浅,反衬出台湾与大陆政治、经济、文化阻隔的深重。不妨听听诗人在《听听那冷雨》中的倾诉吧,"大寒流从那块土地上弥天卷来,这种酷冷吾与古大陆分担。不能扑进她怀里,被她的裙边扫一扫吧也算是安慰孺慕之情",面对这样的心灵道白,你眼前会出现伫立在台湾海峡一端遥望故乡的老者,其形容恰如雕塑一般。

《蟋蟀》把乡愁放在广阔的文化背景中吟咏,诗中意象众多,内蕴深刻,组合也具巧妙。主要体现在兴象、境象和喻象的创造上。① 兴象是艺术作品中没有明显的人为痕迹的意象,其构成似乎是纯粹客观的物象,往往没有明显的象征、比喻的意味,单个兴象的存在与否似乎也无关紧要,但由很多单个兴象组成的兴象群,就具有深层的意蕴。境象,即通常所说的意境,是由基础层次上的意象组合而成的一个整体,它比基础性的意象在时空上更具有突破性,有强烈的宇宙感、历史感、人生感。喻象,即通过比喻、象征的方式构置的意象,它是艺术家借助一定的艺术技巧,将客观物象按照心灵重组或变形,让客观物象成为心灵的载体而创造出来的,比喻和象征性的意象因其具有巨大的暗示性而为艺术家所喜爱。

诗中的兴象主要集中在第2、3、4、5段中。第2段中的诗经、古诗、木兰辞、姜夔词构成第一个兴象群,这是从历史发展纵向铺排展开的;第3段中的驿道、烽台、

① 王本志.《就是那一只蟋蟀》的审美意象及其组合艺术. 语文教学通讯,2001(6)

天井、战场构成第二个兴象群,这是从地点转换横向铺排展开的;第4段中的月饼、桂花、石榴果、残荷、雁南飞、草垛构成第三个兴象群,这是按照童年、中年的生活片断铺排展开的;第5段中的台北巷子、四川乡村、露珠、萤火、鹧鸪构成第四个兴象群,这是按海峡两岸的空间来展开的。四个兴象群中,第一、第二相互呼应,第三、第四相互照应。诗中的境象:2、3、4、5诗段中众多兴象,组成了四大兴象群,这就构成了全诗的四大境象。透过这四大境象,读者可以深刻地感受到中华民族沧桑的历史,广阔的河山,可爱的家园,以及血脉相连、心灵相通的情愫。这些兴象群,从时间、空间、人物角度相互对应,互为补充,构成一个由客体呈现到主体呈现,由民族的宏观到个人的微观,再到民族的宏观的抒情脉络;充分表明从古至今,我们中国有着悠久的历史文化,共同的文化积淀使生活在不同时代、不同地域的中国人,有着相同的心理和情感。这种多层次、多角度的对应,使诗人将个体的情感投射到民族的文化背景上,从而使个人的情感得到放大、升华,这就使该首乡愁诗已经大大超越了古代文人墨客得意、失意时的思乡之作的境界。这也正是现代文化乡愁作品更容易引起当代读者共鸣的共性特征。诗中的喻象:就是贯穿全诗的蟋蟀。蟋蟀又称促织,是普通中国人都非常熟悉的小昆虫,但是诗歌中的蟋蟀已经不是一般意义上的昆虫了。由该诗小序可知,在两位诗人心目中,蟋蟀已不再受时间、空间、政治等因素的限制,它在两位诗友之间、诗人与读者之间架起了沟通的桥梁。蟋蟀就是我们中华民族生生不息的共同见证,是中国人血浓于水的感情象征。尽管这种感情有时是沉重甚至惨烈的,但却是不可磨灭的,是任何力量也隔绝不了的。

四、用典不同

《乡愁》从严格意义上说几乎没有用典,只有塑造"夫妻别"意境时用的"窄窄的船票",赏析时可以引导学生联想李清照《武陵春》中"只恐双溪舴艋舟,载不动,许多愁",以及柳永《八声甘州》中"关河冷落/残照当楼"、"误几回、天际识归舟"等诗句,因为在写离愁别绪方面它们有异曲同工之妙。

《蟋蟀》中的意象多到组成四个大的意象群,因而其意象涉及典故和化用前人诗句的现象较多。如第2段中涉及典故:1. 诗经《七月》第5章中涉及蟋蟀的诗句是:"五月斯螽动股,六月莎鸡振羽。七月在野,八月在宇,九月在户,十月蟋蟀入我床下。"描写的是古代生民在岁寒时节的劳作情形。2. "蟋蟀在堂"是诗经中《蟋蟀》每章的首句,该诗是一篇岁暮述怀而又乐不忘忧的诗。3. 古诗十九首《明月皎夜光》中有诗句"明月皎夜光,促织鸣东壁",这是一篇写失意之士对世态炎凉怨愤的诗。4.《木兰诗》中有诗句"唧唧复唧唧,木兰当户织。不闻机杼声,唯闻女叹息",其中"唧唧"一说为拟声词,用蟋蟀叫声,以动衬托静,突出木兰深夜心事重重、不能平静的状貌。5. 姜夔的《齐乐天》是一首咏蟋蟀的词,该词着重写思妇、行人、骚客听了蟋蟀凄凉的叫声后的感受和情怀,如"哀音似诉,正思妇无眠,起寻机杼。曲曲屏山,夜凉独自甚情绪?……笑篱落呼灯,世间儿女。写入琴丝,一声声更苦。"又如第 5 段中的鹧鸪:又名山鹧鸪,啼声凄厉悲惨,其叫声似云"行不得也哥哥",也是古诗词中经常用以表达哀怨离愁的意象。如辛弃疾的"江晚正愁余,山深闻鹧鸪"(《菩萨蛮·书江西造口壁》),强烈地抒发了作者不能南归的悲愤之情。该诗中用"变成鸟/是鹧鸪/啼叫在乡愁者的心窝",和以上众多有特殊意蕴的意象组合使用,将历史与现实贯穿起来,揭示了中华民族共同的文化心理,增强了乡愁的历史纵深感和厚重感。

《蟋蟀》中另一种情况,算不上严格意义的用典,就是有关意向在前人诗词作品中经常出现;如第 4 章中的"故园飞黄叶"、"野塘剩残荷":前者可联想到范仲淹词《苏幕遮》中的"碧云天,黄叶地,秋色连波,波上寒烟翠"诗句;后者可联想到李商隐《宿络氏亭寄怀崔雍崔衮》中的"秋阴不散霜飞晚,留得枯荷听雨声"。还有"雁南飞",也是常见于古诗词曲的意象,如王实甫《西厢记》中崔莺莺唱词:"碧云天,黄花地,秋风紧,北雁南飞,晓来谁染霜林醉,总是离人泪。"在阅读教学中注意引导学生对这些意象加以想象和联想,将有助于意象的积累和语感的培养。

五、风格基调不同

《乡愁》遣词用字比较平实自然,意象明朗清新。《蟋蟀》由于通篇运用象征的艺术手法,全诗四大境象都由蟋蟀这个喻象统领起来,构成一个有机的整体。通篇使用反复、排比的修辞手法,每段都由"就是那一只蟋蟀"发端,经过"在……唱过"、"在……唱歌"的铺陈排比,将所有的意象都聚会到"蟋蟀"这个象征体上,纵横古今,循环往复,从而形成一种内在的节奏,发展到最后形成高潮。最后以"中国人有中国人的心态,中国人有中国人的耳朵"作结,总结性地揭示了蟋蟀歌唱的深刻寓意:中华民族自古以来就是同根同祖,血脉相连,心灵相通,台湾与大陆统一将是历史的必然选择。

如果说《乡愁》如一曲苏州评弹,委婉缠绵地向你倾诉着他生命中曾经历的少小离家别、成年夫妻别、母子生死别和晚年故乡别的遭遇,唱出了人世沧桑的多种况味和当下最强烈的心灵企盼,感情沉郁厚重;那么《蟋蟀》则更像一曲沿着远古高高低低的山涧奔腾不息的泉水之歌,通过古今蟋蟀的声声不绝,唱出了中华民族文化同根,血脉相连,时空距离终究隔不断心灵融合的真理,全诗的感情基调厚重而更兼自信和乐观。

(本文曾发表于《语文学习》2008 年第 6 期)

2007—2010 年高考文言文阅读试题探析

近几年高考语文试卷的结构类型趋于稳定,考查的内容及形式稳中有变、变中求新,都在努力探索适应新课程需要的高考语文命题方向。文言文阅读也体现了这种趋势。笔者对 2007～2010 年全国各地高考文言文阅读的选文及命题进行梳理和研究,探析其命题规律和发展趋势。

一、总体趋势稳中有变

首先,选文的体裁多样灵活,具有在广泛阅读中提升语文素养的导向性。四年来选文大致可分为 8 种:人物传记,各类记叙文,诸子、历史散文,议论文,文言小说,书序、赠序,说明文,墓志铭。其中入选较多的是人物传记,约占选文总数的48％。其次,所占分值较稳定,部分试卷有微调,总体呈上升趋势。上海卷一直是29 分,北京卷 2010 年上调到 27 分,其余大多在 18～22 分之间。第三,题型结构相对稳定。绝大部分试卷保持单项选择和翻译两种题型,其中翻译题赋分较高,大多为 10 分,表明主观性题目受到高度重视。第四,部分试卷打破常规,力求创新。上海、北京、福建、湖南等几套试卷突破常见题型,增设概括、简答等题型;北京、重庆、浙江、广东等试卷增设断句题型。这些题型具有综合性、概括性、主观性等特征,在很大程度上弥补了选择题的缺憾。

二、客观试题同中有异

1. 文言词语

该项考查绝大多数是独立设题,一般实词是考查选文中的词义解释,虚词考查其意义及用法,试题大多结合语文课文中的虚词进行。2009 年浙江卷增设一个考查使动和意动用法的题目(19题),拓宽了实词的考查面。文言文中一些特殊的语法现象,如词的使动、意动和名词做状语等词类活用规律,以及宾语前置、定语后置、固定结构等几种特殊文言句式,在现代语言中仍然富有生命力。掌握这些语言规律,对语感的形成、语言表达能力的提高都有很大的作用。因此古汉语中特殊的词法、句法应该纳入文言文阅读的考查范畴。

在词语考查方面上海卷向来比较到位,不仅考查在选文语境中实词、虚词的意义,还结合平时的阅读积累考查古汉语知识。以该卷的第18题为例,2007年考查的是"书记、待遇、可以"的古今异义,2008年考查的是"为"的一词多义,2009年考查的是"没、辟、辩"的通假用法。这几个考查项目,其他试卷都没有单独设置题目,只有少数试卷在翻译句子的题目中略有涉及;而这些知识和能力,正是文言文阅读的重要组成部分。《普通高中语文课程标准(实验)》(以下简称《课标》)中关于文言文阅读有明确的要求:"了解并梳理常见的文言实词、文言虚词、文言句式的意义或用法,注重在阅读中举一反三。"这类试题,反映了命题者较强的课程标准意识,是具有引领性的语文试题。

2. 句意理解

对选文中句子的理解,考查的覆盖面向来比较广,大多是围绕一个主题,或针对选文中的重要内容,将文中句子编组,让考生选出不属于该主题或不指向该内容的一组句子。但也有试卷突破常规,力求创新。如2008年浙江卷第13题就是一个很有创意的新题型:

下列各句括号中补出的省略成分,不正确的一项是

A 及览(其)诗卷

B 流闻(于)禁中

C (老妪)问解则录

D 伪者(国相)即能辨之

该题表面上是通过让考生判断句中所补出的省略成分的正误,来考查对句意的理解,但实际的效果是综合实词、虚词、句意的考查于一题之中。因为在鉴别判断过程中,必然要结合选文中的语境,要以理解该句的意思为前提;还要具有文言实词和虚词运用的良好语感和相关基础知识,才能选出正确答案C。

3. 文意整体把握

该项考查的目标定位,就是对全文意思的整体理解或分析概括,绝大多数题目

是从概括或理解全文角度,来组织选项的内容,让考生选出不正确的一项。但是,浙江四年来都是从"赏析"的角度命制题目,虽然这与其选文大多是名人佳作、文学性较强有关,但笔者以为更主要的,还是反映了命题者更注重于在阅读中提高文学素养的追求和导向。对于文意的考查,如果选文的体裁和特质差不多,那么是选取理解和概括文意的角度,还是选取品鉴和评价艺术特点的角度,本身并无对错之分,这由命题人对阅读积累的价值取向决定。因为在阅读中培养审美情趣、提高审美能力,同样是语文教育追求的重要目标,《课标》对此也有明确的要求:"审美教育有助于促进人的知、情、意全面发展,文学艺术的鉴赏和创作是重要的审美活动。""高中语文教育应关注学生情感的发展,让学生受到美的熏陶,培养自觉的审美意识和高尚的审美情趣,培养审美感知和审美创造的能力。"况且,赏析评价能力是阅读水平的高级层次,是以理解概括能力为基础的;也就是说考查赏析能力,也包括理解和概括能力,且难度会更大些。

三、主观试题灵活新颖

1. 上海试题独树一帜,亮点多

一是选文保持 2 篇(段),体裁和题材都不雷同,考查的覆盖面较广,篇幅短小灵活,可读性很强;二是题型多样,包括选择、简答、翻译、概括、填空等;三是以主观性题目为主体,分值占项目总分 80% 左右,例如实词词义的考查,并不用选择题,而是一律要求考生写出具体的词义;四是试题具有涉及面广、利用率高的特点。例如 2009 年卷第 19 题:

下列各组中加点词的用法和意义相同的一项是

A. ① 周以母故　② 而告以成功

B. ① 饭之而去　② 涵淡澎湃而为此也

C. ① 评者谓为明世第一　② 如今人方为刀俎,我为鱼肉

D. ① 入其姓名　② 今其智乃反不能及

该题每个选项的前一句出自所选文段,后一句出自语文课本,依次是《伶官传序》《石钟山记》《鸿门宴》《师说》。考生要选出正确的选项 C,必须准确理解题中的几个虚词在具体语境中的意义和用法。该题将知识的积累和运用结合起来考查,这比单独考查选文中的几个虚词的意义和方法更具科学性。课内外结合是提高语文素养的良好途径,这样的命题方式对语文学习具有积极的导向和影响。另外,上

海卷还具有题目灵活多变的特点。即使同一考查目标,题目也有所变化,例如2010年第21题:

本文表现了欧阳晔□□、□□和□□的品质。

此项考查与往年相比,形式有了变化,不是让考生自行组织语言对选文中的人或事加以概括,而是采用填空形式,这就有了严格的限制,增加了难度:考生语言要高度凝练。

2. 主观试题取材灵活而经济

首先,断句题型经济又实用。北京卷连续四年都设置断句考项,都是另选文段供考生断句,所选文段大多出自诸子散文、历史散文。2010年选的是苏轼《仁说》中的一段,这就打破了选文体裁相对固定的格局。广东卷也一直设置断句题,但是所选句段都取自文言文阅读选文的最后一段,这较之北京卷要经济得多。断句题型,与过去"给语段加标点"的题型相比,既降低了难度,拓宽了考查面,又没有增加答题和阅卷的难度,同时还体现了当代阅读理念:重视文意的整体把握。其次,翻译题、简答题大多取材于"文言文阅读"选文,使阅读材料的利用率比较高。北京卷2007～2009年的文言文阅读,15分值都是选择题,2010年则减少了客观题分值,增设了主观题(第10题,赋10分),让考生从选文中举一例说明"宋清谋取利益因为考虑长远,所以获得利益较大"的经商特点,并结合当下的社会生活谈谈自己对宋清经商特点的领悟,要求不少于200字。这一题型是北京卷的突破,也可以视为文言作品现实意义解读的一个方向引领性试题。

2. 文化经典片段的阅读理解,兼顾必修与选修课程,富有张力

文学名著、文化经典的考查,开辟了语文素养考查的新途径。以古代文化经典考查为例,福建卷率先进行探索,四年来一直保持这一题型,并且以主观性试题为主。阅读语段主要选自《论语》和《孟子》:2007年选自《孟子·公孙丑下》,是关于抱负、信心、责任感的内容;2008年选自《论语·述而》和《孟子·公孙衍张仪章》,是关于孔子与孟子对自身是否受到重用的不同态度的内容。2009～2010年,福建卷实行较大改革,"文学名著、文化经典阅读"成为阅读考查中的一个分支;"文化经典阅读"语段仍然选自《论语》和《孟子》:2009年选自《论语·里仁》和《论语·学而》,是关于孔子"择友如择处"观点的内容;2010年选自《论语·述而》和《孟子·公孙丑上》,是关于孔子"择善而从"和孟子"闻过则喜"主张的内容。上述考查,都注重经典内容的现实意义,并且一直兼有对比阅读能力的考查。

文化经典阅读试题,在选文内容上既突出经典性,又注重文化性;在题目设置上,既有语言能力的考查,又有文化底蕴的提取,突出了语文课程的工具性和人文性特点。例如 2007 年福建卷要求翻译"如欲治平天下,当今之世,舍我其谁",此句反映了孟子志存高远、以天下为己任的高度责任感和远大抱负。又如 2009 年浙江卷将《论语》的阅读与当今新课程教学理念结合起来,要求阅读《论语》中的两则文字,写出一个与"不愤不启、不悱不发"同一出处的成语(举一反三),并概括选文中孔子的话所包含的教学原则(以学生为主体)。以上所述考查内容,与学生平时的语言积累紧密联系,大多为当今通用的成语或名言警句的出处。选择考查此类经典语段的目的是显而易见的,就是重视经典对学生的文化濡染作用,体现了《课标》中关于"文化论著研读"建议的精神实质:"增强文化意识,学习探究文化问题的方法,提高认识和分析文化现象的能力,吸收优秀文化的营养,参与先进文化的传播。"

《课标》中关于"文化论著研读"模块的评价有明确的建议:"考查学生是否认真研读经典原著,对原著内容的理解和观点的把握是否正确,能否借助注释、工具书、参考资料自主学习……还要注意考查他们的阅读兴趣和文化视野。"因此,古代文化经典阅读这种题型,是"名言名句默写"考查的有效拓展,是"文言文阅读"考查的很好补充。文言文篇目阅读,重在考查学生阅读浅近文言文的能力,其考查更多地指向语文必修课程;而文化经典片段的阅读理解,则兼顾了对学生古代文化经典积累的深度和广度的考查,其指向更多地倾向于语文选修课程;二者互为补充,相得益彰,可以强化语文必修课程与选修课程之间的紧密联系。认真研究并开发这种题型,将有助于在高考语文试卷中命制一些介于必修课程和选修课程之间的富有张力的试题,从而更好地发挥高考的积极导引效应,进一步深入推进新课程的实施。

(本文发表于《语文建设》2010 年第 9 期)

文化经典阅读考查的新视角

近几年高考语文试卷中关于古诗文阅读能力的考查,无论是选文还是题型结构,都体现了稳中求变、变中求新的发展趋势,都在努力探索适应新课程需要的高考语文命题方向。其中文化经典的阅读理解,选材短小灵活,题目新颖,兼顾了必修课程与选修课程的考查,富有张力,开辟了语文素养考查的新途径,是一种值得研究和开发的语文素养考查视角。其选文及命题的特点大体体现在以下几个方面。

一、突出"经典"性,注重"文化性"

有丰富的育人内涵,是文化经典阅读试题的主要价值取向。福建卷较早单独设置文化经典阅读试题,几年来一直保持这一考查项目;浙江卷近两年也设置该项考查,且以主观性试题为主。"高中语文课标"建议课外阅读的文化经典是《论语》、《孟子》和《庄子》,近几年高考文化经典阅读语段主要选自《论语》和《孟子》,且突出"经典"性,注重"文化性"。以福建卷阅读语段为例,2007 年选自《孟子·公孙丑下》,是关于抱负、信心、责任感的内容;2008 年选自《论语·述而》和《孟子·公孙衍张仪章》,内容是关于孔子与孟子对自己是否受到重用的不同态度;2009 年选自《论语·里仁》和《论语·学而》,内容是孔子关于"择处"和"择友"的观点;2010 年选自《论语·述而》和《孟子·公孙丑上》,内容是关于孔子的"择善而从"和孟子的"闻过则喜"的生活态度。

考查文化经典著作的阅读,目的在于重视经典著作对学生的文化濡染作用,引导学生重视优秀文化遗产的承传,落实"高中语文课标"中关于"文化论著研读"的目标要求:"增强文化意识,学习探究文化问题的方法,提高认识和分析文化现象的能力,吸收优秀文化的营养,参与先进文化的传播。"

二、立足语言的积累与应用,兼顾人文素养的养成

高考文化经典的阅读理解,突出了语文课程的工具性和人文性特点,在题目设置上,既重视语言能力的考查,又关注文化底蕴的积淀,具有积极的导向性:学生要在文化经典阅读中净化心灵,陶冶情操,形成健康美好的情感和奋发向上的人生态度。例如 2007 年福建卷第 8 题:

孟子去齐,充虞路问曰:"夫子若有不豫色然。前日虞闻诸夫子:'君子不怨天,不尤人。'"曰:"彼一时,此一时也。五百年必有王者兴,其间必有名世者。由周而来,七百有余岁矣。以其数,则过矣;以其时考之,则可矣。夫天未欲治平天下也;如欲治平天下,当今之世,舍我其谁? 吾何为豫哉?"

(1) 将文中画线的句子翻译成现代汉语。

(2) 上述对话中,孟子的回答体现了一种什么样的心怀?(用自己的话回答)

翻译文中两个句子,要做到字字落实、句意通顺,必须掌握若、豫、然、平治、舍、其几个词语的意义,其中"豫"是难点,作"快乐"讲,在课文《伶官传序》(欧阳修)中出现过:"忧劳可以兴国,逸豫可以亡身。"试题(2)的命题方向直指对话的中心内容:抱负、信心、责任感,一方面考查学生对文句的理解和语言概括能力,另一方面突出孟子志存高远、以天下为己任情怀的熏陶感染作用。

三、侧重考查综合对比能力,重视经典内容的现代意义及个性化解读

文化经典的阅读理解,选文短小灵活,所以便于设置考查综合阅读能力的题型。一般有两种方式,一种是同一经典中不同语段内容的阅读理解,如福建卷 2009 年第 8 题属于这种方式,语段选自《论语》中的《里仁》、《学而》章,内容是阅读理解孔子关于"择处"和"择友"的论述,其中试题(2)是主观题:

孔子说:"无友不如己者。"(《学而》)意思是不要跟不如自己的人交朋友。请结合上面有关"择处"的选段,谈谈你对这句话的理解。

这样的主观题,重视经典内容的现代解读,重视考生的个性化理解和表述,这在文化经典阅读理解中具有普遍性,体现了语文新课程标准中关于个性化阅读的新理念。又如 2009 年浙江卷第 24 题:

阅读《论语》中的两则文字,然后回答问题。

子曰:"不愤不启,不悱不发。举一隅不以三隅反,则不复也。"

子曰:"予欲无言。"子贡曰:"子如不言,则小子何述焉?"子曰:"天何言哉? 四时行焉,百物生焉,天何言哉?"

(1) 有不少成语源于《论语》,例如"不愤不启"、"不悱不发",请再写一个出自上述语段的成语。

(2) 根据孔子与子贡的对话,概括出一条教学原则,并加以评析。

该试题巧妙地将《论语》的阅读与当今新课程教学理念结合起来,要求写出一个与"不愤不启、不悱不发"同一出处的成语,并概括选文中孔子的话所包含的教学原则。选文中第 1 节文字多被选入语文教材,因此写出成语"举一反三"并不难;但是要根据孔子与子贡的对话,概括出"以学生为主体"的教学原则,考生必须充分理解两段文字的内容,并且具有一定的概括能力,还要知晓教学原则的相关概念。

另一种方式是不同经典中相关内容的对比阅读理解,如 2008 年福建卷该项考查语段分别选自《论语·述而》和《孟子·公孙衍张仪章》,其中试题(2):"根据以上两段内容,简要谈谈孔孟二人的处世态度。"文段中孔孟二人的态度是:如果不被重用,推行不了自己的政治主张,孔子就韬光养晦,安贫乐道;孟子则独自践行,守道不屈。考生只要用自己的话对上述内容予以概括,大意符合即可。2010 年福建卷第 9 题也属于这种方式:

阅读下面的《论语》、《孟子》选段,回答问题。

① 子曰:"盖有不知而作之者,我无是也。多闻,则其善者而从之。多见而识之。"

② 孟子曰:"子路,人告之以有过,则喜。禹闻善言,则拜。大舜有大焉,善与人同,舍己从之,乐取于人以为善。"

(1) 下列对选段内容的理解,不正确的一项是

A. 要想事业有成,做一个有益于社会的人,就必须勤奋学习,多闻多见,掌握丰富的知识。

B. 儒家认为,一个人在实际生活中,不仅要虚心接受别人的批评,而且要对批判者心怀感激。

C. 孟子引用子路、禹、舜的事迹,目的就是要劝诫人们要勇于检讨自己的缺点,发现别人的优点。

D. 历史上一些有识之士,不仅善于学习别人的优点,而且为求同存异,往往保

留自己的观点。

(2) 结合上面选段,谈谈你对"乐取于人以为善"这句话的看法。

第(1)题考查对所选语段信息的整体把握和理解,只有完全读懂语句,准确理解文意,才能识别 D 项随意添加了一些信息,属于望文生义。第(2)题是要求考生对儒家"择善而从"、"闻过则喜"思想的个性化解读。

总之,几年来的高考文化经典阅读考查内容,一般都与学生平时的语言积累紧密联系,大多为当今通用的成语或名言警句的出处,如怨天尤人、举一反三、择善而从、问过则喜等。试题的视角都比较独特,从课内延伸到课外,从语境意义解读到当下意义的引申,从信息输入(阅读)到见解输出(概括),试题在必修课程与选修课程之间构成一种张力,便于考查学生语文素养的水平。"高中语文课标"中关于"文化论著研读"模块的评价有明确的建议:"考察学生是否认真研读经典原著,对原著内容的理解和观点的把握是否正确,能否借助注释、工具书、参考资料自主学习……还要注意考察他们的阅读兴趣和文化视野。"因此,古代文化经典片段的考查,是"名言名句默写"的有效拓展,是"文言文阅读"的必要补充。"文言文阅读"项目,重在考查学生阅读浅近文言文的能力,其考查目标更多地指向语文必修课程;因而选文的体裁、题材更加多样广泛;而文化经典的阅读理解,则兼顾对学生古代文化经典积累的广度和深度的考查,其考查视角倾向于语文选修课程;因而选文的范围相对较为集中,以语文课程标准建议的文化经典为主。设置这种题型,可收互为补充、相得益彰之效,可以强化语文必修课程与选修课程之间的紧密联系。因此,认真研究并开发这种题型,将有助于在语文教学中更好地发挥高考的积极导引效应,在平时语文教学评价中,经常命制一些介于必修课程和选修课程之间的富有张力的试题,从而进一步引导学生全面提高语文素养。

(本文发表于《语文学习》2011 年第 1 期)

谈诗歌欣赏能力考查的有效拓展[*]

　　高考试题如何能测试出学生语文素养的厚度,使那些爱读书、读好书的学生脱颖而出,是亟待研究的现实问题。本文通过对近几年高考诗歌阅读鉴赏试题的研究,认为近几年高考诗歌鉴赏试题呈现出新的趋势:引进名人诗话,拓宽阅读视野;借用前人观点,指向个性化解读;援引相关理论,培养创新精神。引入文艺理论,是诗歌鉴赏能力考查的有效拓展,可以起到语文选修课程与必修课程之间的桥梁作用,是诗歌鉴赏能力考查的有效拓展。

　　随着语文新课程的实施推进,语文考试评价面临着一个挑战,尤其在中考、高考这种选拔性考试中,试题如何能在兼顾必修课程和选修课程的前提下,测试出学生语文素养的厚度,使那些爱读书、读好书的学生脱颖而出,是亟待研究的现实问题。语文教学应该真正走出应试训练替代广泛阅读的误区,努力追求"突出主体、读写结合、发展能力、传承创新"的境界;而语文考试评价,不仅要担当好这一境界追求的验收者,还应该成为其促进者和引领者。对此,高考命题专家及广大一线教师都在努力探寻和实践。以诗歌阅读鉴赏为例,每年全国各地高考语文试卷中都会呈现出一些别开生面的试题,各地名校高考语文模拟试卷中,也有一些富有开拓性的题目。研究这些试题的考查角度及其命制规律,对探寻语文素养考查与评价的策略,提高语文教与学的效率,具有一定的积极意义。

---

　　* 本文系笔者主持的江苏省高校哲学社会科学研究基金资助项目"新课改视野下语文教师素养的价值追求"(2010SJB880012)的阶段性成果。

一、引入名人诗话，拓宽阅读视野

高中语文课程标准中对"文化论著研读"的目标定位有明确表述："帮助学生欣赏文学作品，提高运用理论观点鉴赏评价作品的能力。"近几年各类语文考试中诗文阅读题中涉及古今文学鉴赏理论的时有所见。引进前人诗话，是近几年高考诗歌鉴赏试题的一个新趋势，它拓宽了阅读视野，可以起到语文选修课程与必修课程之间的桥梁作用，是诗歌鉴赏能力考查的有效拓展。例如 2008 年重庆高考语文试卷第 12 题：阅读下面这首宋词，然后回答问题。

卜算子·送鲍浩然之浙东（王观）

水是眼波痕，山是眉峰聚。欲问行人去那边？眉眼盈盈处。才始送春归，又送君归去。若到江南赶上春，千万和春住。

（1）本词上下片各写什么？请作简要概括。

（2）宋人王灼《碧鸡漫志》评王观词是"新丽处与轻狂处皆足惊人"。这首词"新丽"的特点主要表现在哪些方面？请作简要分析。

该词内容简单明了，上片写浙东美景，下片抒离别之情，试题（1）比较简单，只是完成试题（2）的铺垫而已。引进王灼的评论确定了考查的方向，即考查理解诗歌的形象、语言、表达技巧的能力。该词可谓"新丽"与"轻狂"并存。新丽，主要体现在该词的表层语义上：巧用拟人修辞，一改前人"眉似春山"、"眼如秋水"的思维定势，化无情事物为有情，渲染了友人故乡的秀丽山水美景；在此基础上，又通过设问、借喻等修辞，使语言表达绮丽清新。轻狂，则体现在双关修辞造成的隐含意义上，即"眼波痕"、"眉峰聚""眉眼盈盈处"、"赶上春"、"和春住"具有双关的艺术效果：既叮嘱友人珍爱故乡的秀丽山水，惜春之情溢于言表；又风趣地暗示友人妻妾凭栏盼归时眉锁闲愁、含情脉脉的情态，祝福之意隐含其中。命题者避开"轻狂"而就"新丽"特点设题，意在考查词的表层语义，适当降低难度；除此之外，恐怕也有适应中学生的年龄、心理等因素的考虑。

高中语文课程标准中关于"诗歌与散文"选修模块的评价建议中要求："学生的阅读积累是评价的基础，要注意考查他们的阅读兴趣和文化视野。以学生的审美能力、艺术趣味和欣赏个性作为评价的重点。"①2010 年江苏卷第 9 题就体现了这一评价方向：

---

① 中华人民共和国教育部制订.普通高中语文课程标准（实验）.北京：人民教育出版社,2003.34 页。

阅读下面这首诗,然后回答问题。

送魏二(王昌龄)

醉别江楼橘柚香,江风引雨入舟凉。忆君遥在潇湘月,愁听清猿梦里长。

(1)找出诗中点明季节的词语。由送别季节可以联想到柳永《雨霖铃》中直抒离别之情的哪两个句子?

(2)一、二两句诗中的"醉别"、"江风引雨"表达了惜别深情,请作简要说明。

(3)三、四两句诗,明人陆时雍《诗镜总论》云:"代为之思,其情更远。"请作具体分析。

该试题的角度很好,在课内学习与课外积累之间、必修与选修课程之间,构成一个拓展延伸的空间。尤其是试题(3),虽然难度不大,但与前两题拉开一定的距离,提升了鉴赏能力的档次;通过引入前人评点,暗示了诗句所用的艺术手法,明确了考生答题的方向,同时也拓宽了诗歌鉴赏试题的视野,符合"提高运用理论观点鉴赏评价作品的能力"的目标定位。

运用类似"代为之思,其情更远"艺术手法的诗词佳作,学生在中小学阶段有所积累,如王维"遥知兄弟登高处,遍插茱萸少一人",李清照"一种相思,两处闲愁"等,关键是这些作品的内容及形式有没有积淀成学生的语文素养。该试题打通了课内与课外的联系,兼顾了知识和素养的考查,是颇有引领性意义的诗歌鉴赏试题。

二、借用前人观点,指向个性化解读

学生既是文化的接受者,又是文化的延续者,在当今时代学生更应该成为文化的创造者。清代学者沈德潜说:"古人之言,包含无尽,后人续之,随其性情深浅高下,各有会心。"(清·沈德潜《唐诗别裁集》)无论是中国古代"诗无达诂"之说,还是现代西方接受美学原理和阅读阐释学理论,运用到文学艺术鉴赏中,说得通俗一些,就是主张"作者未必然,读者未必不然。",或者如同词学家夏承焘先生赞赏的观点:"作者未必然,读者何必不然。"①因此,在考查学生文学鉴赏能力时,适当引入一些前人的评论,来引发学生的个性化理解,将有益于引导学生广泛阅读,丰富文化视野。如2010年辽宁卷古代诗歌阅读试题:

---

① 夏承焘著.唐宋词欣赏[M].北京出版社,2009:6页。

雨(陈与义)

萧萧十日雨,稳送祝融归。燕子经年梦,梧桐昨暮非。

一凉恩到骨,四壁事多违。衮衮繁华地,西风吹客衣。

(注略)

(8) 第二联两句是什么意思?表达了作者什么样的感情?

(9) 前人认为这首诗写雨时妙在"若即若离",你同意这种说法吗?请简述理由。

试题(8)只是要求解释句意、理解所表达的感情,并未涉及"燕子"、"梧桐"这一特殊意象的诠释,因此难度不大。试题(9)的设计,具有一定的开放性,不是要求考生接受前人的观点,并加以论证;而是让考生自行选择同意与否,并简述理由。考生如果同意前人"若即若离"的观点,则侧重述说诗题虽为"雨",诗人却并不正面描写雨势、雨景,而是通过动植物及诗人在雨中的感受,来间接写雨;因而有若即若离、时隐时现的艺术效果。考生如不同意前人的观点,则可根据诗歌重在抒情言志的艺术特点,强调在诗歌创作中往往有所寄托,如古今咏物诗词等,用间接手段表现主题的手法极为常见;且根据题后的注释,诗人当时"正闲居京城等候授职",可见作者是借题发挥,即借燕子、梧桐及雨中感受,来表达自己凄楚、落寞的情怀。

三、援引相关理论,培养创新精神

借用相关文艺理论及有关观点,导引学生进行个性化、创新性解读,这是一个很有拓展性的文学鉴赏能力考查的有效途径,它对培养学生的创新精神具有积极的导向作用。因此,在全国各地名校高考语文模拟试卷中,也经常呈现命题视角颇为独特的题目,仍以诗歌鉴赏为例,2010 年某地语文高考模拟试卷中的诗歌鉴赏题就是一个很有质量的题目:[①]

柏林寺南望(郎士元)

溪上遥闻精舍钟,泊舟微径度深松。青山霁后云犹在,画出西南四五峰。

[注]① 精舍:佛门术语,寺院的别名,为精进修行的人居住的屋舍。

(1) 古典诗词特别讲究炼字,请简要分析"画"字在表情达意上的作用。

---

① 最新名校高考语文模拟试卷系列(09),引自 www.yuwen123.com。

（2）刘熙载在《艺概·书概》中说过："画山者必有主峰，为诸峰所拱向；作字者必有主笔，为余笔所拱向。……善书者必争此一笔。"你认为这首诗中的"主峰""主笔"是哪一句？其余三句又是如何"拱向"这一句的？

首先，该题选材很有典型意义。历来好的山水诗皆以"诗中有画"的艺术境界，令人沉醉于诗情画意之中。人在审美活动中经常会出现这种情况，在登临览胜时情不自禁地慨叹"风景如画"，产生"身在画中"的审美感受，如苏轼"乱石穿空，惊涛拍岸，卷起千堆雪。江山如画，一时多少豪杰。"而在欣赏丹青之妙时又会嗟叹"逼真"，甚至恍若临其境、闻其声，杜甫"悄然坐我天姥下，耳边似已闻清猿"（《奉先刘少府新画山水障歌》）表达的就是这种艺术境界。"如画"、"逼真"是艺术欣赏的两个视角，也成了文艺批评的两个标准。

其次，题目设计较为独特，且两道试题之间具有较为严密的逻辑关系。试题（1）的命制，突出了诗歌鉴赏中对凝练语言的理解这一重要内容；试题（2）则从诗歌总体构思的艺术视角设题，但在考查内容上与试题（1）构成前后呼应，体现了思维的连贯性；从点到面，由局部到整体，赏析涉及内容及形式，题目设置具有逻辑严谨性。

因此，试题（1）是试题（2）的铺垫，考生首先要展开想象，透过"画"字，去感受诗人目所见、心所感的景物；在此基础上方能作回答："画"字堪称诗眼，它不但赋予雨后青山峻峰以动态美，而且透露出这种美具有人工的灵秀精致；既巧妙地描绘了客观景物，又突出了诗人主观审美感受。

要完成试题（2），考生首先要确定属于"主峰""主笔"的诗句，即末尾诗句"画出西南四五峰"，然后再分析其他三句是如何"拱向"这一句的。当然，考生首先要理解此处"拱向"的涵义，即为"主峰""主笔"诗句做蓄势、铺垫。

且对该诗内容作简要分析。诗的前两句"溪上遥闻精舍钟，泊舟微径度深松"，是叙述诗人到达柏林寺之前的行踪；第三句"青山霁后云犹在"有两重作用：一是描写景物，二是补充交代前两句行为的原因。读完全诗方知：诗人乘舟出行，途中突遇降雨，正因无处避雨而发愁焦虑时，忽然传来悠远清越的精舍钟声，推知山上有寺院；于是泊舟上岸，寻得山间小径，循声逶迤而上。寺院以"柏林"为名，想来必定是林木掩映，幽僻非常，正是所谓"曲径通幽处，禅房花木深"之所在；再加上相距之"遥"，雨雾之浓，故而有"深松"，即层层叠叠的松柏林木遮天蔽日。到此，前三句的"拱向"功效已经达成，具有"主峰""主笔"地位的诗句"画出西南四五峰"便顺理成章出现了。前几句是蓄势待发,末句是异峰突起;前后诗句内容上互为补充,节奏上形成渐进,使诗句间构成一定的张力,与陆游"山重水复疑无路,柳暗花明又一村"有异曲同工之妙。考生如果能够读懂诗人这些匠心独运之处,那么用自己的语言概括出试题(2)的答案,难度是不算大的。

特别要重申的是,题目(2)引进清代刘熙载《艺概·书概》中一段文艺鉴赏理论,在引出命题指向的同时,扩大了阅读视野。刘熙载是清代著名的文学家,是我国 19 世纪较有影响的文艺理论家和语言学家,被称为"东方黑格尔";《艺概》是其最重要的著作,全书共六卷,分别论述了古典诗、词、曲、赋、散文以及书法等的历史流变、创作理论和鉴赏方法,其中有不少真知灼见。国学大师李详认为,此书是我国文艺理论批评史上继刘勰《文心雕龙》之后,又一部通论各种文体的杰作。

与一般诗歌鉴赏引进前人评论观点不同,上述模拟题是借用名家品评书法的理论观点,来类比诗歌创作,这在思维宽度和厚度上都有了一定的扩展。因此,从选材及命题的利用率考虑,笔者以为,该模拟题还可以增加设计试题(3):

该诗题目中的"望"字,你认为是败笔还是妙笔?请简述理由。

关于诗歌的鉴赏能力,语文课程标准特别强调,"能否发现作品的丰富内蕴和深层意义,是否对作品有独到的感受和创造性理解,是否具有批判质疑的能力"应该成为评价的主要范畴。因此,补充这一设计,目的在于引导学生在文学鉴赏时,要观照题目与正文的逻辑关系,考测的性质定位为开放性试题,允许考生见仁见智,只要言之成理即可。

从正面效应理解,《柏林寺南望》中的"望"字,与全诗内容之间制造出一种悬念:所"望"景物是什么?由诗题本身看不出来,不像李白的《望庐山瀑布》、杜甫的《望岳》明示望的对象,柏林寺只是"望"的立足点,这就给读者以疑问,产生了阅读期待。然而读完开头二句,却全然不涉"望"字,由诗题所引起的悬念并未得到解决,这就催促读者迫不及待地读下去。等到全诗读完,方恍然大悟,诗人所望,乃雨后天晴之美景:山青如洗,翠色欲滴;流云浮动,日光掩映;峰峦隐现;灵动清新;恰似出自画家笔下。

如果学生作另辟蹊径的理解,指出"望"字的负面效果,比如,较之陶渊明"采菊东篱下,悠然见南山"之"见"字,望字太过迫切与主观,破坏了不期然而然的心理氛围;或与辛弃疾"七八个星天外,两三点雨山前,旧时茅店社林边,路转溪桥忽见"相比,缺少那种由焦急转为欣喜的心情变化的折射,表现的意趣不够浓厚。诸如此类的观点表述，只要说出一些道理，且能自圆其说，就应该酌情赋分。

当然，进行个性化理解、创新性解读要立足于文本，力避望文生义、穿凿附会；因为尽管"有一千个读者就有一千个哈姆莱特"，但是毕竟还是"哈姆莱特"而不是"奥赛罗"。

（本文发表于《语文考试研究》2011年第1期）

树立自信是学得好的关键

美国著名心理学家斯腾伯格研究发现，人的成功智力发展有三大障碍：一是权威人物的负面期望；二是自身无端的妄自菲薄；三是缺少真正的榜样。其中，权威人物的负面期望是最大障碍。因为带有权威性的负面评价，会使一个人的自我认知、自我评价越来越消极，进而导致自尊心、自信心彻底动摇，最终丧失积极向上的原动力。一个认为自己是无能的人是不会付出很大努力的，他觉得努力是无用的，于是必然经常遭遇失败，而失败又更加强化了他消极的自我评价。影响人成长的因素很多，主要是来自家庭、学校、社会的教育。对学生来说，家长、老师无疑是权威人物，他们对孩子的期望或评价无论是积极还是消极的，都会触及孩子的心灵，都会对孩子自信心确立起着举足轻重的作用。谦虚、内敛、不张扬是我国传统文化中的美德，许多家长、老师很吝啬表扬和鼓励，主张"鞭打快牛"、"好鼓需用重锤敲"，唯恐孩子"翘尾巴"而不求进步。就学生而言，后两个障碍"妄自菲薄"与"缺少榜样"，与第一个障碍往往是一脉相承的，因为家长、老师都有意无意地重复指责孩子不行，强化了他的失败心理，久而久之，他就可能形成心理定势，甚至在心灵深处大喊"反正我就这样了！"如此，即使他身边有榜样，也会因为自惭形秽而拒榜样于千里之外。

20 世纪 60 年代，美国一位心理学家来到一所乡村小学，对各年级学生进行语言能力和推理能力测验，之后开一张名单给老师，说这些孩子很有潜力，将来可能更有出息。8 个月后，他再次来到该校，奇迹出现了：名单上的学生学业上都有了显著提高。此时他才说明，当时根本未看测验结果，名单是随机抽取 20% 的受测者。这就是著名的"罗森塔尔实验"。罗森塔尔把这种现象称为"皮格马利翁效应"。该实验表明，教师以积极的态度期望学生，学生就可能朝着积极的方向发展；

相反,教师对学生的误解与偏见,也能对学生的学习积极性产生消极影响。拿破仑·希尔曾说:"信心是心灵的第一号化学家。当信心融合在思想里,潜意识会立即拾起这种振撼,把它变成等量的精神力量,再转送到无限智慧的领域里促成成功思想的物质化。"自信,是人追求成功的一种意念,是坚持走向成功的一种意志,是一种巨大的潜能。因此无论是教师还是家长,都要切记:孩子的自信是学好的关键。那么如何让学生建立起自信呢?

首先,要学会尊重、赞赏学生。

尊重就意味着不伤害学生的自尊心,不体罚不辱骂学生,不羞辱不嘲笑学生,不当众训斥学生,不冷落学生。还要善于发现和主动赞赏学生的闪光点。如赞赏学生的兴趣、爱好、专长及其独特性;赞赏学生所取得的哪怕是极其微小的成绩;赞赏他展示的善意和付出的努力,赞赏他对问题的深入思考和大胆质疑;甚至赞赏他对老师的超越。教师要注意语言使用的积极意义,比如"某某考了 90 分,哼,真是瞎猫撞上死耗子了!"、"你怎么只考了 80 分?　某某还考了 85 分呢!";这种一句话就打击一片的语言,其消极影响很大。至于"你就不是读书的料!"、"你的脑袋是榆木疙瘩!"、"癞蛤蟆想吃天鹅肉!"这些极具伤害力的话,则要坚决杜绝使用。激励能使人奋发向上,训斥会使人颓废沮丧。

其次,注重"非智力因素"的积极利用。

心理学研究表明,"非智力因素"对学生的学业成绩起着重要的影响。教学中要注意对学生的兴趣、动机、情感、意志、性格等非智力因素的研究与培养,并且在教育观念、教学模式、教学内容、评价策略、师生关系等方面,遵循因地制宜、因人而异的原则,努力营造学生积极的心理氛围,让所有的学生都得到发展,获得个人意义上的成功,体验到成就感与幸福感,从而培养学习兴趣。兴趣能激发良好动机,良好动机能促进意志的坚强和情感的专注,而这一切又会带来新的成功,这样就形成了良性循环,自信也就在学生的心底逐渐生长起来。

新课程教育理念的核心是:"一切为了每一位学生的发展"。这就要求教师平等对待学生、一视同仁,不可厚此薄彼。其实,对学业困难的学生来说,树立自信心尤为重要。有关实验研究结果表明,学业困难的学生,有预习习惯的仅占 14.9%,有复习习惯的只占 16.2%,有独立完成作业习惯的仅占 11.1%;有 90% 以上的学生自我评价非常消极。① 此类现象在"应试教育"观念下有很大的普遍性。过高的标准,统一的要求,"唯分数"的评价,使学业困难的学生强项得不到强化,而弱项却不断被提醒,他们失败的机率在不断上升。以下做法则有利于改变上述状况:

1. 建立新型师生关系

强化民主氛围,尊重学生人格,接纳其个性行为表现并满足其需要;创造良好的环境和条件,让他们发现自己的潜能,体验到尊严感和幸福感。很多文化成绩不好的学生并不是一无是处,他们往往另有专长。教师要设法让其展示自身的亮点,通过"东方不亮西方亮"来改变他原来的形象,从而树立自信心。比如让喜欢舞文弄墨的担任班级小报编辑;让经常引吭高歌的在主题班会上一展歌喉;让擅长勾勾画画的担当板报美工;让"打破砂锅问到底"的去充当小记者;给"小官迷"们提供一个为集体做贡献的平台;通过体育竞赛使大家都认识到"只在操场上神气的人"决不是"四肢发达头脑简单"的平庸之辈。

2. 改进教学方法和策略

采取"低起点严要求、小步子快节奏、多活动求变化、快反馈勤矫正"的教学原则。② 语文教育家钱梦龙当年接到一个"差班",上第一次作文课他说:"这次作文我只提一个要求:将作文题目写在第一行的中间,只要达到这一要求就得高分。""差班"的学生大多有逆反心理,以为老师在"糊弄"他们,表现出一脸的狐疑。钱老师读懂了他们的表情,说"我说的是真话,知识就是这样一点一点积累起来的,聚沙成塔呀!"于是达到这一要求的学生都得了高分。第二次作文课他又提出"每一节的开头要空两格书写"的要求,做到的学生又得了高分。第三次作文他先予以简单总结,还表扬了字写得好的学生。而后说这回题目是"我的家庭",你家里有几口人,文章就分几段,做到就得高分。"一次又一次成功的感受,已经使学生对写作跃跃欲试了。钱梦龙老师的循循诱导、步步提携,其目的首先是让学生尝到成功感,继而树立信心,其次才是培养学生良好的学习习惯。因为一旦树立了信心,教学便会收到事半功倍之效。"信心是'不可能'这一毒素的解药"(拿破仑·希尔语)

3. 与家长、社会联合,共建孩子的自信

教育联系着每一个家庭的喜忧,联系着不同地区的面貌,联系着整个民族未来

---

① 袁振国.教育新理念.北京:教育科学出版社,2002:P.105
② 黄书光.中国基础教育改革的文化使命.北京:教育科学出版社,2002:P.120

的兴衰。当前课程改革的精髓就是实施素质教育,而高素质的人则体现为:有一种心胸宽广、自强不息、乐观向上的气质;有一种自尊、自信、自谦、自持的精神;有一种关心他人、关心社会、关心自然的情怀;有一种求实致远、质朴高雅的品位;有一种"富贵不能淫、贫贱不能移、威武不能屈"的人格。① 可见,自信不仅有利于更好地完成学业,更重要的意义还在于健全人格的养成。新课程以人为本的教育目的,就在于让每一个学生都以自信的积极心态走向社会,成为一个合格的公民;而不是考不上大学,就以失败者的心态"垂头丧气"蹭入社会。家长是特殊的教育者,家庭教育的重要性是不可低估的。目前由于就业形势的紧张,人才竞争日趋激烈,家长望子成龙、望女成凤之心越发强烈,他们对孩子的教育要求往往操之过急,或不切实际,有的甚至导致孩子性格扭曲,酿成悲剧。教师必须加强和家长、社区的沟通与合作,要在教育要求与方法上保持高度一致,共同促进学生健康成长。

---

① 黄书光.中国基础教育改革的文化使命.北京:教育科学出版社,2002:P.122

引导学习要知其心、善总结

新课程要求教师成为学生学习的促进者、帮助者和引导者。"促进"的具体涵义、"帮助"的主要内容，目前已有不少较为详尽的论述，此不赘言。以下主要谈谈教师作为"引导者"要注意"知其心，善总结"的问题。"知其心"，即树立先进的学生观，懂得青少年身心发展规律，了解并掌握学生的差异性，实施个性化教育。"善总结"，即要研究引导的实质及内容，探索引导的途径和方法，从而在引导过程中因地制宜、因人而异。

"知其心"，首先要承认学生作为"人"的价值。尊重学生的人格尊严，不能把学生当作知识的容器和考试的工具，在引导过程中要注意学生的情绪生活和情感体验。要了解他们的知识基础、智力水平、能力状况、性格特征以及他们的迷惘和困惑，加强引导的针对性，避免盲目性。

其次要理解学生是正在发展的、具有独特性的人。青少年随着自我意识的发展，往往具有逆反心理，对成人的意见不盲从，对社会的看法不与别人苟同，对社会和未来有自己独立的见解，尽管有些见解不无偏激和错误之处。他们渴望来自家长、老师、社会对自己的理解与认可。因此教师既要树立民主思想，平等对待学生；又要有爱心、包容心，宽容对待学生的错误和不足，不可求全责备；对学生的片面性、不稳定性以及幼稚、狂妄等弱点，要给予切实的帮助和正确的引导。

第三要呵护自尊心，激励自信心。信任，能挖掘出潜藏在人灵魂深处的道德因素。教师要用发展的眼光看待学生，即使是失足少年，在老师信任的感召下，也会发生根本变化。苏霍姆林斯基说过，对待学生的自尊心"要细心得像对待一朵玫瑰花上颤动欲坠的露珠"。他还说："无论多么寡言、腼腆和平庸的学生，在心灵深处都珍藏着为人民利益而英勇献身的愿望。"

"善总结"，要求教师真正懂得教育、能够教育、善于教育。教育的真谛在于：将知识转化为智慧，使文明积淀成人格；智慧需要智慧的启迪，人格需要人格的感召。教育的本质在于引导，而引导的特点在于：含而不露，指而不明，开而不达，引而不发①。引导表现为启迪和激励，既不能信马由缰，也不可越俎代庖。引导的内容不仅指学习方法和思维方法，还包括情感态度和价值观。弄清这些原则性问题之后，还要在实践中不断探索总结，从而掌握引导的策略：

一、何时引导

教育家孔子主张："不愤不启，不悱不发。"心里苦苦思索但仍未想通叫"愤"，口中想说却说不出来叫"悱"。强调教师的引导要到一定的火候再进行，否则难以达到最佳效果。新课程倡导学生自主、合作、探究的学习方式，目的在于培养学生学会学习、自主发展、适应社会的能力，因此教师对引导契机的把握相当重要。

二、何处引导

孔子说过，"举一隅不以三隅反，则不复也。"叶圣陶有小诗云：为教纵详密，亦仅一隅成。贵能令三反，触处自引申。教师要充分挖掘独特内容，作为引导的突破口或切入点，以便收"牵一发而动全身"之效。教育家赞可夫在小学数学课上，为了引导学生由连加向乘法过渡，出题目：$7+7+7+7+7+7+3=?$ 意在引导学生得出 $7 \times 6 + 3$ 的方法。出乎意料的是一个学生的答案是 $7 \times 7 - 4$。对于该生的聪明之举，赞可夫大加赞赏之后，机智地以此为切入点，来讲解数学的本质。②

引导的宗旨，还在于使学生获得科学知识，掌握科学方法，形成科学态度，具有科学精神。美国初一年级历史课上，教师并不是简单告诉学生哪一年发生哪些事件。而是通过埃及胡夫金字塔发掘历程的讲述，告诉学生考古学家是怎样去从事考古挖掘的，包括使用何种工具，应该如何进行现场发掘记录等，老师还通过有关事实让学生去理解什么是历史的第一手资料；并要求学生对自己所接触到的历史资料，都要思考询问：谁是作者？这属于哪一类资料？这个资料形成的过程以及时间？在美国，小学就侧重培养孩子收集材料、独立提问的研究能力；到了中学，则重

---

① 教育部基础教育司.走进新课程.北京：北京师范大学出版社，2002：P.128
② 袁振国.教育新理念.北京：教育科学出版社，2002：P.47

点培养学生确立研究方法、实施研究计划的能力。

新课程设置了"知识和能力"、"过程和方法""情感态度和价值观"三维度目标,强调人的全面发展,强化教书育人功能的整体发挥,这体现了时代对人才培养的要求。文化的多元化往往带来情感态度和价值观的多元化。在学生身上,有的表现为文本阅读中"多元反应"的偏差——对课文内容的曲解,如阿 Q 精神胜利法就是乐观主义。有的表现为奋斗目标极端个人主义和心理灰暗:有研究者在 3 所重点中学、8 所普通中学发放 2000 多份问卷,统计结果——68％的学生认为读书是为了当"大款",其中 13％的人认为只要有钱,干什么都行;15％的人认为生存才是人的第一需要,道德完善是以后的事;21.85％的人认为现实社会无道德可言,"钱""权"才是最重要的,目前只有通过高考可以通向"大款""大腕"的成功之路①。因此引导学生树立正确的社会观、人生观、道德观、价值观、审美观等,是教师在引导学生学习中不可忽视的重要内容。

三、怎样引导

遵循因人而异、区别对待的原则,做到动之以情,晓之以理,导之以行,授之以法。

1. 营造和维持学习过程中积极的心理氛围

教育学生胜不骄,败不馁;对那些自觉性很高、成绩一直很好,仅遇一两次失败就耿耿于怀、患得患失的学生,就要用"失败乃成功之母"、"人外有人天外有天"、"运动场上长跑冠军并非起初就遥遥领先"等话语来劝导;而对那些容易满足现状、不思进取的学生,则要用"敢为人先"、"人生能有几回搏"、"不想当元帅的士兵不是好士兵"等名言加以激励。让不同层次、不同追求的学生理解自己所学内容的个人意义和社会价值,使他们都能够在原有的基础上有所发展。

2. 善待学习困难的学生

课堂上总会有学生提一些"低级"问题,引起同学讥笑,老师切不可"雪上加霜"。小学教育专家于永正教学某篇课文时,一学生问"饱经风霜是什么意思啊?"于老师顺势说"是啊,'饱经风霜的脸'是什么样的? 想象一下把它写出来读给大家听听。某同学是在考我们的想象力啊。"此后于老师教学该课文一直保留了这个

---

① 曹宝印.走进中学生的阅读世界.北京:人民大学复印资料,2004—9.

"写"的训练。于漪上课时有学生问文中"万万"是多少,同学发出嗤笑声,于老师机智地说:这正是作者匠心独运之处啊,为何不直接用"亿",而要用"万万"呢？ 是为了突出其多啊。就像"一年",有时却要说"365 个日日夜夜"。诸如此类的处理既呵护了学生的自尊,又收到意外的教育效果。当然仅仅靠老师呵护还不够,必须激励学生自我树立自信。如教给学生一些行之有效的克服自卑的方法,或引导他们自编"我能行"歌谣,时刻勉励自己。还要引导他们选择和确定能够达到的目标,并掌握学习方法和学习规律。

3. 创设情境,训练创新思维

首先要树立教育民主思想,营造创新氛围。特级教师宁鸿彬的教改经验"宁氏教学三原则",就体现了培养创新型人才的教学策略。具体内容是:"三不迷信"——不迷信古人,不迷信名家,不迷信老师;"三个欢迎"——欢迎质疑,欢迎发表与教材不同的见解,欢迎发表与老师不同的观点;"三个允许"——允许学生说错做错,允许学生改变观点,允许学生保留意见[①]。贯穿该"三原则"的思想就是引导求异,鼓励质疑,促进创新;这与当今新课程的教育理念是一致的。行成于思,思生于疑;学生敢于怀疑,勇于质疑,正是创新能力形成的起点。

其次要具备引导的能力和机制。作为引导者的教师,要有"青出于蓝而胜于蓝"的胸襟,要有"自己有一桶水,要设法让学生获得一缸水"的抱负;要有评判学生"多元反应"、处理课堂"旁逸斜出"的底蕴和智慧;要有不武断阻止学生思维,给学生以反复思考、纠偏改错的方略:如不随意否定或任意拔高;注意肯定赞赏亮点;推波助澜引起讨论等;还要掌握评价中有诊断有引导,立足过程重在促进发展的科学评价标准。

---

① 曹明海.语文教育思想论.青岛:青岛海洋大学出版社,2002.360.

情感教育

论苏霍姆林斯基爱情教育思想的当代适切性

《国家中长期教育改革和发展规划纲要(2010—2020 年)》(以下简称"纲要")
把"育人为本"作为教育改革与发展的核心和方向,这就要求教育必须重视情感教
育与学生的个性发展,培养学生的精神生活。从道德上培育青少年对爱情、婚姻、
家庭做好充分准备,是学校在关怀个人幸福的同时,也在推进社会的和谐发展。主
张个性和谐发展的教育理论家、实践家苏霍姆林斯基非常重视爱情教育,他把爱情
教育问题同社会问题、思想问题,尤其是学校的德育问题紧密地结合起来加以全面
阐述,这些思想与我国社会和教育发展追求的目标"和谐社会、和谐教育、和谐发
展"具有一定的契合性。当今社会文化多元化,青少年的情感态度和价值观的形成
受到多方面干扰,面对形形色色的爱情观、婚姻观以及对男女性关系的认识等思
想,涉世未深的青少年往往无所适从。因此重新解读并借鉴苏霍姆林斯基的爱情
教育思想,对我国教育工作者来说很有必要。

一、苏霍姆林斯基的爱情教育思想及其在中国的影响

苏霍姆林斯基从教育学的角度对爱情问题进行长期的观察、深刻的思考和研
究,他认为爱情是一种高尚纯真的感情,不能以遗传方式自然产生,需要通过教育
来养成。他曾多次转引其老祖母所讲的爱情童话故事,从中可以概括其爱情观的
主要内涵:相互爱慕,彼此忠诚,生死不渝。他一再强调"爱情是一种责任,首先是
尽责任,然后才能获得快乐,包括爱情生活的幸福。"[①]基于这样的爱情观,其爱情
教育的旨归体现为三点:1. 爱情教育是造就个人幸福人生的重要环节;认为爱情教

---

① 苏霍姆林斯基.爱情的教育[M].世敏,寒薇译.北京:教育科学出版社,2001.174.

育能促进个人道德面貌和个性的形成,帮助学生养成高尚的个性。2. 爱情教育对家庭的稳固和下一代的健康成长具有非常重要的意义;"父母之间的情深意笃的爱情,这种爱情显示的榜样作用,以及他们在日常生活中相互关系的全部总和,都是巨大无比的教育力量。"①3. 爱情教育有利于促进人类社会的文明进步;指出在人类社会历史中,爱情从一开始,就对道德进步、社会文化水平的提高和整个精神文明的发展,发挥着巨大的作用。

苏霍姆林斯基生活在苏联时期苏式共产主义思想占绝对统治地位的社会主义社会,他的教育思想产生于 20 世纪 50、60 年代,集中体现在以人道主义为核心的教育思想上,其精髓就是培养全面和谐发展的人,爱情教育思想是其中重要的组成部分。苏氏教育思想在中国广泛而深入的传播始于改革开放以后,分别集中在 20世纪 80 年代初中期、90 年代中末期和 21 世纪以来三个时期。起初以出版翻译、评介、研究其作品或思想的书籍与论文为主要传播形式,而后两个时期传播的形式渐趋多样化,且参与践行其教育思想的人越来越多。

较早开始有意识在实践中运用苏氏教育思想来指导自己教育教学活动的一线教师有魏书生、李镇西、李吉林、吴辰等,魏书生被誉为"中国的苏霍姆林斯基"。在学习运用苏霍姆林斯基教育思想过程中,其爱情教育思想对我国教育工作者影响很大,其著作《爱情的教育》、《关于爱的思考》以及《给儿子的信》、《给女儿的信》等,从 20 世纪 80 年代至今,一直是颇受中国广大教育工作者和家长们青睐的读物,有的被选入中学语文教科书,如人教版、语文版《义务教育课程标准实验教科书·语文》九年级上册都选了他的《致女儿的信》。语文特级教师李镇西把苏氏教育思想比喻成他"教育生涯的早晨投下的第一缕金色的霞光";他认为自己能在教育教学中取得成功,得益于苏霍姆林斯基对自己的影响。他在《做最好的家长》、《做最好的班主任》等教育著作中,都有关于爱情教育的专题论述,如"不必回避爱情的话题"、"我处理早恋问题的几个原则"等;教育专家孙云晓的《性教育的核心是人格教育》、闵乐夫《对"早恋"的再认识及教育对策》等文章,都渗透着苏霍姆林斯基爱情教育思想的积极元素。② 产生这种广泛影响,原因是多方面的,主要因为苏氏教育思想与中国社会发展的背景及教育改革实践具有一定的适切性。

---

① 苏霍姆林斯基.爱情的教育[M].世敏,寒薇译.北京:教育科学出版社,2001.184.
② 闵乐夫主编.大师谈早恋与性教育[C].重庆:西南师范大学出版社,2009.34—75.

二、苏霍姆林斯基爱情教育思想在当下中国的借鉴意义

顾明远先生指出:"苏霍姆林斯基的教育思想具有普适性、先进性、丰富性、全面性和深刻性,是符合教育的普遍规律,符合儿童的成长规律的。"[①]他多次强调,苏霍姆林斯基的教育思想今天仍然有现实意义,应该在我国教育界继续大力学习和推广。但是,特定历史时期的思想和作品,必定有它特定的思想方向、思考主题、思维惯势乃至语言表达特点等,因而在学习借鉴时必须与时俱进,要以使其进一步丰富和发展为前提。正如肖甦教授所言:"既要善于研习和提炼苏氏教育思想的深刻实质,又要善于把握和丰富时代的本质内涵。只有将教育大师精到的教育判断和感悟与我们所处的时代的核心精神及时、妥善、有效地结合,才能够使我们今天的教育富有时代的使命感和强大的生命力。"[②]

(一)要正视当今一元与多元价值观共存的社会现实

由于苏氏苏教育思想形成于价值观体系较为单一的时代,他的一些教育观点尤其是涉及德育方面的某些观点,是带有明显一元化的历史局限性的。比如将德育完全等同于共产主义理想教育;而当今的德育就涉及意识形态的道德教育、社会公域的道德教育、市场经济的道德教育等范畴。关于爱情,现在有人将其划分为心理上的爱情、生理上的爱情、经济上的爱情,认为这三种爱情各有其存在的土壤,为社会不同阶层的人所选择取舍。姑且不论这种划分及界定是否科学,就以其视角来审视,苏氏爱情教育思想显然主要指向心理范畴,带有明显的唯美或理想化色彩;他对爱情婚姻中一些问题的论述,诸如对爱情中有关精神与肉体的追求问题、婚前性行为与贞洁问题,还有男女青年当众搂抱亲昵行为等,现在看来,其观点不无偏激之处。因此,学习借鉴苏氏教育思想,需要结合当今生活实际,用辩证唯物主义观点分析问题、解决问题,以下选择两个视角加以讨论。

1. 要与时俱进地分析爱情婚姻中的道德问题

当今一元与多元价值观共存的社会现实,已经打破教育预设目的和内在结构的单一性、确定性、工具性,教育工作者应该积极探索如何通过教育,使每个学生主体能坚守基础的、共同的、符合社会主流文化的价值观,并善于在多样纷呈的价值领域中对各种价值观念进行认识、辨别、理解和选择。爱情教育,更加需要在坚持

---

① 顾明远.苏霍姆林斯教育思想在中国的传播及其现实意义[J].比较教育研究.2007,(4)
② 肖甦.苏霍姆林斯基的教育思想是教育探索的永恒财富[J].比较教育研究.2010,(3)

其"永恒的道德价值教育",即"情感文明"的基础上,明智地适应当今多元文化背景下形成的不同的爱情婚姻观念。

例如,怎样对待"没有爱情的婚姻是不道德的"这一问题,苏霍姆林斯基表示"决不允许滥用这一概念!"。此观点源于尤·留里科夫的《三种吸引》一书中的"爱情消逝论",大意是:爱情随着时间的延长会消逝的,既然爱情会消逝,夫妻过上一段时间,觉得不再相爱了就分手,因为没有爱情的婚姻是不道德的。苏霍姆林斯基认为年轻夫妇不善于安排生活,不善于调理彼此的关系,而把它当作观点、性格、习惯不合等来看待,变成轻率离婚的借口。[①] 当下我国爱情婚姻方面的问题令人忧虑:非法同居,未婚先孕;家庭不和,离婚率上升;单亲家庭子女身心发展状况堪忧,青少年性犯罪案件频发;一些人视婚姻如儿戏,闪恋、闪婚、闪离似乎已经司空见惯,还美其名曰"好合好散",有的也标榜"没有爱情的婚姻是不道德的"。这些现象已经引起社会的广泛重视,而学校更应该对此有高度的敏感。教师应该结合这些社会现象对青少年进行情感素养教育,引导他们对这些社会现象进行思考、分析、辨别、判断,从而形成正确的爱情婚姻观念。从该视角看,上述苏霍姆林斯基的观点在今天仍然具有教育意义。

但是要防止过犹不及。当今中国的婚姻家庭现实已经发生变迁,如夫妻因性格不合或感情确已破裂而要求离婚的行为,是受到相关法律支持和保护的,这是法律人性化的体现,是社会的文明进步。现在进行爱情教育,要客观辩证地看待爱情婚姻中的道德问题,不可一味认可"没有爱情的婚姻是不道德的"的说法;也不能一概否定离婚现象。男女之间一旦爱确已"死亡",而一方死缠硬拖、维持一个貌合神离的关系,或者保留一个危机四伏的家庭;有的甚至自寻短见、付出生命代价;这些都是有损人的尊严、不利社会安定的非理性行为。因此,提高恋爱婚姻中抗挫折的心理能力,也应该成为当今爱情教育中的重要内容。比较积极的做法是,在婚前的慎重选择和婚后如何经营婚姻、调理夫妻感情方面,加强教育和引导。苏霍姆林斯基指出:"爱情经历着复杂的历程,青春的热情、青春的欢乐将逐渐让位于发自内心的眷恋,让位于责任心和义务感。这种情况在那些对婚姻没有做好道德准备的人和思想狭隘的人看来,仿佛就是爱情在消亡。""互相倾心的人应该使自己做好合得

---

① 苏霍姆林斯基.苏霍姆林斯基选集(五卷本)[M].蔡汀等主编.教育科学出版社,2001.第2卷.483—484.

来的准备,不要任性和乖张,而要宽容、忍让、随和、明智和慎重。"①这些论断,对引导当今的青年男女怎样认识恋情、爱情,为将来如何珍惜爱情、护卫婚姻,规避感情死亡的风险,是很有现实指导意义的。

2. 要客观对待爱情中的精神与物质的追求

苏霍姆林斯基强调:"物质生活条件变得越好,人特别是女人占有的物越多,文化水平就应该越高,整个精神需求的范围就应越大。只有在这种情况下,人才不至于被物吞噬,而在人们相互关系特别是男女的精神心理和道德审美关系中,物才不起决定性作用。"②此言对当今那些持有唯利是图爱情观的青年男女,对于那些正梦想着做、或已经做了的"全职太太"们,无疑具有忠告和警醒作用。随着社会的发展,人们的价值观有所改变,当今人们更加相信:在爱情婚姻生活中物质和精神缺一不可,不少年轻人发出无奈的慨叹:爱情是美好的,婚姻是现实的;以致不少女生认为:学得好不如嫁得好。但是,人对物质的追求是无止尽的,爱情婚姻一旦沦为追名逐利的手段,便无真正的爱情幸福。

当然,生活中另一种极端的现象也不能忽视,就是爱情选择中的"另类"现象。如大学生因爱上一个流浪汉而毅然辍学;善良女用自己的爱和青春去拯救一个在逃犯;妙龄少女因无力救治重病亲人,就以嫁给对方为条件公开招募提供救命钱的人;诸如此类的行为,尽管可能有诸多理由或无奈,但不可否认的是,这些行为都是在冒险,都在给自己和他人的未来生活酿制悲剧。苏霍姆林斯基一再告诫:"爱情与轻率不同。你如果仓促地、迅速地去嫁人,就等于你去冒险有可能做个不幸的人。不要相信'跟爱的人在一起住窝棚也是天堂'的鬼话。"③"人类的爱情不仅是美好的、忠实的、真诚的,而且是明智的、审慎的、机警和严格要求自己的;只有这样,才能获得快乐和幸福。"④鲁迅小说《伤逝》中主人公的生活感悟"人必须活着,爱才有所附丽",对生活中那些追求爱情"另类"的人不无教育意义。

对此,来自互联网的有关讨论调查的结果,也是颇有说服力的教育内容。如2006年中国青年报社会调查中心与腾讯新闻中心联合进行了一项有10050名女

---

① 苏霍姆林斯基.苏霍姆林斯基选集(五卷本)[M].蔡汀等主编.北京:教育科学出版社,2001.第1卷.260.

② 苏霍姆林斯基.爱情的教育[M].世敏,寒薇译.北京:教育科学出版社,2001.34.

③ 苏霍姆林斯基.苏霍姆林斯基选集(五卷本)[M].蔡汀等主编.教育科学出版社,2001.第2卷.480.

④ 苏霍姆林斯基.爱情的教育[M].世敏,寒薇译.北京:教育科学出版社,2001.169.

性和 8962 名男性参加的在线调查,其中针对"婚姻有'起步价'吗?"的提问,有51.6%的女性和58.8%的男性认为婚姻"有起步价";有58.2%的男性和56.9%的女性"相信爱情"。面对"你会和一个没房没车的男朋友结婚吗?"的提问,有的人认为,"其实有房有车又怎样,大家对婚姻的期待是长久稳定;这年头,被有钱人抛弃的案例还少吗?"有人认为,"有房有车不一定幸福,没房没车也不一定不幸福;重要的是,清楚自己想要的究竟是什么样的幸福,不随波逐流就好。"调查中,关于婚姻的各种说法,有两点得到了男女受访者的最多赞成:第一,人品好、有责任感才是最重要的;第二,婚姻是现实的,很多事不得不面对。① 这一调查结果体现了当代人的婚姻爱情观的主流:既守望甜蜜的爱情,也敢于正视惨淡的现实。因此当今的青年男女要以平和的心态,客观辩证地对待婚姻爱情中精神与物质追求,不应当走向极端化。

(二)要遵循尊重、关怀、细心、掌握分寸的爱情教育原则

苏霍姆林斯基的人道主义教育思想始终流淌着对学生的尊重和爱,使教育成为人性化的教育。这也正是我国当前课程改革所特别强调的"和谐教育、和谐发展"的教育理念的重要内涵。

1. 要尊重和关怀青年男女之间产生的爱慕之情

在爱情教育中,教育者要特别细心,因为"爱的情感的产生,犹如含苞待放的花朵,它是长成芳香的玫瑰还是带刺的飞蓬,这有待于教师的爱护和培育。当然可以把它剪断或连根拔掉,但这样做就会严重伤害一颗敏感的心,一株新花的幼茎就会长成畸形。"②可是长期以来,我国的中小学教育中视男女生爱慕为洪水猛兽;为了防止学生早恋,往往处心积虑,教师与家长联合,有的充当"侦探",暗中"盯梢";甚至不惜违规犯法去偷窥学生的日记,扣留其私人来往信件;有的学校甚至在教室安装摄像头用以"搜集"学生恋爱的证据,并将之公布于大庭广众之下,从而做出相应的处罚;这些都是损害人尊严的过激行为。然而,现在随着西方开放的性教育观念的引介,学校老师中又不乏另一种极端现象:对男女生交往过密的行为,持眼不见心不烦、或干脆视而不见的态度。殊不知,对青少年性心理问题的不闻不问,或对一些"出轨"行为的"默许"甚至"放纵",就是教育者的失职! 教育者的教育艺术在

① 侯振中.现代青年男女的爱情婚姻观.搜狐焦点网.北京业主论坛,2006-11-30.
② 苏霍姆林斯基.爱情的教育[M].世敏,寒薇译.北京:教育科学出版社,2001.16.

于:"善于轻轻地碰一下,而又不干涉人与人的关系中这个脆弱、娇嫩的领域。"①

2. 要善于掌握分寸,要有敏锐、体贴入微的态度

苏霍姆林斯基指出,教师要"同少年男女、青年男女亲切地、坦率地,最重要的是机智地谈论爱情问题,谈话要始终贯串一条红线:感情要受思想、理智、意识的支配,不能让感情冲动占上风,必须让理智、悟性来主宰。以自觉的、理智的态度对待欲望。"②他认为,只有"我想"和"应当"两者在人的行为中和谐地融为一体的时候,爱情才会是高尚的。③ 教师要善于掌握分寸,并且区别对待:面向学生群体提出严格、规范的要求;对少数"恋爱先行者"则进行个别疏导;而对一些已经造成不良后果的个别学生,就要实施挽救教育,绝不能放弃,更不能歧视。总之要使爱情作为一种能使人高尚的珍贵情感进入正在成长中的年轻一代的精神生活中去。

教师还要善于倾听和理解学生提出的涉及男女爱慕的问题。学生的问题往往言在此而意在彼,常常表现为对异性产生爱慕的喜悦、犹豫、不安的矛盾心理;教师要能够正确理解学生的问题所包含的真实意思,回答还要很机智;教师要善于概括生活中的现象,通过活生生的事例,分析其中利害得失,并鼓励学生自己去作出抉择。当然这要求教师对学生的内心世界理解得尽可能深刻些,这将取决于师生间建立互相信任的关系,学生愿意把自己最隐秘的心事告诉教师。

(三)爱情教育应当以适应时代发展为前提,以人格教育为依托

时代前进了,社会开放了,青少年的主体意识加强了,教育者必须顺应时代潮流,决不能用封建保守的老花镜看待青少年的人际交往,当然也不能用功利主义的砝码衡量青年男女爱慕的利弊;爱情教育不能脱离人格教育单独进行,因为它只是人格教育的一个组成部分。让青少年逐渐把握成长才是良策。把握成长就是在体验中学习选择,在选择中学会承担责任。

1. 让青少年认识并理解真正的爱情应该是两厢情愿的

罗素说:"爱如果只是为了占有,那它本身就没有价值。"现在年轻人中流行一种婚姻爱情观:"找不到我爱的人,就找一个爱我的人结婚吧。"有的甚至说"聪明的女人嫁给爱她的人,愚蠢的女人嫁给她爱的人。"这其实是不道德的爱情观,真正的

---

① 苏霍姆林斯基.苏霍姆林斯基选集(五卷本)[M].蔡汀等主编.北京:教育科学出版社,2001.第 1 卷. 251.

② 苏霍姆林斯基.爱情的教育[M].世敏,寒薇译.北京:教育科学出版社,2001.183.

③ 苏霍姆林斯基.爱情的教育[M].世敏,寒薇译.北京:教育科学出版社,2001.179.

爱情应该是相互倾慕的。苏霍姆林斯基认为，男人和女人在精神心理和道德审美方面的一致，是真正爱情的特征。"爱情赋予的幸福，就其本质来说是纯属个人的；你只要一忘记我的幸福应该给别人带去幸福、在爱情中不应考虑得到多少而应考虑给予对方多少，那么爱情就会变成不幸，铸成悲剧，破坏生活。"①然而，类似的爱情教育论断，对当今青少年的教育意义可能会大打折扣。现在各类相亲会、婚介机构以及多种为青年男女提供婚配机会的社会活动或电视节目，在社会上产生广泛影响，其中不少嘉宾"索取"的甚多，有的女生几乎是毫不避讳地提出满足自身诸多方面的诉求，其自私自利已经到了旗帜鲜明的地步。这些生活现象虽然不是主流，但它对青少年的影响往往要比学校教育大得多。因此，进行爱情教育不能无视社会现实，照搬爱情经典论断；而应与时俱进，既要坚持教育原则，又要符合生活实际；要充分利用人类文明提供的丰富积淀，把年轻人的本能的欲望引入健康的爱情范畴。

2. 采用恰当的教育途径及方式来增强说服力

爱情教育的途径及方式有多种选择，教师可以借助于中国优秀传统文化进行品德修养教育，比如儒家思想中"智仁双修"、"义利统一"的理想人格在个人情感方面的折射，及其古今优秀代表人物等；也可以结合现当代文艺作品进行爱情教育，例如婚姻问题剧《中国式离婚》中女主人公的悔恨顿悟之语："爱是要有能力的，这能力就是要使我爱的人爱我。"诚然，爱是相互的，不能强求，自己必须变得可爱，才有可能真正被自己所爱的人爱着。

当然，来自正规媒体的观点及数据往往更具说服力。如上述提及的网上在线调查中，其中 对"婚姻中谁更有责任挣钱养家"的提问，虽然54.2％的女性和63.4％的男性都选择了"男人"，但"双方有同等的责任"的选择比例也不小，各占45.0％和35.9％。有的女性认为，现在女性越来越独立，如果经济上可以的话，多承担点责任也没什么不好；没有规定说，所有的责任都应该压在男人肩上；婚姻生活需要两个人来共同维持，毕竟婚姻是两厢情愿的事情。② 这个调查结果表明，苏氏主张的爱情奉献观点，在当今仍然有一定的适切性，只不过由于时代的原因，苏霍姆林斯基更多强调男人对女人的奉献；而当今中国女性公民的主人公意识和社会责

---

① 苏霍姆林斯基.爱情的教育[M].世敏，寒薇译.北京:教育科学出版社,2001.11—12.
② 侯振中.现代青年男女的爱情婚姻观.搜狐焦点网.北京业主论坛,2006-11-30.

任感,在爱情婚姻观方面有所折射,已经弥补了苏氏的历史局限,这是令人欣慰的。

(四)将性心理教育和爱情教育与人的全面和谐发展的培养目标紧密结合起来

中国性学会副理事长朱琪教授认为,当前世界上主要存在两种性教育模式:一种是重视性道德的教育,另一种是以强调避孕和预防性病知识为基础的性教育。他进一步指出:前者是以人格(道德)为基础的性健康教育,也称"婚前禁欲"或"性纯洁教育",是具有导向的性教育;后者是无导向的性教育,也称"综合性教育",即在进行性生理和性心理知识教育时,着重介绍避孕防病知识,虽然也提及要对性行为负责,但对是否发生婚前性行为,仍由青少年自行决定;重视了人的生物性,却忽略了人的社会性(2004 年 9 月 23 日《中国青年报》"读书周刊")。很显然,第一种重视性道德的教育,既重视人的生物性,又重视人的社会性,有利于青少年的健康成长和社会的健康发展;这显然应该成为我国当前对青少年进行性心理教育的首选方式,因为这种性教育方式更加符合当下中国的国情民意。

我国教育部在 2008 年 12 月就颁发《中小学健康教育指导纲要》,明确规定从小学一年级到高中三年级,各阶段应该进行的性健康教育的具体内容。令人忧虑的是,当前我国中小学关于性心理的教育,通行的方式大多仍是开设"生理卫生"课程,内容及形式往往过于理性和生硬直白,其教育效果有时适得其反,会使男女生对"性"产生更大的好奇感,以致自行借助于网络等媒体来满足心理需求;这就难以规避不良媒体对青少年性心理健康的侵害。最近有媒体报道,某省会城市妇幼保健院做"人流"手术者中,有 22% 是在校学生。值得欣慰的是,继首都师范大学之后,今年成都大学成为全国第二个、四川省第一个开设性教育辅修专业的大学,并把教学重点放在中小学生的性教育上,且报名人数远远超出计划,开班典礼异常火爆。这表明,爱情教育是实现人的和谐发展不可或缺的教育环节,已逐渐形成共识。以下从三方面探索对青少年实施性及爱情教育的途径。

1. 将性心理教育渗透到德、智、体、美多种教育之中

"纲要"强调育人为本,要求把德育融入教育的全过程。苏霍姆林斯基将爱情纳入人的德、智、体、美和谐全面发展当中,在他的多部教育著作中,几乎都可以找到把青年男女的道德修养和爱情教育渗透到各个教育环节当中的论述。他还特别注重美育,认为在人的全面发展教育的总过程中,美育起着很大的决定作用,因为"美是道德纯洁、精神丰富、体魄健全的强大源泉。美育的最重要的任务,就是教会儿童从周围世界的美和人的关系的美中看出精神的高尚、善良和诚恳,并在此基础上在自己身上确立这种美。"①"一个人到了成年时期,他的情感、爱情是否高尚,取决于他在青少年时期爱什么,恨什么,同情什么。"② 因此在幼年时期就培养道德美感很重要。亚洲性教育文化首席专家胡珍教授指出:"性教育是青少年健康成长、一生幸福的爱的教育,改变过去谈性色变的传统,将性教育带入课堂,大大方方,理直气壮地给孩子们讲性教育。""中国青少年艾滋病防治教育工程"形象大使、央视著名主持人白岩松,在参加成都大学性教育辅修专业开班典礼上表示,要把"性"当作"爱"来进行教授;他认为爱的教育可分为四个阶段:爱的常识、爱的安全、爱的心理及爱的价值;并指出其中"爱的安全"和"爱的心理"在爱的教育中分量最大。这些论断,对我们今天如何将爱情教育纳入学生德、智、体、美和谐全面发展当中,很有指导意义。

2. 将性心理教育与现实生活紧密结合起来

教育与生活本身是一个联系着的整体,德、智、体、美等诸要素及其体现在学生发展中的相应品质,都是源于生活与教育的统整。使学生全面和谐发展的教育目标需要在生活的统一性中得以实现,在这方面苏霍姆林斯基是典范。他的教育思想内涵博大精深,所追求的境界很高,但在实际运行中却都着力于最基础的、来自于生活的东西,他的教育活动基本上是通过生活、回到生活、运用于生活。可是我国的学校教育长期存在这一弊端:学生的智力学习与道德养成往往是分离的;加上过分强调竞争、缺乏社会感知的教学,使得道德的意义不能生发出来。而教学与教养的统一,就是需要教育回到生活的本真,使学生所受的教育和生活的中的表现一致起来,而不是"应该怎样"和"实际怎样"形成两张皮;性心理教育也应该如此。就学校而言,将性心理教育与生活紧密联系的途径很多,如培养尊重女性、珍爱女性美的品德;培养崇敬母亲、爱戴母亲的美德;养成严格要求自己、善于控制自己欲望的品质;理解爱情的真谛在于奉献而不只是享受,做好将来为人妻(夫)和做父母的道德准备,以及发展提升自身创造爱情幸福的能力和智慧等等。至于实施的方式,可因地制宜,充分利用校本资源,或渗透到相关学科的课堂教学中,也可结合在综合性学习活动中。

---

① 苏霍姆林斯基.苏霍姆林斯基选集(五卷本)[M].蔡汀等主编.北京:教育科学出版社,2001.第1卷.241.

② 苏霍姆林斯基.爱情的教育[M].世敏,寒薇译.北京:教育科学出版社,2001.97.

3. 让学生在解读生活、体悟人生中,参与讨论爱情的选择与保鲜的策略

选择什么样的爱情婚姻,今天完全是多元化的,似乎只要"你情我愿"即可。但是底线还是应该有的,就是要利人利己,获得真正的爱情幸福。充当"小三"、甘做"二奶",这是损人利己,当然为人类情感道德所不容,应该受到谴责;而出于一时的同情怜悯,就和自己并不爱的人结婚,是拿自己的青春甚至一生的幸福去冒险;这种"损己利人"、或"损己不利人"的行为,也是不道德的,是不该效仿、更不能提倡的;因为这同样会引发家庭的灾难,或给社会带来不安定因素。至于婚后生活如何才能长久幸福,完全取决于男女精神的不断发展和丰富,取决于夫妇在共建家园、打拼事业的奋斗中的分工合作和默契配合,根本没有什么"爱情保鲜术"。不能以为男女从相爱到结婚,就完成了爱情长跑,大功告成。结婚决不是爱情的"休息亭",更不是爱情的"坟墓",而是爱情旅途的"加油站"。近年来,我国的婚姻问题剧很多,例如电视剧《牵手》、《新结婚时代》、《中国式离婚》以及《蜗居》等,这些作品探讨的问题很有现实意义,其扬弃的道德价值也容易引起青年人的深刻思考;其中很多故事情节、生活细节,比如相爱者相互信任问题,婆媳关系处理问题,夫妻双方亲人城乡生活差距问题等等;尽管观众对这些问题的反映可能是见仁见智的,但从总的价值取向来说,主创者还是力图引导人们思考:在当今多元文化背景下,人应该怎样经营神圣的爱情、护卫自己来之不易的婚姻,如何才能避免婚后爱情的倦怠、使家庭生活幸福美满等等。这些问题看起来似乎距离青少年很遥远,其实不然,这些来自生活的爱情婚姻问题,在孩子们身边可谓俯拾即是;对这些问题加以思考、评价,乃至作出选择的意见或建议,本身也就是进行爱情教育,因为这些思想内容将积淀成他们的道德素养,成为他们一生的精神财富。

(本文发表于《江苏教育学院学报》(2011 年第 3 期,编入本书时有微调。)

后　记

　　2013年9月,我的教师生涯刚满30年。是年,江苏教育学院由成人高校转为普通本科高校,并更名为"江苏第二师范学院",这是新老教院人圆梦之年。9月10日,学校召开庆祝第29个教师节大会,代表江苏省教育厅对从教30年的教师予以表彰,我被选为教师代表在大会上发言。我以为这个发言稿颇能概括自己从教30年的心路历程,也能折射本书的形成过程及其内容的真谛,故将呼告与致谢语略去,附录于此,权且作为本书的后记。

　　黄花满地秋风爽,丹桂飘香又一年。在金色的收获季节,我们迎来了第29个教师节。能够参加全校庆祝大会,并作为从教30年的教师代表在大会上发言,我的感情很复杂,既有荣幸和激动,也有惆怅和感慨;当然更多的是振奋。正可谓惊回首,30年过去,弹指一挥间!"三、六、九",在中华文化中具有丰富的文化内涵,有所谓"三三不尽、六六大顺、九九归一"等象征意义。我的出生年月中有"六"有"三","三"在我过去的教师生涯中,更具有里程碑的特殊意义。因此,以下就以"3"为节点,对从教30年作简要的回顾与总结。

一、第一个10年:1983—1993年

　　1983年,我从高等师范专科学校毕业,走上了3尺讲台,开始了教书育人生涯;牢记"学为人师、行为世范"的训诫,带着"学而不厌、诲人不倦"的情怀,面对高中语文教学,尤其是高三语文课堂,常常是战战兢兢,如履薄冰,从不敢懈怠。1985年第一个教师节,生平第一次在主席台上接受学生献花,心中洋溢着作为一名教师的神圣感和自豪感。隐隐意识到:"尊师重教"从此在我们国家开始了新的历程;教

师从此走出"臭老九"、"教书匠"的阴霾;教师的职业将具有较强的尊严感和较高的社会认同度。

——这期间,我由衷地感受到:我们赶上了教育发展的好时代!

二、第二个 10 年:1993—2003 年

工作 10 年后的 1993 年,我完成了江苏教育学院中文系本科进修学习,深刻体会了"教学相长"的原初本义;对古人的教育思想有了更加深刻的理解和领悟:"学然后知不足,教然后知困;知不足,然后能自反也;知困,然后能自强也。"在此后的教学和教研工作中,母校给我的学识滋养和职业境界,成为我受用终身的精神财富。1995 年教师节,我作为"全国优秀教师"称号获得者,在全校庆祝教师节大会上发言,并接受教育行政部门领导颁奖。当时,10 年前第 1 个教师节大会上的神圣感犹在,可自豪感、幸福感几乎没有;取而代之的是一种沉甸甸的感受:本人何德何能而受此殊荣? 今后如何继续努力才能不愧对这一称号? 我想这是荣幸的一种理性反应吧。1997 年 7 月,送走了我教书生涯中的最后一届高三学生,开始了高中语文教研员的职业生活。

——这期间,我强烈地感受到:良师益友的人格境界和精神高度,对人生发展的积极影响是多么重要!

三、第三个 10 年:2003—2013 年

一晃 10 年又过去了,2003 年我正式调进江苏教育学院中文系任教,完成了由高中语文教师、高中语文教研员,到高校语文教学论教师的"快速转型",并且实现了"华丽转身",成为江苏第二师范学院的一名教授。这是我 30 年教师生活中最值得咀嚼和回味的 10 年,也是我最感动的 10 年。我把正式调入本校工作叫做"进门",把由中学高级教师转评为副教授称为"入围",把晋升为"教授"当作在教育教学上"登堂入室"的第一步。

——这期间,我深切地感受到:干自己向往的事业,做自己喜欢做的事情,享受心灵的自由,是人生莫大的快乐和幸福!

10 年来,正值我国新一轮基础教育课程改革和教师教育改革启动实验时期,对我来说,这既是机遇,更是挑战。我的努力具体可概括为"一二三":

一个方向:服务基础教育第一线:就是为基础教育培养符合新课改要求的新型

语文教师,为各级各类学校培训适应新课程需要的在职语文教师。

二项目标:建构合理的知识结构;提升教育及科研素养:我国教师教育改革的新形势呼唤"临床教授"的成长。"临床教授"的专业特长和职业境界应该是:"教育理论实践化—教育实践理论化",就是既能对教育理论研究成果进行实践转化,又能对教育教学的实践行为进行理论提升。

三条途径:为达到上述目标,我选择了三条途径:

一是广泛阅读,中外古今教育学人的理论思想和实践智慧,能使自己的学习和工作不断拥有源头活水。二是课题研究,主持了 4 个校级课题、3 个省级课题研究,发表多篇研究论文,以此推动语文课程与教学论精品课程建设。三是保持饱满的工作热情,强化"课比天大"的责任意识,秉持"学而不厌、诲人不倦"的教师情怀;恪守"为人师表、教书育人、教育公正、教育人道主义"的教师职业道德原则,在校内、外积极开展教师教育工作,开设讲座,担当评委,参与研究生论文评审等等。

从教 30 年来,尽管我的努力是有限的,取得的成绩也是微不足道的,但是却得到专家、同仁以及广大学生的充分肯定和广泛好评,他们给了我很多鼓励和鞭策,我曾获得过"全国优秀教师"、"全国语言文字先进工作者"、"市级有突出贡献的中青年专家"的表彰,被评为"江苏教育学院第四届教学质量评比成果一等奖"、"教学成果二等奖"、"科研成果三等奖"、"三育人先进个人";多次被评为"优秀实习指导教师"和"优秀毕业论文指导教师"。因此,我一直带着感恩的心态热情工作,我时刻感受到,我所供职的学校是一个人文素养与科学精神并重的地方:她既关注参天大树的成长成材,也呵护小草小花的发育生长;我觉得她是一个富含生命养料的地方。

尽管,我们的校园建筑不豪华、不时尚,但是古人云"山不在高,有仙则名;水不在深,有龙则灵。"原清华大学校长梅贻琦先生有至理名言:"大学非大楼之谓也,是有大师之谓也。"我校办学 60 年来,虽几经搬迁、调整与合并,但始终坚持为基础教育发展服务的办学方向,为国家培养、培训了数以万计的教育人才,为我省教育事业的改革和发展作出了重要的贡献。中文系就被称为培养优秀语文教师、语文学科带头人、语文教育专家的摇篮,迄今为止,中文系已经有 60 余名毕业生成为江苏省特级教师。今天是我校顺利完成转制更名后的第一个教师节,是全体师生员工描绘未来蓝图、开启全新征程的重要节点,是全面开启科学发展新征程的重要起跑线。我们坚信,江苏第二师范学院经过各级领导的运筹帷幄和全体师生员工的积极努力,一定能够找准定位,彰显特色,办出水平;开创事业发展的崭新局面。

　　对于我们来说,从教 30 年,意味着我们"老之将至矣";常言道:"花有重开日,人无再少时";但是苏东坡却不以为然,他曾这样说:"谁道人生无再少,门前流水尚能西,休叫白发唱黄鸡!"尽管我们已年过半百,但是"五十而知天命,从心所欲不逾矩",这是意味着从容不迫的成熟与淡定。我们不应该有李商隐"夕阳无限好,只是近黄昏"的惆怅;要有朱自清"但得夕阳无限好,何须惆怅近黄昏"的豁达,更要有老一辈无产阶级革命家叶剑英元帅"老夫喜作黄昏颂,满目青山夕照明"的豪情和正能量! 从教 30 年,绝不是教书育人生涯的"句号",它只是一个"分号"而已;我们要把它作为努力工作的"加油站"。百年大计,教育为本;教育大计,教师为本。国家教育改革和发展呼唤反思型、学者型、专家型教师,高师院校教育工作者对教师的培养与培训责无旁贷。"老骥伏枥,志在千里"。我们当以老当益壮之心,带着高度的社会责任感和历史使命感,凭借三尺讲台,继续教书育人大业;坚持两袖清风,完善为人师表美德。总之,要继续为祖国的教育发展贡献自己的绵薄之力。